金融消费权益保护典型案例

（2013）

中国人民银行金融消费权益保护局　编著

中国金融出版社

责任编辑：吕　楠
责任校对：孙　蕊
责任印制：丁淮宾

图书在版编目（CIP）数据

金融消费权益保护典型案例（Jinrong Xiaofei Quanyi Baohu Dianxing Anli）
（2013）/中国人民银行金融消费权益保护局编著 . —北京：中国金融出版社，
2014.7

ISBN 978 – 7 – 5049 – 7517 – 1

Ⅰ . ①金…　Ⅱ . ①中…　Ⅲ . ①金融市场—消费者权益保护法—案例—中国
Ⅳ . ①D922. 280. 5②D923. 85

中国版本图书馆 CIP 数据核字（2014）第 086637 号

出版
发行　　**中国金融出版社**

社址　北京市丰台区益泽路2号
市场开发部　（010）63266347，63805472，63439533（传真）
网上书店　http://www.chinafph.com
　　　　　　（010）63286832，63365686（传真）
读者服务部　（010）66070833，62568380
邮编　100071
经销　新华书店
印刷　北京松源印刷有限公司
尺寸　185 毫米 ×260 毫米
印张　28.75
字数　562 千
版次　2014 年 7 月第 1 版
印次　2014 年 8 月第 2 次印刷
定价　28.00 元
ISBN 978 – 7 – 5049 – 7517 – 1/F. 7077
如出现印装错误本社负责调换　联系电话（010）63263947

编委会

编写组

主　　编：焦瑾璞

副 主 编：孙天琦　朱　红

统　　稿：尹优平　黄亭亭

编　　审：张韶华　王　瑱　武　岳　殷健敏　周胜强
　　　　　柳鸿生　周晓刚　王宝刚　李翠娥　张　劲
　　　　　肖安富　辛积金　李　红　李　理　田军华
　　　　　马天锁　刘晓霞　刘亚南　董建华　龚奇志
　　　　　唐怡铮　吕　栋　崔　凯　朱合洪　李庆旗
　　　　　陈　姝　罗　实　陈玉婷　王春艳　刘伟兵
　　　　　王晓红　张云莉　王　谦　颜　开　任晓磊
　　　　　陈海青　李巧琴　凌峻岭　张继军

编　　辑：张　虹　唐征宇　吴　璠　张志栋　毕鸿亮
　　　　　丰秋惠　舒　雄　刘丹丹　余　赟　马运全
　　　　　肖慧敏　朱伟彬　席　滔　杨　岚　王　军
　　　　　周伟中

撰 稿 人：白　地　刘　建　罗　顶　尚　楠　魏　敏
　　　　　吕　斌　罗　希　徐旭海　顾　晓　李　琨
　　　　　彭　磊　韦诗婷　徐文德　赵　鑫　李　震
　　　　　刘　涛　赵思婷　毛泽强　晏小红　马　红
　　　　　杨　彬　张传华　郭书琴　周路阳　刘智勇
　　　　　陈金森

序　言

近年来，随着金融市场的快速发展和创新，金融领域的消费纠纷日益增多。在这些纠纷中，金融消费者的权益很容易受到侵犯。同时，由于消费者在纠纷中处于相对弱势地位，维护权益的高成本往往导致其合法权益难以得到有效的保护。2008 年国际金融危机后，加强金融消费权益保护已经成为国际共识，也是推进我国金融业改革的重要内容之一。保护金融消费者权益，对提振金融消费者信心、提示金融服务功能、促进金融市场健康运行、维护我国金融体系稳定和可持续发展、促进社会和谐起着至关重要的作用。

金融消费权益保护工作侧重于对金融机构提供金融产品和金融服务的行为进行监管。通过发布典型案例及案例评析等形式，充分发挥典型案例对金融消费权益保护工作的指导作用，提示金融机构规范行为，普及金融消费知识，是金融消费权益保护职能部门的重要监管手段之一。为了总结相关经验，提高监管人员、从业人员金融消费权益保护能力和水平，引导社会公众提高风险防范意识和维权能力，人民银行金融消费权益保护工作人员紧密结合当前形势变化和政策法规制度，从近年来发生在人民银行系统的执法和调处案件中，精心挑选，深入剖析，编撰完成了《金融消费权益保护典型案例（2013）》一书。本书案例来自于基层实践，各案例的作者既是该案例的实际参与者，又是调解处理的见证者，通过案例评析的方式，从人民银行金融消费权益保护工作者的视角出发，向广大读者阐明金融消费纠纷中存在的风险盲点、法律问题及解决路径，因此具有现实的指导意义和借鉴启示作用。

本书共收录最新金融消费权益保护典型案例 200 多个，内容涉及个人金融信息保护、银行卡管理、投资理财、征信管理、支付结算管理、人民币管理、存贷款利率管理、国库管理、外汇管理、金融机构收费、服务质量和司法诉讼共12个类别，从案情简介、处理过程、法律分析、案例启示四个方面叙述实际发生的金融消费纠纷、存在的主要法律问题以及对金融消费权益保护工作的启示，体现了导向性、典型性、实践性、理论性相结合的原则。本书采编的案例具有以下特点：

一是真实性。本书的案例在实际生活中真实存在、客观发生，同时叙述完整、内容丰富、逻辑缜密、分析透彻，客观地展现了投诉人、被投诉金融机构和金融消费权益保护部门之间的业务过程和法律关系。各级金融消费权益保护部门在纠纷处理中通过投诉人陈述、纠纷双方举证辩论以及金融消费权益保护部门调查取证等途径，还原了整个事件的本来面目，呈现了有关行为的前因后果。其处理结果真实有效，并已予以执行。

二是典型性。本书案例具有一定代表意义，往往是实践中普遍存在或经常发生的。本书案例来自全国各地，几乎涵盖了现今银行业金融市场的主要产品，能够反映银行业金融消费权益保护的共性问题，以期金融监管当局对金融产品或服务提出制度性、系统性的改进建议。

三是综合性。本书案例特别注重对跨市场、跨行业的金融消费权益纠纷案例的采集，综合地反映了此类交叉性产品案例纠纷的复杂性、协调处理和权益维护的难度。同时，这些案例也前瞻性地反映了部分新型金融产品或服务侵害金融消费权益的苗头性问题。

四是指导性。本书案例立足人民银行各级分支机构金融消费权益保护工作实践，贴近基层、贴近业务，反映了案例的处理方式和法律适用的法律效果，为金融消费权益保护相关法律的制定、修改和完善提供了良好建议。通过对相关金融消费权益纠纷案例的分析，可以帮助监管部门发现金融机构在制度、产品和服务上对金融消费者保护的不足，以便提出改进的措施和方法。

"以铜为镜，可以正衣冠；以古为镜，可以知兴替；以人为镜，可以明得失。"以经典的、热点的、存在难点和盲点的案例为镜，可以提高法律实践者的分析判断能力、实际操作能力和实质把握能力。对金融消费权益保护工作人员来说，案例是最好的教材，有助于其对自身行为的合法性、合理性保持清醒的认识，从而促进依法行政工作，进一步完善我国的金融消费权益保护法律制度。此外，本书文字通俗易懂、简明流畅、生动鲜活，贴近金融消费权益保护工作实际，适合广大金融监管机构干部和金融业从业人员参考学习。

本书是众人智慧和努力的结晶，在编写工作中，中国人民银行金融消费权益保护局以及分支机构金融消费权益保护部门的同志出色完成了大量繁杂的基础性工作，所有编写人员投入了大量心血，付出了辛勤的劳动，贡献了聪明才智。随着我国金融业的不断发展，互联网金融等交叉性创新产品日新月异，金融消费权益纠纷的案例也会愈来愈多，案例对推动金融消费权益保护工作的深入开展将发挥越来越重要的作用。因此，今后要更加重视金融消费权益保护典型案例的编写工作，切实加强案例编写工作的规范性、连贯性，进一步发挥典型案例的示范推动和交流共享的作用，提高金融消费权益保护工作人员的业务水平和工作能力，为深入开展监督检查工作奠定坚实的基础，从而推动金融消费权益保护工作不断开创新局面。

《金融消费权益保护典型案例（2013）》编委会

二〇一四年三月

目　　录

第一篇

个人金融信息保护

编者按：根据《中国人民银行关于银行业金融机构做好个人金融信息保护工作的通知》（银发〔2011〕17 号），个人金融信息是指银行业金融机构在开展业务时，或通过接入中国人民银行征信系统、支付系统以及其他系统获取、加工和保存的以下信息：（一）个人身份信息，包括个人姓名、性别、国籍、民族、身份证件种类号码及有效期限、职业、联系方式、婚姻状况、家庭状况、住所或工作单位地址及照片等；（二）个人财产信息，包括个人收入状况、拥有的不动产状况、拥有的车辆状况、纳税额、公积金缴存金额等；（三）个人账户信息，包括账号、账户开立时间、开户行、账户余额、账户交易情况等；（四）个人信用信息，包括信用卡还款情况、贷款偿还情况以及个人在经济活动中形成的，能够反映其信用情况的其他信息；（五）个人金融交易信息，包括银行业金融机构在支付结算、理财、保险箱等中间业务过程中获取、保存、留存的个人信息和客户在通过银行业金融机构与保险公司、证券公司、基金公司、期货公司等第三方机构发生业务关系时产生的个人信息等；（六）衍生信息，包括个人消费习惯、投资意愿等对原始信息进行处理、分析所形成的反映特定个人某些情况的信息；（七）在与个人建立业务关系过程中获取、保存的其他个人信息。

个人金融信息是金融机构日常业务工作积累的一项重要基础数据，也是金融机构客户隐私的重要内容。如何收集、使用、保存、对外提供个人金融信息，既涉及银行业金融机构业务的正常开展，也涉及客户信息、个人隐私的保护。如果出现与个人金融信息有关的不当行为，不但会直接侵害客户的合法权益，也会增加银行业金融机构的诉讼风险，加大营运成本。近年来，个人金融信息侵权行为时有发生，并引起了社会的高度关注。

本篇收录了有关分支行提供的六个案例，通过这些案例的法律分析和启示，我们看到，金融机构内部管理制度的漏洞和员工法律意识的淡薄，导致了客户金融信息的泄露，甚至被不法分子利用。因此，强化个人金融信息保护和银行业金融机构的法律意识，依法收集、使用、保存和对外提供个人金融信息十分必要，对个人金融信息的保护也是银行业金融机构的一项法定义务。

本篇案例

- 刘某投诉某商业银行宁波分行泄露客户信息案
- 胡某投诉某商业银行支行遗失客户资料案
- 陈某投诉吉林省辽源市某银行泄露存款信息案
- 金某投诉福建省龙岩市某银行泄露个人银行账户交易信息案
- 丁某投诉建平县某商业银行营业所盗用身份信息案
- 郭某投诉 A 银行、B 银行某分行违规查询个人信用报告案

案例一
刘某投诉某商业银行宁波分行泄露客户信息案

案情简介

2012年9月26日，刘某向某商业银行宁波分行投诉，称其在该银行的资产信息被泄露。

处理过程

某商业银行宁波分行接到投诉后立即进行了调查处理。经调查，刘某系某商业银行宁波分行员工之妻，夫妻俩因家庭矛盾引起纠纷，该员工遂利用行员身份，在其妻刘某不知情的情况下，向该行营业部客户经理查询并打印刘某在该行的存款等信息，后刘某发现打印的资料，遂投诉至银行。

某商业银行宁波分行根据调查结果，向刘某赔礼道歉，并依照该行的制度，对刘某丈夫以及营业部客户经理进行了处理，刘某也谅解了该行。

法律分析

1. 某商业银行宁波分行及其客户经理查询并提供刘某存款信息的行为违反了《商业银行法》。《商业银行法》第六条规定："商业银行应当保障存款人的合法权益不受任何单位和个人的侵犯"。第二十九条规定："商业银行办理个人储蓄存款业务，应当遵循存款自愿、取款自由、存款有息、为存款人保密的原则。对个人储蓄存款，商业银行有权拒绝任何单位或者个人查询、冻结、扣划，但法律另有规定的除外。"

2. 某商业银行宁波分行应对其员工刘某之夫和客户经理的行为承担责任。《中华人民共和国侵权责任法》第三十四条规定："用人单位的工作人员因执行工作任务造成他人损害的，由用人单位承担侵权责任。"客户经理查询和提供刘某的存款信息属于职务行为，某商业银行宁波分行应对此承担相应的责任。

3. 某商业银行宁波分行内部管理制度方面存在漏洞。《中国人民银行关于银行业金融机构做好个人金融信息保护工作的通知》（银发〔2011〕17号）规定："银行业金融机构在收集、保存、使用、对外提供个人金融信息时，应当严格遵守法律规定，采取有效措施加强对个人金融信息保护，确保信息安全，防止信息泄露和滥用。""银行业金融机构应当建立健全内部控制制度，对易发生个人金融信息泄露的环节进行充分排查，明确规定各部门、岗位和人员的管理责任，加强个人金融信息管理的权限设置，形成相互监督、相互制约的管理机制，切实防止信息泄露或滥用事件的发生。""银行业金融机构不得篡改、违法使用个人金融信息。使用个人金融信息时，应当符合收集该信息的目的。"该银行客户经理在明知刘某之夫不具备查询主体资格，亦无合理查询事由及批准文书的情况下，仍为其查询和提供刘某的存款信息，表明某商业银行宁波分行的内部管理制度存在漏洞或流于形式。

案例启示

从本案中，可以发现该商业银行宁波分行在个人金融信息保护的内部管理方面存在漏洞。刘某丈夫在没有取得刘某授权，也无其他正当理由的情况下，利用同事关系，通过该行营业部客户经理查询了刘某的存款信息，违反了《中国人民银行关于银行业金融机构做好个人金融信息保护工作的通知》（银发〔2011〕17 号）关于"银行业金融机构在收集、保存、使用、对外提供个人金融信息时，应当严格遵守法律规定，采取有效措施加强对个人金融信息保护，确保信息安全，防止信息泄露和滥用"的规定。刘某的行为表明该行个人金融信息保护的管理机制存在疏漏，对个人金融信息的查询和使用没有建立有效的管理制度。该银行应当建立健全内部控制制度，明确规定涉及个人信息的业务部门、岗位和人员的管理责任，加强个人金融信息管理的权限设置，形成相互监督、相互制约的管理机制，切实防止信息泄露或滥用事件的发生。

（中国人民银行宁波市中心支行办公室供稿）

案例二
胡某投诉某商业银行支行遗失客户资料案

案情简介

2012年3月1日，胡某向某市金融消费者权益保护中心投诉称，2011年7月，其在某商业银行支行申请办理信用卡，至今未办成功。经询问，某商业银行支行答复称其申请资料已遗失。胡某认为某商业银行支行未尽到保护客户隐私的义务。

处理过程

某市金融消费者权益保护中心接到投诉后，联系了某商业银行某市分行，要求其报送基本情况、证据和处理措施。

经某商业银行某市分行调查，客户资料系该行员工因疏忽大意而遗失。该分行与客户协商，由该行某支行向胡某赔偿200元并赔礼道歉，承诺在今后的工作中加强客户资料保管，防止出现类似情况。

法律分析

本案例当中金融消费者存在权利竞合，其维权可选择的法律依据如下：

1. 某商业银行支行应对其员工遗失客户资料的行为承担侵权责任。《中华人民共和国侵权责任法》第三十四条规定："用人单位的工作人员因执行工作任务造成他人损害的，由用人单位承担侵权责任。"该行员工在工作中遗失客户资料，该行应依法承担相应的责任。

2. 某商业银行支行遗失客户资料的行为也违反了合同义务，应承担合同上的责任。《中华人民共和国合同法》第四十二条规定："当事人在订立合同过程中有下列情形之一，给对方造成损失的，应当承当损害赔偿责任：……（三）有其他违背诚实信用原则的行为"。

3. 某商业银行支行在客户资料保管方面存在疏漏。《金融机构客户身份识别和客户身份资料及交易记录保存管理办法》（中国人民银行、银监会、证监会、保监会令〔2007〕第2号）第二十八条要求："金融机构应采取必要管理措施和技术措施，防止客户身份资料和交易记录的缺失、损毁，防止泄露客户身份信息和交易信息。"《中国人民银行关于银行业金融机构做好个人金融信息保护工作的通知》（银发〔2011〕17号）要求"银行业金融机构在收集、保存、使用、对外提供个人金融信息时，应当严格遵守法律规定，采取有效措施加强对个人金融信息保护，确保信息安全，防止信息泄露和滥用。"

案例启示

从本案可见，某商业银行支行在客户资料的保护方面存在着严重的漏洞，导致客户资料被遗失。该行应该加强对从业人员的教育，增强从业人员的责任心。同时，应加强客户资料、信息保管的权限管理，形成相互监督、相互制约的管理机制，切实防范客户资料丢失、泄露事件的发生。

（中国人民银行呼和浩特中心支行金融消费权益保护处供稿）

案例三
陈某投诉吉林省辽源市某银行泄露存款信息案

案情简介

2013 年 1 月，陈某向吉林省辽源市某银行投诉称，该行营业部柜台员工在陈某本人未到场，也无陈某本人授权的情况下，擅自对外查询、提供陈某在该行的账户信息。

处理过程

该商业银行接到投诉后进行了调查。据查，2012 年 1 月 9 日，该行客户郝某至该行营业部柜台查询其 2011 年 11 月办理的向陈某在该行账户汇入的 2 800 元是否已到陈某账户。该行营业部柜台员工刘某要求郝某出示本人身份证件和汇款凭条副联。在郝某告知其没有留存汇款凭条副联的情况下，刘某鉴于郝某为该行老客户，遂通过系统查询了陈某的账户信息，发现 2011 年 11 月陈某的账户汇入了一笔 2 880 元。郝某将此情况告诉了陈某，陈某遂投诉该行在其本人未到场，也无其本人授权的情况下，擅自对外查询、提供其在该行的账户信息。

该行调查核实了事件的经过后，责成相关部门负责人向客户当面赔礼道歉，保证不再发生此类事件，对营业部柜台员工泄露客户账户交易信息的行为给予通报批评，并于次日向人民银行某中心支行报告了该事件。人民银行某中心支行接到报告后，约见该行高管谈话，要求其说明情况，并派专人到该行进行了核实，责成该行进一步加强个人金融信息保护工作，加强领导，抓好培训，强化监督。如再发生此类案件，将对直接负责的高管和其他直接责任人依法给予处理，并将案件情况纳入综合评价考核范围。

法律分析

1. 辽源市某银行营业部柜台员工的行为违反了《商业银行法》和相关行政规章的规定。《商业银行法》第六条规定："商业银行应当保障存款人的合法权益不受任何单位和个人的侵犯。"第二十九条规定："商业银行办理个人储蓄存款业务，应当遵循存款自愿、取款自由、存款有息、为存款人保密的原则。对个人储蓄存款，商业银行有权拒绝任何单位或者个人查询、冻结、扣划，但法律另有规定的除外。"《人民币银行结算账户管理办法》第九条规定："银行应依法为存款人的银行结算账户信息保密。对单位银行结算账户的存款和有关资料，除国家法律、行政法规另有规定外，银行有权拒绝任何单位或个人查询。对个人银行结算账户的存款和有关资料，除国家法律另有规定外，银行有权拒绝任何单位或个人查询。"

2. 辽源市某银行应当为本行员工违法查询、提供客户账户信息的行为依法承担责任。《中华人民共和国侵权责任法》第三十四条规定："用人单位的工作人员因执行工作任务造成他人损害的，由用人单位承担侵权责任。"该行员工在工作中违反规定查询客户存款信息，辽源市某银行应依法承担相应的侵权责任。

3. 辽源市某银行内部管理制度存在漏洞。《金融机构客户身份识别和客户身份资料及交易记录保存管理办法》（中国人民银行、银监会、证监会、保监会令〔2007〕第2号）第二十八条规定："金融机构应采取必要管理措施和技术措施，防止客户身份资料和交易记录的缺失、损毁，防止泄露客户身份信息和交易信息。"《中国人民银行关于银行业金融机构做好个人金融信息保护工作的通知》（银发〔2011〕17号）规定："银行业金融机构在收集、保存、使用、对外提供个人金融信息时，应当严格遵守法律规定，采取有效措施加强对个人金融信息保护，确保信息安全，防止信息泄露和滥用。"辽源市某银行内部管理明显不符合人民银行的上述要求。

案例启示

从本案情况看，吉林省辽源市的这家银行机构员工在客户信息保护方面法律意识淡薄，以人情代替制度，以信任代替原则，从而造成违规查询、泄露客户账户交易信息事件的发生。

该机构应该加强对从业人员的教育，增强从业人员的法律意识、责任意识。同时，应加强客户资料、交易信息保管的权限管理，形成相互监督、相互制约的管理机制，在收集、保存、使用、对外提供个人金融信息时，应当严格遵守法律规定，确保个人信息安全，防止信息泄露和滥用。

（中国人民银行长春中心支行金融消费权益保护处供稿）

案例四
金某投诉福建省龙岩市某银行泄露个人银行账户交易信息案

案情简介

2012 年 6 月 8 日，金某向人民银行某中心支行投诉称，在张某（张某系金某有长期生意往来的客户）处发现金某本人的个人银行账户交易清单，称其从未授权任何单位和个人查询其交易信息，也无诉讼事项，称其个人金融信息被非法泄露。

处理过程

人民银行某中心支行接到金某投诉后，向其说明了个人银行交易清单可能被打印的几种情形，并要求金某提供相关材料以便进一步调查核实。次日，金某提供了被打印的个人银行账户交易清单的复印件。经甄别，该账户的开户银行为某商业银行福建省三明市分行。人民银行某中心支行工作人员立即约见某商业银行三明市分行相关部门的负责人，要求调查核实相关情况。经某商业银行三明市分行调查，确认该清单为该行福建省龙岩市的一个营业网点所打印。中国人民银行某中心支行工作人员在告知金某调查情况之后，建议金某如果想维权和追责，可在证据确凿的情况下提起民事诉讼。

法律分析

1. 某商业银行福建省龙岩市营业网点泄露个人银行账户交易信息的行为，违反了《商业银行法》和相关行政规章的规定。《商业银行法》第六条规定："商业银行应当保障存款人的合法权益不受任何单位和个人的侵犯。"第二十九条规定："商业银行办理个人储蓄存款业务，应当遵循存款自愿、取款自由、存款有息、为存款人保密的原则。对个人储蓄存款，商业银行有权拒绝任何单位或者个人查询、冻结、扣划，但法律另有规定的除外。"《人民币银行结算账户管理办法》第九条规定："银行应依法为存款人的银行结算账户信息保密。对单位银行结算账户的存款和有关资料，除国家法律、行政法规另有规定外，银行有权拒绝任何单位或个人查询。对个人银行结算账户的存款和有关资料，除国家法律另有规定外，银行有权拒绝任何单位或个人查询。"

2. 某商业银行福建省龙岩市营业网点应对其员工泄露客户账户交易信息的行为承担责任。《中华人民共和国侵权责任法》第三十四条规定："用人单位的工作人员因执行工作任务造成他人损害的，由用人单位承担侵权责任。"某商业银行福建省龙岩市营业网点泄露客户账户交易信息的行为造成金某人身或财产损害的，金某可依法要求该银行机构赔偿。

3. 某商业银行福建省龙岩市营业网点的内部管理制度存在严重漏洞。《中国人民银行关于银行业金融机构做好个人金融信息保护工作的通知》（银发〔2011〕17 号）规定："银行业金融机构在收集、保存、使用、对外提供个人金融信息时，应当严格遵守法律规定，采取有效措施加强对个人金融信息保护，确保信息安全，防止信息泄露和滥用。""银行业金融机构应当建立健全内部控制制度，对易发生个人金融信息泄露的环节进行充分排查，明确规定各部门、岗位和人员的管理责任，加强个人金融信息管理的权限设置，形成相互监督、相互制约的管理机制，切实防止信息泄露或滥用事件的发生。""银行业金融机构不得篡改、违法使用个人金融信息。使用个人金融信息时，应当符合收集该信息的目的。"

案例启示

从本案情况看，某商业银行福建省龙岩市分行的这个营业网点在客户信息保护方面内部管理制度存在漏洞，员工法律意识淡薄，从而发生了违规查询、泄露客户账户交易信息的事件。

该行应该加强对从业人员的教育，增强从业人员的法律意识、责任意识。同时，应加强客户资料、交易信息保管的权限管理，形成相互监督、相互制约的管理机制，在收集、保存、使用、对外提供个人金融信息时，应当严格遵守法律规定，确保个人信息安全，防止信息泄露和滥用。

（中国人民银行福州中心支行金融消费权益保护处供稿）

案例五
丁某投诉建平县某商业银行营业所盗用身份信息案

案情简介

2012年4月6日，辽宁省建平县村民丁某向人民银行某支行投诉称，其向建平县某信用社申请借款时，通过人民银行信用信息基础数据库获悉，某商业银行建平县支行某营业所分别于2004年1月12日、2005年3月28日，冒用丁某妻子李某的身份信息，虚构李某为借款人，发放贷款两笔，金额30 000元。其中，2004年1月12日发放的贷款已归还清零，2005年3月28日发放的贷款已归还，但显示有不良记录。丁某认为某商业银行建平县支行某营业所的行为侵犯了他的合法权益，影响其用于承包耕地经营的正常借款。丁某要求某商业银行建平县支行某营业所赔偿李某精神及经济损失5 000元。某商业银行建平县支行某营业所以"经办信贷员管某已被开除"为由推卸责任，拒不赔偿。

处理过程

人民银行某支行接到投诉后，立即进行了调查，调查证明丁某所述属实。此两笔贷款均由原信贷员管某经办，但管某已于2010年被银行开除。人民银行某支行多方努力，联系上了管某。管某对违法行为供认不讳，向李某及某商业银行建平县支行某营业所道歉并请求宽大处理。人民银行某支行根据相关法律法规，先后调解20余次，最后丁某和某商业银行建平县支行某营业所达成协议，某商业银行建平县支行某营业所赔偿李某精神及经济损失5 000元。

法律分析

1. 某商业银行建平县支行某营业所侵害了李某的姓名权。《中华人民共和国民法通则》第九十九条规定："公民享有姓名权，有权决定、使用和依照规定改变自己的姓名，禁止他人干涉、盗用、假冒。"第一百二十条规定："公民的姓名权、肖像权、名誉权、荣誉权受到侵害的，有权要求停止侵害，恢复名誉，消除影响，赔礼道歉，并可以要求赔偿损失。"

2. 某商业银行建平县支行某营业所应对其员工管某的行为承担责任。《中华人民共和国侵权责任法》第三十四条规定："用人单位的工作人员因执行工作任务造成他人损害的，由用人单位承担侵权责任。"本案中，某商业银行建平县支行某营业所信贷员管某冒用李某身份信息，虚构事实，发放贷款，具有主观上的故意。管某系营业所信贷员，审批、发放贷款属其职务行为，对其冒用李某信息违法发放贷款的行为，营业所应承担相应的责任。

3. 本案也暴露出某商业银行建平县支行某营业所内部管理制度存在重大漏洞，其员工法律意识淡薄。《商业银行法》第三十五条规定："商业银行贷款，应当对借款人的借款用途、偿还能力、还款方式等情况进行严格审查。商业银行贷款，应当实行审贷分离、分级审批的制度。"某商业银行建平县支行某营业所信贷员管某冒用李某身份信息虚构事实、发放贷款的行为得逞，表明该营业所的贷款审查、审批制度存在严重漏洞，没有发挥作用。

案例启示

本案反映了在农村地区，侵害金融消费者权益的问题比较突出，主要有三个原因：一是金融机构管理松散，农村金融机构点多面广，上级主管部门对农村金融机构的监督检查较少，制度约束不强。二是农村金融机构内控制度不严。某商业银行建平县支行某营业所在信贷管理上没有严格按制度执行，使管某冒用李某身份信息发放贷款的违法行为得逞。三是农村金融机构从业人员法律意识亟待提高。一些农村金融机构注重员工的工作业绩考核，忽视职业道德教育和法律知识教育。

该行应该加强对从业人员的教育，增强从业人员的法律意识、责任意识，加强内控制度的建设和执行，形成相互监督、相互制约的管理机制，在收集、保存、使用、对外提供个人金融信息时，应当严格遵守法律规定，确保个人信息安全，防止信息泄露和滥用。

（中国人民银行沈阳分行金融消费权益保护处供稿）

案例六
郭某投诉 A 银行、B 银行某分行违规查询个人信用报告案

基本情况

2011 年 11 月 24 日，南京市民郭某向人民银行某分行营业管理部投诉称，未经其书面授权，A 银行、B 银行某分行多次查询了其个人信用报告。郭某认为上述两家银行的行为侵犯了其隐私权，与银行多次协商未果，因而向人民银行投诉。

处理过程

人民银行某分行营业管理部接到投诉后，就郭某所提及事项，于 2011 年 11 月 28 日和 29 日分别对 A 银行和 B 银行某分行进行了现场调查，经过询问商业银行工作人员、调阅相关业务资料，查实情况如下：A 银行于 2010 年 9 月 15 日和 2011 年 3 月 22 日分别以"贷款审批"和"信用卡审批"为由查询了郭某的信用报告。两名经办人员一人现已离职，另一人由于未妥善保管用户密码导致多人知晓，无法查证确切查询人。该行未能提供郭某的"征信查询授权书"（该行出具了正式材料并加盖行章，书面承认越权查询客户郭某个人信用报告的行为属实）。B 银行某分行于 2010 年 12 月 6 日以"贷款审批"为由查询了郭某的个人信用报告，但未能提供郭某的"征信查询授权书"（该行出具了正式材料并加盖行章，书面承认越权查询客户郭某个人信用报告的行为属实）。

针对 A 银行、B 银行某分行上述行为违反《个人信用信息基础数据库管理暂行办法》（中国人民银行令〔2005〕第 3 号）等我国个人信用信息基础数据库管理相关规定情况，人民银行某分行营业管理部要求两家银行立即纠正违法违规问题，采取有效措施切实规范个人信用报告查询使用行为，同时，依法对 A 银行、B 银行某分行做出各罚款 2 万元的行政处罚决定。投诉人对该处理结果表示认可。

法律分析

1. A 银行、B 银行某分行未经客户授权，擅自查询客户信用信息的行为违反《个人信用信息基础数据库管理暂行办法》的规定。《个人信用信息基础数据库管理暂行办法》第十二条规定："商业银行办理下列业务，可以向个人信用数据库查询个人信用报告：（一）审核个人贷款申请的；（二）审核个人贷记卡、准贷记卡申请的；（三）审核个人作为担保人的；（四）对已发放的个人信贷进行贷后风险管理的；（五）受理法人或其他组织的贷款申请或其作为担保人，需要查询其法定代表人及出资人信用状况的。"第十三条规定："除本办法第十二条第（四）项规定之外，商业银行查询个人信

用报告时应当取得被查询人的书面授权。"

2. A 银行、B 银行某分行在个人金融信息保护的内部管理制度方面存在漏洞。《中国人民银行关于银行业金融机构做好个人金融信息保护工作的通知》（银发〔2011〕17号）规定："银行业金融机构在收集、保存、使用、对外提供个人金融信息时，应当严格遵守法律规定，采取有效措施加强对个人金融信息保护，确保信息安全，防止信息泄露和滥用。"

案例启示

银行业金融机构要建立健全本单位相关内控机制，完善个人身份信息保护制度内容，明确部门、岗位和人员的相关责任。规范业务操作流程，严密贷款审批手续，严格落实客户身份识别的有关规定，在贷款审查时，重点审查借款人的个人身份信息，从源头上遏制违法分子冒用或盗用公民个人身份信息进行违法犯罪活动，充分保护公民个人的信用记录，有效保护金融消费者的合法权益。

银行业金融机构必须严格遵守《中华人民共和国商业银行法》、《个人存款账户实名制规定》、《个人信用信息基础数据库管理暂行办法》、《中国人民银行关于银行业金融机构做好个人金融信息保护工作的通知》等法律法规、规章和规范性文件的规定，依法合规收集、保存、使用和对外提供个人金融信息，不得向任何单位和个人出售客户个人金融信息，不得违规对外提供客户个人金融信息。

本案消费者在涉事某银行承担相应的行政责任（整改和接受 2 万元罚款）后即表示满意，并未再要求某银行承担民事责任。我国《侵权责任法》第四条规定"侵权人因同一行为应当承担行政责任或者刑事责任的，不影响依法承担侵权责任"，因此，如果该消费者根据该法律规定主张自己的民事权利，某银行仍然应当承担相应的民事责任。

（中国人民银行南京分行金融消费权益保护处供稿）

本篇小结

本篇涵盖了涉及个人金融信息被违规查询、泄露、遗失和盗用等日常生活中较为常见且相对典型的案例。如何收集、使用、对外提供个人金融信息，既涉及银行业金融机构业务的正常开展，也涉及客户信息、个人隐私的保护。我们通过这些案例向读者呈现了当前侵害个人金融信息领域中案件争议的焦点、法律剖析和适当的救济渠道。

本篇的个人金融信息保护案例较为全面地反映出银行在制度建设、权限管理、技术防控和人员管理方面存在的不足，同时也表明金融消费者个人信息意识的增强与维权能力的提高。由于侵害个人金融信息的案件影响面广，危害性大，且隐蔽性强，已经引起媒体、银行业金融机构和监管部门的重点关注。

一是制度建设方面，商业银行还没有充分细化业务管理制度，规范业务操作，构建起相互衔接、相互制约、全面有效的个人金融信息保护内控制度体系。例如，"刘某投诉某商业银行宁波分行泄露客户信息案"中，该银行客户经理在明知查询人不具备查询主体资格，亦无合理查询事由及批准文书的情况下，仍为其查询和提供刘某的存款信息，表明该银行的内部管理制度存在漏洞或流于形式。

二是建议实行个人金融信息分类区别保护制度，严控高风险环节。如在"郭某投诉A银行、B银行某分行违规查询个人信用报告案"中，两家银行都存在着越权查询客户郭某个人信用报告的行为。建议商业银行在区分一般个人金融信息和敏感个人金融信息的基础上，针对敏感个人金融信息实现更高的权限管理，采取更严格的管理措施。特别是在个人信用报告查询、个人账户查询等个人金融信息易发生泄露的高风险环节，建立分级审批制度，形成相互制约的工作机制。

三是通过完善信息安全技术防范措施，可以有效降低个人金融信息泄露和滥用的风险。本篇中"胡某投诉某商业银行支行遗失客户资料案"、"丁某投诉建平县某商业银行营业所盗用身份信息案"等案例都是银行信息保管不善导致的侵权案例。在外部的技术防范措施方面，金融机构不仅要做好日常检测，加强外包服务方进入重要安全区域的审批与监控，还要注意定期修改密码，避免被不法分子盗取资料。在内部的技术防范措施方面，我们建议金融机构通过分级授权管理、日志记录留存、敏感信息屏蔽、关键数据加密、实行物理隔离、重点全程监控等手段加强对个人金融信息使用、查询、加工、报送等环节的管理，防范信息篡改和流失的风险。

四是加强人员管理，明确柜面操作人员、系统管理人员、数据上报人员和数据查询人员的职责与权限。"陈某投诉吉林省辽源市某银行泄露存款信息案"就是由于银行工作人员法律意识淡薄，以信任代替原则，从而造成了违规查询。因此，金融机构要加强内部监督与责任追究机制，提高与员工签署客户信息保密协议书的覆盖率，将个人金融信保护工作开展情况纳入年终综合考核内容，制定具体的奖惩机制。通过培训教育、会议研讨、案例剖析、理论考试等多种形式，不断提高从业人员依法采集、适用、保存个人金融信息的意识。

五是我国关于个人金融信息保护的相关规定分散，难以保证个人金融信息的采集、保管和追踪等各个环节工作的统一性。此外，由于个人金融信息保护工作涉及人民银行、银监会、证监会和保监会等多个监管部门的职责，各部门尚未形成监管协调合作机制，也为个人金融信息保护工作带来了很大的难度。因此，进一步明确各部门的职责分工，实现信息共享，协调重大、普遍性的个人金融信息保护问题，是今后做好个人金融信息保护工作的必然趋势。中国人民银行作为国务院明确的金融消费权益保护牵头部门，应当适时推动建立部门间信息交流、业务准入、风险监测、现场检查、责任追究等协调与合作机制，在充分发挥各监管机构各自优势的基础上实现保护政策取向的统一，形成保护合力。

下一步，我们考虑将个人金融信息保护纳入对银行的总体风险监管框架当中，依据《中国人民银行法》赋予的监管职责，参考《民法通则》、《商业银行法》等法律中有关公民信息保护的原则性规定，丰富和完善《中国人民银行关于银行业金融机构做好个人金融信息保护工作的通知》以及《中国人民银行关于银行业金融机构进一步做好客户个人金融信息保护工作的通知》中的相关内容，制定出台关于银行客户个人金融信息保护的部门规章，对银行客户个人金融信息的采集、使用、保密等环节做出详细规定，明确对银行业金融机构违规泄露客户个人金融信息，造成客户较大损失或引发社会不良影响的行为，可以视情况予以行政处罚或采取其他监管措施。

继续加强对金融机构的日常管理，避免金融机构在业务外包、与第三方机构业务合作过程中的合作对象发生信息泄露等行为。金融机构在与第三方机构合作外包业务的过程中，要审慎选择合作对象，将其保护个人金融信息的能力作为重要评估指标，明确其保护个人金融信息的职责和保密义务，必须明确信息泄露的补救手段与责任追究，确保个人金融信息的安全。

第二篇

银行卡管理

编者按：银行卡是指由商业银行向社会发行的具有消费信用、转账结算、存取现金等全部或部分功能的信用支付工具，包括借记卡和信用卡。[①] 银行卡以其方便、快捷、安全的特点，受到消费者的欢迎，成为我国居民使用最广泛的非现金支付工具。据统计，截至 2012 年末，全国累计发行银行卡 35.34 亿张，其中借记卡 32 亿张，信用卡 3.3 亿张。全年共发生银行卡业务 389.14 亿笔，金额 346.27 万亿元。银行卡消费持续快速增长，2012 年全年银行卡渗透率达到 43.5%，较 2011 年提高 4.9 个百分点。与此同时，信用卡授信总额、期末应偿信贷总额（透支余额）和逾期半年未偿信贷总额大幅增长。[②]

随着银行卡市场的发展和创新，银行卡领域的消费纠纷日益增多，形式更趋多样化。传统的银行卡纠纷以信用卡透支纠纷为主，其他还包括银行卡冒用、特约商户未尽审查义务、信用卡年费等。近年来，又出现了一些新类型的纠纷，其法律关系相对新颖、复杂，涉及利益主体多元。主要表现在以下三个方面：一是在银行卡开户及功能设置环节发生的纠纷，包括对银行卡申请人身份的审核、卡片的激活、开设银行卡网银和 U 盾功能、银行卡补发等引发的纠纷；二是在银行卡使用环节产生的纠纷，如银行卡网上被透支盗刷、银行卡境外消费纠纷、伪卡纠纷等；三是在银行卡创新业务中产生的纠纷，如信用卡大额分期业务纠纷等。在这些纠纷中，消费者知情权、公平交易权、资金安全权、金融隐私权和损害求偿权等合法权益很容易受到侵犯。同时，由于消费者在纠纷中处于相对弱势地位，维护权益的高成本往往导致其合法权益难以得到有效的保护。

本篇收录了有关分支行提供的二十个案例，通过这些案例的法律分析和启示，我们看到，在银行卡市场迅速发展的同时，对金融消费者权益的保护必要而迫切。我们认为，在加强对金融消费者宣传教育和舆论引导的同时，应建立多方沟通联动机制，开展综合执法检查，引导银行业金融机构加强银行卡业务管理和规范开展业务。此外，还应尽快修订完善《银行卡业务管理办法》。通过以上措施，来切实保护金融消费者在银行卡领域的合法权益。

---

① 中国人民银行《银行卡业务管理办法》（1999）。
② 中国人民银行《2012 年全年支付体系运行总体情况》。

本篇案例

- ATM 跨行取款被盗案
- 银行卡被复制致存款损失案
- 信用卡办理不合规，形成逾期不良记录案
- 代办信用卡未缴年费致不良信用记录案
- 未收到电子账单和短信通知，致信用卡产生滞纳金和利息案
- 信用卡还款被收取罚息和利息案
- 外币消费，信用卡还款用人民币还是外币案
- 擅自激活信用卡案
- 通过钓鱼网站跨行还款导致资金损失案
- 郑某因借记卡被盗刷向银行索赔案
- 银行卡被盗刷，双方和解结案
- 欧某身份证联网核查不符，换卡取款受阻案
- 郑某跨行取款交易失败退款纠纷案
- 晋某投诉银行存取款一体机吞款案
- 胡某投诉银行因身份证有重号不予办理银行卡案
- 刘某等人投诉银行强迫工资折改换成工资卡案
- 冯某投诉银行卡未发生交易被扣款案
- 姜某投诉银行要求强行办理银行卡案
- 吴某投诉银行擅自开通无卡支付业务案
- 李某投诉银行信用卡未被开通使用被收年费案

案例一
ATM 跨行取款被盗案

案情简介

市民陈某于 2013 年 2 月持 H 行银行卡在湖南某市 J 银行的某支行的 ATM 取款后，于 2013 年 3 月在广州被他人盗取现金 10 100 元，陈某随即报案。2013 年 6 月，陈某被告知案件已被侦破，其银行卡是被犯罪嫌疑人安装在 J 银行某支行 ATM 的摄像头窃取了账号密码并在异地复制后盗取。陈某向某市金融消费权益保护中心申诉，要求 J 银行赔偿相关损失。

处理过程

某市金融消费权益保护中心根据相关工作流程受理了陈某的申诉，将陈某的相关申诉材料及时转办 H 银行和 J 银行。但 J 银行在书面报告中认为 J 银行不存在过失，应由发卡行 H 银行赔偿申诉人损失；H 银行认为是在 J 银行的 ATM 上被盗刷的，其不应赔偿，应由 J 银行承担相应赔偿责任。某市金融消费权益保护中心在调处无果的情况下，建议申诉人向当地人民法院进行起诉。最终，申诉人因诉讼时间和诉讼成本问题放弃了起诉。

法律分析

1.《中华人民共和国商业银行法》第六条规定：商业银行应当保障存款人的合法权益不受任何单位和个人的侵犯。第七十三条规定：商业银行有下列情况之一，对存款人或者其他客户造成财产损害的，应当承担支付迟延履行的利息及其他民事责任：……（四）违反本法规定对存款人或者其他客户造成损害的其他行为。

2.《储蓄管理条例》第三十七条规定："储蓄机构违反国家有关规定，侵犯储户合法权益，造成损失的，应当依法承担赔偿责任。"

3.《电子银行业务管理办法》（中国银行业监督管理委员会 2006 年第 5 号）第八十九条规定："金融机构在提供电子银行服务时，因电子银行系统存在安全隐患、金融机构内部违规操作和其他非客户原因等造成损失的，金融机构应当承担相应责任。因客户有意泄露交易密码，或者未按照服务协议尽到应尽的安全防范与保密义务造成损失的，金融机构可以根据服务协议的约定免予承担相应责任，但法律法规另有规定的除外。"第九十一条规定："金融机构已经按照有关法律法规和行政规章的要求，尽到了电子银行风险管理和安全管理的相应职责，但因其他金融机构或者其他金融机构的外包服务商失职等原因，造成客户损失的，由其他金融机构承担相应责任。"

4.《中国银行业监督管理委员会关于加强银行卡安全管理有关问题的通知》规定：各商业银行对其他商业银行的银行卡信息应尽到充分的保密义务，没有尽到充分保密义务造成信息外泄的，应承担由此给其他银行和其他银行持卡人所造成的损失。

存款人申办银行卡和银行为其发放银行卡，存款人与银行间建立储蓄存款合同关系，银行应当为存款人的存款安全负责。保护存款人的财产权等合法权益是《商业银行法》的立法宗旨，《商业银行法》第六条明确了保障存款人的合法权益是商业银行的法定义务，《电子银行业务管理办法》第八十九条和《中国银行业监督管理委员会关于加强银行卡安全管理有关问题的通知》也明确了银行在电子银行业务中应履行的义务。银行履行的这种合同上的义务，不仅是指对存款人的个人信息保密义务，也包括为到银行办理交易的储户提供必要的安全、保密的交易环境等安全保障义务。如果银行在ATM设备和管理上存在疏漏，犯罪嫌疑人在ATM等交易环境中安装摄像头等设施窃取了持卡人的银行卡信息和密码，伪造银行卡导致持卡人资金损失，银行因没有尽到安全保障义务，依据《商业银行法》第七十三条第一款第四项、《储蓄管理条例》第三十七条和《电子银行业务管理办法》第八十九条等规定，银行应承担违约责任，赔偿持卡人的损失。

本案中，H银行在履行储蓄存款合同中，并未泄露申诉人银行卡的信息，且其对J银行提供的机具也无法控制，不应对申诉人使用银行过程中遭受的损失承担赔偿责任。而J银行应当保障其经营场所及交易机具的安全，加强监控，但其在他人安装非法设备后未及时发现、制止，造成申诉人密码泄露和银行卡信息被窃取，导致在接受申诉人委托发起电子支付指令过程中借记卡信息外泄，J银行没有全面履行安全保障义务，应对申诉人由此造成的损失承担赔偿责任。

案例启示

1. 在司法实践中，法院对于使用伪卡盗刷持卡人资金的诉讼案件，通常认为银行对于存款人负有安全保障义务，银行不仅要对于银行卡本身的安全性予以保障，也要保证交易场所和计算机信息系统设备的安全运行。有的法院判决认为银行计算机交易系统未能识别伪卡和未能提供安全交易环境，即对存款人未尽安全保障义务，应承担赔偿责任。对银行而言，要重视司法实践中法院对银行适用高标准的技术安全责任原则上的裁判倾向，不断提高服务安全技术水平；要加强ATM的巡视和监控，防范犯罪嫌疑人在ATM上安装银行卡信息窃取器和摄像头等非法设备；要加强ATM取款风险提示，提醒持卡人注意ATM上是否有多余装置和摄像头、插卡口是否有异常。

2. 作为普通金融消费者，银行卡持卡人应增加在ATM取款、商户刷卡方面的金融知识和风险意识，在使用ATM时，要留意ATM上是否有多余装置和摄像头、插卡口是否有异常，防止银行卡信息和密码被窃取；出现盗刷后，持卡人应留存盗刷后资金变动的银行短信通知，打印对账单，及时向公安部门报案，收集相关视频作为证据；银行卡持卡人应将磁条银行卡更换为金融IC卡，金融IC卡的安全性和防伪性能比磁条卡高，不易复制，可以有效保护资金安全。

3. 虽然本案中H银行不承担损失赔偿责任，但值得注意的是，由于《中国银联入网机构银行卡跨行交易收益分配办法》规定，持卡人在ATM跨行取款支付的手续费由发卡行、提供ATM行、银联信息交换中心按比例进行分配，因此发卡行与机具提供行之间既同属一个利益共同体——参加银联网分享银行卡业务利益，又分别与持卡人存在独立的法律关系。跨行交易过程中，无论是发卡行还是提供机具行，只要未尽到电子银行风险管理和安全管理的相应职责，没有履行安全保障义务，造成持卡人损失的，均应根据各自过错承担相应的责任。

4. 人民银行分支机构可以加强银行卡用卡安全知识教育，提高金融消费者用卡知识水平和自我防范能力，督促银行业金融机构加强对 ATM 等机具的日常巡视。人民银行分支机构处理金融消费者的银行卡跨行盗刷投诉，可以转相关银行业金融机构办理，在查清事实的基础上，对该投诉进行调解。调解不成的，告知金融消费者向法院起诉或向公安部门报案。

（中国人民银行长沙中心支行金融消费权益保护处供稿）

案例二
银行卡被复制致存款损失案

案情简介

2013 年 5 月 24 日，人民银行某中心支行接到辖区某信用合作联社报告，称 5 月 17 日某农信社发生一起不法分子使用克隆桂盛卡办理业务的事件。

5 月 17 日 15 点 5 分，一中年男子到某农信社新建分社业务柜台办理 4.99 万元现金取款业务时，柜员发现客户使用的信用社桂盛卡疑似克隆卡（外观和手感有差异），立即向县联社领导报告，并以"当天现金取款累计已超过 5 万元"为由，要求客户提供账户本人有效身份证件，借此稳定其情绪，拖延时间。某县联社接到报告后，立即派相关同志到新建分社协助处置，相关同志于 15 点 25 分到达新建分社时，不法分子做贼心虚，以"回去取身份证"为由，已逃离现场。

处理过程

经查实，该不法分子克隆了账户户名为甘某的桂盛卡，卡号为 622×××××××××××231，开户机构为桂平市某信用合作联社，该卡为旧式桂盛卡，卡正面的塑料薄膜已经脱落，卡号直接印刷在卡的正面，用手触摸有凹凸感，疑似后期加工印刷上去的。

通过调阅监控录像和查看业务流水发现，客户甘某于 5 月 17 日在桂平市某信用合作联社正常办理了一笔 27.6 万元的现金存款业务，随后不法分子于当天 14 点 56 分使用克隆卡到苍梧某农信社柜台办理了一笔 4.9 万元的现金取款业务，紧接着于 15 点 2 分又在该分社的 ATM 上办理了一笔 5 万元的转账业务（转入卡号：622×××××××××××663，开户名：陈某，开户机构：藤县某农村信用合作联社）。紧接着，不法分子换人到某农信社新建分社办理取款业务，不法行为引起柜员关注并立即上报。

接到报告后，某农信社迅速启动应急预案，新建分社、龙圩分社立即对可疑账户资金进行银行止付（其中，甘某账户止付 17.7 万元，陈某账户止付 5 万元。通过止付操作，为客户甘某挽回损失 22.7 万元），并立即向某县公安局报案。接到报案后，某县公安局相关人员到该农信社调阅了相关的监控录像和业务流水等材料，初步认定本案应是不法分子团伙作案。犯罪团伙事先克隆甘某的多张桂盛卡，在甘某办理存款业务后迅速安排不同的人分别在某县农信社新建分社和龙圩分社几乎同时办理现金取款和转账业务，意图在最短时间内把款项挪转。目前甘某正等待某县公安局的处理结果，尚未对某农信社提起投诉和起诉。人民银行某中心支行消费权益保护中心对该案进行了全程跟踪。

法律分析

1. 《金融机构客户身份识别和客户身份资料及交易记录保存管理办法》第八条规定:"商业银行、农村合作银行、城市信用合作社、农村信用合作社等金融机构为自然人客户办理人民币单笔5万元以上或者外币等值1万美元以上现金存取业务的,应当核对客户的有效身份证件或者其他身份证明文件。"

2. 《中国人民银行关于进一步加强人民币银行结算账户开立、转账、现金支取业务管理的通知》(银发〔2011〕116号)要求:"为个人存款人办理人民币单笔5万元以上现金支取业务的,银行应核对存款人的有效身份证件。"

本案例中,不法分子采取换人分批在不同时间、不同地点,以每次取款金额不超过5万元的手法规避5万元交易限额须进行身份核查的规定。由于上述法规的局限,金融机构在目前条件下对不法分子利用克隆卡"化整为零"的取款套现手法缺乏识别能力和防范方法。

目前,金融消费者日常使用的银行卡多为磁条卡,磁条卡的信息容易复制,犯罪分子一般通过持卡人在ATM、POS机上交易等盗取持卡人银行卡信息,然后克隆银行卡进行违法活动。为了保证银行卡资金安全,一方面,发卡行应提醒持卡人定期更换密码,特别是有频繁资金交易的持卡人必须定期或者不定期更换银行卡密码,即使卡被克隆,由于密码更改,犯罪分子也无法盗取卡内资金。另一方面,银行应及时帮助持卡人把磁条卡更换为IC芯片卡,IC芯片卡复制难度大,资金被盗刷的可能性较小。

从法律责任认定看,本案共发生三笔业务交易,直到第三笔才被某农信社察觉为克隆卡诈骗,显现出某农信社在业务办理、管理水平上存在漏洞,虽然其发现诈骗犯罪行为为客户挽回了大部分损失,但是其仍然应为前两笔诈骗交易造成客户的损失承担相应法律责任。

案例启示

本案中,如果某农信社新建分社柜员未能及时发现犯罪分子利用克隆卡盗取资金,客户将很难举证并维护自身的合法权益。举证难点主要有:一是难以举证不法分子利用克隆卡取款和转款当时,真实卡在自己手中;二是客户难以证明非本人委托第三人取款,尤其是通过ATM自动转账、取款的情况。

实践中,也有类似的金融消费投诉案件,金融消费者事后虽然发现自己的银行卡资金被盗刷、盗取,但是因金融消费者举证困难,尤其是发现时已超过银行规定的网点监控录像保存期限(正常情况是保存30天,有特殊情况的可保存3个月),即使向公安机关报案,也难以维权。

因此,规范银行卡业务管理,加强金融消费权益保护,建议从以下几方面入手:

1. 银行应积极为金融消费者维权提供必要的证据,保障金融消费者的损害求偿权。银行理应对客户存款资金安全负责,当发生客户资金被盗刷、盗取等犯罪行为时,银行应为金融消费者维权提供交易凭证、交易录像等必要证据。如此,既可便于金融消费者寻求司法救济,也可以主动降低金融消费者对银行的疑虑,有利于金融纠纷的化解。

2. 进一步规范委托第三方取款交易行为。非本人办理取款业务需得到客户本人的真实授权，只有代理人提供本人的真实授权证明，银行网点方予以办理取款业务。

3. 提高技术手段，维护金融消费者权益。一是加强银行网点的安全管理，重点监控自动柜员机、银行周边设施，以免被不法分子暗设陷阱克隆盗取客户资料。二是银行应广泛运用高科技手段验证客户身份或授权证明，提高银行卡资金安全。三是加强网点工作人员业务培训，提高技术运用、鉴别能力，及时发现犯罪线索，保护客户合法权益。

（中国人民银行南宁中心支行金融消费权益保护处供稿）

案例三
信用卡办理不合规，形成逾期不良记录案

案情简介

投诉人杨某称其读大学时学校统一办理的用来交学费的 G 行卡是信用卡，本人对此并不知情，毕业后不再使用。但后来杨某发现该 G 行卡产生了欠息 0.46 元，现在利滚利已欠息近 30 元，导致自己形成不良信用记录。杨某到 G 行某分行缴纳了欠息，要求注销该卡，银行工作人员称还需交 8 元年费才能销卡。杨某认为，G 行在办理该卡过程中并未向其说明是信用卡，也未告知需收取年费及收费标准，银行办理业务不规范，收费不合理，对消费者权益不重视，于 2012 年 5 月 29 日投诉至人民银行某中心支行金融消费维权中心，要求免除年费，并恢复其良好的信用记录。

处理过程

2012 年 5 月 30 日，人民银行某中心支行金融消费维权中心将该投诉转 G 行某分行，并要求其在业务活动中确保消费者合法财产权益不受损害、知情权得到充分实现。

5 月 31 日，G 行某分行派专人到中心支行汇报投诉处理过程。经查，杨某持有的贷记卡于 2007 年 6 月 22 日开户，从 2010 年开始因滞纳金和利息长期发生小额透支，至 2012 年 3 月透支金额为 29.19 元，持卡人于 3 月 15 日归还了全部透支余额，但未作收卡销户处理，以致后续又发生年费。收到投诉后，该行请杨某到营业部办理了销户手续，冲减了由此产生的年费，并按交易异议处理流程上报省分行，在个人信用信息基础数据库中为杨某设置账户异议标志，消除了杨某的不良记录。杨某对处理结果表示满意。

此外，G 行某分行已下发通知，要求全辖各支行、各网点进一步规范发卡行为，严格执行"亲见亲签"规定，特别是要充分履行告知义务，同时要进一步加强服务工作，主动为客户排忧解难，特别是在遇到可能会产生违约、滞纳金、利息及影响客户信用记录等情况时，要主动向客户进行提示。

法律分析

1.《中华人民共和国合同法》第六十条规定："当事人应当按照约定全面履行自己的义务。当事人应当遵循诚实信用原则，根据合同的性质、目的和交易习惯履行通知、协助、保密等义务。"这里规定的通知义务，目的在于确保对方当事人及时知悉对其利益有重大影响的事项。

2.《商业银行信用卡业务监督管理办法》（中国银行业监督管理委员会令 2011 年

第2号）第五条规定："商业银行经营信用卡业务，应当充分向持卡人披露相关信息，揭示业务风险，建立健全相应的投诉处理机制。"该项规定从行政监管角度细化了消费者知情权，并进一步明确了对商业银行在信用卡业务中维护消费者权益的要求。

本案中，G银行与杨某之间存在提供金融服务的合同关系。《合同法》概括规定了合同当事人的知情权和通知义务，《商业银行信用卡业务监督管理办法》对从事信用卡业务的商业银行的告知义务、持卡人的知情权作出了明确规定。《消费者权益保护法》第八条明确规定经营者应当将所销售商品或提供服务的相关信息全面、如实告知消费者。尽管《消费者权益保护法》是否适用于金融消费领域尚存争议，但《消费者权益保护法》所确立的权益配置规则，尤其是消费者知情权、公平交易权等基本权利应当在金融消费领域得到同样的体现和落实。银行在对杨某的信用卡营销行为中，未按照上述法律规定告知杨某信用卡特点、使用方法、注意事项等相关信息，侵害了杨某作为金融服务消费者的知情权。特别是在消费者的用卡行为出现违约、产生滞纳金和利息、影响客户信用状况等情况时，未主动对客户进行提示，导致其产生不良个人信用记录。因此，银行应当对消费者受到的损害承担相关责任。

案例启示

1. 强化信息披露和金融消费者教育。从本案可以看出，即使受过高等教育的消费者，对借记卡和信用卡之间的区别、信用卡使用规则、信用卡对个人信用的影响等知识也知之甚少，更何况是普通消费者。因此，强化金融机构信息披露和通过金融消费者教育提高消费者自我保护能力是加强金融消费者保护的关键。

2. 进一步规范信用卡业务，切实维护消费者权益。信用卡领域的金融消费保护要抓住两个环节：一是发卡环节，要求金融机构必须执行亲见本人、亲见原件、亲见本人签字的"三亲见"制度，同时向信用卡申请人介绍有关用卡知识，提示信用卡用卡过程中可能产生的风险；二是信用卡管理环节，要求金融机构在可能出现对客户不利的情况时，应及时主动通知客户。

3. 对类似情况进行集中清理。本案中的涉案银行卡是学校统一办理用来缴纳学费的信用卡，当前，这类单位统一办理的信用卡可能还大量存在，尤其是在学生群体中，一旦用卡不当，可能对其进入社会后的工作与生活产生不利影响。为避免这类现象大量出现，人民银行各分支机构可以提示/要求辖区内金融机构对批量办理的信用卡进行集中清理，对基于特定用途而办理的，应在约定期限届满后予以停用、注销；对客户申请或者同意继续使用的，应主动告知客户使用方法及相关注意事项。

（中国人民银行南京分行金融消费权益保护处供稿）

案例四
代办信用卡未缴年费致不良信用记录案

案情简介

王某向人民银行某中心支行投诉，称其 2009 年在某市高校就读期间，受同学（该同学有亲属在银行工作）所托办理了 A 行信用卡。王某将身份证复印件交予该同学，但王某本人未填写"信用卡申领表"等资料，A 行也未与其联系，从未告知其信用卡的使用方法。王某拿到信用卡后从未使用，也未缴纳年费，卡一直处于"休眠"状态，王某也从未收到 A 行的欠费提示或对账单。时至今日，王某到该 A 行某支行办理住房贷款时，才被告知欠信用卡年费 195 元，且产生了不良信用记录。王某与该支行说明事情缘由且补交了年费，但该支行仍以其"有不良信用记录"为由不予受理其贷款申请。王某因此向中国人民银行某中心支行投诉，认为 A 行存在信用卡营销欺瞒，要求删除其不良信用记录，并为其办理贷款。

处理过程

人民银行某中心支行与 A 行联系，A 行经核实，认为王某的信用卡已经开卡，虽然该卡从未被使用但仍会产生年费，而且按照 A 行总行的规定，对账单都由其总行信用卡部统一寄出。但王某坚持认为其从未开卡，银行不应该收年费，其拖欠年费的不良记录不真实。经多方沟通，人民银行某中心支行认为王某的信用卡可能系其同学采取电话银行的方式代为开卡，王某并不知晓，事后由于其换了地址或者联系方式，导致银行无法联系其本人，不能及时告知其欠费信息，王某主观上不存在故意恶意欠费，但鉴于暂无证据，建议王某先寻找相关证人、证据，并请该银行出具其非恶意欠费证明，再凭证明到该支行申请办理住房贷款。同时，人民银行某中心支行建议该支行考虑王某主观上非恶意欠费及欠费数额较小的事实，对王某的贷款申请依规定酌情处理。该支行认为，王某所欠年费非有意为之，且愿意配合补交年费，综合考虑可为其办理住房贷款，但其不良信用记录已经产生且真实存在，银行不能随意修改。

法律分析

1. 《银行卡业务管理办法》第五十二条规定：发卡银行应当向银行卡申请人提供有关银行卡的使用说明资料，包括章程、使用说明及收费标准。

2. 《商业银行信用卡业务监督管理办法》第六十一条规定：发卡银行应当提供对账服务。

本案中，王某本人没有填写"信用卡申领表"，也没有激活信用卡，因此并不了解银行对收取年费的相关要求；同时，王某的信用卡产生年费后，银行没能对收取年费的相关信息进行有效提示，导致王某在不知情的情况下欠缴年费，并产生不良信用记录。经向多家银行了解得知，即使信用卡没有产生交易，银行也会通过对账单的形式告知信用卡持有人其应缴年费的金额和还款日期等信息，有的银行将年费与交易额相区分，对年费不收取利息，但也有银行将年费视为交易，如果没有在规定还款日期内足额交付年费，也将收取利息。

3. 《商业银行信用卡业务监督管理办法》第五条规定：商业银行经营信用卡业务，应当充分向持卡人披露相关信息，揭示业务风险，建立健全相应的投诉处理机制。第四十二条规定：发卡银行应当根据总体风险管理要求确定信用卡申请材料的必填（选）要素，对信用卡申请材料出现漏填（选）必填信息或必选选项、他人代办（单位代办商务差旅卡和商务采购卡、主卡持卡人代办附属卡除外）、他人代签名、申请材料未签名等情况的，不得核发信用卡。

根据《商业银行信用卡业务监督管理办法》，该案中发卡银行在对王某的信用卡营销过程中违规接受他人代签名的申请资料。由于非本人签名，就难以判断申请信用卡是否是本人真实意思的表现，极易被不法分子所利用。一旦不法分子利用他人名义获取信用卡并使用，会给银行和当事人带来经济和信用的双重影响。

案例启示

1. 《商业银行信用卡业务监督管理办法》自 2011 年开始施行，晚于王某办理信用卡的时间，因此，本案处理不能依据该办法。但对以后发生的同类案件，可以依据该办法对银行的违规行为进行处理。同时，人民银行各级分支机构应要求银行严格依法营销和办理信用卡，对非本人亲自签名等不能证明申请人真实意思的申请材料不予审核通过。

2. 加强信用卡用卡知识及个人征信知识宣传。在消费者办理信用卡时，银行应充分履行告知义务，加强信用卡用卡知识以及个人征信知识宣传，增强消费者按约办卡的意识和维护个人信用记录的意识；同时，在消费者用卡过程中及时提供对账服务，对收取年费的相关信息进行提示，避免信用卡到消费者手里变成"休眠卡"，在不知情的情况下因欠缴年费而产生不良信用记录。

3. 消费者应理性办卡。在面对"人情卡"、"摊派卡"、银行员工的热情推销以及信用卡营销赠品诱惑时，消费者要根据自己的经济承受能力和实际需求理性办理信用卡，尽可能地避免办理"休眠信用卡"。

4. 消费者应关注个人信用记录。消费者在办理信用卡时，既要充分了解信用卡使用知识，仔细阅读银行提供的格式合同，也要认真学习个人征信等金融知识，要认识到个人信用记录是自己金融生活中的"身份证"和"通行证"，提高珍惜、关注和维护个人信用记录的意识和能力。

5. 人民银行某中心支行在该案处理过程中的做法说明，在处理金融消费权益争议时，人民银行要依法纠正金融机构的违规违法行为，更应以适当方式进行协调，将消费者的合法、合理诉求落到实处。

（中国人民银行武汉分行金融消费权益保护处供稿）

案例五
未收到电子账单和短信通知，
致信用卡产生滞纳金和利息案

案情简介

张某使用 A 行信用卡已两年有余，每个月在收到 A 行信用卡电子账单和短信通知后及时还款，还款记录良好。2013 年 6 月 14 日是张某当月账单最迟还款日，但至 6 月 17 日张某仍未收到 A 行的电子账单和短信通知。张某因平时完全依赖银行电子账单和短信通知，故 6 月 17 日记起信用卡还款事宜并致电客服询问后才得知已逾期 3 天。虽然询问后第一时间将欠款还上，但仍因逾期 3 天产生滞纳金和利息共计570 元。

张某承认自己存在未及时还款责任，同时质疑 A 行未尽到还款提示义务，要求 A 行承担一半损失，但致电 A 行信用卡客服中心时，被告知责任在张某自己，A 行不承担任何责任。因对 A 行信用卡客服中心答复不满，张某致电 12363 进行投诉。

处理过程

人民银行某中心支行及时将相关情况反馈至 A 行 S 分行，要求核实情况并妥善与张某协商处理。A 行 S 分行向其上级行请示后认定，因 A 行信用卡章程明确规定，持卡人应注意查收对账单，如未按时收到对账单，应及时查询，不得以"未收到对账单"为由拒绝偿还欠款，故 A 行对张某逾期还款导致的任何损失不予承担。鉴于A 行提供的理由合规合理，人民银行某中心支行予以采纳。经人民银行某中心支行和 A 行 S 分行多次与张某解释沟通，最终张某表示理解，接受处理结果，表示以后会主动关注还款信息。

法律分析

依据《中华人民共和国合同法》，在 A 行与张某之间的合同关系中，对于张某而言，每月的还款日期是固定的，张某知道或应当知道还款日期，有按时还款的合同义务，不能以"没有收到电子账单和短信通知"为由进行抗辩。另外，即使在没有收到电子账单和短信通知的情况下，张某也可根据之前的交易情况，致电信用卡客服中心或者自行在自助设备查询还款日期及还款金额，不应因未收到通知而影响主合同义务的履行。因此，S 分行认为张某要求减免滞纳金及利息的请求不合理。

案例启示

1. 消费者在向银行申请信用卡时，应从自我保护角度出发，在认真阅读有关约定章程之后才能签字确认；同时，作为债务人，应主动关注还款日期等相关信息，不能完全依靠银行的对账单，从而在不受经济损失的同时维护个人良好信用记录。

2. 银行在消费者办理信用卡时，有义务提示消费者认真阅读有关章程，特别是告知不利于消费者的相关条款；同时，认真履行还款提醒义务，提升服务质量，减少纠纷。

（中国人民银行西安分行金融消费权益保护处供稿）

案例六
信用卡还款被收取罚息和利息案

案情简介

2013 年 7 月 10 日，王某向人民银行某中心支行投诉，称其拥有两张 G 行信用卡（以下简称 A 卡和 B 卡），4 月在 B 卡上消费了人民币 50 000 元，还款日为 5 月 25 日，由于理解错误，误将款项还到 A 卡上，造成 B 卡透支资金逾期。5 月 26 日，投诉人收到 G 行短信提醒后，立即咨询 G 行服务热线，讲述了事情原委，并得到了 G 行服务热线先交罚息和利息，之后予以退还的承诺。当日，投诉人将 A 卡资金转至 B 卡归还全部透支金额，并支付罚息 250 元和利息 1 170 元。6 月初，投诉人再次致电 G 行服务热线时，被告知罚息和利息退还事宜由 G 行分行信用卡部调查处理，而 G 行分行信用卡部则声称，由于此类情况找不到相关政策依据，所缴纳罚息和利息不能退还。

处理过程

投诉人陈述了三点理由：一是 G 行规定 A 卡和 B 卡共用一个信用额度，致使其认为 A 卡、B 卡为主副卡关系，其中任何一张卡均可视为还款。二是目前部分银行的信用卡还款有 3 天缓冲期，而自己实际还款时间只延迟了 1 天，应视为按期还款，不应收取罚息和利息。三是多次致电 G 行服务热线，均被明确告知可申请退还罚息和利息，但 G 行分行信用卡部却以本行服务热线不熟悉业务和没有相关依据等理由拒绝退还，而同一家银行应保持政策统一、处理意见一致。据此，投诉人提出退还其支付的罚息和利息共计 1 420 元的诉求。

根据投诉人的陈述，人民银行某中心支行作出以下处理：

（1）根据投诉处理程序，将该投诉转办至 G 行，要求其按照规定进行核实和处理，并于 15 个工作日内反馈处理结果。

（2）针对投诉人情绪较为激动并声称若投诉无法解决，将诉诸新闻媒体和进行诉讼的情况，积极向投诉人宣传金融消费权益保护政策，取得了投诉人的理解，避免了事态的进一步激化。

（3）根据双方提供的资料和调查情况，要求 G 行分行请示上级业务主管部门，咨询了解相关政策。7 月 26 日，G 行分行经请示上级行业务主管部门同意后，退还投诉人罚息和利息合计 1 420 元。投诉人对处理结果表示满意。

法律分析

1. 《商业银行信用卡业务监督管理办法》第五十条第二款规定："发卡银行应当对持卡人名下的多个信用卡账户授信额度、分期付款总体授信额度、附属卡授信额度、现金提取授信额度等合并管理，设定总授信额度上限。商务采购卡的现金提取授信额度应当设置为零。"尽管同一发卡银行同一持卡人名下的多张信用卡额度是合并管理的，但是不同信用卡间是相互独立的，持卡人应该按照信用卡章程约定的还款期限按时还款。本案中，由于持卡人自身还款对象错误，导致信用卡还款逾期，应当自行承担逾期责任。

2. 《商业银行信用卡业务监督管理办法》第五条规定："商业银行经营信用卡业务，应当充分向持卡人披露相关信息，揭示业务风险，建立健全相应的投诉处理机制。"

3. 《中国银行卡行业自律公约》（修订版，2013年7月1日起实施）要求其成员单位提供还款宽限期服务，还款宽限期自到期还款日起至少3天，如果持卡人能够在还款宽限期内还款，就视为按时还款。在实际业务操作过程中，不少商业银行已经采取该做法。

本案中，发卡银行对消费者信用卡使用、授信总额度政策等相关信息未进行及时、充分、有效的风险提示，金融消费者对信用卡用卡知识的了解和掌握有限，从而致使消费者对相关政策理解错误，错还了信用卡，产生了违约、滞纳金、利息，影响了信用记录，发卡银行侵害了消费者的知情权。同时，作为办理投诉的同一家银行，不同部门给予消费者的回复存在重大分歧，也反映了对消费者投诉处理的不严谨，损害了消费者权益，应当承担相应的责任。

案例启示

1. 保障客户知情权是金融消费权益保护的重要内容。本案中，投诉人表示对信用卡授信总额度政策的不了解是造成信用卡透支资金逾期的主要原因。目前，部分银行在产品的设计和营销过程中，存在着不同程度的信息披露不充分、风险提示不到位的问题，客户处于信息不对称的弱势地位。以本案为例，如果银行在签订开卡协议和电话回访中，对授信政策进行充分披露，对还款风险点进行有效提示，就可能避免此类情况的发生。此外，银行的服务电话是客户了解产品和服务的重要渠道，应保证其专业性和权威性，避免"两个声音"说话的情况出现。

2. 加强金融消费者教育是金融消费权益保护的根本。由于银行金融业务的相对专业性，普通金融消费者对于金融知识的了解和掌握存在一定的局限性，本案中在银行信息提示不充分的情况下，就出现了客户根据自己的判断而误解了相关政策，从而造成逾期还款的情况发生。因此，在进行金融消费权益保护的过程中，注重普及金融知识、加强对金融消费者的教育尤为重要。

3. 支付领域消费者权益保护和支付监管的相互促进，对维护支付秩序具有积极意义。人民银行的介入处理体现了中央银行强化支付监管职能，向"监管型服务"转型的思路；同时，消费者权益保护也为人民银行深入了解金融机构支付产品、加强支付管理提供了有效抓手。

（中国人民银行合肥中心支行金融消费权益保护处供稿）

案例七
外币消费，信用卡还款用人民币还是外币案

案情简介

投诉人2013年5月6日致电12363称，其3月15日去美国使用信用卡消费了3 000美元，回国后现准备还款。还款前咨询了银行是还美元还是人民币，银行表示说消费的是美元就还美元，投诉人就将未消费完的美元存入了关联的银行卡。但扣款日过后，投诉人发现银行把自己卡上的人民币扣除却并没有扣除美元，于是就打电话到银行询问，银行工作人员告知说她当时办理的是人民币还款。投诉人认为不合理，现要求银行应当扣除美元来还款，不应当用人民币兑换成美元来还款。

处理过程

12363后台工作人员在接到该投诉后，将该投诉直接分办给相关银行，并要求其在10个工作日内查明原因告知投诉人，并反馈办理结果。该银行5月13日反馈办理结果：经查实，客户在申请表上勾选的是自动还款协议，需保证转出账户本外币余额足够才能自动归还本外币，若外币余额不足，则系统自动用人民币购汇还款。银行已向投诉人解释业务规则，对柜面人员解释不明确使投诉人没有及时、明确获知还款信息表示道歉，并表示对投诉人进行适当补偿。接到银行反馈后，12363后台工作人员电话回访投诉人，投诉人对处理结果表示满意。

法律分析

1. 《国家外汇管理局关于规范银行外币卡管理的通知》（汇发〔2010〕53号）第五条第六项规定："境内卡在境外消费或提现形成的透支，持卡人可以用自有外汇资金偿还，也可在发卡金融机构购汇偿还。"本案中，客户可以用人民币购汇还款，也可以用自有外汇资金还款。但是，本案中客户采取自动还款的方式，也就是从本人的借记卡自动还款。

2. 《国家外汇管理局关于规范银行外币卡管理的通知》第七条第四项规定："开展银行外币卡业务的金融机构应全面客观地向客户介绍银行外币卡的外汇管理政策，向公众说明银行外币卡使用范围和透支还款等项管理规定，防止片面宣传和误导。"

3. 《商业银行信用卡业务监督管理办法》第五条规定："商业银行经营信用卡业务，应当充分向持卡人披露相关信息，揭示业务风险，建立健全相应的投诉处理机制。"

本案中，在客户拨打电话向银行咨询时，银行工作人员未能准确、充分地解释本

外币自动扣款的业务规则，使客户产生误解，认为只要账户中有外币，无论金额多少，都会先扣除账户中的外币用于境外外币消费。正是基于这种误解，客户未及时将手头剩余的外币兑换成人民币，而是存入了还款账户，并最终造成了汇率损失。银行工作人员未按照《商业银行信用卡业务监督管理办法》和《国家外汇管理局关于规范银行外币卡管理的通知》的规定，向客户说明银行外币卡使用范围和透支还款等管理规定，属于信息披露不充分，银行应当对客户的损失承担相应的赔偿责任。

案例启示

银行服务电话是客户了解产品和服务的重要渠道，应保证其专业性和权威性。应加强对客服人员的业务培训，使其熟练掌握本行各类业务规则；同时，针对不同类型的金融消费者和金融产品，建立健全金融知识库并不断更新完善，确保客服人员在接听客户咨询电话时能准确、充分地告知和解释相关信息，使金融消费者清晰理解各项金融产品和服务的特点、风险责任以及应对措施。以本案为例，如果银行客服人员在回答电话咨询中，对该行信用卡还款规则进行明确的解释并对还款风险点进行有效提示，就有可能避免此类情况发生。

（中国人民银行上海总部金融消费权益保护处供稿）

案例八
擅自激活信用卡案

案情简介

汤某 2007 年由所在单位在某商业银行办理一张信用卡，至今未开通。2012 年 3 月 26 日，汤某收到某商业银行发来的短信，告知要缴纳 99 元年费。汤某于是打某商业银行投诉电话了解此事，得知其信用卡在 2012 年 3 月 26 日被转入 1 分钱。汤某越想越奇怪，自己都不记得什么时候办理过信用卡，怎么可能会往卡里面存入 1 分钱。之后，汤某通过联系某商业银行上海信用卡总部查询信用卡的登记信息，发现当时在登记信息上除了第一联系人是自己外，第二联系人中留写的是某商业银行经办人钟某的名字。汤某便找到钟某，询问是否是其往卡里存入 1 分钱。钟某予以否认。于是汤某打电话到人民银行某中心支行金融消费权益保护中心进行投诉，要求：一是查清事情经过，二是不缴纳年费，三是注销信用卡。

处理过程

经调查核实，钟某确实于 2012 年 3 月 26 日在某商业银行支行往投诉人汤某信用卡（卡号为 519413×××××××85）中存入 1 分钱，使得汤某信用卡激活，从而需要缴纳年费。针对由此产生的年费问题，经过协商，由钟某替汤某支付。同时，根据汤某要求，注销了该信用卡。事后，人民银行某中心支行将该案件在全市金融系统业务工作会上进行通报，要求各金融机构务必将金融消费者的合法权益摆在首要位置，注重提高金融服务质量，为广大金融消费者创造一个地位平等、交易公平、诚实信用的金融服务环境。

法律分析

1. 依据《中华人民共和国合同法》，持卡人在银行办理信用卡并在相关合约上签名后，持卡人与银行形成合同法律关系，缔约双方应当根据合约的约定履行合同义务，任何一方违约将承担相应的违约责任。本案中银行方面擅自激活信用卡的行为违反了合约规定，银行应承担责任。

2. 《商业银行信用卡业务监督管理办法》第四十九条规定，"发卡银行应当建立信用卡激活操作规程，激活前应当对信用卡持卡人身份信息进行核对，不得激活领用合同（协议）未经申请人签名确认、未经激活程序确认持卡人身份的信用卡"，"信用卡未经持卡人激活，不得扣收任何费用"。

本案例中该行和钟某未经汤某同意且事后未告知，而采取不正当手段激活信用卡，扣收年费，由此造成的后果，应由该行和钟某承担。

案例启示

　　该起案件完全是由于银行工作人员为了自身业绩，通过不正当手段导致消费者在经济上蒙受损失，性质比较恶劣。人民银行在受理这类投诉案件时，要找准切入点，从保护金融消费者权益出发，将案件及时转办给相关金融机构，要求金融机构按照信用卡合约约定及相关法律法规和规定，与持卡人妥善解决矛盾纠纷，并采取措施进行整改；在必要的情况下，可会同相关部门，依法对金融机构采取行政措施，但应注意防范法律风险。

（中国人民银行南昌中心支行金融消费权益保护处供稿）

案例九
通过钓鱼网站跨行还款导致资金损失案

案情简介

2012年4月15日，周女士使用中国银联信用卡进行跨行还款时把A银行信用卡上的1 710元资金通过个人网银转至B银行信用卡账户，网上显示交易成功。6月7日，周女士收到B银行信用卡中心短信，告知其信用卡消费尚未还款。周女士网上查询发现，该笔交易表面上通过Chinapay支付网关支付成功，而实际上资金已进入名为"××信息技术有限公司"的账户并进行了消费。周女士立即报警，并向人民银行某总部投诉，认为中国银联应对签约客户资质有审查责任，自己跨行还款资金形成的损失应由中国银联承担。

处理过程

人民银行某总部接到投诉后调查发现，投诉人周女士本次跨行信用卡还款形成的损失是由于通过搜索引擎链接了虚假的钓鱼网站所致，由于资金已经清算完成，银联电子支付公司无法予以冻结追回。经查，"××信息技术有限公司"与银联电子支付公司签署网上支付协议时，银联电子支付公司查看并留存了其营业执照、组织机构代码证、税务登记证、法定代表人身份证复印件等，同时核查了其营业范围，审核通过后方能开通网上支付服务。

银联电子支付公司表示，从2012年3月起公司陆续收到持卡人有关被钓鱼网站欺诈支付至"××信息技术有限公司"的投诉。银联电子支付公司将相关交易信息发送商户协查，追回部分款项。但"××信息技术有限公司"对于银联电子支付公司要求的安装防钓鱼接口、对虚拟商品的交易设置合理限额等未予配合，为此银联电子支付公司已终止了与"××信息技术有限公司"的合作。

法律分析

1. 根据《非金融机构支付服务管理办法》（中国人民银行令〔2010〕第2号）第三十一条规定，支付机构应当按规定核对客户的有效身份证件或其他有效身份证明文件，并登记客户身份基本信息；支付机构明知或应知客户利用其支付业务实施违法犯罪活动的，应当停止为其办理支付业务。

2. 《银行卡收单业务管理办法》（中国人民银行公告〔2013〕第9号）第七条规定，收单机构拓展特约商户，应当遵循"了解你的客户"原则，确保所拓展特约商户是依法设立、从事合法经营活动的商户，并承担特约商户收单业务管理责任。第九条规定，收单机构应当对特约商户实行实名制管理，严格审核特约商户的营业执照等证明文件，以及法定代表人或负责人有效身份证件等申请材料。

以上规定表明，支付机构负有对特约商户的资质进行审查及监督管理的义务，如果支付机构存在审查不严或对管理措施采取不力的情况，则可能面临主管部门的行政处罚。周女士的资金通过钓鱼网站被欺诈进入"××信息技术有限公司"的账户并被消费，在商户非恶意的情况下，商户获得资金的行为属于不当得利，应该返还给周女士。如果商户存在欺诈，周女士与商户之间订立的合同属于我国《合同法》第五十二条规定的无效合同，商户应该将获得的资金返还给消费者，同时赔偿消费者的损失。如果商户的欺诈行为涉嫌犯罪，要依法追究其刑事责任。

案例启示

1. 加强金融风险提示和教育。随着信用卡还款渠道的多样化，越来越多的消费者选择网上还款的方式。网上还款方式在给消费者带来便利的同时，也存在一定的风险隐患。金融机构除了不断提高信息安全水平外，还要加强金融风险教育，及时通过手机短信等多种方式向消费者提示风险。金融消费者也要不断提升金融风险防范能力，一定要通过官方网站等正规渠道进行信用卡还款，对于不明链接不要轻易点击，以免被不法分子"钓鱼"。

2. 支付机构要加强特约商户管理。支付机构要强化对特约商户的资质审查，认真核实特约商户资料，定期对其开展现场调查。发现特约商户发生疑似银行卡套现、洗钱、欺诈等风险事件的，要及时采取延迟资金结算、暂停银行卡交易或收回受理终端（关闭网络支付接口）等措施，并将相关情况通报人民银行、公安机关、中国银联等部门。

（中国人民银行上海总部金融消费权益保护处供稿）

案例十
郑某因借记卡被盗刷向银行索赔案

案情简介

2012年12月29日18时5分，郑某连续收到7条某银行借记卡ATM交易短信，由于该借记卡当时就在身上，郑某随即向银行客服投诉，并打电话报警。当地派出所出警并出具了报警回执。次日上午，郑某到开户银行某支行查询相关交易流水，显示共有7笔ATM转账或取款交易，其中：1笔转账10 000元，5笔取现各2 500元，1笔取现900元。转账及取现金额共23 400元，手续费65.5元，合计23 465.5元。交易地点为广州某银行。该支行根据ATM交易行提供的截图判断，交易人非郑某本人；郑某也保证交易非本人或授权所为，有报警回执等不在场证据。郑某认为，银行卡被盗刷，主要原因是银行ATM不能识别伪卡，要求该银行分行承担80%的赔偿责任，即18 772.4元。该银行分行根据《某银行电子借记卡章程（2008年版）》第十一条规定，认为郑某银行卡被盗刷，郑某应承担银行卡密码保管不善的责任，双方应各自承担50%的责任。纠纷发生后，该银行分行与郑某协商，一致同意提交当地金融消费权益保护协会调解。

处理过程

当地金融消费权益保护协会指派市金融消费权益保护咨询调解委员陈某对该纠纷进行调解。经过协商，双方就赔偿事宜达成以下调解协议：（1）银行和持卡人按照65%、35%的比例承担相应损失；（2）银行于2013年3月31日前将款项给付持卡人，并取得对被盗用资金的追索权；（3）持卡人将积极配合公安机关、银行的所有调查行动，并承诺不再就此事向银行提出任何权利主张；（4）如公安、司法机关最后认定申诉人需承担资金损失，申诉人将归还垫付资金。调解结束后，某银行分行将调解结果上报其上级行，其上级行对当地金融消费权益保护协会调处此类纠纷表示支持。

法律分析

1. 银行与客户之间存在储蓄合同关系，银行应当承担违约责任。银行负有保障客户资金安全的义务，而客户负有妥善保管密码的义务，双方根据各自的过错情况承担相应的责任。由于我国法律法规及司法解释没有明确伪卡交易案件法律适用标准，银行和持卡人的责任分配一直存在争议。司法实践中，在案件没有侦破、无法确定密码泄露是谁的责任的情况下，银行和持卡人一般各承担50%的责任，但逐渐有加重银行责任的趋势，法院倾向于认为相比较持卡人而言，作为专业机构的银行，更有责任也有能力去完善自己的安全保障系统，提高识别克隆卡的技术，使违法分子即便窃取密码也无法凭克隆卡盗取资金，越来越多的法院判决银行承担50%以上的责任，甚至

100%的责任。如广东省法院对伪卡案件的责任分配标准是：银行未能识别伪卡的，一般应当对卡内资金损失承担不少于50%的责任；持卡人用卡不规范导致密码泄露的，一般应当在卡内资金损失50%的范围内承担责任。

2. 消费者与金融机构发生纠纷，可以通过多种途径解决：（1）与金融机构协商和解；（2）请求消费者协会等第三方机构调解；（3）向金融管理部门申诉或申请行政调处；（4）根据与经营者达成的仲裁协议提请仲裁机构仲裁；（5）向人民法院提起诉讼。

由于诉讼方式成本高、耗时长，申请第三方机构或金融管理部门进行调解，成为越来越多人的选择。根据《最高人民法院关于建立健全诉讼与非诉讼相衔接的矛盾纠纷解决机制的指导意见》（法发〔2009〕45号）的精神，对于消费者与金融机构达成的调解协议，可以申请当地人民法院司法确认，赋予其司法强制执行力。

案例启示

随着银行卡产业的快速发展，银行卡在为人们的生产、生活带来极大便利的同时，也频频发生被克隆盗取资金的纠纷案件。预防银行卡被克隆、保护客户合法权益是一个系统工程，需要金融监管部门、公安部门、商业银行、消费者共同努力。

一是银行机构要按照金融管理部门要求，积极采取措施提高银行卡技术水平。要开发银行卡账户查询短信免费通知业务；要强化资金异常交易监测，及时控制可疑交易风险；要建立大额资金交易动态密码确认和延时清算机制；要加强对商户特别是高风险商户的管理；要加快磁条卡向IC卡的迁移。

二是消费者要加强安全用卡知识学习，提高风险防范能力。要防范个人身份资料信息泄露，保护银行卡信息；妥善保管银行卡密码；进行网上支付时，一定要登录正规银行网站，防止误入钓鱼网站。

三是建立健全银行卡违法行为联合防控机制，人民银行、银监部门、司法部门、公安部门、中国银联及商业银行要各司其职，加强沟通配合，共同打击银行卡犯罪活动，营造安全、快乐、诚信、和谐的用卡环境。

（中国人民银行广州分行金融消费权益保护处供稿）

案例十一
银行卡被盗刷，双方和解结案

案情简介

2012 年 5 月 19 日，深圳某商业银行分行接到客户投诉，称其当日 19:52 收到该银行发送的三笔取款短信，合计 4 551 元，由于银行卡一直随身保管，密码也没有泄露给他人，感到非常疑惑，于是马上去附近 ATM 查询，发现资金真的被盗，马上在 20:10 致电当事银行进行口头挂失，要求该银行尽快核实情况，归还其被盗资金。

处理过程

据该银行调查，该客户账户于 2012 年 5 月 19 日 19:52 至 19:54 在广东茂名某县 Y 银行的 ATM 发生取款交易 3 笔，分别是 2 笔 2 000 元、1 笔 500 元，手续费 51 元，交易发生后 7 分钟，客户持银行卡在深圳市某银行 ATM 操作查询，并拨打银行服务电话进行口头挂失。从以上情况看，可疑交易在异地发生 7 分钟后，客户本人及银行卡均在深圳，可以排除客户本人持本卡操作，确定该银行卡被克隆盗刷。通过查看客户账户交易，无法判定客户有密码及账户信息保管不善的证据，当事银行依据该行《个人客户投诉问题和解操作手册》与客户进行和解处理，垫付客户资金损失 4 551 元。

法律分析

1. 银行与客户之间存在储蓄合同关系，银行应当承担违约责任。银行负有保障客户资金安全的义务，而客户负有妥善保管密码的义务，双方根据各自的过错情况承担相应的责任。由于我国法律法规及司法解释没有明确伪卡交易案件法律适用标准，银行和持卡人的责任分配一直存在争议。司法实践中，在案件没有侦破、无法确定密码泄露是谁的责任的情况下，银行和持卡人一般各承担 50% 的责任，但逐渐有加重银行责任的趋势，法院倾向于认为相比较持卡人而言，作为专业机构的银行，更有责任也更有能力去完善自己的安全保障系统，提高识别克隆卡的技术，使违法分子即便窃取了密码也无法凭克隆卡盗取资金，越来越多的法院判决银行承担 50% 以上的责任，甚至 100% 的责任。如广东省法院对伪卡案件的责任分配标准是：银行未能识别伪卡的，一般应当对卡内资金损失承担不少于 50% 的责任；持卡人用卡不规范导致密码泄露的，一般应当在卡内资金损失 50% 的范围内承担责任。

2. 消费者与金融机构发生纠纷，可以通过多种途径解决：（1）与经营者协商和解；（2）请求消费者协会等第三方机构调解；（3）向金融管理部门申诉或申请行政调处；（4）根据与经营者达成的仲裁协议提请仲裁机构仲裁；（5）向人民法院提起诉讼。由于该案涉及金额比较少，在排除持卡人作案等道德风险的前提下，银行通过启动内部快速赔偿机制，与客户达成和解，承担全部责任。

案例启示

目前，银行卡盗刷类型主要有四类：一是犯罪分子在 ATM 安装吞卡装置或者在持卡人办理业务时调包真卡，利用盗取的密码盗取账户资金；二是在 ATM 和 POS 机等设备上安装测录装置，盗取银行卡信息后制作克隆银行卡盗取账户资金；三是持卡人因个人原因泄露账户信息，被不法分子盗取账户资金；四是由于账户信息不明原因泄露导致银行卡被盗刷。

近年来，司法案例中出现了越来越多的不利于银行的判决结果，由盗刷银行卡衍生的法律纠纷不断困扰着银行，成为亟待解决的问题。银行在诉讼中主要面临两个方面的困境：一是举证责任的分配，特别是银行卡密码由持卡人保管，银行难以证明持卡人存在泄露密码的行为；二是归责原则的适用并无明文规定，法院在银行卡盗刷案件中的责任划分方面有较大的自由裁量权，不同案件中银行承担的责任也有较大不同，在部分案件中，法院适用过错责任，双方分担损失，有的案件中法院适用严格责任，则银行承担全部损失。

人民银行在调处此类案件时，以促进双方主动沟通协商、达成双方认可的和解协议为目的，及时通知公安部门介入案件，协助双方留存相关证据，尽快将犯罪分子抓获。

预防银行卡被克隆、保护客户合法权益是一个系统工程，需要金融监管部门、公安部门、商业银行、消费者共同努力。

一是银行机构要按照金融管理部门要求，积极采取措施提高银行卡技术水平。要开发银行卡账户查询短信免费通知业务；要强化资金异常交易监测，及时控制可疑交易风险；要建立大额资金交易动态密码确认和延时清算机制；要加强对商户特别是高风险商户的管理；要加快磁条卡向 IC 卡的迁移。

二是消费者要加强安全用卡知识学习，提高风险防范能力。要防范个人身份资料信息泄露，保护银行卡信息；妥善保管银行卡密码；进行网上支付时，一定要登录正规银行网站，防止误入钓鱼网站。

三是建立健全银行卡违法行为联合防控机制，人民银行、银监部门、司法部门、公安部门、中国银联及商业银行要各司其职，加强沟通配合，共同打击银行卡犯罪活动，营造安全、快乐、诚信、和谐的用卡环境。

（中国人民银行深圳市中心支行办公室供稿）

案例十二

欧某身份证联网核查不符，换卡取款受阻案

案情简介

2012年5月2日，欧某持工资卡到惠州某银行支行柜员机取款，发现该卡已于2012年3月到期，必须换卡后才能使用。5月4日，欧某前往发卡银行要求更换银行卡并办理取款业务。欧某无法提交第二代身份证，仅能提交第一代身份证。银行工作人员联网核查后发现，系统显示欧某"姓名与身份证号码不匹配"，询问欧某是否曾经改名，提示其出示户口簿等辅助证件或到当地派出所核实，取得当地派出所的证明后再来办理业务。

5月8日，欧某再次前往银行，出示了户口簿。银行工作人员审核后发现该户口簿多处更改并盖章确认，名字最后一字有更改，但上面的盖章模糊不清，无法进一步作出核查结果，因此向欧某出示联网核查不符的证明，不予办理更换银行卡业务，并做了政策解释。欧某不服，向该行投诉称银行客户身份核查系统出示了不公正的核查结果，随意否定、抹杀其本人的真实身份，银行借此不予办理换卡业务侵犯了其取款自由的权利。

银行接到欧某投诉后，采取三条措施：一是主管部门经理、行长反复、耐心地向欧某解释业务处理规定、处理流程以及时间要求。二是通过电话向欧某户口所在地派出所请求核实，但未取得答复。三是通过传真直接向公安部身份信息查询服务中心申请核实，但仍未取得答复。5月9日，该行向欧某作出书面答复：鉴于欧某的身份证无法通过系统核查，且提交的户口簿有更改痕迹难判真伪，向公安部门征询意见未得到回复结果，根据现行政策规定，在无公安部门出示相关鉴定证明的情况下，无法给予办理换卡取款业务，同时建议欧某回户口所在地派出所开具身份证明或办理第二代身份证证明后来办理。

但欧某不认可银行解释，坚持认为自己身份不存疑，银行不能随意曲解判断其真实身份，取款自由权利不能受到侵犯，并表示银行要考虑到自己是退休老干部，为领取1 000多元的工资款而专程回清远老家办理身份证明不现实，表示要向银监部门投诉。5月9日，欧某向当地银监分局投诉，但最终没有达成满意的调解结果。5月10日，欧某向所在地人民银行某中心支行投诉该银行支行的侵权行为。

处理过程

人民银行某中心支行收到投诉后，首先向欧某解释有关政策规定，明确告知没有

办理第二代身份证、户口簿多次涂改是导致其无法办理换卡取款业务的主因，其本人应承担主要责任并配合银行核实身份。同时，人民银行某中心支行与银行沟通了有关情况和看法，向其提出三个意见：一是寄送"公民身份信息核实情况反馈表"至公安局查询服务中心再次申请核实欧某身份信息；二是向其上级行寻求协助，查询与核对欧某的开户资料；三是考虑到欧某作为退休老人回老家办理身份证明路途遥远过于艰辛，处理本纠纷要在执行现行政策基础上，基于照顾退休老人利益的原则，应尽可能通过系统信息资源核实身份，协助其解决问题。

5月11日，该银行支行收到开户行发送的批量开户资料扫描件，认真核实了欧某的身份证号码、姓名、电话的真实性。在征得其上级行同意的前提下，由欧某写下申请书并对其所提交证件资料的真实性予以保证的情况下，为其办理了换卡取款业务。

法律分析

1. 我国《反洗钱法》第十六条规定：金融机构应当按照规定建立客户身份识别制度。……金融机构不得为身份不明的客户提供服务或与其进行交易，不得为客户开立匿名账户或假名账户。金融机构对先前获得的客户身份资料的真实性、有效性或者完整性有疑问的，应当充分识别客户身份。

2. 《个人存款账户实名制规定》（国务院令第285号）第六条规定：个人在金融机构开立个人存款账户时，应当出示本人身份证件，使用实名。第七条规定：在金融机构开立个人存款账户的，金融机构应当要求其出示本人身份证件，进行核对，并登记其身份证件上的姓名和号码。……不出示本人身份证件或是不使用本人身份证件上的姓名的，金融机构不得为其开立个人存款账户。

3. 《人民币银行结算账户管理办法》（中国人民银行令〔2007〕第2号发布）第二十二条规定：存款人申请开立个人银行结算账户，应向银行出具下列证明文件：（一）中国居民，应出具居民身份证或临时身份证……银行为个人开立银行结算账户时，根据需要还可以要求申请人出具户口簿、驾驶执照、护照等有效证件。

以上规定表明，银行要认真落实银行卡账户实名制，切实履行客户身份识别义务，确保申请人资料真实、完整、合规。银行如果未履行责任导致匿名、假名账户开立，则面临行政主管部门的行政处罚；造成客户资金损失的，可能要承担相应的民事责任。

案例启示

金融机构要按照金融法律法规的要求，严格落实账户实名制规定。同时，要进一步提高为客户服务的意识，不断改进和提升金融服务水平，积极协助客户取得相关的身份证明。在风险可控、有相关辅助性证明材料的情况下，可采取相应的变通处理措施。

（中国人民银行广州分行金融消费权益保护处供稿）

案例十三
郑某跨行取款交易失败退款纠纷案

案情简介

2012 年 10 月 14 日，郑某持 A 银行卡在四川南充某县 B 银行 ATM 取款 1 500 元交易失败，并将 ATM 打印凭条撕毁丢弃。当天，郑某在 A 银行查询得知 1 500 元款项已经下账，并要求 B 银行处理。B 银行答复称，如果当日结账后有这笔长款，即可支付。次日，B 银行回复称没有长款，因此不予支付，并表示应当是自动退回了 A 银行账户。于是，郑某又到 A 银行查询，结果账上仍没有这笔款项，并在此后一周内未见退款。郑某又多次要求 B 银行进行查询，B 银行让郑某提供 A 银行发出的业务查询函，A 银行认为这不是本行发生的业务，因此不发查询函。由于手头没有凭据，郑某向所在地人民银行某县支行投诉。

处理过程

人民银行某县支行接到投诉后，首先向郑某介绍，在业务操作中，跨行 ATM 取款交易失败的后续退款要经过内部确认、处理、通过中国银联向发卡银行机构退款以及发卡银行机构收到资金后完成对持卡人账户的入账等环节，整个过程需要的时间往往比较长，希望郑某能耐心等待一段时间，并表示如果跨月仍未退款成功将协助其再次查询。郑某听后同意耐心等待一段时间。10 月底，郑某告知人民银行某县支行退款已到账。

法律分析

中国银联是经国务院同意、中国人民银行批准，由国内金融机构共同发起设立的银行卡组织。其主要作用在于通过建设银联跨行交易清算系统，实现银行卡间的互联互通，推动银行卡的发展和应用。中国银联发布的有关银联卡方面的标准规范、清算规则，对加入银联跨行交易清算系统的各会员单位具有约束力。

目前，我国银行卡跨行交易退款规则主要是中国银联发布的有关规则以及各商业银行根据中国银联发布的规则修订而成的业务操作规程。如中国银联《银联卡业务运作规章》规定"发现长款，应在 2 个工作日内主动通过中国银联向发卡机构退款"，"交易不成功，持卡人可根据提示信息向终端所属行、发卡机构或中国银联咨询"。

案例启示

1. 各银行机构应严格遵循中国银联的运作规则，积极配合交易失败取款人的查询请求。终端所属行、发卡机构以及中国银联均有义务为持卡人提供业务咨询，各金融机构应严格遵循银联的运作规则，相互协作，主动配合交易失败取款人的查询请求，切实保护金融消费者的合法权益。

　　2. 各银行机构要建立健全客户投诉纠纷处理机制，积极妥善处理纠纷。遇到客户异议，金融机构要耐心解释，及时告知业务处理流程。对于不能及时办理的业务，要明确告知处理渠道和办理期限，积极妥善处理投诉，避免发生纠纷。

（中国人民银行成都分行金融消费权益保护处供稿）

案例十四
晋某投诉银行存取款一体机吞款案

案情简介

2012年8月13日，晋某按照预约日期前往泸州某商业银行支行还款。在CRS存款时，因机器故障，致使存入的10 900元现金被吞。晋某当即与大堂经理联系，银行方面确认为机器故障，并复印了晋某银行卡、CRS回单，留下晋某联系方式，承诺3天以内将所吞款项归还。8月17日，银行告知晋某因系统一时恢复不了，归还被吞款项还需等待。8月20日，银行方面仍未归还CRS所吞款项，致使晋某预约的还款日期被推迟了一个月。晋某投诉至所在地人民银行某中心支行要求银行于银行门口张贴公开道歉书，公开赔礼道歉；做检讨，追究相关人员责任；尽快归还CRS所吞款项，赔偿经济损失。

处理过程

人民银行某中心支行接到投诉后，立即将投诉转该银行分行办理，并要求尽快处理，维护客户合法权益。某银行分行回复处理结果称，按照此类情况处理流程，应先由CRS管辖网点对客户反映的机器发生吞钞情况进行初步核实并上报市分行业务处理中心，再由业务处理中心根据机内流水账和机内长款进行再核实，然后业务处理中心向网点发出账务核实单，网点确认后由业务处理中心为客户上账，整个处理过程一般在3个工作日内完成。因晋某存款的CRS由于电脑主板三个零件发生故障，当时无法调阅机内流水账，银行方面立即通知在异地的厂家对CRS进行维修，因而延误了为客户上账的时间。在核实相关情况后，银行已及时为晋某上账10 900元，通过电话向投诉人说明情况并表示深深的歉意。

法律分析

我国《合同法》第六十条第二款规定："当事人应当遵循诚实信用原则，根据合同的性质、目的和交易习惯履行通知、协助、保密等义务。"该条款明确了合同当事人在履行合同时应遵循诚实信用的原则，承担相应的义务。在合同履行过程中，为辅助实现债权人之给付利益或周全保护债权人之人身或其财产利益，债务人应遵循诚实信用原则，根据合同的性质、目的和交易习惯履行通知、协助、保密、保护等义务，由于此种义务是附随于主给付义务的，因此，我们称之为合同的附随义务。本案中，主要是由于银行的附随义务没有尽到，即保证交易平台也就是CRS的适用性，以及对储户进行合理周到的安全提示义务和安全保障义务；对于储户来讲，作为合同当事人，应当对本人的银行账号、密码、身份证件等信息和资料承担保密责任。

银行机构应当加强营业网点现场投诉处理能力建设，规范营业网点现场投诉处理程序，明确投诉处理工作人员的岗位职责，严格执行首问负责制，有效提升现场投诉处理能力。对客户投诉事项，应当认真调查核实并及时将处理结果告知客户。发现有关金融产品或服务确有问题的，应立即采取措施予以补救或纠正。银行机构给金融消费者造成损失的，应根据有关法律规定或合同约定向金融消费者进行赔偿或补偿。

案例启示

1. 银行机构要强化自助设备管理。随着银行 ATM、CRS、XDM 等自助设备的广泛使用，银行在提升服务质量、提高服务效率、延伸服务时间上取得较好成效，但各银行应加强对自助设备的管理和维护，针对自助设备可能产生的问题和故障，制定相关的应急措施或预案，竭力避免因自助设备故障问题而产生矛盾纠纷。应尽力缩短自助设备的维修处理时间，力争客户损失最小化。

2. 银行机构要建立健全客户投诉纠纷处理机制。银行应不断提高金融服务水平，进一步完善客户投诉纠纷处理机制，对于客户的投诉纠纷要及时办理回复，对于在规定期限内不能办理完毕的，要主动向客户解释，明确告知处理期限和办理情况。

（中国人民银行成都分行金融消费权益保护处供稿）

案例十五
胡某投诉银行因身份证有重号不予办理银行卡案

案情简介

2012 年 4 月 12 日上午，胡某通过苏州市政府公众监督网络平台向人民银行某市中心支行投诉称，其在某银行网点办理银行卡时，因银行系统显示其身份证有重号而不予办理。投诉人与银行多次协商未果，请求人民银行予以调查处理。

处理过程

人民银行某市中心支行接到胡某投诉后，立即将投诉转至某银行分行要求妥善处理。经调查，胡某身份证重号是因为某银行系统已将胡某的身份证号码以"身份证和重号身份证件"类型注册，注册地分别为四川省和广东省。当天，该银行分行派人对胡某身份进行了核对，认为胡某身份与其所持身份证信息一致，与联网核查信息一致，遂逐级将此情况反映至总行。4 月 12 日晚间，该银行总行将异地注册客户证件类型处理为"非真证件"，使胡某能够正常办理业务。4 月 13 日，胡某至银行网点成功办理开卡业务，并对处理结果表示满意。

法律分析

1. 我国《反洗钱法》第十六条规定：金融机构应当按照规定建立客户身份识别制度。……金融机构不得为身份不明的客户提供服务或与其进行交易，不得为客户开立匿名账户或假名账户。金融机构对先前获得的客户身份资料的真实性、有效性或者完整性有疑问的，应当充分识别客户身份。

2. 《个人存款账户实名制规定》（中华人民共和国国务院令第 285 号）第六条规定：个人在金融机构开立个人存款账户的，应当出示本人身份证件，使用实名。第七条规定：在金融机构开立个人存款账户的，金融机构应当要求其出示本人身份证件，进行核对，并登记其身份证件上的姓名和号码。……不出示本人身份证件或是不使用本人身份证件上的姓名的，金融机构不得为其开立个人存款账户。

3. 《人民币银行结算账户管理办法》（中国人民银行令〔2003〕第 5 号）第二十二条规定：存款人申请开立个人银行结算账户，应向银行出具下列证明文件：（一）中国居民，应出具居民身份证或临时身份证……银行为个人开立银行结算账户时，根据需要还可以要求申请人出具户口簿、驾驶执照、护照等有效证件。

以上规定表明，银行要认真落实银行卡账户实名制，切实履行客户身份识别义务，确保申请人资料真实、完整、合规。银行如果未履行责任导致匿名、假名账户开立，则面临行政主管部门的行政处罚；造成客户资金损失的，可能要承担相应的民事责任。本案中，银行内部客户身份认证管理出现失误，不能够作为影响客户办理业务的理由，更不得以此拒绝客户的正当请求。

案例启示

金融机构要按照金融法律法规的要求，严格落实账户实名制规定。同时，要进一步提高为客户服务的意识，不断改进和提升金融服务水平，积极协助客户取得相关的身份证明。特别是在金融机构系统内部出现矛盾时，在风险可控、有相关辅助性证明材料的情况下，可采取相应的变通处理措施，而不得以此作为拒绝为客户办理业务的理由。

（中国人民银行南京分行金融消费权益保护处供稿）

案例十六

刘某等人投诉银行强迫工资折改换成工资卡案

案情简介

2012年6月18日，退休职工刘某向所在地人民银行某县支行投诉，称庆安某银行支行强迫刘某等6人将工资存折换成工资银行卡，刘某等人认为银行卡容易丢失，不如存折直观，并且要缴纳年费，不同意换卡。刘某等人与该银行支行协商未果，请求人民银行某县支行帮助解决。

处理过程

人民银行某县支行接到投诉后，将投诉转至某银行支行办理。该支行调查结果显示，刘某等持有的存折用于该支行为县社保局代发工资，2012年6月，该支行建议刘某等人将工资折改换成工资卡，刘某等人填写了"开户申请单"，并且本人签字同意，不存在强迫其"折改卡"的情况。人民银行工作人员全面了解了双方争议情况，并复印了该支行提供的相关证明材料。鉴于投诉方与被投拆方提供的事实情况有出入，人民银行组织双方进行调解，并达成调解意见：该支行同意在5个工作日内将刘某等人的工资卡改成工资折。

法律分析

1.《商业银行法》第五条规定：商业银行与客户的业务往来，应当遵循平等、自愿、公平和诚实信用的原则。这一规定要求商业银行应该按照客户的要求提供金融产品和服务，不能强制客户办理相关业务。

2.《消费者权益保护法》第八条规定：消费者享有知悉其购买、使用的商品或接受的服务的真实情况的权利。第九条规定：消费者享有自主选择商品或服务的权利。这些规定要求银行在办理业务过程中，应该充分向客户披露所提供的金融产品和服务的信息，提示风险，避免发生纠纷。

案例启示

目前，不少金融消费者对基本金融工具缺乏了解。金融机构应当通过各种渠道加强金融知识普及和教育，在办理业务过程中对相关金融产品和服务作充分的说明，让老百姓真正理解金融产品和金融业务。同时，应当注意金融消费者的年龄、金融知识水平、投资经验等具体情况，在办理业务时不得剥夺金融消费者的自主选择权和知情权。

（中国人民银行哈尔滨中心支行金融消费权益保护处供稿）

案例十七
冯某投诉银行卡未发生交易被扣款案

案情简介

2011年11月30日和2011年12月2日，冯某分别收到两条关于"支付宝扣49.75元"、"支付宝快捷支付49.99元"的短信。冯某本人没有在网上购物和在银行办理付款业务，怎么会被扣款呢？当时他正在外地，回到赤峰后持卡到银行核实，两次扣款果然属实。与银行交涉未果，冯某到公安机关报案，由于标的金额较小，公安机关不予立案，于是向所在地人民银行某中心支行投诉。

处理过程

发卡行经过认真查询，发现两笔款项分别转到了深圳某银行内部核算账号和杭州某银行内部核算账号。两笔交易是通过支付宝联合各大银行推出的快捷支付业务办理的。该业务只要有银行卡，就可以在支付宝付款，无须登录网上银行，凭支付宝支付密码和手机校验码即可完成支付。据冯某讲，他是生意人，为便于客户汇款结算，所持卡号印在了名片上，知晓范围很广，公司几个会计也知道其银行卡密码。鉴于此，人民银行某中心支行调处人员提示冯某可能有人用他的卡号冒用他的名义在网上进行了注册，建议冯某将此卡注销，重新办理一张银行卡，提醒他对银行卡密码严格保密，妥善保管。由于两次付款金额不大，冯先生撤销投诉。

法律分析

1. 《银行卡收单业务管理办法》（中国人民银行公告〔2013〕第9号）第二十一条规定：收单机构应当针对风险较高的交易类型制定专门的风险管理制度。对无卡、无密交易，以及预授权、消费撤销、退货等交易类型，收单机构应当强化风险管理措施。据此，支付机构对无卡交易等类型交易，应该强化风险管理措施。

2. 《金融机构客户身份识别和客户身份资料及交易记录保存管理办法》（中国人民银行、银监会、证监会、保监会令〔2007〕第2号）第十七条规定：金融机构利用电话、网络、自动柜员机及其他方式为客户提供非柜台方式的服务时，应实行严格的身份认证措施，采取相应的技术保障手段，强化内部管理程序，识别客户身份。按规定，银行通过非柜台方式为客户提供支付服务时，应当严格身份认证措施，确保是客户本人的交易。

案例启示

随着互联网技术的快速发展，传统银行业务进入电子银行时代，电子银行在给消费者带来高效、便捷的同时，也需要防范金融风险。银行、支付机构在办理电子银行业务时，要严格遵守国家金融管理部门有关电子银行的监管规定，强化风险控制措施，同时通过多种方式加强对消费者的安全警示和风险提示。金融消费者要提高自身的金融风险防范意识，保管好个人身份资料和金融信息，妥善保管银行账号和密码。

（中国人民银行呼和浩特中心支行金融消费权益保护处供稿）

案例十八
姜某投诉银行要求强行办理银行卡案

案情简介

2012年2月24日下午，姜某从外地将一笔款项转至江西临川某银行，要求开办存折，可银行业务员告知不能开办存折，只能办理银行卡，且需收取15元成本费。姜某认为，现在存折业务并没有取消，银行不予办理是在故意刁难他，于是向所在地人民银行某县支行金融消费权益保护中心投诉。

处理过程

人民银行某县支行金融消费权益保护中心接到投诉后，电话告知该银行业务部负责人杨某，要求给予解释，并纠正其错误做法。杨某称，其内部规定是一般情况下，60岁以上的客户可以开办存折，60岁以下的客户原则上开办银行卡，因为每个员工都需完成相应的银行卡任务指标，所以柜台工作人员要求姜某办理银行卡。县支行金融消费权益保护中心对该银行做法进行了批评，并责令其立即改正。该银行意识到其做法是不妥的，及时纠正自身行为，为客户办理存折业务。

法律分析

《商业银行法》第五条规定：商业银行与客户的业务往来，应当遵循平等、自愿、公平和诚实信用的原则。因此，商业银行应该按照客户的要求提供相应的金融产品和服务，不能强制客户办理相关业务。

案例启示

金融机构应当树立"客户利益至上"的理念，平等地对待不同年龄、不同身份的客户，不能为了自身的经济利益而置客户利益于不顾。金融管理部门要加强监督检查，敦促金融机构合法合规经营，履行服务承诺，承担必要的社会责任。

（中国人民银行南昌中心支行金融消费权益保护处供稿）

案例十九
吴某投诉银行擅自开通无卡支付业务案

案情简介

2012 年 6 月 11 日，某银行信用卡持卡人吴某向某市金融消费者申诉处理中心投诉称，以前他在某航空公司购票都是通过输密码的 POS 机刷卡方式支付的，但最近一次结算时，只报银行卡卡号，钱就被划走，既不需要密码，也无须签名，后经询问得知该银行分行为其开通了无卡支付业务。吴某认为未经其同意，商业银行与特约商户就为其开通无卡支付业务，侵犯了其知情权、选择权和安全权。

处理过程

某市金融消费者申诉处理中心接到投诉后，通过电话询问、现场调查和约见谈话三种方式对投诉事项进行了核查。核查发现，该银行分行在无卡支付业务发展中缺乏宣传、沟通，缺乏操作规程、管理制度和风控措施。在开通该业务前，未告知投诉人并征得其同意，确实侵犯了申诉人的知情权、选择权和安全权。由于该银行分行的行为没有给消费者造成实质性的损失，因此未对其进行行政处罚。但某市金融消费者申诉处理中心认真研究后，向该银行分行发出了"业务发展建议书"，建议其改进无卡支付业务操作流程，加强制度建设和风险控制，完善无卡支付业务风险披露，及时、充分地向金融消费者提示风险。该银行分行根据某市金融消费者申诉处理中心的处理结果，积极进行整改：一是为投诉人关闭擅自开通的无卡支付业务；二是完善无卡支付业务相关制度，加强风险控制和风险提示；三是主管信用卡业务的行长与某航空公司总经理当面向投诉人解释说明并道歉。

法律分析

1.《消费者权益保护法》第七条规定：消费者在购买、使用商品和接受服务时享有人身、财产安全不受损害的权利。第八条规定：消费者享有知悉其购买、使用的商品或接受的服务的真实情况的权利。第九条规定：消费者享有自主选择商品或服务的权利。据此，消费者享有安全权、选择权、知情权等权利同样适用于金融消费。本案中，银行未经过客户同意擅自为其开通无卡支付业务，侵犯了消费者的安全权、选择权、知情权。

2.《电子银行业务管理办法》（中国银行业监督管理委员会令 2006 年第 5 号）第三十九条规定：金融机构应当与客户签订电子银行服务协议或合同，明确双方的权利与义务。在电子银行服务协议中，金融机构应向客户充分揭示利用电子银行进行交易可能面临的风险。第四十条规定：金融机构应采取适当的措施和采用适当的技术，识别与验证使用电子银行服务客户的真实、有效身份，并应依照与客户签订的有关协议对客户作业权限、资金转移或交易限额等实施有效管理。

3.《金融机构客户身份识别和客户身份资料及交易记录保存管理办法》（中国人民银行、银监会、证监会、保监会令〔2007〕第2号）第十七条规定：金融机构利用电话、网络、自动柜员机及其他方式为客户提供非柜台方式的服务时，应实行严格的身份认证措施，采取相应的技术保障手段，强化内部管理程序，识别客户身份。

4.《中国人民银行、中国银行业监督管理委员会、公安部、国家工商行政管理总局关于加强银行卡安全管理预防和打击银行卡犯罪的通知》（银发〔2009〕142号）规定，未经持卡人主动申请并书面确认，发卡机构不得为持卡人开通电话转账、ATM转账、网上银行转账等自助转账类业务。为持卡人开通自助转账类业务时，要向持卡人充分提示开通有关业务的风险，并要对持卡人进行更为严格的真实身份核查，确保实名开户。

从上述国家金融管理部门的相关监管规定看，银行未经消费者同意擅自开通无卡支付业务，不符合金融管理部门风险控制措施，也不利于保障消费者的资金安全。

案例启示

随着互联网技术的快速发展，传统银行业务进入电子银行时代，电子银行在给消费者带来高效、便捷的同时，也需要防范金融风险。银行在办理电子银行业务时，要严格遵守国家金融管理部门有关电子银行的监管规定，强化风险控制措施。如果没有消费者主动申请并确认，银行不应为消费者开通电子银行业务。同时，建议银行通过多种方式加强对消费者的安全警示和风险提示。

（中国人民银行郑州中心支行金融消费权益保护处供稿）

案例二十

李某投诉银行信用卡未被开通使用被收年费案

案情简介

李某通过所在地人民银行某市中心支行金融消费权益保护网上信访平台投诉，称梅州某银行分行涉嫌欺诈营销信用卡。2010年11月，该银行分行的两位工作人员到其单位宣传，要求他们办某银行信用卡，承诺不开通即不产生任何费用，李某办卡后一直没有开通使用。从2011年开始，李某却陆续收到该银行信用卡中心要求缴纳80元年费的短信通知。

处理过程

人民银行某市中心支行收到投诉后，将该投诉转至该银行分行办理，要求认真核查并妥善解决。该银行分行通过其总行信用卡中心客服处查询得知，李某的信用卡是该银行总行卡中心广州客户维护中心坐席外呼客户邀请开通的，通话记录显示客户已收到卡，并同意坐席开通卡片。该银行分行已向总行申请减免李某的年费，并表示为避免继续产生年费，可以为投诉人办理销户。

法律分析

《中华人民共和国民法通则》第四条、《中华人民共和国合同法》第六条、《中华人民共和国商业银行法》第五条及《商业银行信用卡业务监督管理办法》（中国银行业监督管理委员会令2011年第2号）第二条规定，都明确民事活动应该遵循平等、自愿和诚实信用的原则。本案中，银行承诺不开卡即不收年费而事后却不履行服务承诺的行为，明显属于不诚信的行为。

此外，《商业银行信用卡业务监督管理办法》（中国银行业监督管理委员会令2011年第2号）第四十九条规定：对新发信用卡、挂失换卡、毁损换卡、到期换卡等必须激活后才能为持卡人开通使用，信用卡未经持卡人激活，不得扣收任何费用。因此，新发信用卡必须经过持卡人激活后才能开通使用，在未激活的情况下，银行不应对持卡人收取年费。

案例启示

目前，各商业银行分支机构为了完成发卡任务，在营销过程中未严格遵守金融管理部门有关信用卡办理的规定，对信用卡办理过程中的信息事项未予以充分披露，不履行相关的服务承诺，损害了金融消费者的合法权益。对此，一方面，持卡人要提高自我保护意识，充分了解信用卡办卡过程中的风险提示、合同内容、收费标准等相关内容；另一方面，银行应该摒弃信用卡业务粗放式发展的营销策略，恪守诚实经营的原则，严格按照金融管理部门要求开展金融业务。金融监管部门要加强对商业银行信用卡业务的监督检查，督促商业银行依法合规经营，切实维护金融消费者的合法权益。

（中国人民银行广州分行金融消费权益保护处供稿）

本篇小结

银行卡业务关乎民生，人民银行金融消费权益保护部门受理此类投诉的数量较多，也积累了翔实的素材。银行卡业务从基本的法律关系分析主要有两个层面：一是消费者与银行业金融机构、特约商户之间的民事法律关系，其权利和义务受到民法基本原则和合同文本的约束，一旦发生纠纷，消费者可以通过合同的违约责任和侵权责任救济，人民银行可以接受双方委托对案件进行调处；二是涉及信用卡诈骗等刑事案件时，犯罪分子不仅侵害了消费者的权利，而且破坏了国家经济秩序，人民银行等金融监管部门在接到报案后要及时留存证据材料，并移交国家司法机关。

本篇案例基本涵盖了银行卡开户、银行卡功能设置、银行卡使用、银行卡传统业务和创新业务等各个环节的纠纷。从本篇的 20 个案例来看，银行卡案件在以下几个方面较为集中：

一是银行工作人员没有尽到充分的说明和告知义务。在"代办信用卡未缴年费致不良信用记录案"、"信用卡办理不合规，形成逾期不良记录案"等案例中，银行在办理信用卡过程中没有向客户告知需收取年费及收费标准，在信用卡产生年费后，银行也没有对收取年费的相关信息进行有效提示，导致客户产生不良信用记录。"外币消费，信用卡还款用人民币还是外币案"也是由于工作人员没有充分解释自动还款协议的内容，给消费者带来了汇率损失。

二是对身份证件的识别方面，不法分子假冒他人身份办理业务，银行的防范能力欠缺致使不法分子成功盗取客户资金。如在"银行卡被复制致存款损失案"中，不法分子采取换人分批在不同时间、不同地点，以每次取款金额不超过 5 万元的手法规避 5 万元交易限额需身份核查的规定。由于法律法规的不完备，金融机构对不法分子利用克隆卡"化整为零"的套现手法尚缺乏有效的识别能力和防范方法。

三是网络程序的技术仍有漏洞，自主设备终端的交易环境还需要加强维护。例如，"通过钓鱼网站跨行还款导致资金损失案"和"ATM 跨行取款被盗案"，就是此类业务风险点的具体表现形式。

四是银行业绩考核制度不合理，银行工作人员为追求高利润，存在道德风险。在"擅自激活信用卡案"中，客户经理为了收取信用卡年费，擅自向客户的信用卡中存入 1 分钱，使得该卡被激活，从而产生年费。"姜某投诉银行要求强行办理银行卡案"也是因为银行内部考核银行卡任务指标，柜台工作人员才强制要求客户办理银行卡。

下一步，我们建议继续加快银行卡市场法制建设，建议银监部门及时出台有关信用卡透支罚息的指导意见，对目前银行卡"容时容差"服务标准不统一等问题进行规范，统一银行卡透支罚息方式，引导商业银行合理设置免息金额，最终实现"差额计息"的方式，促进银行卡消费，鼓励和引导银行卡业务健康发展。

此外，要进一步加强银行卡业务宣传和风险提示。建议可由人民银行会同有关部门出台指导意见，督促商业银行在办理银行卡业务时，切实履行告知义务，加大信息披露力度，保护金融消费者的知情权。加大银行卡业务知识普及力度，不断提高居民对银行卡功能及风险的认知度。加强银行卡风险提示，提高社会公众的风险防范意识，确保银行卡安全有效使用，防止产生因信用卡非恶意逾期还款而影响持卡人信用记录的现象，不断提升金融服务质量，维护金融消费者权益。

最后，建议进一步加强银行卡市场行业自律管理。建议人民银行、银监会联合有关部门出台指导意见，督促商业银行进一步完善行业合作机制和自律机制，共同抵制扰乱银行卡市场秩序的行为，加强银行卡风险的联合防范。进一步规范各种收费行为，防止银行机构出现"霸王条款"、乱收费等声誉风险。

第三篇

投资理财

编 者按：商业银行销售的理财产品包括自有理财产品与代理销售的金融产品两大类。自有理财产品是指商业银行自主开发设计的、面向个人客户与机构客户的理财产品。代理销售金融产品，是指商业银行接受其他金融机构委托，在金融机构授权范围内，代理销售金融机构设计的金融产品或其他服务，并依法向被代理的金融机构收取代理费的经营活动。根据普益财富发布的数据，2012 年，我国针对个人发行的理财产品数量是 28 239 款，较 2011 年上涨 25.84%；全年发行规模达 24.71 万亿元，较 2011 年上涨 45.44%。近年来，代理销售保险已成为银行的一项重要理财产品，代理保费收入正成为商业银行主要的利润增长点。与此同时，因银行代销保险业务而引发的纠纷也呈上升态势。虽然相关监管部门均通过文件的形式规范代理业务，但银行代销保险产品属于跨市场金融业务，涉及多种类型金融机构，一旦发生纠纷，消费者往往投诉无门或遭遇互相推诿，合法权益得不到保障。

　　本篇收录了有关分支行提供的二十八个案例，案例中的金融纠纷往往是由于金融机构内控制度不健全，或金融消费者金融知识与风险意识不强等原因造成的。因此，为规范跨市场金融业务，减少金融纠纷，相关金融机构应加强内控制度建设，严格控制业务流程，加强员工的法律与风险防范意识。同时，金融消费者也应不断提高自身金融知识素养与风险识别能力，在购买金融产品时，全面了解产品风险特点，根据自身的风险承受能力选择适合的金融产品，合理分配家庭资产，理性投资。

本篇案例

- 银行代理保险未提供合同案
- 保险合同期限不明确案
- 分红型保险收益过低引发纠纷案
- 对补偿不满要求退保案
- 对售后服务不满引发退保案
- 虚假承诺致存款变保险案
- 理财中途要求退还本金与补偿案
- 未尽告知义务引发退保案
- 违规办理保险业务案
- 理财风险提示不明确亏损补偿案
- 理财亏损案
- 因欠缺金融知识导致理财纠纷案
- 存款变保险案
- 存款转保险案
- 未充分履行告知义务要求退保案
- 银行代理保险遭遇赔付案
- 理财亏损不满协议补偿案
- 理财产品变活期存款案
- 股金退还纠纷案
- "存款变保险"要求退保案
- 理财产品亏损获赔偿案
- "存款变保险"要求解约案
- "存款变保险"要求利息补偿案
- 银保合作业务导致纠纷案
- 保险理财产品退保案
- 黄金买卖合同无效案
- 保险公司伪造保险合同签名案
- 储蓄存款变保险存款案

案例一
银行代理保险未提供合同案

案情简介

王某称，2007 年 3 月 21 日，经银行工作人员推荐，他购买了一份金额为 3.8 万元、期限为 5 年的保险。银行工作人员为其开立了存折，让他过几日领取保险合同。王某多次到银行索要合同，该行均以各种理由推脱，最终告知王某保险公司搬家时合同不慎丢失。2012 年 3 月 21 日，王某到银行取款，银行业务人员称必须到保险公司补办保险合同才能支付，同时告知王某，按照银行当时定期存款利率计算，利息应为 6 300 多元。王某找到该保险公司，保险公司答复称利息为 5 276 元，补办保险合同需交 10 元手续费。王某认为按照当时银行业务人员承诺，利息应翻番，保险公司坚持认为只能支付利息 5 276 元，且需补办保险合同。王某认为没有保险合同是银行的过错，并担心补办合同会对自己不利，因此拒绝补办合同。在与银行和保险公司多次交涉未果的情况下，2012 年 4 月 10 日，王某向人民银行某中心支行金融消费权益保护中心（以下简称保护中心）投诉。

处理过程

保护中心接到王某的投诉后，立即将案件的有关情况移送到市银监局和保险业协会的有关部门，请求协助案件的调查。2012 年 4 月 23 日，该市银监局移送了该行《关于金融消费投诉事项的报告》：王某于 2007 年 3 月 20 日在该行签订了"银行代理保险投保告知书"，3 月 21 日到银行前台办理了保险存款手续，工作人员告知王某 7 日内来银行领取保险合同，但王某一直未领取。银行多次联系王某未果，于 2009 年 2 月 23 日将保险合同移交给保险公司。该行称前台工作人员严格按规定流程为王某办理代理保险业务，未承诺利息翻番和具体分红金额，且事先已向王某告知该保险属于风险型业务。2012 年 3 月 21 日，王某到银行取钱，银行告知王某需出示身份证复印件、存折复印件及保险合同，王某拒不出示相关证件，并称银行一直没给他保险合同，要求银行除利息外每年还应给付 600 元/万元分红。银行与保险公司联系，保险公司答复称因王某投保的是终身万能型险种，现在退保为提前支取，只能给付利息 5 276 元（未达到银行 5 年期定期存款利率水平）。

2012 年 5 月 7 日，保险行业协会移送了该保险公司的投诉处理意见：保险公司称，王某投保该险种享受浮动利率，无固定分红。考虑到客户的特殊情况，同意为其按当时银行存款 5 年期定期存款利率支付利息。

2012 年 6 月 6 日，保护中心约请保险公司相关负责人与投诉人王某到人民银行召开协调会。王某称，按其计算，保险公司应支付利息及分红共计 24 000 元，经保护中心调解可作出一定让步，支付 15 000 元即可。保险公司称，原答复意见系经省公司批准，本级机构无权更改，只能按原意见执行。经协调，争议双方无法达成一致。王某称将向法院提起诉讼。6 月 15 日，王某向保护中心打电话称，同意保险公司按当时银行 5 年期定期存款利率支付利息，保险公司按相关程序向王某给付了本金及利息。

法律分析

1. 《中华人民共和国合同法》第三十六条规定："法律、行政法规规定或者当事人约定采用书面形式订立合同，当事人未采用书面形式但一方已履行主要义务，对方接受的，该合同成立。"

2. 《中华人民共和国保险法》第十三条规定："保险人应当及时向投保人签发保险单或者其他保险凭证。保险单或者其他保险凭证应当载明当事人双方约定的合同内容。……依法成立的保险合同，自成立时生效。"

3. 《中华人民共和国民法通则》第六十三条规定："代理人在代理权限内，以被代理人的名义实施民事法律行为。被代理人对代理人的代理行为，承担民事责任。"

在本案中，投诉人与保险公司之间虽然没有签订保险合同，但投诉人在具有代理资格的某行实际购买了3.8万元的保险产品，并通过银行渠道将相应款项划到保险公司账户，保险公司没有明确表示反对，投诉人与保险公司已成立保险合同法律关系，保险公司没有及时向投诉人提供保险合同且未及时采取补救措施，保险公司应按约定全面履行合同义务，向投诉人支付相应的利息及分红。

案例启示

金融消费者在购买理财产品时，要及时索要保险合同、保险单或其他保险凭证等书面资料，妥善保管，维护自身合法权益。

金融机构在注重拓展业务时要不断加强内控制度建设与法律意识，妥善保存客户资料与相关凭证。

（中国人民银行沈阳分行金融消费权益保护处供稿）

案例二
保险合同期限不明确案

案情简介

周某称 2006 年其一笔存款到期，在某行办理到期存款转存手续时，该行大堂经理（有代理权限）向其推荐了某保险公司 A 款理财产品，并告知此理财产品比银行存款的利息高，周某打算购买一万元，但大堂经理告知购买 3 万元的理财产品因病住院可享受累计 90 天、每天 30 元的住院津贴，因此周某购买了 3 万元的此款产品。周某 2011 年 12 月因病住院 5 天，在到某行报销住院费时，却被告知 A 款保险赠送的意外伤害保险卡期限只有 1 年，已经过期，并且赠送的意外伤害保险卡只是针对意外伤害住院，并不包括正常的生病住院，因此不予报销，但出于同情心，同意给予周某 150 元作为 5 天的住院补偿，并终止赠送的意外伤害险保单。周某不同意，他认为：（1）由于该行误导，导致自己购买了保险公司的保险产品；（2）销售人员未告知赠送的意外伤害保险卡期限只有 1 年，因主保险合同期限是 10 年，自己 2006 年购买的理财产品，距 10 年期限还有 4 年。周某投诉并要求：根据合同约定，在剩余 4 年期限内，自己还享有 85 天的住院津贴报销权利，要求某行和保险公司履行合同。

处理过程

经该市金融消费者保护中心调查，根据周某提供的此款理财产品宣传折页不能确定赠送的意外伤害保险卡期限是 1 年还是 10 年，且主保险合同上也没有写明期限；保险公司称签有副保险合同，但双方均未能提供。保险公司称，2006 年签订合同时副合同保险期限是 1 年，过了保存期限，底联均予以销毁，其提供的空白副保险合同不能证明周某签订了副保险合同，或者该行的代理人履行了告知义务。

该市人民银行金融消费者保护中心认为该行和保险公司存在夸大销售产品之嫌，周某未认真阅读条款也存在过错，最终双方达成以下协议：（1）保险公司向周某口头道歉；（2）保险公司一次性补偿周某 1 500 元，主保险合同继续执行，赠送的意外伤害保险卡废止；（3）此次调解为最终调解，周某承诺不再追究保险公司和该行的责任。

法律分析

1. 《中华人民共和国合同法》第四十五条规定："当事人对合同的效力可以约定附条件。"第六十一条规定："合同生效后，当事人就质量、价款或者报酬、履行地点等内容没有约定或者约定不明确的，可以协议补充；不能达成补充协议的，按照合同有关条款或者交易习惯确定。"

2. 《中华人民共和国消费者权益保护法》第十九条规定："经营者应当向消费者提供有关商品或者服务的真实信息，不得作引人误解的虚假宣传。"

3.《中国银监会关于进一步加强商业银行代理保险业务合规销售与风险管理的通知》第二条第二款规定："产品销售活动应当向客户充分揭示保险产品特点、属性和风险，不得对客户进行误导。"

在本案中，双方争议焦点在于从合同即保险公司赠送的意外伤害保险的履行时间，由于宣传折页、主合同均没有载明赠送的意外伤害保险有效时间，其属于约定不明情况，在双方当事人不能达成补充协议、按主合同条款无法确定的情况下，应按交易习惯来确定从合同的履行期限。另外，某行大堂经理在向周某推荐理财产品时，未充分考虑周某年纪较大、金融知识和投资经验欠缺等因素，只简单告知理财产品收益比银行存款利息高，存在误导销售行为。

案例启示

金融机构在注重拓展业务的同时，对于老年客户要谨慎推荐金融产品或服务，充分考虑其年龄、金融知识与投资经验等因素，以准确、简明的语言向老年客户详细解读金融产品特点与相关合同条款，并明确提示金融产品或服务可能存在的风险，帮助其选择适合自身的金融产品，避免发生金融纠纷。

金融消费者在购买金融产品或接受金融服务时，要认真阅读主合同有关产品条款、产品说明书，对于金融机构赠送的产品或服务等要持认真谨慎的态度阅读，同时为了更好地保护自身合法权益，还应掌握相应的法律知识，注意收集、保护相关证据。

（中国人民银行西安分行金融消费权益保护处供稿）

案例三
分红型保险收益过低引发纠纷案

案情简介

某县邮政局、邮政储蓄银行于 2007 年开始代理中国人寿"国寿鸿丰"、新华人寿"红双喜"、太平洋人寿"红利发"、泰康人寿"金满仓"等 5 家人寿保险公司的"分红型保险"产品 6 个，期限为 5 年、6 年两种。至 2012 年底，累计卖出"分红型保险"4 687 万元，涉及 3 000 个客户。其中，购买金额最少的户为 4 000 元，购买金额最大的户为 30 万元。上述"分红型保险"产品到期后根据保险公司盈利状况对客户分红，并附带保险期内人身意外死亡赔付条件。因近两年保险行业经营不景气，各保险品种兑付红利偏低，最高分红年率为 2.2%，最低分红年率为 1.8%，与同期存款年收益率相比少 3% 左右，导致客户对分红收益严重不满。部分客户认为，县邮政局、邮政储蓄银行在当初销售"分红型保险"产品时，存在虚假宣传，夸大收益率，误导消费者购买保险分红产品。为此，少数消费者除到人民银行某县支行金融消费者权益保护分中心投诉外，还到县邮政局、邮政储蓄银行营业网点纠缠吵闹，要求经济补偿。

处理过程

人民银行某县支行与县邮政局、邮政储蓄银行负责人进行约谈，要求采取得力措施，妥善处理，确保纠纷不升级、矛盾不激化，切实维护县辖金融秩序稳定；督导县邮政局、邮政储蓄银行与各保险公司成立联合工作组，明确责任人，做好到期保险分红产品的兑付工作，对投诉的客户逐一登门拜访，当面进行沟通，对到期兑付的客户采取一定的方式给予安抚；要求金融机构网点在代理销售"分红型保险"产品时做好宣传工作，告知客户收益与风险，让客户自主自愿购买保险理财产品，减少此类纠纷的发生。截至 2013 年 3 月底，"分红型保险"产品因收益问题所发生的 62 起纠纷已陆续处理和化解，辖内金融机构业务开展正常，金融秩序稳定。

法律分析

1.《中华人民共和国合同法》第三十二条规定："当事人采用合同书形式订立合同的，自双方当事人签字或者盖章时合同成立。"第四十四条规定："依法成立的合同，自成立时生效。"

2.《中华人民共和国消费者权益保护法》第十三条规定："消费者享有获得有关消费和消费者权益保护方面的知识的权利。"第十九条规定："经营者应当向消费者提供有关商品或者服务的真实信息，不得作引人误解的虚假宣传。"

3.《中国银监会关于进一步加强商业银行代理保险业务合规销售与风险管理的通知》（银监发〔2010〕90 号）第三条规定：商业银行在开展代理保险业务时，不得将保险产品与储蓄存款、基金、银行理财产品等产品混淆销售，不得将保险产品收益与上述产品简单类比，不得夸大保险产品收益。应向客户说明保险产品的经营主体是保险公司，如实提示保险产品的特点和风险。如实向客户告知保险产品的犹豫期、保险责任、电话回访、费用扣除、退保费用等重要事项。

本案中，该行在代理保险业务过程中，夸大保险产品收益，存在过错；投诉人未能充分理解分红型保险产品的风险性，也存在过失。双方应根据过错大小承担相应的民事责任。

案例启示

监管部门应当加大对农村金融消费者的金融知识普及、宣传力度，使其不断提高法律意识与风险防范能力。

金融机构在注重拓展业务的同时，应充分考虑农村客户的年龄、金融知识与投资经验等因素，以准确、简明的语言向农村客户详细解读金融产品特点与相关合同条款，并明确提示金融产品或服务可能存在的风险，帮助农村客户选择适合自身的金融产品。

（中国人民银行武汉分行金融消费权益保护处供稿）

案例四
对补偿不满要求退保案

案情简介

2012年7月17日，人民银行某支行金融消费者权益保护分中心接到罗某投诉，称其于3月到某行分理处办理存款5.3万元，十余天后被某保险公司告知其实际办理存款3.3万元，购买保险类理财产品2万元。投诉人罗某认为两家金融机构未尽告知义务，存在欺骗行为。

处理过程

经调查，某行、某人寿保险公司认为，其在办理保险理财产品时已做了详细介绍，履行了告知义务，罗某也已了解保险条款、"投保说明书"等内容。罗某因急需用钱，经保险业务人员上门解释无果，于5月31日办理了退保手续，按照保险条款，罗某仅获退还保费8 039元，需承担退保损失11 961元。由于罗某不愿通过司法途径解决问题，曾于5～7月，多次到被投诉银行网点要求退还款项，其行为已经严重影响到该网点的正常营业。

人民银行某支行多次对本案进行调解，两家金融机构均能积极配合，罗某也能保持较为理性的态度。最终，罗某与某保险公司达成了共计补偿15 039元的赔偿方案。

法律分析

1.《中华人民共和国合同法》第四十四条规定："依法成立的合同，自成立时生效。"第六十条规定："当事人应当按照约定全面履行自己的义务。"

2.《中华人民共和国保险法》第十五条规定："除本法另有规定或者保险合同另有约定外，保险合同成立后，投保人可以解除合同，保险人不得解除合同。"第四十七条规定："投保人解除合同的，保险人应当自收到解除合同通知之日起三十日内，按照合同约定退还保险单的现金价值。"

3.《中国银监会关于进一步加强商业银行代理保险业务合规销售与风险管理的通知》（银监发〔2010〕90号）第三条规定：商业银行在开展代理保险业务时，不得将保险产品与储蓄存款、基金、银行理财产品等产品混淆销售，不得将保险产品收益与上述产品简单类比，不得夸大保险产品收益。

本案中，某行向投诉人推销保险理财产品时，已提示其购买了保险理财产品，同时对于保险条款、"投保说明书"进行了解读，罗某均已签字确认，不存在代签、代抄行为。同时，保险法赋予了投保人解除合同的权利，罗某有权要求解除保险合同，保险公司可按《保险法》规定扣除一部分保险费用后，向其退还保险单的现金价值。

案例启示

金融机构应该加强银行代销保险产品的宣传教育，进一步规范业务管理，在开展代理保险业务时，充分履行告知义务，充分了解客户的风险偏好、风险认知能力和承受能力，向客户充分揭示保险产品特点、属性和风险，不得对客户进行误导。

消费者在购买金融产品时，需认真阅读有关产品条款、产品说明书，了解产品风险特点，根据自身的风险承受能力选择适合的金融产品，同时应根据家庭资金整体情况，合理分配家庭资产，理性投资。

（中国人民银行成都分行金融消费权益保护处供稿）

案例五
对售后服务不满引发退保案

案情简介

2012 年 5 月，某行接到张某的投诉：张某于 4 年前购买了由该行代理的两款银保产品，在交付了 4 年保费后，张某认为银保产品是涵盖养老金的保险，实际情况却并非如此。此外，张某认为在其购买保险之后的几年中，银行以及保险公司对于他的保单缺少售后服务。因此，张某要求以最小的损失终止他的保单，或者提供给他一份特殊的保险，可以涵盖他所有的需求，包括身故保险金、住院医疗保险以及养老金，否则将采取法律行动。

处理过程

该行相关部门对该投诉涉及的全部销售程序进行了严格的检查，发现销售流程并不存在违规。所有相关文件显示，产品特征和风险的揭示均完整。张某也未能提供相关依据证明销售流程存在不妥之处。经过与保险公司对该案进行深入研究、认真协商，该行提出了四种处理解决方案供张某酌情选择，张某最终选择终止其保单，至此该投诉得到妥善解决。

法律分析

1. 《中华人民共和国保险法》第十条规定："保险合同是投保人与保险人约定保险权利义务关系的协议。"第十五条规定："除本法另有规定或者保险合同另有约定外，保险合同成立后，投保人可以解除合同，保险人不得解除合同。"

2. 《中华人民共和国合同法》第六十条规定："当事人应当按照约定全面履行自己的义务。"

3. 《中华人民共和国消费者权益保护法》第十六条规定："经营者和消费者有约定的，应当按照约定履行义务，但双方的约定不得违背法律、法规的规定。"

本案中，双方签订的保险合同不存在代抄、代签行为，张某也未能提供相关依据证明销售流程存在不妥之处，因此某行、保险公司均不存在误导行为，双方签订的合同依法有效。

案例启示

1. 金融机构在注重拓展业务的同时，应更加积极主动地承担消费者教育的社会责任，利用自身的专业知识和丰富的资源多角度、多形式地向公众普及相关金融知识，不断提高公众识别和防范金融风险的能力，这对银行的稳健经营与长远发展具有重要意义。

2. 金融消费者应不断提高金融知识素养与风险识别能力，在购买金融产品时，需认真阅读有关产品条款、产品说明书，了解产品风险特点，根据自身的风险承受能力选择适合的金融产品，针对实际情况与期许不符的问题，要与金融机构工作人员联系沟通，消除疑义。

（中国人民银行天津分行金融消费权益保护处供稿）

案例六
虚假承诺致存款变保险案

案情简介

2012 年 5 月 5 日，李某投诉称 2007 年 6 月 7 日其妻在某行办理存款业务时，某保险公司工作人员承诺为其办理收益高的存款，其妻不识字，在不明白的情况下签字确认，存款被办理成某人寿保险公司 10 年期投资保险业务。2012 年 4 月 12 日李某取款时发现此事，要求该保险公司退保。该保险公司表示该保险未到退保期，如果退保，需要缴纳违约金，李某投诉至人民银行某中心支行金融消费权益保护中心。

处理过程

经调查，该保险公司答复如下：李某妻子在该行办理存款业务时，该保险公司工作人员已将存款办成保险的情况对其进行了清楚说明；李某妻子办理的保险投资产品期限为 10 年，现在不到 5 年，如果退保，按照保险合同需要缴纳违约金。鉴于李某年龄较大，为照顾其利益，该保险公司决定不予收取李某的违约金，及时予以退款。人民银行某中心支行金融消费权益保护中心将答复意见转告李某，李某表示同意。

法律分析

1. 《中华人民共和国合同法》第四十四条规定："依法成立的合同，自成立时生效。"第六十条规定："当事人应当按照约定全面履行自己的义务。"第九十三条规定："当事人协商一致，可以解除合同。"

2. 《中华人民共和国保险法》第四十七条规定："投保人解除合同的，保险人应当自收到解除合同通知之日起三十日内，按照合同约定退还保险单的现金价值。"此条款规定，投保人可以解除合同，但其仅能要求保险人返还保险单的现金价值。

3. 《中华人民共和国消费者权益保护法》第十三条规定："消费者享有获得有关消费和消费者权益保护方面的知识的权利。"第十九条规定："经营者应当向消费者提供有关商品或者服务的真实信息，不得作引人误解的虚假宣传。"

4. 《中国银监会关于进一步加强商业银行代理保险业务合规销售与风险管理的通知》（银监发〔2010〕90 号）第四条规定：商业银行应当充分了解客户的风险偏好、风险认知能力和承受能力，对购买投资连结保险等复杂保险产品的客户，应当建立客户风险测评和适合度评估制度，防止错误销售。

本案中，在销售阶段，某行推销保险理财产品时，对于保险条款、"投保说明书"进行了解读，同时保险合同已履行五年多，证明李某对其所购产品是保险理财产品的认可。由于李某与保险公司已签订保险合同，建立保险合同关系，根据《保险法》的规定，投诉人要求解除保险公司与其签订的保险合同的，保险公司有权按合同约定，根据合同实际履行情况，仅向投诉人退还保险单的现金价值。

案例启示

金融机构在注重拓展业务的同时，对于农村客户要谨慎推销金融产品或服务，要充分考虑其年龄、金融知识与投资经验等因素，以准确、简明的语言向农村客户详细解读金融产品特点与相关合同条款，并明确提示金融产品或服务可能存在的风险，帮助农村客户认清自身的购买需求与风险承受能力，从而购买适合自身的金融产品，这对银行的稳健经营与长远发展也具有重要意义。

（中国人民银行济南分行金融消费权益保护处供稿）

案例七
理财中途要求退还本金与补偿案

案情简介

2011 年 3 月，李某同其爱人来到某行，经过客户经理依据折页讲解，他们认同某公司产品并购买了此产品，签署了相关合同文本，并在柜台缴纳了首期保费 10 万元，顺利承保。2012 年 3 月 6 日，李某接到保险公司的续期扣款短信提示后致电该行，称某行在销售时存在欺骗行为，要求某行将保险公司此次划走的续期保费 10 万元追回，同时要求将首期保费 10 万元一并退回，但已取得的此产品相关利息分红 5 900 元不能退回保险公司。

处理过程

某行调查显示，该行向李某介绍的产品折页上明确标明该产品为保险产品，不存在误导销售情况，同时所有凭证齐全且均为李某本人亲自签署。在投保单上，李某本人亲自抄录了"本人已阅读保险条款、产品说明书和投保提示书，了解本产品的特点和保单利益的不确认性"，保险公司在李某 10 天犹豫期内进行回访，电话录音也明确表明李某知晓购买的是保险产品。某行与李某进行了多次沟通，但李某并不认可，继而又投诉至银监局、保监局，银监局及保监局均认为某行在销售时不存在欺骗销售行为，销售流程完全合规。该行在与李某沟通期间，了解到李某家中困难，需要资金，便积极与该保险公司沟通，满足了李某的诉求。

法律分析

1. 《中华人民共和国合同法》第三十二条规定："当事人采用合同书形式订立合同的，自双方当事人签字或者盖章时合同成立。"第四十四条规定："依法成立的合同，自成立时生效。"第六十条规定："当事人应当按照约定全面履行自己的义务。"

2. 《商业银行代理保险业务监管指引》第十七条规定："保险公司委托商业银行销售的保险产品，保单封面主体部分应当以显著的字体印有'保险单'或'保险合同'字样、保险公司名称等内容。"第三十三条规定：销售人员在产品销售过程中应当引导投保人在投保单上填写真实完整的客户信息，并在人身保险新型产品投保书上抄录有关声明，不得代抄录有关声明或代投保人或被保险人签名。

3. 《中国保险监督管理委员会关于规范人身保险经营行为有关问题的通知》规定，人身保险合同需设定犹豫期，允许投保人在犹豫期内无条件解除合同。

4. 《中国银监会关于进一步加强商业银行代理保险业务合规销售与风险管理的通知》（银监发〔2010〕90 号）规定：商业银行应当督促保险公司按照监管规定在保险合同犹豫期内，对代理销售的保险期限在 1 年以上的人身保险新单业务进行客户电话回访，并要求保险公司妥善保存电话回访录音。

本案中，该行客户经理按保险产品折页进行讲解，此产品折页上明确标明该产品为保险产品，李某同意购买此产品，且所有保险凭证齐全且均为李某本人亲自签署，保险单上有李某亲自抄录的"本人已阅读保险条款、产品说明书和投保提示书，了解本产品的特点和保单利益的不确定性"，证明在购买产品时，李某知晓其所购买产品为保险产品，不存在代抄、代签行为。因此，李某与保险公司签订的合同合法有效，不存在合同无效或可撤销情形，当事人应依照法律规定全面履行合同义务，且该保险公司在 10 天犹豫期内对李某进行回访，李某放弃其享有的解除合同权利，进一步证明了李某对于所购产品的认同。因此，某行与保险公司在此案中均不存在明显过错。

案例启示

1. 金融机构应积极承担消费者教育的社会责任，多角度、多形式地向公众普及相关金融知识，不断提高公众识别和防范金融风险的能力。

2. 金融消费者在购买金融产品时，需了解产品风险特点，根据自身的风险承受能力选择适合的金融产品，同时应根据家庭资金整体情况，合理分配家庭资产，理性投资。

（中国人民银行天津分行金融消费权益保护处供稿）

案例八
未尽告知义务引发退保案

案情简介

2011 年 11 月 9 日，刘某向人民银行某中心支行投诉，称其于 6 月 16 日到某行办理存款业务，想将到期的存款本金加利息共 128 856 元转成 5 年定期存款，银行工作人员却为其办理某保险公司 A 款两全保险（分红型），保险期限为 10 年，对刘某解释说跟存款一样，没有什么区别。11 月 9 日，刘某因急需用钱，到某行将之前存入的钱取出，银行工作人员告诉刘某，保险不能随便取出，若现在取出需扣除 1 万多元的违约金。刘某认为该行有欺诈行为。

处理过程

经调查，刘某与某保险公司签订了保险合同，但保险公司未对刘某进行电话跟踪回访，银行工作人员是否向刘某做了详细的业务说明无法取证。经过多次协调，某保险公司、某行和刘某始终不能达成一致协议。人民银行某中心支行认为该保险公司在产品营销过程中，没有对客户进行回访，未履行应尽义务，应承担主要责任；该行作为保险销售的代理方，有责任和义务向刘某告知保险合同与存款的区别。该保险公司承诺全额退还刘某 128 856 元本金。

法律分析

1. 《中华人民共和国保险法》第五条规定："保险活动当事人行使权利、履行义务应当遵循诚实信用原则。"

2. 《中华人民共和国消费者权益保护法》第十九条规定："经营者应当向消费者提供有关商品或者服务的真实信息，不得作引人误解的虚假宣传。"

3. 《中国保险监督管理委员会关于规范人身保险经营行为有关问题的通知》规定：人身保险合同需设定犹豫期，允许投保人在犹豫期内无条件解除合同。

4. 《中国银监会关于进一步加强商业银行代理保险业务合规销售与风险管理的通知》（银监发〔2010〕90 号）规定：商业银行应当督促保险公司按照监管规定在保险合同犹豫期内，对代理销售的保险期限在 1 年以上的人身保险新单业务进行客户电话回访，并要求保险公司妥善保存电话回访录音。第三条规定：商业银行在开展代理保险业务时，应当遵守以下规定：（1）不得将保险产品与储蓄存款、基金、银行理财产品等产品混淆销售，不得将保险产品收益与上述产品简单类比，不得夸大保险产品收益；（2）向客户说明保险产品的经营主体是保险公司，如实提示保险产品的特点和风险；（3）如实向客户告知保险产品的犹豫期、保险责任、电话回访、费用扣除、退保费用等重要事项；（4）不得以中奖、抽奖、回扣或者送实物、保险等方式进行误导销售；（5）法律法规和监管机构规定的其他事项。本案中，保险公司混淆了保险产品与储蓄存款的概念，没有按规定对投诉人进行电话回访，提示客户在犹豫期内享有合同解除权，其存在过错。

案例启示

金融机构在代理销售保险产品时，应严格遵守相关规定，向客户充分揭示保险产品特点、属性和风险，不得对客户进行误导，不得将保险产品与储蓄存款、基金、银行理财产品等产品混淆销售，不得将保险产品收益与上述产品简单类比，不得夸大保险产品收益。商业银行在销售保险产品时，应如实向客户告知保险产品的犹豫期、保险责任、电话回访、费用扣除、退保费用等重要事项，同时应督促保险公司按照监管规定在保险合同犹豫期内，对代理销售人身保险新单业务进行客户电话回访，并要求保险公司妥善保存电话回访录音。

金融消费者应不断提高金融知识素养与风险识别能力，根据自身的风险承受能力选择适合的金融产品。

（中国人民银行武汉分行金融消费权益保护处供稿）

案例九
违规办理保险业务案

案情简介

2011 年 9 月 28 日，张某向人民银行某中心支行投诉，称其父于 2009 年 11 月 12 日到某行办理存款业务，被派驻在某行的某保险公司工作人员劝说办理了存入周期为 5 年期的人寿十年两全保险，当日缴纳首期保费 1 万元，并于 2010 年 11 月 15 日续存 1 万元，款项由某行代收。后来，投诉人的父亲发现存款不能取出，称其不知是办理了保险，认为某保险公司工作人员存在欺骗行为。与保险公司沟通要求退保，但被告知要损失 20% 的费用。

处理过程

某保险公司经调查核实，同意为张某的父亲办理退保，但要收取 20% 的手续费。因为该保险合同已经当事人签名认可，不存在瑕疵，并且张某的父亲也于 2010 年经保险公司人员提示后再次缴纳保费，不存在保险公司欺骗的情形。张某在回访中对人民银行的协调表示满意，对保险公司的做法仍然表示不理解。

法律分析

1. 《中华人民共和国保险法》第十条规定："保险合同是投保人与保险人约定保险权利义务关系的协议。"第十三条规定："保险人应当及时向投保人签发保险单或者其他保险凭证。保险单或者其他保险凭证应当载明当事人双方约定的合同内容。……依法成立的保险合同，自成立时生效。"

2. 《中华人民共和国合同法》第六十条规定："当事人应当按照约定全面履行自己的义务。"

3. 《中华人民共和国消费者权益保护法》第十三条规定："消费者享有获得有关消费和消费者权益保护方面的知识的权利。"第十九条规定："经营者应当向消费者提供有关商品或者服务的真实信息，不得作引人误解的虚假宣传。"

4. 《中国保险监督管理委员会关于规范人身保险经营行为有关问题的通知》规定：人身保险合同需设定犹豫期，允许投保人在犹豫期内无条件解除合同。

本案中，张某对于保险合同已签字认可，不存在代签、代抄等瑕疵，保险合同合法有效。同时，张某经保险公司工作人员提示后，于 2010 年 11 月 15 日续缴保费 1 万元，进一步证明其知晓购买的理财产品是保险，保险公司不存在明显过错。

案例启示

金融机构在积极开展银行代销业务的同时，要积极开展从业人员教育工作，注重提高从业人员的专业素质和职业操守。推荐保险产品时，应如实向客户告知保险产品的收益情况、退保费用等重要事项，避免误导行为。同时，积极承担社会责任，利用各种资源，多形式开展金融知识宣传、普及活动，增强消费者对银行产品和服务的信心，从而更好地保护消费者权益。

金融消费者应加强金融知识学习，不断提高金融知识素养与风险识别能力。

（中国人民银行武汉分行金融消费权益保护处供稿）

案例十
理财风险提示不明确亏损补偿案

案情简介

龚某 2009 年到某行要求购买基金 50 万元，该行经办人员却为其购买了保险，亏损 5 万元左右。2011 年 8 月 11 日，龚某与该行交涉无果，向人民银行某中心支行金融消费权益保护中心投诉。

处理过程

经调查，该客户在购买保险理财产品时，本人在保险产品认购单上签字进行了确认，不存在被误导的情况，但在风险提示上，投诉人认为经办人员未进行充分说明，该行也无法证明已充分尽到提示义务，保险产品认购单上的提示文字也比较含糊、不显眼。因此，人民银行某中心支行金融消费权益保护中心明确告知该行，客户自身虽存在一定过错，但该行经办人员也存在着风险提示不足的问题，要求该行依法尽快处理投诉事项，并提出了办理意见。该行随即联系某保险公司，并偕同客户与保险公司总部进行协商，最终该保险公司补偿了该客户亏损的 5 万元本金，该客户对处理结果表示满意。

法律分析

1. 《中国银监会关于进一步加强商业银行代理保险业务合规销售与风险管理的通知》（银监发〔2010〕90 号）第二条规定："商业银行开展代理保险业务，应当遵循公开、公平、公正的原则，充分保护客户利益。产品销售活动应当向客户充分揭示保险产品特点、属性和风险，不得对客户进行误导。"

2. 《中国银监会关于进一步加强商业银行代理保险业务合规销售与风险管理的通知》（银监发〔2010〕90 号）第五条规定："对于通过风险测评表明适合购买投资连结保险等复杂保险产品的客户，商业银行应当向其提供完整的保险条款、产品说明书和投保提示书并提示客户认真阅读，阅读后应当由客户亲自抄录下列语句并签字确认：'本人已阅读保险条款、产品说明书和投保提示书，了解本产品的特点和保单利益的不确定性'。"本案中，龚某虽已在保险产品认购单上签字确认，但该风险提示不明确、不具体，金融机构、保险公司在售后服务中未对其进行解释说明，应当对客户的损失予以赔偿。

本案中，龚某在保险产品认购单上签字并确认，不存在被误导的情形，但在风险提示上，被投诉银行无法证明已充分尽到风险提示义务，保险产品认购单上的提示文字比较含糊、不显眼。龚某虽然存在一定的过错，但被投诉银行经办人员也存在风险提示不足的问题。

案例启示

1. 金融机构营销人员在营销理财产品时，应按照有关的法律规定，对客户购买的理财产品进行充分的风险提示，并保存相关的材料。

2. 消费者应树立风险投资意识，在签订理财合同之前，应仔细阅读合同内容，维护自己的合法权益，妥善保管相关书面资料，作为发生纠纷时维权的证据。

（中国人民银行南京分行金融消费权益保护处供稿）

案例十一
理财亏损案

案情简介

2008 年，年近 80 岁的贾某因移民补偿款 30 余万元全额到账，在某行办理了一年期定期存款。某行工作人员知晓他的存款信息后，多次通过电话向其推荐理财产品，之后，贾某先后投资 32 万元在某行购买了四类基金产品，并签订了风险提示书，目前购买的基金产品呈亏损状态。贾某认为某行违规查询他的个人账户信息，并进行不实的理财产品信息宣传，没有尽到风险提示的义务，用收益保证引诱其购买理财产品，造成资金损失。在与某行多次沟通无果后，贾某向人民银行某中心支行金融消费权益保护中心投诉。

处理过程

人民银行某中心支行金融消费权益保护中心向某行下达了转办通知书，并三次到某行调查事实，组织开展调解工作，并要求某行原则上停止向年过 70 岁以上老人推销理财产品。某行相关人员与贾某及时进行沟通、调解，并赠送 500 元慰问金，但贾某对某行的处理不满意。2012 年 3 月，经多次调解无效后，某行对贾某提出的投诉意见进行了书面回复，但贾某没有签字认可，表示将通过法庭上诉或街头宣传等方式向某行讨个说法，人民银行某中心支行金融消费权益保护中心对此进行了劝阻。2012 年 5月，人民银行某中心支行金融消费权益保护中心通过电话了解到，后来某行给予了贾某一定的优惠政策，双方进行了和解。

法律分析

1.《商业银行法》第六条规定："商业银行应当保障存款人的合法权益不受任何单位和个人的侵犯。"第二十九条规定："商业银行办理个人储蓄存款业务，应当遵循存款自愿、取款自由、存款有息、为存款人保密的原则。"

2.《中国人民银行关于银行业金融机构做好个人金融信息保护工作的通知》（银发〔2011〕17 号）第二条规定："银行业金融机构在收集、保存、使用、对外提供个人金融信息时，应当严格遵守法律规定，采取有效措施加强对个人金融信息保护，确保信息安全，防止信息泄露和滥用。特别是在收集个人金融信息时，应当遵循合法、合理原则，不得收集与业务无关的信息或采取不正当方式收集信息。"第三条规定："银行业金融机构应当建立健全内部控制制度，对易发生个人金融信息泄露的环节进行充分排查，明确规定各部门、岗位和人员的管理责任，加强个人金融信息管理的权限设置，形成相互监督、相互制约的管理机制，切实防止信息泄露或滥用事件的发生。"

第九条规定：银行业金融机构发生个人金融信息泄露事件的，或银行业金融机构的上级机构发现下级机构有违反规定对外提供个人金融信息及其他违反本通知行为的，应当在事件发生之日或发现下级机构违规行为之日起7个工作日内将相关情况及初步处理意见报告中国人民银行当地分支机构。中国人民银行分支机构在收到银行业金融机构报告后，应视情况予以处理，并及时向中国人民银行报告。

第十条规定：中国人民银行及其地市中心支行以上分支机构受理投诉或发现银行业金融机构可能未履行个人金融信息保护义务的，可依法进行核实，认定银行业金融机构存在违反本通知规定，或存在其他未履行个人金融信息保护义务情形的，可采取以下处理措施：（一）约见其高管人员谈话，要求说明情况；（二）责令银行业金融机构限期整改；（三）在金融系统内予以通报；（四）建议银行业金融机构对直接负责的高级管理人员和其他直接责任人员依法给予处分；（五）涉嫌犯罪的，依法移交司法机关处理。

3.《中国银行业监督管理委员会办公厅关于商业银行开展个人理财业务风险提示的通知》（银监办发〔2006〕157号）第四条规定："禁止理财业务人员误导客户购买与其风险认知和承受能力不相符合的理财产品（计划）；严肃处理利用有意隐瞒或歪曲理财产品（计划）重要风险信息等欺骗手段销售理财产品（计划）的业务人员。"

4.《商业银行个人理财业务管理暂行办法》（中国银行业监督管理委员会令2005年第2号）第二十四条规定："商业银行不得承诺或变相承诺除保证收益以外的任何可获得收益。"

5.《商业银行个人理财业务风险管理指引》第三十条规定："商业银行提供个人理财顾问服务业务时，要向客户进行风险提示。风险提示应设计客户确认栏和签字栏。客户确认栏应载明以下语句，并要求客户抄录后签名：'本人已经阅读上述风险提示，充分了解并清楚知晓本产品的风险，愿意承担相关风险'。"

本案中，某行工作人员利用掌握的客户信息，向客户推销理财产品，违反了个人金融信息保护的有关规定，在向老年人推销理财产品时，也没有进行必要的风险提示，存在一定的过错，某行应承担一定的责任。

案例启示

金融机构应按照相关的法律规定，保障存款人的合法权益不受任何单位和个人的侵犯，遵循存款自愿、取款自由、存款有息、为存款人保密的原则，办理个人储蓄存款业务。银行销售理财产品应按照有关的法律规定，对客户购买的理财产品进行充分的风险提示，并保存相关的材料，禁止进行不实或虚假宣传。

消费者应树立风险投资意识，在签订理财合同之前，应仔细阅读合同内容，不要轻信于人，贪图小便宜，损害自己的利益。

（中国人民银行重庆营业管理部金融消费权益保护处供稿）

案例十二
因欠缺金融知识导致理财纠纷案

案情简介

2011 年底，曹某经某行工作人员推销购买了总额 15 万元的理财产品，2012 年 2 月末产品到期后，曹某发现实际收益率与某行所介绍的收益率有较大差距，曹某未与该行协商，于 2012 年 3 月 19 日，直接向人民银行某中心支行金融消费权益保护中心投诉。曹某认为该行在经营过程中存在欺骗行为，但未提出具体诉求，只是要求有关部门对该行理财产品销售业务进行检查和规范。

处理过程

该市银监分局接到人民银行某中心支行转交的投诉后，及时组织人员对相关情况进行了调查。经调查，该行工作人员在向曹某推荐产品时，已明确告知理财产品收益率不同于存款利率，预期收益率有浮动性，因此不能认定该行的经营行为构成欺诈销售。曹某认可银行的告知行为，但表示自己没有金融专业知识，理解金融术语、把握投资风险有一定的困难，为此，该市银监分局要求该行今后以通俗易懂的语言向消费者进行必要的投资风险提示。人民银行某中心支行及时进行了电话回访，消费者曹某对该起投诉的处理过程及结果均表示满意。

法律分析

1. 《商业银行个人理财业务管理暂行办法》（中国银行业监督管理委员会令 2005 年第 2 号）第四十条规定："商业银行理财计划的宣传和介绍材料，应包含对产品风险的揭示，并以醒目、通俗的文字表达；对非保证收益理财计划，在与客户签订合同前，应提供理财计划预期收益率的测算数据、测算方式和测算的主要依据。"

2. 《商业银行个人理财业务风险管理指引》（银监办发〔2006〕157 号）第三十条规定："商业银行提供个人理财顾问服务业务时，要向客户进行风险提示。风险提示应设计客户确认栏和签字栏。客户确认栏应载明以下语句，并要求客户抄录后签名：'本人已经阅读上述风险提示，充分了解并清楚知晓本产品的风险，愿意承担相关风险。'"

3. 《商业银行理财产品销售管理办法》（中国银行业监督管理委员会令 2011 年第 5 号）第三十五条规定：商业银行不得无条件向客户承诺高于同期存款利率的保证收益率；高于同期存款利率的保证收益，应当是对客户有附加条件的保证收益。商业银行向客户承诺保证收益的附加条件可以是对理财产品期限调整、币种转换等权利，也可以是对最终支付货币和工具的选择权利等，承诺保证收益的附加条件所产生的投资风险应当由客户承担，并应当在销售文件中明确告知客户。商业银行不得承诺或变相承诺除保证收益以外的任何可获得收益。

本案中，曹某已对银行的风险提示予以认可，银行不存在未告知或告知不明的情形，不存在欺诈行为。曹某作为金融消费者，明知自身的金融知识存在不足，也明确提出把握投资风险存在困难，因此他在购买理财产品时应当更加慎重。既然曹某选择了购买高风险的产品，就需要具备与之相匹配的风险承受能力。

案例启示

金融机构销售理财产品应严格遵守相关法律规定，用通俗易懂的语言向消费者进行充分的风险提示。按照"了解你的客户"的原则对客户的财务状况、风险认知和承受能力等进行充分了解和评估，并将有关评估意见告知客户，双方签字确认。同时，应加强金融知识宣传，提高金融消费者的风险防范意识。

金融监管机构也要进一步加强公众教育，特别是在金融投资领域，通过提高金融消费者的金融知识水平，培养其风险承受能力和自我评估能力，建立起在金融投资领域"投资有风险，购买须谨慎"的良好意识，避免出现一味追求高收益而忽视高风险的盲目投资行为。此外，金融消费者也应该注意在投资时把握"避免把鸡蛋放在一个篮子里"的情况出现，学会分散投资风险，提高投资技巧，实现金融资产的保值增值。

（中国人民银行哈尔滨中心支行金融消费权益保护处供稿）

案例十三
存款变保险案

案情简介

2012年11月1日，蔡某称2011年1月1日其到某行存款，由于其文化水平低，认为在银行营业网点内办理的业务均为银行存款业务，在某胸前佩戴"大堂经理"字样的工作人员（实为保险公司业务人员）"在我们这存款利息较高"的劝说下，欲办理定期存款的12万元现金，购买了利率较高的某保险公司理财产品。2012年6月，因其急需资金，欲将"存款"取出时，被某行内某保险公司工作人员告知需缴纳2 000元的违约金方可取出，也可以通过将其保险合同抵押贷款的方式来筹集资金。蔡某觉得上当受骗，认为某行放任其支行内保险人员拓展业务而负有管理责任，在未与某行取得联系的情况下，直接向人民银行某中心支行金融消费权益保护中心投诉。

处理过程

经调查，该笔保险虽为蔡某自愿办理，并在某保险公司回访时表示认可，但由于其文化水平有限，对某保险公司合同条款在认知上存在误解，同时某行管理不当，一定程度上造成蔡某在办理存款业务时受保险公司业务人员误导，致使其在意思表达不真实的情况下签订保险合同。某行领导了解情况后，向某网点负责人提出了严肃批评，督促其立即为蔡某办理退保手续，并向蔡某补偿在保期内资金的相应利息。在人民银行某中心支行金融消费权益保护中心的监督追踪下，某保险公司承诺退还蔡某12万元本金并给予790元的利息补偿。

法律分析

1.《合同法》第五十四条规定：因重大误解订立的合同，当事人一方有权请求人民法院或者仲裁机构变更或者撤销。

2.《中国银监会关于进一步加强商业银行代理保险业务合规销售与风险管理的通知》（银监发〔2010〕90号）第三条规定：商业银行在开展代理保险业务时，不得将保险产品与储蓄存款、基金、银行理财产品等产品混淆销售，不得将保险产品收益与上述产品简单类比，不得夸大保险产品收益。

第十二条规定：通过商业银行网点直接向客户销售保险产品的人员，应当是持有保险代理从业人员资格证书的银行销售人员；商业银行不得允许保险公司人员派驻银行网点。

3.《中国银行业监督管理委员会办公厅关于商业银行开展个人理财业务风险提示的通知》第四条规定："禁止理财业务人员误导客户购买与其风险认知和承受能力不相符合的理财产品（计划）。"

4.《商业银行个人理财业务管理暂行办法》（中国银行业监督管理委员会令 2005 年第 2 号）第二十四条规定："商业银行不得承诺或变相承诺除保证收益以外的任何可获得收益。"

本案中，蔡某文化水平低，认为在银行营业网点内办理的所有业务均为银行存款业务，其购买的某保险公司的理财产品也是银行存款业务，在合同内容上存在重大错误认识，符合法律规定的对合同重大误解的构成要件。此外，该银行网点在销售保险产品时，没有按照要求由银行销售人员进行，而是由保险公司人员进驻商业银行网点进行自主销售，且销售人员没有明显的身份标识，存在着明显的对金融消费者的误导行为。

案例启示

金融机构在销售产品时，应该按照"了解你的客户"的原则对客户的财务状况、风险认知和承受能力等进行充分了解和评估，并将有关评估意见告知客户，双方签字确认。本案中，金融机构利用金融消费者金融常识的欠缺，进行不实宣传，并因不实宣传导致金融消费者重大误解。

金融消费者可以依法申请人民法院或仲裁机构进行撤销，对金融消费者造成损失的，金融机构应依法承担损害赔偿责任。

作为监管机构，人民银行在受理、解决这类投诉案件后，可就相关问题在职责范围内进行监督检查，督促违规金融机构限期整改。

（中国人民银行郑州中心支行金融消费权益保护处供稿）

案例十四
存款转保险案

案情简介

2012 年 4 月 3 日，王某以书面方式向人民银行某中心支行金融消费权益保护中心投诉，称其在 2010 年 9 月 21 日某行办理存款业务时，业务人员将其存款 10 万元转成某保险（万能型），另外还送一份保单，随存随取，利息比定期存款高，将存款转为保险。后王某急需要钱，2011 年 2 月去该行取钱时，业务人员说这笔钱在保险公司。某保险公司业务人员回复称，目前取钱不能全额支付本金，要全额保本支付本金最少五年。

处理过程

某行接到该案后，在人民银行某中心支行金融消费权益保护中心的多次督促下，就基本情况进行了调查核实，与王某进行了现场会谈，并与某保险公司多次协商，最终某保险公司退回王某本金 10 万元，按定期存款一年利率支付利息 4 050 元，王某对处理结果非常满意。

法律分析

1. 《合同法》第五十四条规定：因重大误解订立的合同，当事人一方有权请求人民法院或者仲裁机构变更或者撤销。

2. 《中国银监会关于进一步加强商业银行代理保险业务合规销售与风险管理的通知》（银监发〔2010〕90 号）第二条规定："商业银行开展代理保险业务，应当遵循公开、公平、公正的原则，充分保护客户利益。产品销售活动应当向客户充分揭示保险产品特点、属性和风险，不得对客户进行误导。"

本案中，银行业务人员在王某不知情的情况下，将王某的存款办理成保险业务，给王某造成损失，应当承担损害赔偿责任。王某因重大误解而订立的该合同应属于可撤销的合同，王某可依法要求撤销。合同被撤销后，因该合同取得的财产，应当予以返还，有过错的一方应当赔偿对方因此所受到的损失。

案例启示

金融机构要积极开展从业人员教育工作，注重提高从业人员的专业素质和职业操守。从业人员应该具有必要的专业素质和高尚的职业操守，时刻把消费者权益放在心上。同时，应通过多种活动普及金融知识，让消费者了解相关产品风险，增强消费者对银行产品和服务的信心，从而更好地保护消费者权益。

消费者在银行办理业务时，一定要仔细了解清楚，根据自身实际情况和理财需求认真考虑，以免引起不必要的麻烦。

　　监管部门应对银行代办保险业务从严管理，严格代办保险险种的准入规定，保护消费者的合法权益。可通过安装监控设备、产品公示、销售人员亮明身份等措施加强管理，避免出现误导消费者的现象。

　　　　　　　　　　　　（中国人民银行兰州中心支行金融消费保护处供稿）

案例十五
未充分履行告知义务要求退保案

案情简介

2011 年 9 月 25 日，严某向人民银行某中心支行金融消费权益保护中心投诉称，2009 年其在某行购买了某保险公司理财产品，因推荐人员未说明理财产品的结构、期限，其将十年期理财产品误认为三年期产品购买。现已年逾八十，因年龄缘故，想退回此款产品。

处理过程

人民银行某中心支行金融消费权益保护中心工作人员接到投诉后，将相关情况电话告知某省保监局。后回访得知：某省保监局督促某保险公司派专人亲自上门处理，向投诉人退回购买理财产品的全部款项，并做了适当赔偿。

法律分析

1.《民法通则》第四条规定："民事活动应当遵循自愿、公平、等价有偿、诚实信用的原则。"

2.《合同法》第六条规定："当事人行使权利、履行义务应当遵循诚实信用原则。"第四十二条规定：故意隐瞒与订立合同有关的重要事实或者提供虚假情况的，给对方造成损失的，应当承担损害赔偿责任。第五十四条规定：因重大误解订立的合同，当事人一方有权请求人民法院或者仲裁机构变更或者撤销。

3.《商业银行法》第五条规定："商业银行与客户的业务往来，应当遵循平等、自愿、公平和诚实信用的原则。"

4.《中国银监会关于进一步加强商业银行代理保险业务合规销售与风险管理的通知》（银监发〔2010〕90 号）第二条规定："商业银行开展代理保险业务，应当遵循公开、公平、公正的原则，充分保护客户利益。产品销售活动应当向客户充分揭示保险产品特点、属性和风险，不得对客户进行误导。"第四条规定："商业银行应当充分了解客户的风险偏好、风险认知能力和承受能力，对购买投资连结保险等复杂保险产品的客户，应当建立客户风险测评和适合度评估制度，防止错误销售。"

本案中，严某在某行购买某保险公司理财产品时，推销人员未遵守诚实信用的原则，未向严某说明理财产品的结构、期限，致使严某将十年期理财产品误认为三年期产品，构成重大误解，对严某损失有过错，应依法承担赔偿责任。

案例启示

金融机构销售理财产品应严格遵守相关法律规定，用通俗易懂的语言向消费者进行充分的风险提示。按照"了解你的客户"的原则对客户的财务状况、风险认知和承受能力等进行充分了解和评估，并将有关评估意见告知客户，双方签字确认。

金融机构在注重拓展业务时，应加强员工的金融知识培训和法律教育，加强员工职业道德素质建设，树立依法经营、诚信经营的理念，进行产品销售活动时应当向客户充分揭示保险产品特点、属性和风险，不得对客户进行误导。

（中国人民银行银川中心支行金融消费保护处供稿）

案例十六
银行代理保险遭遇赔付案

案情简介

2012年5月7日，鲍某到人民银行某中心支行金融消费权益保护中心投诉称，2009年4月20日，其前往某行办理个人储蓄2万元，计划存一年期定期存款，某行工作人员推荐存五年（未说金融产品类别），鲍某认为五年期限太长，之后某行工作人员建议存三年，并口头承诺利息可以根据国家宏观调控涨到几厘就几厘，比一年期定期存款利息高出许多，于是鲍某同意办理，并认为是三年期的定期存款。之后，某行工作人员开出两张保单，鲍某问为何不是存款单而是保单，银行经办人员说这就是凭证，而且可以凭此凭证到银行办理抵押贷款。

因三年期限已到，2012年4月21日鲍某前往某行取款，某行请来某保险公司人员为其办理保险支出，计算得出本金加上利息共20 693元，低于同期银行存款本息，未兑现当初的口头承诺。于是，鲍某找到该行一位行长，但行长未能作出合理解释。因与金融机构先行协商不成，鲍某向人民银行某中心支行金融消费权益保护中心投诉，要求按照三年定期储蓄存款利率来兑现其2万元存款本息。

处理过程

某行网点负责人将办理情况报送人民银行某中心支行金融消费权益保护中心，称经银行、保险公司、鲍某三方协商，达成一致，将本息20 693元提高至21 386元。经回访，鲍某说银行和保险公司已兑现本息21 386元，虽比个人预期少，但表示接受。

法律分析

1. 《合同法》第五十四条规定：因重大误解订立的合同，当事人一方有权请求人民法院或者仲裁机构变更或者撤销。第四十二条规定：故意隐瞒与订立合同有关的重要事实或者提供虚假情况，给对方造成损失的，应当承担损害赔偿责任。

2. 《中国银监会关于进一步加强商业银行代理保险业务合规销售与风险管理的通知》（银监发〔2010〕90号）第二条规定："商业银行开展代理保险业务，应当遵循公开、公平、公正的原则，充分保护客户利益。产品销售活动应当向客户充分揭示保险产品特点、属性和风险，不得对客户进行误导。"第三条规定：商业银行在开展代理保险业务时，应当向客户说明保险产品的经营主体是保险公司，如实提示保险产品的特点和风险。

本案中，鲍某到银行的目的是办理个人储蓄业务，而不是购买理财产品。银行工作人员虚假承诺，诱导鲍某购买了三年期的保险理财产品。银行业务人员存在虚假宣传，故意隐瞒与订立合同有关的重大事项，违背《合同法》诚实信用的原则，在鲍某不知情的情况下，将鲍某的存款办理成保险业务，银行或保险公司给鲍某造成了损失，应当承担损害赔偿责任。鲍某因重大误解而购买理财产品的合同属于可撤销的合同，可依法要求撤销。合同被撤销后，因该合同取得的财产，应当予以返还，有过错的一方应当赔偿对方因此所受到的损失。

案例启示

金融机构工作人员应加强金融知识的培训和学习，加强职业道德素质建设，禁止在工作中信口开河地向客户进行虚假承诺，诱导客户作出违背自己真实意愿的行为。

金融消费者应加强金融和法律知识的学习，掌握必要的法律和金融投资知识，维护自身合法权益。

（中国人民银行合肥中心支行金融消费保护处供稿）

案例十七
理财亏损不满协议补偿案

案情简介

投诉人白某称，2011年1月6日，其到某行存款，经客户经理推荐，有一款理财产品的收益比存款利息高，白某随即向客户经理询问该产品能不能保本加利息，在得到客户经理肯定的回答后，将10万元存款购买了该理财产品（从投诉人提供的资料看，实际购买的是某行发售的"滨海1号"基金）。由于资本市场变化，在投资一年后，投诉人通过打印对账单发现本金亏损，客户经理建议继续持有，等待净值回升。2012年5月7日，白某因担心亏损扩大，将该产品赎回，造成本金亏损19 400元。之后，白某多次找到某行，要求赔偿其资金损失。某行客户经理于2012年7月20日赔偿白某损失9 700元，白某对该赔偿不满意，因而向人民银行某中心支行金融消费权益保护中心进行投诉，要求某行赔偿其全部损失。

处理过程

某行向人民银行某中心支行金融消费权益保护中心反馈了核实处理过程并送交了处理过程报告。某行认为，投诉人白某是该行的老客户，自2006年以来其本人及配偶就分别到某行购买过相关理财产品和保险。对所投诉的交易业务，某行客户经理的销售和经办流程符合业务规定，交易过程中按规定要求对白某进行了风险承受能力等级评估和登记，风险承受能力为积极进取型，相关销售资料均有客户亲笔签字，客户的损失主要源于市场变化引发的风险损失。出于维护客户和表示同情的角度，某行客户经理与白某协商于2012年7月20日给予白某9 700元的损失补偿，白某当时即表示不再因此事向某行及客户经理提出其他要求，白某要求某行赔偿其全部损失缺乏正当的理由和依据。

法律分析

1. 《商业银行个人理财业务风险管理指引》第五十一条规定："对于非保本浮动收益理财计划，风险提示的内容应至少包括以下语句：'本理财计划是高风险投资产品，您的本金可能会因市场变动而蒙受重大损失，您应该充分认识投资风险，谨慎投资'。"

2. 《商业银行法》第五条规定："商业银行与客户的业务往来，应当遵循平等、自愿、公平和诚实信用的原则"。

本案中，白某的目的是购买保本加利息的理财产品，而银行工作人员实际为其购买的是随市场变化、本金可能会有损失的基金。银行应告知白某所购买理财产品的类型、是否保本等详细信息。根据《合同法》第四十二条规定，故意隐瞒与订立合同有关的重要事实或者提供虚假情况，给对方造成损失的，应当承担损害赔偿责任。

案例启示

金融机构应加强对金融产品营销人员的管理培训，对产品情况要如实履行告知义务，做好记录留存，保障消费者和金融机构自身合法权益，要始终坚持诚实信用原则，合规经营。

现在，百姓的投资视野比过去要宽广，开始炒股票、买基金、买理财产品，他们对投资回报的要求比过去更高。在这个过程中，金融监管机构要加强投资者特别是中小投资者教育，讲清楚各种金融产品的性质和购买这些产品要承担的风险，使得投资者从一开始就有思想准备并了解自己承受风险的能力，从而用一颗平常心来对待。在加强投资者风险教育的过程中，金融机构应承担起更多的社会责任。

（中国人民银行昆明中心支行金融消费保护处供稿）

案例十八
理财产品变活期存款案

案情简介

2012 年 2 月 26 日，陈某到人民银行某中心支行金融消费权益保护中心投诉称，其于 2011 年 7 月 18 日到某行办理 64 万元存款时，业务员以高回报为由，骗其购买银行理财产品。半年后，其到某行要求提取第一次分红，可营业员告知，其并没有购买理财产品，只向其支付了少许的活期存款利息。陈某认为该行存在欺诈行为，严重损害了他的权益，要求营业员向其赔礼道歉并赔偿经济损失。

处理过程

根据调查结果，陈某反映的情况基本属实，该行存在违规行为，业务经办员为完成理财产品销售任务，的确是诱导了陈某。人民银行某中心支行金融消费权益保护中心在征得双方的同意下，召集该行到陈某家进行调解，双方达成以下调解意见：（1）某行领导和业务经办员向陈某赔礼道歉；（2）赔偿陈某直接经济损失；（3）陈某同意不向外界散布有损该行形象的言语和行动。

法律分析

1. 《商业银行法》第五条规定："商业银行与客户的业务往来，应当遵循平等、自愿、公平和诚实信用的原则。"

2. 《商业银行个人理财业务管理暂行办法》（中国银行业监督管理委员会令 2005 年第 2 号）第四十条规定："商业银行理财计划的宣传和介绍材料，应包含对产品风险的提示，并以醒目、通俗的文字表达；对非保证收益理财计划，在与客户签订合同前，应提供理财计划预期收益率的测算数据、测算方式和测算的主要依据。"

3. 《商业银行个人理财业务风险管理指引》第三十条规定："商业银行提供个人理财顾问服务业务时，要向客户进行风险提示。风险提示应设计客户确认栏和签字栏。客户确认栏应载明以下语句，并要求客户抄录后签名：'本人已经阅读上述风险提示，充分了解并清楚知晓本产品的风险，愿意承担相关风险'。"

4. 《合同法》第四十二条规定：故意隐瞒与订立合同有关的重要事实或者提供虚假情况，给对方造成损失的，应当承担损害赔偿责任。

本案中，银行工作人员为完成理财产品销售任务，骗陈某购买了理财产品，导致陈某收益预期落空或损失，存在严重的欺骗行为，给陈某造成了损失，应当承担赔偿责任。

案例启示

金融机构应以简洁、可理解的表述方式向金融消费者进行理财产品的信息披露和风险提示，确保金融消费者在购买金融产品或者接受金融服务前已知晓并理解相关风险，维护金融消费者的知情权。

同时，金融机构要积极承担社会责任，大力开展金融知识宣传与风险提示活动。针对金融消费者对金融服务及产品了解不够、对自己的责任和义务认知不足等问题，金融机构应积极承担社会责任，利用各种资源，多形式开展金融知识宣传、普及活动，让消费者了解相关产品风险，增强消费者对银行产品和服务的信心，从而更好地保护消费者权益。

（中国人民银行海口中心支行金融消费保护处供稿）

案例十九
股金退还纠纷案

案情简介

2012年6月4日，某省一名农民因1980年以前老股金退还事宜，与当地农村信用社发生争议，遂到人民银行某中心支行金融消费权益保护中心进行投诉。该农民持有其已故父亲1980年以前的农村信用社股金证，要求信用社退还股金及历年分红。

处理过程

根据上述情况，人民银行某中心支行金融消费权益保护中心认为可能并非个案，并于6月4～15日，先后三次与县联社召开维权工作专题会议，研究纠纷双方的意见，明确调解内容。县联社高度重视，并积极接受人民银行某中心支行金融消费权益保护中心的调解意见，多次向上级行请示汇报，制定解决方案。一是制订工作方案。7月末以前出台《某县农村信用联社退还1980年以前农村老股金工作方案》，成立领导小组及经办机构，做好账务处理的规定手续。二是公示清退公告。印发《某县农村信用联社关于退还1980年以前农村老股金公告》，并通过基层农信社网点向农民张贴公布，清退时间确定为8月1～30日。三是合理解决分红问题，要求股金所有人必须持有股金证，且携带有效身份证明，并按持股金额的3%给予分红。

法律分析

农村信用社老股金的形成有其特定的历史背景，随着我国金融体制的改革，农村信用社也经历了几个阶段的改革。针对本案中的老股金退还事宜，按照当时国家政策，县联社对老股金进行了清退。由于年代跨度大，有的入股人已经去世，有的股金证已经遗失，无法逐笔逐户进行清理核对。另外，信用社原经办人大都已离退休，由于当时管理条件的限制、机构撤并频繁、账簿资料已经毁损或遗失，清理十分困难。实行统一法人改革时，大部分农信社简化股金管理程序，将没有清退的股金进行打包管理。

老股金证持有人可以带股金证到该证的签发单位先确认一下该股金证是否是有效股金证，如果确认是有效证件，在当时国家政策规定的可退还范围内的，可持该证到当时的签发单位按照有关规定进行办理。

案例启示

通过对这起农民金融消费者维权争议的妥善处理，不仅为农村股民解决了纠结几十年的股金处理问题，也维护了农村信用社的信誉，为更好地做好金融消费者权益保护工作奠定了良好的实践基础，有效提升了人民银行金融消费权益保护部门的公信力和影响力。

（中国人民银行长春中心支行金融消费保护处供稿）

案例二十
"存款变保险"要求退保案

案情简介

2012年2月23日，杨某到人民银行某中心支行金融消费权益保护中心投诉某行"存款变保险"，杨某称其58岁，于2012年2月5日到某行准备将15000元钱存入银行作为定期存款，当时营业厅一工作人员对他说："您存五年期好了，利息多些。"杨某相信了工作人员的话，存完钱后，拿着有关单据回家。事隔十几天后，子女发现父亲的所谓"存单"盖有某保险公司的印章，杨某才知道存单变成了保险单。杨某先行到该行要求退保，协商不成，于是到人民银行某中心支行金融消费权益保护中心投诉。

处理过程

某行工作人员隐瞒事实，以保险代存款，欺骗文化程度较低的老人，存在过错。经过人民银行某中心支行金融消费权益保护中心调解，某行、保险公司和杨某达成纠纷解决方案：2012年3月1日保险公司将保险单退保，对于退保造成的1000多元手续费损失，由保险公司赔偿。

法律分析

1. 《合同法》第五十四条规定：因重大误解订立的合同，当事人一方有权请求人民法院或者仲裁机构变更或者撤销。第四十二条规定：故意隐瞒与订立合同有关的重要事实或者提供虚假情况，给对方造成损失的，应当承担损害赔偿责任。

2. 《中国银监会关于进一步加强商业银行代理保险业务合规销售与风险管理的通知》（银监发〔2010〕90号）第二条规定："商业银行开展代理保险业务，应当遵循公开、公平、公正的原则，充分保护客户利益。产品销售活动应当向客户充分揭示保险产品特点、属性和风险，不得对客户进行误导。"第三条规定：商业银行在开展代理保险业务时，不得将保险产品与储蓄存款、基金、银行理财产品等产品混淆销售，不得将保险产品收益与上述产品简单类比，不得夸大保险产品收益。

本案中，由于杨某文化水平低，将银行为其办理的保险单当做银行存款单，在合同内容上存在重大错误认识，造成退保时需要承担1000多元损失，其行为符合法律规定的对合同重大误解的构成要件，可以依法请求人民法院或仲裁机构变更或撤销。同时，某行工作人员在销售银保产品过程中对客户不完全履行告知义务，不提示风险，不讲明退保费用、现金价值和费用扣除等关键要素，故意混淆存款和保险的本质区别，不恰当地比较两者收益，片面夸大保险产品的收益水平，故意隐瞒事实，以保险代替存款，对一些年龄较大者等金融知识弱势群体违规销售保险，诱导其违背本来意图，改变交易内容，存在夸大宣传和误导销售行为，对杨某损失有过错，应承担损害赔偿责任。

案例启示

金融机构工作人员要以准确、简明的语言介绍金融产品，对于金融消费者特别是老年人等弱势群体要讲明购买金融产品的权利、义务和可能存在的风险。金融消费者要增加存款等金融产品的基础知识学习，不贪图小利，以维护自身合法权益。监管机构要加强金融知识的普及宣传。

（中国人民银行长沙中心支行金融消费保护处供稿）

案例二十一
理财产品亏损获赔偿案

案情简介

谭某 2011 年 12 月 30 日向人民银行某中心支行金融消费权益保护中心投诉称，某行业务经办员于 2010 年 10 月底欺骗其将存款购买某保险公司的理财产品，投保人系谭某的女儿，签名系业务员代签。由于近两年市场原因，导致其购买的理财产品出现了近两万元的亏损，谭某多次向某行投诉，未能得到解决。

处理过程

人民银行某中心支行金融消费权益保护中心向某行发出了转送单和相关投诉登记表、保单复印件等材料。经过人民银行某中心支行金融消费权益保护中心调解，某行与某保险公司双方共同补偿谭某的损失，即近两万元的亏损以及一年的利息。

法律分析

1. 《民法通则》第五十八条规定：一方以欺诈、胁迫的手段或者乘人之危，使对方在违背真实意思的情况下所为的，合同无效。

2. 《中国银监会关于进一步加强商业银行代理保险业务合规销售与风险管理的通知》（银监发〔2010〕90号）第二条规定："商业银行开展代理保险业务，应当遵循公开、公平、公正的原则，充分保护客户利益。产品销售活动应当向客户充分揭示保险产品特点、属性和风险，不得对客户进行误导。"第三条规定：商业银行在开展代理保险业务时，不得将保险产品与储蓄存款、基金、银行理财产品等产品混淆销售，不得将保险产品收益与上述产品简单类比，不得夸大保险产品收益。第五条规定："对于通过风险测评表明适合购买投资连结保险等复杂保险产品的客户，商业银行应当向其提供完整的保险条款、产品说明书和投保提示书并提示客户认真阅读，阅读后应当由客户亲自抄录下列语句并签字确认：'本人已阅读保险条款、产品说明书和投保提示书，了解本产品的特点和保单利益的不确定性'。"第七条规定："商业银行开展代理保险业务时，应当遵守监管机构关于投保提示、禁止代客户抄录、禁止代客户签字确认等方面的规定，指导客户如实、正确地填写投保单，不得代替客户抄录语句、签名。"

3. 《民法通则》第一百一十七条规定："侵占国家的、集体的财产或者他人财产的，应当返还财产，不能返还财产的，应当折价赔偿。"第一百三十条规定："二人以上共同侵权造成他人损害的，应当承担连带责任。"

本案中，某行工作人员冒用谭某女儿的名义代签某保险公司理财产品合同，没有对该理财产品的性质、风险、费用进行充分揭示，存在欺骗行为。某保险公司的核保人员没有核对投保人本人的情况便予以承保，工作上存在过错。给谭某造成的损失，可由某行与某保险公司双方共同赔偿。

案例启示

金融机构要以简洁、可理解的表述方式向金融消费者进行理财产品的信息披露和风险提示，确保金融消费者在购买金融产品或者接受金融服务前已知晓并理解相关风险，维护金融消费者的知情权。此外，要积极开展从业人员教育工作，注重提高从业人员的专业素质和职业操守，时刻把消费者权益放在心上。

（中国人民银行长沙中心支行金融消费保护处供稿）

案例二十二
"存款变保险"要求解约案

案情简介

2010 年 6 月 10 日，人民银行某中心支行金融消费权益保护中心接到市民黄某投诉：2010 年 5 月，黄某去某行办理定期存款业务，想将户头上的 16.9 万元转三年定期，银行工作人员向其介绍一款"利息"比平常存款高很多的"存款"业务，黄某同意并签名。事后，某保险公司也通过电话对黄某进行回访，黄某表示同意。2010 年 6 月，黄某到银行取款，银行工作人员称其办理的是十年期保险，若要当天提钱就是违约，不但取不回钱，还要赔钱。

处理过程

经人民银行某中心支行金融消费权益保护中心调查，黄某所称的"银行工作人员"实际上是某保险公司的销售人员，黄某购买的"银保产品"是由银行代理销售的保险产品。经人民银行调解，双方同意解除合同，某保险公司退还消费者本金 16.9 万元。

法律分析

1. 《合同法》第五十四条规定：因重大误解订立的合同，当事人一方有权请求人民法院或者仲裁机构变更或者撤销。第四十二条规定：故意隐瞒与订立合同有关的重要事实或者提供虚假情况，给对方造成损失的，应当承担损害赔偿责任。

2. 《民法通则》第一百一十七条规定："侵占国家的、集体的财产或者他人财产的，应当返还财产，不能返还财产的，应当折价赔偿。"

3. 《中国银监会关于进一步加强商业银行代理保险业务合规销售与风险管理的通知》（银监发〔2010〕90 号）第二条规定："商业银行开展代理保险业务，应当遵循公开、公平、公正的原则，充分保护客户利益。产品销售活动应当向客户充分揭示保险产品特点、属性和风险，不得对客户进行误导。"第三条规定：商业银行在开展代理保险业务时，不得将保险产品与储蓄存款、基金、银行理财产品等产品混淆销售，不得将保险产品收益与上述产品简单类比，不得夸大保险产品收益。第十二条规定："通过商业银行网点直接向客户销售保险产品的人员，应当是持有保险代理从业人员资格证书的银行销售人员；商业银行不得允许保险公司人员派驻银行网点。"

本案中，金融机构利用消费者对各种金融产品间的差异不了解的弱点，故意将"保险"说成是"存款"，误导消费者将存款购买成"保险"，存在误导行为。

案例启示

金融机构在注重拓展业务的同时，加强员工的法律教育，树立依法经营、诚信经营的理念，既是维护金融消费者权益的现实需要，也是金融机构树立良好社会信誉和推动业务发展的前提需要。金融消费者也应加强金融知识的学习，准确理解金融产品的风险，树立"自享收益、自担风险"的理念。

（中国人民银行福州中心支行金融消费保护处供稿）

案例二十三
"存款变保险"要求利息补偿案

案情简介

2010 年，沈某在某行存款 19 000 元，本打算存定期一年，但工作人员却推荐了一款三年定期理财产品，说是利息相对较高，现在三年期满，取钱时却发现存的是某保险公司保险，利息仅给了 80 多元，比同期正常存款利息少 2 000 元左右，经多次与某行协商要求补偿利息，但都未能得到合理解决，于是投诉至人民银行某中心支行金融消费权益保护中心，要求某行补偿利息。

处理过程

经人民银行某支行协调，某行和某保险公司经过调查，同意在一周内补偿沈某的利息，沈某表示满意。

法律分析

1. 《合同法》第五十四条规定：因重大误解订立的合同，当事人一方有权请求人民法院或者仲裁机构变更或者撤销。最高人民法院《关于贯彻执行〈中华人民共和国民法通则〉若干问题的意见（试行）》规定，所谓"重大误解"，是指行为人因对行为的性质、对方当事人、标的物的品种、质量、规格和数量等的错误认识，使行为的后果与自己的意思相悖，并造成较大损失。

2. 《合同法》第四十二条规定：故意隐瞒与订立合同有关的重要事实或者提供虚假情况，给对方造成损失的，应当承担损害赔偿责任。《民法通则》第一百三十条规定："二人以上共同侵权造成他人损害的，应当承担连带责任。"

3. 《中国银监会关于进一步加强商业银行代理保险业务合规销售与风险管理的通知》（银监发〔2010〕90 号）第三条规定：商业银行在开展代理保险业务时，不得将保险产品与储蓄存款、基金、银行理财产品等产品混淆销售，不得将保险产品收益与上述产品简单类比，不得夸大保险产品收益。《中国银行业监督管理委员会办公厅关于商业银行开展个人理财业务风险提示的通知》第四条规定："禁止理财业务人员误导客户购买与其风险认知和承受能力不相符合的理财产品（计划）。"《商业银行个人理财业务管理暂行办法》（中国银行业监督管理委员会令 2005 年第 2 号）第二十四条规定："商业银行不得承诺或变相承诺除保证收益以外的任何可获得收益"。

本案中，沈某本意是将 19 000 元的资金办理为存一年定期，但银行工作人员却推荐了一款三年定期理财产品，说是利息相对较高，沈某在合同内容上存在重大错误认识，但沈某的错误认识是由于银行工作人员的误导，可以申请人民法院或仲裁机构申请撤销。银行工作人员对沈某有误导行为，对沈某的财产损失有过错，应依法承担相应的法律责任。

案例启示

金融消费者应加强金融知识的学习，不断提高金融知识素养与风险识别能力，在购买金融产品时，注意甄别营销人员的销售策略，注意甄别"存款"与"保险"，树立风险防范意识。同时，金融机构在注重拓展业务的同时，应进一步规范业务管理，在开展代理保险业务时，应当充分了解客户的风险偏好、风险认知能力和承受能力，向客户充分揭示保险产品特点、属性和风险，不得对客户进行误导，不得将保险产品与储蓄存款、基金、银行理财产品等产品混淆销售，不得将保险产品收益与上述产品简单类比，不得夸大保险产品收益。

（中国人民银行西安分行金融消费权益保护处供稿）

案例二十四
银保合作业务导致纠纷案

案情简介

案件一：2013 年 3 月 21 日，人民银行某中心支行金融消费权益保护中心（以下简称中心）接到金融消费者 A 投诉：A 于 2011 年 1 月在某行网点存款时，受工作人员鼓动，以先缴款后签保单的方式购买了某保险公司保险（分红型），当时工作人员仅告知 A 购买该险种的预期收益，但对中途退保、不能及时支付保费时投保人的收益及损失等情况没有明确告知。近日，A 因家庭原因向某保险公司申请全额退款遭到拒绝。之后，A 多次向某保险公司主张自己的合法消费权益，但未得到解决。

案件二：2013 年 6 月 17 日，中心接到金融消费者 B 投诉：B 于 2012 年 6 月 3 日在某行存款时经银行柜台工作人员推荐，购买某保险公司保险，后要求退保，某保险公司工作人员答复称其只能按保险合同规定退钱。B 对该答复不满，并于 2013 年 6 月 4 日拨打某保险公司客服专线进行投诉，但未得到解决。

案件三：2013 年 6 月 18 日，中心接到金融消费者 C 投诉：C 于 2011 年 6 月 10 日在某行存款时受工作人员鼓动，购买了保险五份，每年缴费共 5 000 元，五年期保十年，宣传单将收益表述为"年返还基本保险金额的 6%"。C 认为 2013 年是缴款第三年，其已缴纳 15 000 元，2013 年应返还 15 000 元×6% =900 元，而非保险公司计算的 5 000 元×6% =300 元，C 拨打某保险公司客服电话进行投诉，某保险公司客服答复为客户理解误差。C 对客服的解释不满转而向中心投诉，要求全额退保，并要求对保险公司这种夸大分红的宣传方式予以纠正。

处理过程

中心及时将有关案件转给某市保险行业协会，由其督促相关保险机构开展调查处理，处理结果如下：

案件一：某保险公司接到保险协会转办投诉单后，听取了该保单的回访录音，发现客户自始至终表示未收到保险合同，不清楚保险条款、缴费年限、除外责任、退保损失、犹豫期约定等权利，因此作为问题件处理，全额退回了金融消费者缴纳的全部本金。

案件二、案件三：在接到保险协会转办投诉单后，某保险公司相关业务员立即与金融消费者联系，对保单进行解释，同时还到银行网点了解保单开立时的情况，并分别调取了电话回访录音及客户投保单、人身投保提示书等资料，确认客户投保单为亲笔签署，电话回访中回访人员多次告知客户缴费年限、红利分配以及十天犹豫期内退保可退还本金，若十天犹豫期后退保，会有一定的损失。通过以上各种途径了解到，保险公司的代理银行在该保单的介绍、营销、办理过程中不存在任何误导销售情况，保险公司在保单办理后的售后环节均按照有关规定正常进行，因此保险公司对该保单不作任何赔偿处理。

法律分析

《中国银监会关于进一步加强商业银行代理保险业务合规销售与风险管理的通知》（银监发〔2010〕90号）第二条规定："商业银行开展代理保险业务，应当遵循公开、公平、公正的原则，充分保护客户利益。产品销售活动应当向客户充分揭示保险产品特点、属性和风险，不得对客户进行误导。"第三条规定：商业银行在开展代理保险业务时，不得将保险产品与储蓄存款、基金、银行理财产品等产品混淆销售，不得将保险产品收益与上述产品简单类比，不得夸大保险产品收益。第五条规定："对于通过风险测评表明适合购买投资连结保险等复杂保险产品的客户，商业银行应当向其提供完整的保险条款、产品说明书和投保提示书并提示客户认真阅读，阅读后应当由客户亲自抄录下列语句并签字确认：'本人已阅读保险条款、产品说明书和投保提示书，了解本产品的特点和保单利益的不确定性'。"第七条规定："商业银行开展代理保险业务时，应当遵守监管机构关于投保提示、禁止代客户抄录、禁止代客户签字确认等方面的规定，指导客户如实、正确地填写投保单，不得代替客户抄录语句、签名。"

案例一中，银行工作人员故意隐瞒中途退保、不能及时支付保费时投保人的收益及损失等情况，违反了上述规定，存在过错。而案例二、案例三中，销售人员在售前、售中、售后均履行了《商业银行代理保险业务监管指引》及相关制度，不需承担任何赔偿责任。

案例启示

本案对于人民银行处理跨行业、跨市场的金融消费纠纷具有重要借鉴意义。作为监管部门，人民银行介入案件处理有利于提高公平、公正和社会信任度。人民银行的第三方立场较好地解决了金融消费者之前普遍感觉到的"投诉无门"的情况，使得金融消费者对最终处理结果容易接纳。

开展宣传教育是减少金融消费争议的基础性工作，加强金融知识的宣传和普及，使金融消费者掌握必要的金融知识，有利于提高消费者自身防范风险的能力。

（中国人民银行南宁中心支行金融消费权益保护处供稿）

案例二十五
保险理财产品退保案

案情简介

金某于 2008 年 5 月在某行购买了金额 2 万元的某保险公司分红型保险产品一份，期限五年，2013 年 5 月 7 日到期。某行在接到金某退保申请时，将分红情况通知金某，金某对收益产生了疑问。某行在与某保险公司相关负责人取得联系后，促使保险公司经理与金某达成协议，金某同意保险公司 4% 的给付条件，并在退保协议书上签字确认。金某因欠李某（金某的侄女婿）的钱款，于是将此款的转账账户交予李某，由李某到银行支取保险费用。5 月 14 日当李某到银行取款时发现保险费未到账，强烈要求银行按同期银行定期存款利率支付保险费用。银行工作人员便向李某耐心解释，说保险费还在处理阶段，如李某急需钱用，网点负责人同意为李某垫付资金，遭到客户李某的拒绝，李某向人民银行某中心支行金融消费权益保护中心进行投诉。

处理过程

经人民银行某中心支行金融消费权益保护中心协调，保险公司按 4.41% 的收益为李某垫付保险费用，待李某保险费到账后由李某支出交给保险公司业务经理。该解决办法得到李某的认可。

法律分析

1. 《中华人民共和国保险法》第十五条规定："除本法另有规定或者保险合同另有约定外，保险合同成立后，投保人可以解除合同，保险人不得解除合同。"《中华人民共和国合同法》第七十九条规定："债权人可以将合同的权利全部或者部分转让给第三人。"第八十一条规定："债权人转让权利的，受让人取得与债权有关的从权利，但该从权利专属于债权人自身的除外。"

2. 《中华人民共和国合同法》第七十七条规定："当事人协商一致，可以变更合同。"

本案中，金某就保险合同的退保条件与保险公司达成了 4% 的协议，但因保险公司未说明退保需办理有关手续导致了金某之债权人李某不能按时拿到保费，最终李某以保险合同转让第三人的身份享受了保险公司给予的 4.41% 的补偿。

案例启示

1. 金融机构要完善内控机制，加强对银行代销第三方理财产品的监管。商业银行应按照监管政策和内控体系的要求，全面梳理理财项目的申报审批、产品销售、信息披露、会计核算、台账建立、投后管理、资金专户管理、划拨与兑付等业务流程，查找操作风险点和流程缺失，并及时予以弥补和改进。

2. 加强信息披露，保障金融消费者的投资收益权。完善理财产品销售的事前、事中、事后信息披露机制，使银行理财产品信息公开化、透明化，有助于投资者了解银行理财产品的真实状况，培养投资者的风险意识。

3. 加强理财产品的管理。在设计理财产品方案时，应充分考虑可能出现的声誉风险事件，并制订应急预案。加强风险揭示，做好对客户的宣传教育，营造"卖者有责，买者自负"的氛围。转变经营理念，增强对声誉风险的承受能力，提高法律应诉能力，落实合同约定的责权利，逐步改变刚性兑付和"兜底"理财的被动局面。

（中国人民银行沈阳分行金融消费权益保护处供稿）

案例二十六
黄金买卖合同无效案

案情简介

张小某（15周岁）在某商业银行支行为其父张某（43周岁）办理存款时，购买该行投资金条（10克/条，99.99%纯度）一条，价值2 620元。该行工作人员并没有对张小某的有效证件进行核对，仅凭借其持有的张某身份证件办理了买卖相关手续。买卖合同签订后，张小某与某商业银行支行当场履行完毕。事后，张某以张小某系限制民事行为能力人、买卖合同未经法定代理人即张某同意为由认为合同无效，并要求某商业银行支行返还价款。某商业银行支行以合同履行完毕为由加以拒绝。张某不服，投诉至人民银行某中心支行金融消费权益保护中心，要求解决双方争议。

处理过程

按照《某市金融消费者权益保护工作指引》的规定，此案涉及的金融纠纷不属于人民银行业务管辖范围之内，但双方当事人自愿交由人民银行解决纠纷，因此人民银行某中心支行金融消费权益保护中心对双方进行调解。经调解，某商业银行支行与张某达成如下协议：（1）某行退还给张小某及其法定代理人张某价款2 620元；（2）张小某及其法定代理人张某返还给某商业银行支行金条一条（10克/条，99.99%纯度）；（3）自协议签订之日起十日内履行完毕。协议签订后，双方当事人在签订之日起第五日履行完毕。

法律分析

1. 《中华人民共和国民法通则》第十二条第一款规定："十周岁以上的未成年人是限制民事行为能力人，可以进行与他的年龄、智力相适应的民事活动。"

2. 《中华人民共和国民法通则》第四条规定："民事活动应该遵循自愿、公平、等价有偿、诚实信用的原则。"本案争议的焦点在于限制民事行为能力人签订买卖合同的效力及金融机构在从事金融业务所要遵守的法律义务。

本案中，张小某系15周岁限制民事行为能力人，根据一般社会常识判断，张小某不可能意识到投资金条是理财产品，具有一定的金融风险；某商业银行支行未能认真核对张小某的身份，使张小某在未取得其法定代理人张某同意的情况下，与其签订合同，违反了民事法律规范所确定的基本义务。因此，金条买卖合同，应取得其法定代理人张某的同意，否则合同无效。

案例启示

金融消费者权益保护案件不仅仅涉及金融法律规范，更多地涉及民商法律规范，因此采用民商法律思维更容易解决问题。

在双方当事人认可的情况下，人民银行作为中立的第三方，可以调解不属于职权范围内的金融消费者纠纷。

（中国人民银行长春中心支行金融消费权益保护处供稿）

案例二十七
保险公司伪造保险合同签名案

案情简介

2013年5月24日，投诉人吴某向12363电话投诉，称其于2011年12月23日在某商业银行支行购买5万元理财产品，当时银行工作人员并未告知其是保险产品，只称该理财产品比定期存款利息略高，后吴某发现购买的是保险产品，且须到70岁才能取出。保险公司称与吴某订立了保险合同，合同上有吴某的签名，吴某称当时只签了一份投保意向书，并没有签订投保合同，保险公司所持的合同上吴某的签名系伪造。吴某先后与银行和保险公司交涉，保险公司称需要进行笔迹鉴定，但是一直没有回复。吴某要求退还本金和相当于购买日至投诉日定期存款利息的补偿。

处理过程

据查，吴某于2011年12月签订投保意向书后，由某保险公司银保专管员至该商业银行网点收取相关凭据，但此保险公司银保专管员领取合同后未交给投诉人，而是自行在合同上签名，导致投诉人一直没有收到保险合同。现该行已协调保险公司为投诉人办理全额退保手续。

针对该事件，该行采取了以下整改措施：一是暂停代理销售涉案保险公司的保险产品。督促保险公司采取对保险合同回执单签名有效性进行复核审查等措施，加强签名真实性等方面的内控管理，待整改完毕后，再行恢复保险代理关系。二是加强保险产品销售过程中的风险揭示，提示保险客户在投保申请书和合同回执单中，必须由本人亲笔签名。提醒客户在购买保险产品之日起两周内如未收到保险公司寄送的合同，可告知银行工作人员，银行接报后向保险公司了解合同寄送情况。三是银行建立保险客户回访制度，由保险公司定期提供已签收回执单客户明细表，银行组织专人进行电话回访，确认合同是否由本人亲笔签名，一旦发现"代签名"行为，银行将立即联系保险公司采取补寄合同重签等措施，从根本上杜绝风险事件的发生。

法律分析

1. 《中华人民共和国合同法》第三十二条规定："当事人采用合同书形式订立合同的，自双方当事人签字或者盖章时合同成立。"

2. 《保险法》第十三条规定："投保人提出保险要求，经保险人同意承保，保险合同成立。保险人应当及时向投保人签发保险单或者其他保险凭证。"

3. 《保险从业人员行为准则》（保监发〔2009〕24号）第十六条规定："应确保所有文件的有效性和准确性，不得代签名、代体检、伪造客户回访记录。"

4. 《中国银监会关于进一步加强商业银行代理保险业务合规销售与风险管理的通

知》（银监发〔2010〕90号）第七条规定："商业银行开展代理保险业务时，应当遵守监管机构关于投保提示、禁止代客户抄录、禁止代客户签字确认等方面的规定，指导客户如实、正确地填写投保单，不得代替客户抄录语句、签名。"第十八条规定："商业银行应当督促保险公司按照监管规定在保险合同犹豫期内，对代理销售的保险期限在1年以上的人身保险新单业务进行客户电话回访，并要求保险公司妥善保存电话回访录音；视实际情况需要，可以要求保险公司对客户进行面访，并详细做好回访记录。"第十九条规定："商业银行应当建立有效的投诉处理机制，与保险公司分工协作，制定统一规范的投诉处理程序，向客户明示投诉电话，在与保险公司签订代理协议时，应当主动协商保险公司建立风险处置应急预案，确保能妥善处理投诉纠纷事件。"

本案中，某保险公司银保专管员作为保险公司（保险人）的员工以投诉人的名义在合同上签名，既没有取得投诉人的授权，事后投诉人也没有追认，且投保人始终没有收到保险合同。因此，保险公司与投诉人之间不存在保险合同关系，保险公司应当退还向投诉人收取的资金。

同时，保险公司和代理销售保险产品的银行在内部管理制度上存在漏洞，使得员工损害消费者权益的一些违法违规行为能够得逞且在较长时间内没有被发现。一是业务办理存在"一手清"的现象，重要业务凭证、合同文本领取、签字、合同寄送均由保险公司银保专管员一人承担，缺乏必要的监督制约机制，业务人员的行为处于失控状态；二是保险公司合规部门对投保意向书、保险合同的签名真实性缺乏审核，没有进行笔迹比对，致使伪造签名得逞；三是没有及时对客户进行回访，致使问题迟迟未被发现。

案例启示

金融机构在注重拓展业务的同时，必须重视内控制度的建设，加强员工的法律教育。树立依法经营、诚信经营的理念，既是维护金融消费者权益的现实需要，也是金融机构树立良好社会信誉和推动业务稳健发展的基本前提。

（中国人民银行上海总部金融消费权益保护处供稿）

案例二十八
储蓄存款变保险存款案

案情简介

2010 年 1 月 25 日，某行储蓄客户马某定期储蓄存单到期，金额 12 万元，其父代为办理续存储蓄业务。当时某行工作人员说："三年期存款利率高，给你办理三年期的吧。"马父便办理了该项业务。2013 年 1 月 25 日存款到期后，马某支取时才发现，当年办理的是十年期保险存款业务，利息并没有三年定期储蓄利息高。马某与某行产生争议，向人民银行某中心支行投诉。

处理过程

人民银行某中心支行接到马某的投诉后，立即组织专项调查。经查，某商业银行没有履行充分的告知和风险提示义务，的确存在误导消费者购买保险产品的行为。在人民银行的积极调解下，某商业银行按规定支付给储户马某 12 万元三年定期储蓄的本金和应得利息，同时由该商业银行营业部负责人及相关工作人员向储户赔礼道歉。

法律分析

1.《中华人民共和国民法通则》第四条规定："民事活动应当遵循自愿、公平、等价有偿、诚实信用原则。"

2.《中华人民共和国合同法》第六条规定："当事人行使权利、履行义务应当遵循诚实信用原则。"第五十四条规定：一方以欺诈、胁迫的手段或乘人之危，使对方在违背真实意思的情况下订立的合同，受损害方有权请求人民法院或仲裁机构变更或撤销。

3.《中华人民共和国商业银行法》第二十九条规定："商业银行办理个人储蓄存款业务，应当遵循存款自愿、取款自由、存款有息、为存款人保密的原则。"第四十七条规定："商业银行不得违反规定提高或降低利率以及采用其他不正当手段，吸收存款，发放贷款。"

4.《中国银监会关于进一步加强商业银行代理保险业务合规销售与风险管理的通知》（银监发〔2010〕90 号）第三条规定：商业银行在开展代理保险业务时，不得将保险产品与储蓄存款、基金、银行理财产品等产品混淆销售，不得将保险产品收益与上述产品简单类比，不得夸大保险产品收益。应向客户说明保险产品的经营主体是保险公司，如实提示保险产品的特点和风险。如实向客户告知保险产品的犹豫期、保险责任、电话回访、费用扣除、退保费用等重要事项。

本案中，某行违背存款人意愿，对其进行虚假宣传，将十年期保险产品宣传为三年期定期存款，使投诉人产生重大误解从而购买不适合自身情况的金融产品，某行的销售行为违反了《民法通则》、《合同法》规定的诚实信用原则以及关于银行代理保险业务的监管规定，投诉人可依据相关法律要求相关机构撤销或变更，并可依据《民法通则》、《合同法》相关规定，请求某行赔偿损失。

案例启示

1. 金融机构应依法合规经营，在营销金融产品时应向消费者进行风险提示。针对银行代办业务的现状，为减少保险产品纠纷，银行业金融机构在代理销售保险产品时，应严格遵守相关规定，向客户充分揭示保险产品特点、属性和风险，不得对客户进行误导，不得将保险产品与储蓄存款、基金、银行理财产品等产品混淆销售，不得将保险产品收益与上述产品简单类比，不得夸大保险产品收益。应如实向客户告知保险产品的犹豫期、保险责任、电话回访、费用扣除、退保费用等重要事项。

2. 金融消费者应加强金融知识的学习，提高风险防范意识。金融消费者在购买金融产品时，需认真阅读有关产品条款、产品说明书，了解产品的风险特点，并根据自身的风险承受能力选择适合的金融产品。

（中国人民银行哈尔滨中心支行金融消费权益保护处供稿）

本篇小结

　　我国商业银行的投资理财产品始于2004年，投资理财产品经过长期的发展，规模已相当庞大而且类型多样，"误导销售"、"飞单"等银行理财纠纷事件也日益显现出来。本篇选取了商业银行在销售自有理财产品和代理销售其他理财产品过程中与消费者发生纠纷的28个经典案例。投资理财纠纷在以下几个方面表现较为突出。

　　一是投资理财业务中金融消费者知情权形同虚设。理财产品往往横跨银行、信托、证券、保险等多个行业，投资者一般无法全面了解。销售人员往往仅向投资者简单介绍理财产品，避开谈论理财产品的风险，重点谈论投资者可能会获取的收益。在银行营业网点随处可见的理财产品宣传册上，其显著位置通常都会标明"预期收益率高达多少"、"上不封顶"等诱人字眼。"未尽告知义务引发退保案"就是由于银行在销售保险理财产品时，没有对客户充分告知和及时回访而引发的纠纷。

　　二是银行在销售理财产品时，没有对金融消费者进行风险提示，甚至存在虚假承诺的情形。"理财风险提示不明确亏损补偿案"中，由于保险产品认购单上的提示文字含糊、不显眼，而且商业银行也没有证据证明其已履行告知义务，所以承担对客户的赔偿责任。

　　三是商业银行对理财产品销售业务的激励机制存在缺陷。虽然银监会颁布的办法和指引中的一条主线是商业银行应按照符合客户利益和风险承受能力的原则，审慎尽责地开展个人理财业务，但是目前部分银行在销售理财产品过程中仍然存在着违规销售的情形。"理财亏损案"就是银行销售人员向年近80岁的老年人推销理财产品而导致的投诉案例。

　　四是商业银行对理财产品销售人员管理混乱。一方面，商业银行没有对本行理财产品销售人员进行有效管理，没有建立相应的个人理财业务人员资格考核与认定、继续培训、跟踪评价等管理制度，导致相关人员缺乏必要的专业知识，缺乏对所从事业务有关法律法规和监管规章的充分了解，销售行为不规范。另一方面，通过商业银行网点直接向客户销售保险产品的人员，应当是持有保险代理从业人员资格证书的银行销售人员。

　　五是金融消费者的法律救济很不充分。金融消费者对于其购买的产品大多不能完全理解，对侵权行为不能及时发现，导致权益受损，加之金融机构对其产品的信息披露制度不健全，导致消费者可能无法提供充足的证据，极有可能因缺乏相关证据而败诉。

　　下一步，我们建议重点关注法律制度、消费者教育、人员管理和救济渠道等方面的改进与完善，引导投资理财产品业务规范发展。

　　第一，尽快出台关于金融消费者权益保护的相关法律规范，明确投资理财产品的法律关系，建立完善的审查、审批、销售、信息披露及监督处罚机制。建议引入"消费者权益保护"这一原则，用于指导我们的立法、执法以及司法活动，构建金融消费者权益保护制度体系。

第二，金融管理部门加强理财产品市场风险监控，建立合作协调机制。人民银行作为金融市场管理者，应重点关注银行理财产品发行总量以及资金运作情况，合理测算和动态掌控其发展规模和蕴含的风险。同时，还要加强与其他金融监管部门的协调配合，共同承担起对交叉性银行理财产品的风险监测责任，避免出现重复监管或管理真空的情况。银监部门要在制度层面督促商业银行严格执行各项法律规定和理财产品合同条款，从源头上避免理财业务纠纷的发生。

第三，加大对金融消费者教育的力度，提高其识别风险和自我保护能力。金融消费者是实施金融消费者权益保护的第一道防线。金融消费者在选购理财产品前，应当做好个人或家庭理财规划，充分进行信息分析，形成自己独立的判断，选择购买自己熟悉、具备风险承受力的产品。在选购理财产品时，要建立有效的投资组合，选择合法的金融机构，投资合法的理财产品。

第四，商业银行要转变理财业务经营理念，加强人员管理与培训。首先，商业银行要理性平衡金融消费者权益与银行利益，稳健发展理财业务，推动内部考核机制从单纯数量指标向经风险调整的业绩评估方式转变，从根本上解决侵权的动机问题。其次，要完善内控风险管理，强化理财产品创设的内部审核，禁止发售不符合相关政策规定和超出自身风险控制能力的产品。再次，要依法合规经营，做好信息披露、风险提示等理财产品营销工作，如推行在宣传资料上统一印制注明"健康警告"、对理财产品销售过程进行录音、聘请义务监督员上门调查、设置投资冷静期等措施，切实保障金融消费者的合法权益。同时，要加强对理财产品销售人员的培训和管理，建立持续有效的员工行为动态监管机制，严禁私下销售或推介违规理财产品。

第五，建立健全金融消费纠纷解决机制。商业银行对新闻媒体负面报道、监管部门介入调查、金融消费者集中投诉等重要投诉案件，不得推诿、敷衍、延误，要在第一时间查明情况、分清责任、妥善处理并及时报告，防止纠纷激化。在处理跨领域、跨地域的重大案件时，要建立有关部门的沟通协作机制与预警机制，有效应对投诉案件。

第六，将多元化纠纷解决机制引入金融消费者权利救济的司法体系中，特别是要引入集团诉讼和举证责任倒置等制度安排，让处于相对弱势地位的金融消费者获得更有力的保障。

第四篇

征信管理

编者按：随着征信系统的不断完善，查询个人征信记录已成为各银行业金融机构贷前审查、办理个人信用卡和担保资格审查的重要依据，地方政府也将其纳入了对非公有制经济代表人士管理综合评价的重要参考。与此同时，个人信用信息征集管理与个人隐私保护之间的矛盾也日益突出，个人征信领域侵害消费者权益的投诉事件越来越多。如何有效保护征信信息主体合法权益，成为社会普遍关注的焦点。

征信管理纠纷主要表现为：一是因信息录入错误或更新不及时导致信用报告失真，二是因扣款不告知导致客户不良信用记录，三是未经授权违规查询个人信用报告，四是非法出售客户个人征信记录。在这些纠纷中，消费者知情权、公平交易权、资金安全权、隐私权和损害求偿权等合法权益很容易受到侵犯。

本篇收录了有关分支行提供的十一个案例，通过这些案例的法律分析和启示，我们看到，在征信系统建立、应用和推广的同时，对金融消费者权益的保护必要而迫切。我们认为，在加强对金融消费者宣传教育和舆论引导的同时，应进一步加大个人征信领域金融消费权益保护宣传力度，加大征信业务执法检查力度，引导银行业金融机构加强征信业务的管理和规范开展。此外，金融监管机构要抓住个人信用信息征集、使用、维护等关键环节，创新举措，严格管理，督促商业银行切实重视个人征信服务，把保护金融消费者权益作为其维护自身商业利益、履行社会责任的重要内容，进一步畅通个人征信异议处理机制，强化客户手机短信提醒制度，改进征信管理服务水平。通过以上措施，切实保护金融消费者在征信领域的合法权益。

本篇案例

- 银行贷款审查不严，客户被冒名贷款进入黑名单案
- 客户反映被他人冒名贷款进入征信系统黑名单案
- "私贷公用"产生个人不良信用记录纠纷案
- 信用卡自动还款失败导致不良信用记录纠纷案
- 信用卡欠缴年费产生不良信用记录纠纷案
- 学生信用卡因年费欠缴导致不良信用记录纠纷案
- 家属冒名办理信用卡产生不良信用记录纠纷案
- 他人冒名办理信用卡形成不良信用记录纠纷案
- 银行履行告知义务不到位导致不良信用记录纠纷案
- 个人信用报告中贷款记录与事实不符纠纷案
- 孔某投诉某商业银行信贷员截留还款造成其信用记录不良案

案例一
银行贷款审查不严，客户被冒名贷款进入黑名单案

案情简介

2012 年 3 月 10 日，人民银行某支行接到邱某投诉，称自己以前从未在银行贷过款，2012 年 3 月 5 日向某商业银行申请贷款，该行通过人民银行个人信用征信系统查询，发现邱某在该县某信用社贷过款并有不良信用记录。邱某得知情况后及时与某信用社沟通，要求查证其贷款信息的真实情况，并立即解决由其产生的个人不良信用记录等问题，但该信用社没有给予满意的处理结果。

处理过程

人民银行某支行接到投诉后，派出工作人员到该信用社了解邱某贷款情况。据信用社经办人员对业务处理过程的回忆描述，初步判定这是一起利用他人身份信息骗取银行贷款的案件，支行工作人员支持邱某到当地公安机关报案，并提供了涉案的相关情况。当地公安机关立案后，通过调取监控影像资料等措施，最终锁定戴某为犯罪嫌疑人，于 2012 年 4 月 5 日将其抓捕归案。

据犯罪嫌疑人戴某交代，自 2010 年 12 月至 2012 年 3 月案发，戴某在当事人不知情的情况下，冒用邱某、关某、郭某、左某、梁某等多人身份信息，多次以欺骗手段在该信用社骗取贷款，累计 40 余万元。戴某以涉嫌利用他人身份信息骗取银行贷款罪被刑事拘留。

根据案件审理情况，人民银行某支行针对该信用社贷款审查不严问题，要求限期解决邱某被冒名贷款问题，并依据《个人信用信息基础数据库管理暂行办法》相关规定要求更正邱某的个人信用信息报告。2012 年 6 月 15 日，该信用社在偿还了邱某名下的贷款后，及时更正了邱某的个人信用信息。

法律分析

1. 《个人贷款管理暂行办法》第十三条规定：贷款人受理借款人贷款申请后，应履行尽职调查职责，对个人贷款申请内容和相关情况的真实性、准确性、完整性进行调查核实，形成调查评价意见。第十七条规定：贷款人应建立并严格执行贷款面谈制度。第十八条规定：贷款审查应对贷款调查内容的合法性、合理性、准确性进行全面审查，重点关注调查人的尽职情况和借款人的偿还能力、诚信状况、担保情况、抵（质）押比率、风险程度等。

2.《个人信用信息基础数据库管理暂行办法》第六条规定：商业银行应当遵守中国人民银行发布的个人信用数据库标准及其有关要求，准确、完整、及时地向个人信用数据库报送个人信用信息。第十六条规定：个人认为本人信用报告中的信用信息存在错误时，可以通过所在地中国人民银行征信管理部门或直接向征信服务中心提出书面异议申请。

3.《个人信用信息基础数据库异议处理规程》第一条规定：个人可以直接向异议信息涉及的商业银行经办机构提出质询。经办机构的异议处理人员可以接受个人的委托向所在地征信管理部门或征信服务中心提出异议申请。经办机构应当同时启动核查、更正程序。

本案中，被投诉信用社在人民银行介入调查前存在诸多未尽职的违规行为，如贷款审批时未尽到调查责任、在信息主体发现信息存在错误时未尽到核实责任等。从贷款审批环节看，银监会《个人贷款管理暂行办法》对贷款人的尽职调查、贷款审查和面谈制度要求非常明确，特别强调对个人贷款申请内容和相关情况的真实性、准确性、完整性进行调查核实，并在贷款审查时重点关注调查人的尽职情况，但该信用社的一系列贷款制度都流于形式，致使同一借款人轻易多次骗取贷款，充分证明该信用社在贷款审批中存在严重过错。从信息主体发现信息错误的情况看，该信用社也没有遵守《个人信用信息基础数据库管理暂行办法》和《个人信用信息基础数据库异议处理规程》的相关规定，认真核实相关信息。

综上分析，在本案中，人民银行支持投诉人到当地公安机关报案，使犯罪嫌疑人及时归案，同时监督该信用社妥善解决冒名骗贷和投诉人的不良信用记录问题，依法承担违规责任，是合法合理的。

案例启示

近年来，我国银行业频发个人骗贷案件，不仅给商业银行带来沉重经济负担，也损害了商业银行的声誉。在本案中，犯罪涉嫌人之所以能够多次成功骗贷，一方面是商业银行对客户身份识别制度执行不力、贷款审核不严或违规操作造成的，另一方面也是由于受害人邱某等人不注意保管个人身份信息，给违法犯罪分子提供了可乘之机。为此建议：

1. 商业银行要加强贷款审查。要完善贷款审批制度，规范贷款操作程序，坚持实地调查为主、间接调查为辅，认真核实个人贷款申请内容和相关情况的真实性、准确性、完整性；要加强员工职业操守教育，落实贷款面谈制度，强化内部审计监督力度，从源头上遏制违法分子冒用或盗用他人身份信息实施违法犯罪。

2. 消费者要加强自我信息保护。目前为止，我国个人信息保护方面的法律制度还不健全，对个人信息保护的权利内容还不明确，包括信息决定权、信息保密权、信息使用权、信息更正权、信息删除权以及信息损害赔偿请求权等，随着信息处理和储存技术不断发展，个人信息被滥用问题日益严重。在此背景下，消费者增强自我信息保护意识、加强自我信息保护就显得十分重要。

3. 人民银行作为征信主管部门，要积极推进金融领域的个人信息保护工作。一方面，要完善个人金融信息保护制度，加强对银行机构执行个人金融信息保护制度的监督检查；另一方面，也要加强个人金融信息保护制度的宣传，普及个人金融信息保护知识，增强安全使用个人信息意识。

（中国人民银行长春中心支行金融消费权益保护处供稿）

案例二
客户反映被他人冒名贷款进入征信系统黑名单案

案情简介

2012 年 3 月中旬，李某向河南省某农村信用社申请 20 万元流动资金贷款，该农村信用社在人民银行个人信用征信系统中发现，李某于 2005 年在某银行有一笔 5 万元的贷款逾期未还，随即终止对李某的贷前审查。李某对自己在人民银行个人信用征信系统中进入黑名单很不解，于 2012 年 4 月 13 日向人民银行某市中心支行电话投诉，以自己从未向某银行申请过贷款为由要求删除其不良信用记录。

处理过程

人民银行某市中心支行工作人员接到李某电话投诉后，建议采取下列措施主张权益：一是持本人身份证到人民银行或向贷款行获取个人信用报告（最好盖上单位印章），作为主张权益的凭证。二是向发放该笔贷款的银行查证真相，若确系本人所贷，则李某应积极归还逾期贷款，否则会影响日后贷款申请；若是他人冒名贷款，相信贷款银行会查清事实、严肃处理。三是对于被冒名贷款引起的个人信用不良记录，贷款银行有义务和责任为其正名，消除不良信用记录。人民银行某市中心支行工作人员还表示，如果贷款银行怠于审查且不负责处理此事，李某可以再来投诉，或直接向当地人民法院提起侵权损害诉讼。

之后，人民银行某市中心支行通过电话回访李某获悉，确系他人冒名贷款，贷款银行已处理有关工作人员，李某的个人信用记录已得到恢复。

法律分析

1. 《个人信用信息基础数据库管理暂行办法》第六条规定：商业银行应当遵守中国人民银行发布的个人信用数据库标准及其有关要求，准确、完整、及时地向个人信用数据库报送个人信用信息。

2. 《个人信用信息基础数据库异议处理规程》第一条规定：个人可以直接向异议信息涉及的商业银行经办机构提出质询。经办机构的异议处理人员可以接受个人的委托向所在地征信管理部门或征信服务中心提出异议申请。经办机构应当同时启动核查、更正程序。

本案中，李某对人民银行征信系统采集的信息存在错误产生疑义，向人民银行电话投诉，符合《个人信用信息基础数据库管理暂行办法》和《个人信用信息基础数据库异议处理规程》相关规定。为妥善处理投诉，人民银行建议李某按照《个人信用信息基础数据库异议处理规程》的规定向经办银行提出质询，由经办银行核实后向人民银行征信服务中心提出异议申请，这一处理程序简便、高效，是比较合理的。

案例启示

这类投诉的产生，大致有以下几种可能性：一是投诉人金融意识淡薄，忘记有过贷款行为，或者贷款后记错还款期限导致贷款逾期；二是被他人盗取个人身份资料向商业银行骗贷，而商业银行疏于管理或内外结合导致骗贷成功，最终因不还贷而留下个人不良信息记录；三是商业银行向人民银行个人征信系统报送信息出错或由于技术原因导致系统数据出错。如果属于第一类，投诉人要加强自身财务管理和还款规划，防止产生不必要的不良信用信息记录。如果属于第二类，个人要加强身份信息保护，商业银行机构要加强贷款审查和日常监控，防止和打击各种骗贷行为。如果属于第三类，则信息主体要及时向经办银行提出异议申请，争取尽早更正错误信息，维护自身的合法权益。

（中国人民银行郑州中心支行金融消费权益保护处供稿）

案例三
"私贷公用"产生个人不良信用记录纠纷案

案情简介

2007年5月30日，张某因单位购买酒水，以个人签字形式从山东省某信用社申请贷款3万元，贷款到期日为2007年11月20日。张某在该贷款到期后一直未偿还，被该信用社起诉至当地人民法院。2010年11月2日，当地人民法院作出判决，认定该债务应由单位承担，无须由张某个人偿还。法院判决生效后，张某发现个人名下的此笔贷款未还的不良信用记录一直存在。此后，张某与该信用社多次交涉未果。2013年4月9日，张某投诉至人民银行某市中心支行金融消费权益保护中心（以下简称某市保护中心）。

处理过程

某市保护中心接到张某投诉后，向该信用社初步核实相关情况后发出调查函。该信用社调查后答复称，法院虽然判决张某本人不用承担还贷责任，但此判决只是表明由张某所在单位履行给付金钱义务，而贷款行为依然没变，借款合同中借款人的签字和手印均为张某本人，属"私贷公用"，信用社应以签字为准，不能为其消除不良记录。根据该信用社的答复，某市保护中心对张某进行反馈，并联系该信用社的上级联社和张某进行协商，但双方多次协商未果，均坚持自己观点，无法就消除不良信用信息达成一致意见。2013年4月19日，某市保护中心建议张某考虑通过司法诉讼途径解决。

法律分析

1. 《最高人民法院关于贯彻执行〈中华人民共和国民法通则〉若干问题的意见（试行）》第五十八条规定：企业法人的法定代表人和其他工作人员，以法人名义从事的经营活动，给他人造成经济损失的，企业法人应当承担民事责任。

2. 《贷款通则》第四条规定：借款人与贷款人的借贷活动应当遵循平等、自愿、公平和诚实信用的原则。第十九条规定：借款人应当按借款合同约定用途使用贷款。第二十条规定：借款人不得采取欺诈手段骗取贷款。

3. 《个人信用信息基础数据库管理暂行办法》第十六条规定：个人认为本人信用报告中的信用信息存在错误时，可以通过所在地中国人民银行征信管理部门或直接向征信服务中心提出异议申请。

本案中，投诉人张某违反《中华人民共和国民法通则》、《贷款通则》等法律制度规定，没有履行如实告知贷款用途的义务，贷款人也没有尽到认真审查和向合格主体发放贷款的职责，因而双方对借款合同的违约都负有责任，但法院判决既然生效，从法律上免除了张某的还款责任，也就消除了张某个人不良信用记录的根源，因此，该信用社应当按照法院判决履行附随的义务。现该信用社仍坚持自己观点，张某可以考虑通过司法诉讼途径解决。

案例启示

在现代市场经济活动中，市场主体都应当遵循平等、自愿、公平和诚实信用原则，否则容易引发法律纠纷。本案中，投诉人张某应当公事公办，以单位名义，按照规定程序向商业银行提出贷款申请；而商业银行也要加强贷款审查，掌握贷款真实用途，对不符合要求的贷款申请，应当严肃地予以拒绝。

（中国人民银行济南分行金融消费权益保护处供稿）

案例四
信用卡自动还款失败导致不良信用记录纠纷案

案情简介

徐某办理了某银行借记卡关联还款业务，用于信用卡到期归还款项。2012 年 8 月 20 日徐某账单需还款人民币 3 000 元，到期还款日为 2012 年 9 月 8 日。根据该行信用卡《领用合约》中《自动还款备注》第三条规定，徐某在 9 月 8 日到期还款日前，借记卡中要有足够金额以备扣款，于是徐某在 2012 年 9 月 8 日晚十点左右向其名下关联借记卡存款 3 000 元。9 月 9 日，徐某见该行未在其关联账户扣款，遂将该笔存款转出，并于当天向该行信用卡中心进行投诉，质问已经将钱存入关联借记卡后银行为何不愿意扣款，该中心回答称会及时回复。当日稍后，该中心答复徐某称，由于该行系统设定的扣款截止时间为到期日的 19:00，因而导致扣款未成功，要求徐某将款项存入关联账户重新扣款，徐某未答应。2012 年 10 月 22 日，徐某到人民银行某管理部查询个人信用报告，显示有一次逾期记录，于是申请征信异议。

处理过程

人民银行某管理部应徐某要求，于 2012 年 10 月 22 日进行第一次异议处理，该行信用卡中心于 2012 年 10 月 24 日回复称："逾期金额 3 000 元，最近五年内有一个月处于逾期状态，没有发生过 90 天以上逾期。异议不存在，不予修改。"徐某对该行的异议回复不服，人民银行决定再次协商解决此事。2012 年 11 月 5 日，人民银行某管理部的部门负责人召集徐某和该行信用卡中心相关人员进行第二次调解。人民银行部门负责人听取双方陈述后认为，从保护金融消费者角度来看，造成逾期记录的原因是该行扣款系统有缺陷，银行有责任予以修改。2012 年 11 月 13 日，该行回复称"经核查，该卡逾期记录不正确，予以修改"，同时要求徐某在 2012 年 12 月 20 日以前必须将欠款还上，并向徐某说明不还款会导致产生逾期利息以及信用不良等问题，徐某表示知晓。事后，徐某未能履行还款义务，形成逾期记录，至 2013 年 4 月 16 日，拖欠本息 4 313.83 元。

法律分析

1. 《中华人民共和国合同法》第六十条规定：当事人应当按照约定全面履行自己的义务。当事人应当遵循诚实信用原则，根据合同的性质、目的和交易习惯履行通知、协助、保密等附随义务。

2. 《征信业管理条例》第十五条规定：信息提供者向征信机构提供个人不良信息，

应当事先告知信息主体本人。但是，依照法律、行政法规规定公开的不良信息除外。

本案中，纠纷的焦点在于银行单方设定扣款截止时间是否合法。从法律关系看，银行这种单方面的行为并不具有合法性。首先，徐某的信用卡透支，与银行构成了一种债权债务关系，徐某应在约定时间内向该行履行还款义务，但银行由于自身信息系统原因没有及时接受徐某义务的履行，属于债权人受领迟延，银行应当免除徐某的不履行责任，在未就第二次还款时间达成一致意见或者获得法院的判决前，不能简单将徐某的不履行记载为逾期并向征信机构报送。其次，《中华人民共和国合同法》规定，银行与信用卡持卡人签订的合同为格式合同，由于在合同中没有明确约定还款日的截止时间点，理应作出有利于债务人的解释。如果该银行单方面确定时间点，实际上将还款时间提前，加重了还款人的义务。由于没有告知债务人，也没有得到债务人的认可，银行单方面确定的时间点对债务人无效。据了解，目前大多数银行在信用卡最后还款日的某时点前设定自动扣划，债务人若在该时点前关联账户余额不足，即使在最后还款日的 24:00 前存入足额存款，仍会被银行记录为逾期，并向人民银行个人信用信息数据库报送，这类纠纷具有一定的普遍性。

至于徐某事后未及时偿还该笔欠款，则属于违约行为。因为银行尽管因受领迟延应承担一定的法律后果，但该债权债务关系继续有效，而且银行已经与徐某协商确定第二次还款时间，徐某也表示知晓，现徐某不依照约定履行还款义务，银行有权向法院起诉，要求徐某偿还债务，同时也有权将其逾期记录上报。

案例启示

本案尽管是针对信用卡自动还款产生的纠纷，但事实上，所有类型的贷款均可能出现债务人在约定的最后还款日还款，而且往往也会由于银行信息系统原因导致还款失败，出现信用记录逾期和罚息等结果。因此，需要出台有关银行贷款或信用卡还款指引，引导商业银行设立一套合理的贷款还款程序，充分保护消费者的合法权益，在具体内容上可考虑：

1. 明确最后还款日的截止时间点。各商业银行应当在各类贷款或信用卡合同中，明确消费者在最后还款日的任意时点均可还款，采用关联账户自动扣款的，则在合同中明确约定具体扣款的时间点，并通过黑体字等形式提醒消费者注意在该时间点前保证关联账户余额充足。

2. 推行贷款或信用卡还款宽限期。当消费者在还款日当天未能还款或因关联账户余额不足未能全额还款时，商业银行应当给消费者合理的还款宽限期（如 1~2 个工作日），同时及时通过短信等形式通知消费者尽快还款。消费者在宽限期内还清欠款的，商业银行应当认可其贷款或信用卡账单正常归还，不再作为逾期还款信息，也不收取罚息。

3. 充分履行信用卡告知义务。根据 2013 年 3 月 15 日起正式实施的《征信业管理条例》，商业银行有义务在每一次报送不良信息前告知信息主体，当消费者在发卡银行通知后仍不能按期偿还贷款或信用卡欠款，商业银行向征信服务中心报送不良信息时，也应严格按照规定提前告知消费者。

4. 持卡人要积极偿还债务，保持良好的信用记录。持卡人要合理控制信用卡透支金额，积极履行还款义务，保持良好的信用记录；否则，一旦信用记录出现污点，将对个人的社会生活和经济生活产生深远的负面影响。

（中国人民银行重庆营业管理部金融消费权益保护处供稿）

案例五
信用卡欠缴年费产生不良信用记录纠纷案

案情简介

罗某向人民银行某市中心支行投诉，称其于 2009 年在德阳市某职业学院入学报名时，某商业银行德阳分行在该校交学费处设点推销银行卡，由于学校工作人员声称办卡可以方便交学费，罗某即办理一张银行卡，随后到该行网点领取卡片。罗某表示，办卡时银行并未告知该卡为信用卡，他不知道要缴纳年费，领取时卡片已经激活，但其从未使用过，直至 2012 年毕业工作后，查询个人信用报告时才发现该卡已有年费欠缴，逾期超过 16 个月，罗某于是到该行偿还逾期金额，并反映了有关情况。由于该行并未就需缴纳年费的情况进行提示、告知，该卡又再次产生新的欠缴年费。罗某认为，银行在客户办理银行卡时应当就缴纳年费事宜给予充分告知，每年年费缴纳前，应当及时通知，欠缴后也应当及时通知持卡人以防止不良记录累积。罗某要求，该行应出具年费逾期的书面证明，证明逾期并非是个人原因造成的，同时该行应就未尽到通知义务向其正式道歉。

处理过程

人民银行某市中心支行接到投诉后，告知罗某可以向经办银行提起信用信息异议，但罗某坚持要人民银行某市中心支行解决。人民银行某市中心支行按照投诉处理规定程序向经办银行转达投诉，要求向罗某做好沟通解释和投诉处理工作。经办银行及时与罗某做了充分沟通，鉴于罗某反映的办卡时的情况已不可查，经办银行以邮寄的方式提供了纠错函，由罗某填写后寄回德阳进行异议处理。

法律分析

1.《中华人民共和国合同法》第六十条规定：当事人应当按照约定全面履行自己的义务。当事人应当遵循诚实信用原则，根据合同的性质、目的和交易习惯履行通知、协助、保密等附随义务。

2.《银行卡业务管理办法》第五十二条规定：发卡银行应当向银行卡申请人提供有关银行卡的使用说明资料，包括章程、使用说明及收费标准。现有持卡人也可索取上述资料。

3.《中国银监会关于进一步规范信用卡业务的通知》规定：银行业金融机构应建立发卡营销行为规范机制，在营销过程中必须履行必要的信息披露，营销人员必须充分告知申请人有关信用卡的收费政策、计罚息政策，积极提示所申请的信用卡产品的潜在风险，并请申请人确认已知晓和理解上述信息。

4.《征信业管理条例》第十五条规定：信息提供者向征信机构提供个人不良信息，应当事先告知信息主体本人。但是，依照法律、行政法规规定公开的不良信息除外。

本案中，纠纷的焦点是罗某在申领信用卡时与偿还欠缴年费后银行是否履行了充分的告知义务。首先，对于银行在申领信用卡环节的告知义务，《银行卡业务管理办法》第五十二条以及《中国银监会关于进一步规范信用卡业务的通知》都有明确规定，银行应当履行充分的告知义务，但就本案而言，由于投诉人罗某无法就其反映的"不知情"问题提供其他证据材料，事后也难以查证，无法证明银行在这一环节存在过错。其次，对于银行在罗某偿还欠缴年费后的告知义务，由于本案没有具体调查情况，银行是否履行告知义务不明确，但根据《银行卡业务管理办法》，发卡银行应当向持卡人提供对账服务，按月向持卡人提供账户结单，履行相应的告知义务。

此外，有必要把本案中异议纠错渠道选择问题加以说明。根据《个人信用信息基础数据库管理暂行办法》和《个人信用信息基础数据库异议处理规程》，投诉人罗某对信用信息有异议的，可以通过人民银行分支机构发起异议纠错，但要经过"人民银行分支机构征信管理部门→征信服务中心→商业银行总行→商业银行有关分支机构→反馈至征信服务中心→反馈至人民银行分支机构征信部门→反馈至罗某"等一系列过程，程序相对烦琐，流程多，耗时长。如果通过经办银行提出质询，经办银行核实后可向人民银行征信服务中心提出异议申请，程序相对简单、高效。因此，人民银行可以告知投诉人自行选择异议纠错渠道。

案例启示

近年来，信用卡办理后由于欠缴年费导致不良记录的情况有逐渐增多的趋势，一方面反映了银行业盲目追求发卡量，忽视对消费者合法权益的保护，另一方面也反映了金融消费者缺乏法律意识和维护自身权益意识，不太关心自身的权利与义务。为此，解决这些问题需要从商业银行与金融消费者两方面着手。

一是商业银行要认真履行信用卡告知义务。根据"了解你的客户"要求，与持卡人保持密切联系，当持卡人发生信用卡逾期、欠息等情况时，应通过可靠方式及时提醒持卡人，充分履行告知义务。同时，也要按照《征信业管理条例》规定履行不良信息告知义务，在报送人民银行个人征信系统前要告知信息主体本人。

二是金融消费者要增强维护自身权益意识。银行卡持有人要增强维权意识，特别是在与商业银行正式签订信用卡合同时，要仔细阅读合同内容，清楚自己和商业银行的权利与义务，以及需要注意的事项，便于保护自身合法权益。要增强自身信用维护意识，经常关心自身信用情况，可充分运用《征信业管理条例》赋予的权利，定期到中国人民银行征信中心或本人所在地的人民银行征信管理部门查询个人信用报告，发现有不明原因的负面信息时，应当及时查明真相并更正信息。

本案中，金融消费者坚持通过人民银行解决此问题，在一定程度上反映了金融消费者对人民银行公信力的信赖。人民银行在解决金融消费者纠纷时具有公平、公正的中立地位和较高的公信力，而且人民银行分支机构可以延伸至县级地区，能够深入基层，有效地为百姓化解金融纠纷、维护和谐金融氛围。

（中国人民银行成都分行金融消费权益保护处供稿）

案例六
学生信用卡因年费欠缴导致不良信用记录纠纷案

案情简介

2012 年 7 月 19 日，学生沈某向人民银行某市中心支行金融消费者维权中心（以下简称某市维权中心）投诉，要求尽快解决其不良信用记录问题。沈某称 2008 年某市教委学生资助管理中心在某商业银行分行（以下简称某分行）为该省某中职学院医学分院 06 届、07 届、08 届学生办理了湖北省助学联名卡 5 000 多张。2011 年，部分学生发现该卡在收取年费，即向该学院相关部门提出质疑。2011 年 11 月 15 日，该学院向某分行信用卡部书面申诉，要求解决年费收取问题，但一直没有结果。2012 年初，沈某等一批学生发现被纳入人民银行个人征信系统黑名单。沈某投诉要求某分行尽快处理该批学生不良信用记录问题。

处理过程

某市维权中心受理投诉，鉴于本案涉及人员多、影响大，在转送某分行处理的同时决定进行全面调查。经查，2007 年至 2008 年期间，按照该省教育厅与分行的协议，某分行为该市 13 所中职院校学生办理了银联信用卡 4.1 万张，用于发放国家助学金。根据协议约定，该"助学金信用卡"初始信用额度为 1 元，可根据使用情况调升信用额度，享有两年内免除年费的优惠，超过两年后执行年费收取政策。该"助学金信用卡"已于 2009 年停止办理。2011 年起该批"助学金信用卡"已陆续产生年费，部分已毕业学生因未及时缴纳年费或不知情且又无法联系，导致形成不良信用记录。据某分行摸底调查，该市 4.1 万张"助学金信用卡"中，已有 8 000 张产生不良信用记录，占近 20%，并有继续上升的可能。据该省某中职学院医学院反映，该校 8 263 张"助学金信用卡"中已有 870 张产生不良信用记录，已影响到部分毕业生创业贷款、房贷的办理，甚至有毕业生及家长因该问题与校方发生矛盾纠纷。

某市维权中心要求某分行积极采取措施防止矛盾激化，全面摸清"助学金信用卡"的使用情况，对因年费而造成的不良信用记录逐级上报，冲减相关年费和滞纳金，消除不良信用记录；对未产生不良信用记录、长期未使用的信用卡纳入睡眠户管理，避免产生新的年费；校方利用同学信息群等手段，向毕业学生提醒信用卡收费政策，让学生了解、掌握信用情况；人民银行当地分支机构加强与校方及学生的沟通，积极做好申诉案件的协调处置，避免形成不良社会影响。

法律分析

1. 《商业银行信用卡业务监督管理办法》第四十五条规定：在发放学生信用卡之

前，发卡银行必须落实第二还款来源，取得第二还款来源方（父母、监护人或其他管理人等）愿意代为还款的书面担保材料，并确认第二还款来源方身份的真实性。商业银行应当根据业务发展实际情况评估、测算和合理确定本行学生信用卡的首次授信额度和根据用卡情况调整后的最高授信额度。对上述规定，银监会在《关于进一步规范信用卡业务的通知》中进行了再强调。

2. 《商业银行信用卡业务监督管理办法》第四十六条规定：发卡银行应当在银行网站上公开披露与教育机构以向学生营销信用卡为目的签订的协议。发卡银行在任何教育机构的校园内向学生开展信用卡营销活动，必须就开展营销活动的具体地点、日期、时间和活动内容提前告知相关教育机构并取得该教育机构的同意。

3. 《征信业管理条例》第十五条规定：信息提供者向征信机构提供个人不良信息，应当事先告知信息主体本人。但是，依照法律、行政法规规定公开的不良信息除外。

本案中，某分行根据该省教育厅与该商业银行省分行签订的协议，在该市教委学生资助管理中心的同意下，向该市13所中职院校学生开展信用卡营销活动，符合《商业银行信用卡业务监督管理办法》相关规定。但是，学生群体作为无固定收入、毕业后流动性大的群体，信用卡管理难度大，拓展业务理应十分审慎，但某分行不仅为受资助的学生办理了带有透支功能的信用卡产品，而且设计了1元的初始信用额度，可以认为，发卡银行利用了《商业银行信用卡业务监督管理办法》的制度漏洞，过度推广信用卡产品，存在一定的不合理性。因此，某市维权中心要求某分行积极采取各项措施、防止矛盾激化是合理的。

案例启示

随着金融市场的不断完善，大学生信用卡市场发展潜力巨大，由于部分银行无视大学生群体无独立经济来源或经济来源不稳定的现实，不断放宽办卡条件，使得办卡量迅猛增加，但随之而来的信用卡风险也在增加，不仅给学生家庭带来了风险，也给学生本人留下了不良信用记录。因此，需要各方正视问题，转变观念，共同营造良好的大学生信用卡市场发展环境。

1. 要改进大学生信用卡市场的服务。商业银行要走良性竞争道路，靠优质服务拓展大学生信用卡市场，既要根据大学生信用卡市场特点调整信用卡优惠政策，开发大学生感兴趣的增值服务，满足大学生群体千差万别的需求，培育未来的忠实客户，也要合理确定信用卡透支额度，支持大学生合理消费。

2. 要重视维护大学生信用。信用是每个人都拥有的一笔实实在在的财富，但这笔财富不是一朝一夕就能获得的，由于部分大学生不清楚信用卡的收费政策、罚息规则等，导致恶意刷卡、透支逾期不还的行为时有发生，而发卡银行又未履行充分的告知义务，致使部分大学生的个人信用受损。银行在为大学生办理信用卡过程中，要按照金融管理部门的规定，充分告知所办银行卡的性质、收费等信息，当持卡人发生欠费、罚息等情况时要及时告知持卡人。

3. 要加强银行卡知识宣传。金融管理部门、发卡银行和高校要联合加强对大学生的信用知识教育，培育大学生良好的信用交易习惯，使其精心呵护自己良好的信用记录。

4. 金融管理部门要加强对商业银行办理信用卡业务的监督检查，特别是针对农民工、学生等特殊群体发放的 1 元额度信用卡督促商业银行充分履行告知义务，避免发生纠纷。

（中国人民银行武汉分行金融消费者权益保护处供稿）

案例七
家属冒名办理信用卡产生不良信用记录纠纷案

案情简介

2012年6月21日，人民银行某市中心支行金融消费权益保护中心（以下简称某市保护中心）接到奚女士投诉，称有人冒用其身份在银行办理信用卡，恶意透支出现不良信用记录导致其无法申请贷款。据了解，2012年3月奚女士向该市某农信联社申请贷款遭拒，原因是其信用卡出现恶意透支。奚女士经查询个人信用报告后确认有此记录。为查清事实，奚女士连同家人一同来到发卡的该市某商业银行支行，该支行高度重视，立即着手调查，经询问当时处理该业务的工作人员马某，并核对奚女士的签名，发现这张信用卡确非奚女士亲自办理和签字，于是该支行向奚女士道歉，表示愿意修改其个人信用记录，而奚女士及家人对此不满意，提出三点要求：一是恢复身份清白，消除不良信用记录；二是让银行负责人和马某赔礼道歉；三是赔偿直接经济损失20万元。双方接触过程中，奚女士及家人和银行工作人员马某均有过激言行，奚女士及家人向该银行市分行进行了投诉。市分行对此多次调解未果后向公安机关报案，经公安机关侦查，初步确认这张信用卡非奚女士本人办理与签字，使用人为奚女士哥哥，是其造成了恶意透支。

处理过程

某市保护中心受理投诉后，与双方多次电话沟通，进行调查和调解，并按规定清理了奚女士的不良信用记录，但奚女士仍要求该银行赔偿其经济损失，如果银行不赔偿，将不再进行调解，通过其他方式进行处理。某市保护中心认为，对人民银行职责内的投诉事项已经处理完毕；对职责外的经济赔偿问题，可以在双方本着平等、自愿、协商原则的基础上帮助进行居间调解，如果银行没有赔偿意向，因争议双方没有调解基础，某市保护中心将不再参与调解，建议通过法律等其他途径解决。

对于奚女士的三点要求，该银行市分行也提出了四点意见：第一，已消除不良信用影响。第二，该银行支行行长在此前接访过程中已作出道歉。第三，关于赔偿问题，银行的态度是实事求是、依法处理。如果奚女士有充分证据证明损失，银行该赔偿的要给予赔偿，但奚女士一直没有向银行提交任何书面材料，也没有提出具体的赔偿数额，银行无权作出赔偿决定。同时，此事是由奚女士哥哥涉嫌刑事犯罪（公安机关正在立案侦查）引起的，如果双方意见差距较大，银行希望通过法律途径解决，一方面将奚女士的赔偿要求向公安机关反映，保留向奚女士哥哥追偿的权利，另一方面可建议法院将银行赔偿作为对奚女士哥哥犯罪造成损失进行量刑的证据。第四，因仅涉及赔偿问题，如果奚女士不能提交新的证据材料，银行将不再进行接访。如果有新的材料，可通过调解中心递交，银行再考虑调解方案，同时希望奚女士不要有过激行为，影响银行正常的工作秩序。

鉴于奚女士没有拿出有效证据，银行无法满足赔偿要求，双方进行调解的基础消失，某市保护中心表示将不再参与本案调解工作。对于某市保护中心所做的工作，奚女士在电话回访时表示满意和感谢。

法律分析

1. 《中华人民共和国民法通则》第一百零一条规定：公民、法人享有名誉权。公民或法人的社会评价被降低、受到贬损是名誉权受侵害的具体表现。第一百二十条规定：公民的姓名权、肖像权、名誉权、荣誉权受到侵害的，有权要求停止侵害，恢复名誉，消除影响，赔礼道歉，并可以要求赔偿损失。

2. 《银行卡业务管理办法》第五十一条规定：发卡银行有权审查申请人的资信状况，索取申请人的个人资料，并有权决定是否向申请人发卡及确定信用卡持卡人的透支额度。第五十四条规定：申请人应当向发卡银行提供真实的申请资料并按照发卡银行规定向其提供符合条件的担保。

3. 《中国人民银行、中国银行业监督管理委员会、公安部、国家工商行政管理总局关于加强银行卡安全管理预防和打击银行卡犯罪的通知》第一条规定：要控制信用卡发卡风险，对申领首张信用卡的客户，发卡机构要对客户亲访亲签，不得采取全程自助发卡方式。中国人民银行办公厅关于贯彻落实该通知的意见中，又对发卡机构亲访亲签客户的要求作出了明确规定。

本案中，投诉人奚女士从申请贷款被拒到发现自己的合法权益受到银行侵害，再要求银行查清事实、停止侵权行为并赔偿相应损失，上述行为符合《中华人民共和国民法通则》等法律制度规定。对于这一点，银行也承认工作人员违反了《银行卡业务管理办法》和《中国人民银行、中国银行业监督管理委员会、公安部、国家工商行政管理总局关于加强银行卡安全管理预防和打击银行卡犯罪的通知》的相关规定，主动承认错误，并在某市保护中心协调下，消除了奚女士的不良信息记录，奚女士对此没有太大争议。但是，双方在侵权赔偿问题上无法达成共识，尤其是奚女士没能提交直接损失的充分证据，加上信用卡使用人奚女士哥哥因使用虚假身份证明骗领信用卡涉嫌刑事犯罪，使本案件性质发生变化，此时人民银行已不适宜进行居中调解。

案件启示

近年来，我国银行卡产业快速发展，具有透支功能的信用卡在转化潜在需求、拉动内需增长上发挥了较好的作用，但随之而来的信用卡犯罪日益猖獗，威胁广大持卡人的资金安全，扰乱信用卡市场秩序和经济金融的稳定，需要各方共同努力，加强相关法律法规宣传，严厉打击银行卡违法犯罪行为。

一是要加强银行卡法律法规宣传。加强对《银行卡业务管理办法》、《商业银行信用卡业务监督管理办法》、《最高人民法院、最高人民检察院关于办理妨害信用卡管理刑事案件具体应用法律若干问题的解释》、《中国人民银行、中国银行业监督管理委员会、公安部、国家工商行政管理总局关于加强银行卡安全管理预防和打击银行卡犯罪的通知》等法律制度的宣传教育，让社会公众了解银行卡并正确使用银行卡，形成良好的信用卡市场发展环境。

二是要严厉打击银行卡犯罪行为。公安部门要会同人民银行、银监部门、商业银行完善防范和打击银行卡犯罪的情报信息交流机制和案件合作机制，严厉打击伪造信用卡、骗领信用卡、非法获取他人信用卡信息资料、提供虚假资信证明、冒用他人信用卡、恶意透支、协助信用卡套现等违法犯罪行为，努力从源头上预防银行卡犯罪的发生。

三是金融消费者要加强安全用卡知识学习，妥善保管个人信息，不要随意将个人身份信息、个人金融信息告知他人，要经常关注自身的信用报告状况，不断提高风险防范能力。

本案属于刑事、民事交叉的金融纠纷案例。其中，刑事处理属于公法的调整范围，而民事处理属于私法的调整范畴，二者不可相互替代。对于信用卡冒领和恶意透支案件，其犯罪客体具有双重性，既侵犯了被害人的合法权益，也破坏了市场经济正常秩序。因此，即使银行和被害人达成和解甚至其经济损失在刑事案件立案前得到弥补，犯罪行为也应得到刑事处罚。

（中国人民银行济南分行金融消费权益保护处供稿）

案例八
他人冒名办理信用卡形成不良信用记录纠纷案

案情简介

2011 年 1 月 10 日，崔某以李某的名义在当地某市商业银行支行办理了额度为 10 000 元的信用卡。办卡时，崔某谎称李某为其同事，并出具了李某的身份证复印件，提交了冒用李某签字的信用卡申请表。2012 年 5 月，李某向该市商业银行反映，自己接到了该行的还款催告书，并表明自己没有在该行办理过信用卡。后来，崔某还清了欠款，但李某名下出现了不良信用记录。2012 年 6 月以来，李某屡次向该市商业银行交涉，要求该行注销其名下信用卡，并消除其不良信用记录。该市商业银行以李某应向公安机关报案处理、等待司法机关处理结论为由拖延上报征信异议申请。2013 年 5 月 10 日，李某投诉至人民银行某市中心支行金融消费权益保护中心（以下简称某市保护中心），要求该市商业银行为其消除不良信用记录。

处理过程

某市保护中心接到投诉后，向该市商业银行发出调查函。2013 年 5 月 14 日，该市商业银行给予答复，仍然坚持要李某报案处理，同时要求在崔某出具关于承认其冒用他人名义办理信用卡的书面说明后再逐级提报异议申请。后经某市保护中心调解，双方达成一致意见，由该市商业银行联系崔某出具相关证明材料，并尽快为李某消除不良信用记录。

法律分析

1.《中华人民共和国居民身份证法》第十六条规定：出租、出借、转让本人居民身份证，是违法行为，公安机关将给予警告，并处二百元以下罚款，有违法所得的，没收违法所得。

2.《商业银行信用卡业务监督管理办法》第三十八条规定："发卡银行应当公开、明确告知申请人需提交的申请材料和基本要求，申请材料必须由申请人本人亲自签名，不得在客户不知情或违背客户意愿的情况下发卡。"

3.《中国人民银行、中国银行业监督管理委员会、公安部、国家工商行政管理总局关于加强银行卡安全管理预防和打击银行卡犯罪的通知》规定：发卡机构应严格遵守《中华人民共和国反洗钱法》、《个人存款账户实名制规定》、《人民币银行结算账户管理办法》、《金融机构客户身份识别和客户身份资料及交易记录保存管理办法》、《中国人民银行关于进一步落实个人人民币银行存款账户实名制的通知》等法规制度要求，切实履行客户身份识别义务，确保申请人开户资料真实、完整、合规。

4.《中国银监会办公厅关于加强银行卡发卡业务风险管理的通知》第一条规定：银行卡发卡业务应执行严格的资信审批程序，各发卡银行应遵循"了解你的客户"和"了解你的业务"的原则，注重对银行卡持卡人有效身份的确认，在发卡前必须进行详细的资信调查。第三条规定：银行卡发卡业务必须严格执行相关操作规程，申请表必须由主卡申请人本人亲笔签名确认，不得在申请人不知情或违背申请人意愿的情况下盲目发卡。

本案中，投诉纠纷主要由崔某引起，崔某主观上故意冒用他人身份证明申请信用卡，客观上骗领了银行的信用卡，并进行大额透支，其行为已经触犯《中华人民共和国刑法》，此时，受害人李某通过向公安机关报案来维护自身合法权益是正当的。当然，在崔某申领信用卡过程中，该市商业银行没有严格落实《商业银行信用卡业务监督管理办法》、《中国人民银行、中国银行业监督管理委员会、公安部、国家工商行政管理总局关于加强银行卡安全管理预防和打击银行卡犯罪的通知》、《中国银监会办公厅关于加强银行卡发卡业务风险管理的通知》等法律制度规定，也应承担相应的违规责任。

另外，根据《中华人民共和国居民身份证法》有关规定，如果因身份被冒用而给第三方造成损失，被冒用人或冒用人还要承担相应的法律责任。如果身份证被冒用而本人知情，这时被冒用人将承担相应的法律责任，在这种情况下，因身份被冒用导致的个人信用报告中产生负面记录，被冒用人要承担相应的后果。在本案中，由于受害人李某没有向公安机关报案，李某是否知道崔某冒用其身份等情况难以判断。

案件启示

一是金融消费者要防范身份证件被盗用。要妥善保管好身份证、户口簿、学生证、护照等各种有效身份证件及复印件，不要轻易将这些身份证件借给他人。向他人提供身份证件复印件时，最好在身份证件复印件有文字的地方标明用途，并加上"再复印无效"字样。一旦发现自己的身份被盗用，要立即向公安机关报案。

二是商业银行要加强发卡环节的风险管理。要建立科学、合理、均衡的信用卡营销激励机制，遵循"了解你的客户"的原则，对申请人的资料进行严格的资信审核，确认申报材料的真实性。要落实首张信用卡"亲访亲签"制度，必须由申请人亲笔签名确认，不得在申请人不知情或违背申请人意愿的情况下盲目发卡，从源头上掌控信用卡的发卡质量。

（中国人民银行济南分行金融消费权益保护处供稿）

案例九
银行履行告知义务不到位导致不良信用记录纠纷案

案情简介

2012 年 7 月 24 日，徐女士向人民银行某市中心支行金融消费权益保护中心（以下简称某市保护中心）投诉，称其于 2007 年办理了一张某银行信用卡，其间一直正常使用，2008 年因到期未还款而被冻结；2010 年底，徐女士去该银行营业网点询问该卡情况，被告知该卡有 100 多元欠款，同时该卡一直处于冻结状态，由于未补办新卡，该卡已作废；徐女士为此归还了信用卡欠款，但银行并未给徐女士补办新卡，也未建议销户处理；此后，徐女士没有再使用该卡，但银行从 2011 年起仍在扣除每年年费，由此又出现欠款并产生不良信用记录。为解决该问题，徐女士一开始便与该银行某分行进行协商，说明银行工作人员告知该卡已在 2010 年作废，之后也没有接到银行催款电话或催款账单，而银行提供了 2011 年以来对徐女士欠款的催收电话记录和纸质账单邮寄记录，徐女士发现银行登记催收电话记录有误，自己未使用过该号码，银行认为徐女士变更电话与邮寄地址没有告知银行，不良信用记录由徐女士自身原因造成。徐女士对银行处理结果不满意，遂向人民银行投诉，表示自己的不良信用记录特别是从 2011 年起产生的不良信用记录完全是银行工作疏忽造成的，现已影响自己到其他银行办理贷款业务，希望能消除自己的不良信用记录。

处理过程

某市保护中心接到徐女士的投诉后，将徐女士投诉情况转给该银行某分行金融消费者投诉处理中心，责成其对投诉情况进行详细调查。该银行某分行金融消费者投诉处理中心调查后认为，徐女士投诉情况基本属实，银行工作人员应当在徐女士 2010 年底还清欠款时向其说明要么补办新卡，要么建议销户，否则即使不使用也会产生年费。徐女士更改预留的联系方式但未及时告知银行，导致银行无法及时与其进行沟通，其自身也存在一定的责任，银行也提供了 2011 年以来对徐女士欠款的催收电话记录和纸质账单邮寄记录。鉴于上述情况，银行工作人员已与徐女士进行多次沟通，将徐女士银行卡中年费冲销并作销户处理，并向上级行报送征信异议处理申请，希望能冲销徐女士的不良信用记录。

某市保护中心对徐女士进行了投诉回访，徐女士表示不论不良信用记录能否被更正，她对处理结果均表示理解和满意，并对人民银行的工作表示衷心感谢。

法律分析

1. 《银行卡业务管理办法》第五十二条规定：发卡银行应当向持卡人提供对账服

务，原则上按月向持卡人提供账户结单。第五十四条规定：持卡人的义务之一是持卡人或保证人通讯地址、职业等发生变化，应当及时书面通知发卡银行。

2.《商业银行信用卡业务监督管理办法》第六十四条规定：发卡银行应当提供信用卡销户服务，在确认信用卡账户没有未结清款项后及时为持卡人销户。在通过信用卡领用合同（协议）或书面协议对通知方式进行约定的前提下，发卡银行应当提前45天以上采用明确、简洁、易懂的语言将信用卡章程、产品服务等即将发生变更的事项通知持卡人。

本案中，事实调查比较清楚，根据《银行卡业务管理办法》、《商业银行信用卡业务监督管理办法》，发卡银行与徐女士均存在一定过错，此事可通过协商解决。

案件启示

商业银行要进一步提高金融服务水平，增强保护金融消费者权益的意识，充分履行告知义务，及时提醒消费者使用信用卡的注意事项，以及各种不良用卡行为可能会对本人造成的影响，引导消费者安全使用信用卡。持卡人要提高自我保护意识，积极关注自身信用卡的使用情况，当个人信息发生变化时，要及时通知发卡银行。金融监管部门、商业银行应会同新闻媒体做好银行卡知识的宣传教育工作，引导社会公众增强正确使用信用卡的意识和风险意识，自觉维护自身良好信用记录。

（中国人民银行济南分行金融消费权益保护处供稿）

案例十
个人信用报告中贷款记录与事实不符纠纷案

案情简介

2012 年 8 月 31 日，陆某向人民银行某市中心支行投诉，称其个人信用报告中个人住房贷款记录与事实不符，影响了其申请新的住房贷款。据了解，陆某曾在 2011 年 11 月 20 日向某商业银行分行申请自建房贷款一笔，金额 3 万元，分别于 2001 年 11 月 20 日发放 2.5 万元、2002 年 3 月 20 日发放 0.5 万元。后来，该笔贷款在个人征信系统中显示为两笔，发放日期不变，但贷款金额分别显示为 3 万元，总计 6 万元。陆某认为一笔贷款不应在个人征信系统中显示为两笔，要求纠正为一笔记录。而该商业银行分行认为在本行信贷系统中陆某该笔贷款显示一个合同号、两个凭证，数据报文与本行信贷系统相一致，报送人民银行征信中心后显示的错误不是本行造成的，不应由其负责。

处理过程

人民银行某市中心支行接到投诉后，经向各方核实认为，在贷款笔数与征信记录笔数不一致问题上，客户、商业银行和人民银行征信服务中心三方均不存在过错。为此，人民银行某市中心支行耐心向陆某就个人征信数据接收、处理方式进行解释，获取陆某对征信业务工作的理解，并协调该商业银行分行对陆某两笔个人住房贷款记录金额分别更正为 2.5 万元和 0.5 万元，同时为陆某出具异议受理情况说明，协助陆某先行办理其他信贷业务。

法律分析

1. 《个人信用信息基础数据库管理暂行办法》第六条规定：商业银行应当遵守中国人民银行发布的个人信用数据库标准及其有关要求，准确、完整、及时地向个人信用数据库报送个人信用信息。第九条规定：征信服务中心根据生成信用报告的需要，对商业银行报送的个人信用信息进行客观整理、保存，不得擅自更改原始数据。

2. 《个人信用信息基础数据库管理暂行办法》第二十条规定：异议信息确实有误，但因技术原因暂时无法更正的，征信服务中心应当对该异议信息作特殊标注，以有别于其他异议信息。

本案中，投诉人陆某仅申请一笔 3 万元的个人住房贷款情况属实。该商业银行分行根据《个人信用信息基础数据库管理暂行办法》，按贷款凭证号向人民银行个人征信系统报送数据符合人民银行管理要求，数据报送工作没有问题。人民银行征信服务中心根据《个人信用信息基础数据库管理暂行办法》规定，以贷款凭证号为标识，在个人信用报告中展示客户信贷信息，符合对金融机构报送数据的处理方式和原则。因此，陆某的这笔贷款在个人征信系统中显示为两笔记录属于技术层面问题，根据《个人信用信息基础数据库管理暂行办法》第二十条规定，人民银行征信服务中心应当对该异议信息作特殊标注。

案例启示

个人信用信息数据库是中国人民银行组织商业银行建设的全国统一的个人信用信息共享平台，它依法采集、保存、整理个人的信用信息，为个人建立信用档案，为商业银行、个人、相关政府部门和其他法定用途提供信用信息服务。由于我国个人信用数据库的建设时间相对较短，在制度管理和信息技术上可能会出现一些需要改进的地方，这有赖于各方的配合与努力。

一是人民银行征信管理部门、征信中心要加强服务。对信息主体反映的信用报告出错情况，要及时接受异议申请，并探索改进异议处理方式，尽可能提升异议处理时效。

二是商业银行要提高数据报送质量。要严格执行人民银行的制度规定，加强数据产生相关环节的核查，指定专人负责数据更正以及更正后的数据重报工作，确保数据真实、准确。要重视客户的异议申请，不断完善异议处理机制，提高异议处理效率。

三是信息主体要理解和支持我国个人信用征信事业的发展。如果对自己的信用报告反映的信息持有不同意见，建议信息主体向人民银行征信管理部门提出异议申请，也可以到与自己有业务往来的数据报送机构核实情况和协商解决。

（中国人民银行南宁中心支行金融消费权益保护中心供稿）

案例十一
孔某投诉某商业银行信贷员截留还款造成其信用记录不良案

案情简介

2012年10月31日，孔某向人民银行某县支行投诉称，其于2005年4月30日在江苏省某商业银行办理了5万元农户贷款，到期日为2006年4月10日。孔某的还款被信贷员截留，从而造成孔某有贷款逾期记录，影响了其个人信用记录，导致其目前无法申请贷款。

处理过程

人民银行某县支行接到投诉之后，及时向该商业银行了解情况。经查，孔某申请贷款之后并未亲自到现场办理全部贷款手续，而是由孔某家人与某商业银行信贷员汪某办理，相关事项也未及时告知孔某本人。还款时，孔某将现金交予信贷员汪某，委托其进行还款。而信贷员汪某却将其款项截留，未及时偿还，导致孔某贷款形成逾期。目前，原信贷员汪某已被解雇。

该商业银行证明孔某贷款的本金已于2011年4月9日还清，帮助孔某提出个人征信异议核查申请，消除了孔某在个人信用数据库中的不良记录。孔某对该处理结果表示满意。

法律分析

1. 某商业银行信贷员汪某的行为侵犯了孔某的名誉权。《民法通则》第一百二十条规定："公民的姓名权、肖像权、名誉权、荣誉权受到侵害的，有权要求停止侵害，恢复名誉，消除影响，赔礼道歉，并可以要求赔偿损失。"《侵权责任法》第二条规定："侵害民事权益，应当依照本法承担侵权责任。本法所称民事权益，包括生命权、健康权、姓名权、名誉权、荣誉权、肖像权、隐私权……继承权等人身、财产权益。"第三条规定："被侵权人有权请求侵权人承担侵权责任。"

2. 某商业银行应对其员工汪某的行为承担责任。《侵权责任法》第三十四条规定："用人单位的工作人员因执行工作任务造成他人损害的，由用人单位承担侵权责任。"本案中，商业银行信贷员汪某的行为导致孔某的信用档案中产生了逾期还款的记录，使得其在经济领域内的信誉受损、评价降低，并有可能影响其经济领域的活动。汪某的行为侵犯了孔某的名誉权，其行为属于职务行为，应由单位承担相应的民事责任。

案例启示

贷款是否按期归还关系到贷款人的个人征信记录，从而可能对后续的各项活动有影响。信贷员应履行告知义务，确保贷款人能够按期还款。同时，贷款人应尽量亲自去银行办理还款业务，避免因他人失误而导致逾期还款，给自己的生产、生活带来不便。

本案也暴露出当前商业银行内控制度存在漏洞，员工法律意识淡薄。商业银行应该进一步加强对从业人员的教育，增强从业人员的法律意识、责任意识。建议商业银行通过加强内控制度的建设和执行，形成相互监督、相互制约的管理机制，杜绝类似案件的发生。

（中国人民银行南京分行金融消费权益保护处供稿）

本篇小结

近年来，随着人民银行个人征信系统使用领域的不断拓展，个人信用报告的社会认知度和影响力不断增强，已成为商业银行管理个人信贷风险的重要参考依据。与此同时，个人征信管理与个人隐私保护之间的矛盾也逐渐突出。本篇选取了涉及个人信用信息录入、保管、查询、更新等内容的 11 个案例。总体来看，征信管理案件有以下重点问题值得关注。

一是商业银行没有充分细化征信业务管理制度，按照《征信业管理条例》，认真落实各项征信业务规则，构建全面高效的内控制度体系。例如"孔某投诉某商业银行信贷员截留还款造成其信用记录不良案"中，该银行工作人员恶意截留客户款项而未被察觉，表明该银行的内部管理制度存在漏洞。

二是在征信信息采集过程中，仍然存在着信息错误、遗漏报送等瑕疵问题。其中，较多且较难处理的是金融机构对借用或冒用他人身份产生的信用记录无法有效识别而导致相关主体信息失真的情况。人民银行的个人征信系统主要通过金融机构采集信息主体的基本身份信息。如果金融机构信息采集不规范，就可能侵犯金融消费者权益。本篇中的"银行贷款审查不严，客户被冒名贷款进入黑名单案"，"客户反映被他人冒名贷款进入征信系统黑名单案"和"他人冒名办理信用卡形成不良记录纠纷案"等案例都属于冒用他人身份信息的案件。

三是商业银行在使用征信系统时存在不合规的情形。人民银行在受理消费者投诉案件时发现，商业银行在查询和使用个人信用信息过程中存在违规情况，例如无书面授权的贷前查询、查询原因与真实原因不符、贷后查询管理不规范等。

四是商业银行对消费者的征信异议处理不及时。目前，商业银行处理的个人征信异议主要为自行受理客户提交的涉及本行信息的异议申请和受理人民银行转发的异议事项。全国性商业银行的异议处理权限基本都设在总行或分行，异议处理环节多，异议解决效率低，甚至出现超期处理的情况。

下一步，我们建议进一步细化和落实《征信业管理条例》的主要内容，推动商业银行建立完善内控制度。在此基础上，从金融机构、监管部门和消费者三个方面入手，规范我国征信业活动。

第一，要加大个人征信领域金融消费权益保护宣传力度。进一步加大对《征信业管理条例》的宣传力度，通过新闻媒体、开展讲座咨询服务和散发宣传单等方式，向社会各界广泛宣传、普及征信领域维护消费者权益的相关知识。督促银行业金融机构加强知识培训，严格操作规程，健全各项制度，提高员工在查询、使用个人信用报告时维护消费者权益的责任意识。

第二，商业银行要谨慎核实其报送的个人信息的真实性和准确性，并及时、定期对有关信息进行更新。从当前个人信用信息数据库管理的实务来看，较为普遍的一类案件是冒名贷款案件。从目前的判例看，法院往往裁决名义借款人并非真实借款人，无须承担还款义务，商业银行应及时依据法院裁决办理相关信息的修正。由于法院裁判认定冒名贷款关系中名义借款人无还款义务的文书已经生效，银行面临贷款悬空的两难境地，可能带来经济损失。

第三，建议监管机构加大征信业务执法检查力度。银行业金融机构兼有信用信息采集者、提供者和使用者三种角色。因此，维护信息主体权益必须从各金融机构信用信息采集、使用和管理的各个环节入手。一是加强责任意识，要求金融机构在信息采集过程中，将客户信息真实、准确、完整地录入相关业务系统，并将客户相关信息及时报送人民银行征信中心；二是强化征信执法检查，督促金融机构健全内部管理制度，督促其从信息采集、使用和管理的各个环节维护客户信息权益；三是加强对金融机构工作人员的培训和资格考核；四是强化客户手机短信提醒制度，在负面记录即将形成前后分别进行短信提示，善意提醒客户按时付款，以减少客户因遗忘而造成负面信用信息记录。

第四，进一步强调征信系统信息的真伪责任应由商业银行承担而非人民银行征信系统管理部门承担。从人民银行有关规定来看，个人信用信息基础数据库所录的个人信用信息虽然是由征信服务中心负责操作，但具体内容是依据商业银行所报送的信息进行处理的。商业银行对信用信息的真实性负直接责任。在实践中，很多消费者在提起诉讼时把人民银行列为被告主张权利是不适当的，建议司法机关在受理案件时也要做好说明，提示消费者应当对商业银行提起诉讼，避免国家司法资源的浪费。

第五，建议畅通个人征信异议处理机制。目前，人民银行已建立客户异议投诉机制，要进一步畅通异议投诉渠道，敦促银行及时处理异议事件，加强投诉热线宣传，提高社会公众的知晓度，同时加强对金融机构的社会监督。

第五篇

支付结算管理

编者按：按照《中国人民银行法》的规定，维护支付、清算系统正常运行是中国人民银行的一项重要职责。支付结算是支付主体利用现金或非现金结算方式进行货币给付及其资金清算的行为。据统计，截至2012年末，全国共办理非现金支付业务411.41亿笔，金额1 286.32万亿元，分别较上年增长21.6%和16.5%。全国共有银行结算账户49.10亿户，较上年末增长19.5%。其中，个人银行结算账户48.78亿户，占银行结算账户的99.4%。① 可见，个人是支付结算系统的主要使用主体。

随着支付结算业务的蓬勃发展，侵犯金融消费者合法权益的事件也有所增加。从人民银行各地分支机构报送的情况看，支付结算领域的侵权（或违约）行为形式多样，程度不一，主要可以归纳为以下五个类型：一是支付工具使用、收费侵权纠纷，二是账户开立、使用侵权纠纷，三是存贷款计息侵权纠纷，四是金融机构擅自截取、拦截汇划资金纠纷，五是金融机构提供不合格支付环境侵权纠纷。

本篇收录了有关分支行提供的二十二个支付结算管理案例，通过这些案例的法律分析和启示，可以看出，在支付结算管理领域，侵犯金融消费者合法权益的行为广泛而又隐蔽，因而对金融消费者权益的保护必要而迫切。我们建议，进一步规范金融机构特别是银行业金融机构支付业务办理流程，完善内控建设，加强制度落实。进一步加强金融消费者宣传教育和舆论引导工作，提升社会公众的金融知识水平，提升金融风险自我防范能力。进一步完善支付结算法律法规和相关业务制度，为明确是非打好基础。进一步加大监督管理力度，通过金融监管部门开展执法检查，查处侵权行为，引导金融机构依法合规经营。

---

① 中国人民银行《2012年全年支付体系运行总体情况》。

本篇案例

- 商业预付卡激活扣费案
- 银行拒绝办理遗留储蓄存折清户案
- 境外汇款到账金额不足案
- 隋某投诉遭遇金融诈骗案
- 跨行汇款到账迟延案
- 银行拒绝办理储蓄存单取款案
- 银行对逾期支取定期存款违规计息案
- 银行拒绝办理存折案
- 银行拒绝办理取款案
- 银行违反存款实名制规定造成损失案
- 通过内部中转账户扣划企业资金偿还贷款案
- 活期储蓄账户资金被盗案
- 定活两便存款过期支取利息纠纷案
- 资金挂账未处理延误客户结算资金案
- ATM 拍摄功能存在故障，导致无法提供破案线索案
- 存款计息方式理解不同引发纠纷案
- 未注明到期日和利率的存单计息纠纷案
- 计算复利承诺存款计息纠纷案
- 过期支取存款利息纠纷案
- 支票被拒绝付款案
- 个人信息不符银行拒绝开户案
- 储蓄存折未记账致消费者误解案

案例一
商业预付卡激活扣费案

案情简介

市民李某投诉某商业银行联名发行的"公益预付卡"开卡一年后即不能消费，重新激活要按过期月数扣费，且只能延期三个月。

处理过程

人民银行某分行联系某商业银行分行后查明，李某持有的"公益预付卡"共三张，办卡时间为 2011 年 1 月 26 日，有效期一年，两张卡已经用完，一张卡于 2012 年 1 月 26 日到期，三张卡共计扣收了 45 元的逾期账户管理费。根据某银行关于"公益预付卡"的操作手册说明，预付卡设有效期，有效期为一年，有效期满的次月 5 日收取 5 元/月的账户管理费，直至卡片余额为零，扣费由系统自动设置。但该"公益预付卡"上并未载有有效期及收费说明。

经人民银行协调，该行退还了客户预期账户管理费 45 元，同时将账户逾期管理费扣收问题的解决方案上报其总行，拟对预付卡系统进行调整。在该系统尚未完成改造前，客户办理卡片激活手续时，将退还系统扣收的账户管理费。

法律分析

1. 本案涉及商业预付卡有效期限管理。《关于规范商业预付卡管理的意见》规定："记名商业预付卡不设有效期，不记名商业预付卡有效期不得少于 3 年。"该《意见》由人民银行、监察部、财政部等七部门联合制定，经国务院办公厅于 2011 年 5 月 23 日转发。本案中，三张预付卡有效期限仅一年，但办卡时间为 2011 年 1 月 26 日，在《意见》出台之前，故不受《意见》有关预付卡期限规定所限，但某银行预付卡有效期仅 1 年的做法明显不符合国家政策导向。

2. 某银行涉嫌侵犯消费者知情权。《支付机构预付卡业务管理办法》第八条规定："发卡机构发行销售预付卡时，应向持卡人告知预付卡的有效期及计算方法。超过有效期尚有资金余额的预付卡，发卡机构应当提供延期、激活、换卡等服务，保障持卡人继续使用。"第九条规定："预付卡卡面应当记载预付卡名称、发卡机构名称、是否记名、卡号、有效期限或有效期限截止日期、持卡人注意事项、客户服务电话等要素。"本案中，某银行未就预付卡有效期及计算方法、延期、激活等服务向消费者作详细说明，也未在卡面载明上述信息，未尽到告知义务。但是，该办法于 2012 年 11 月 1 日起实施，同样不能适用于本案，但某银行不告知消费者上述信息的行为不符合办法制定精神。

3. 本案折射出预付卡服务收费管理漏洞。根据《商业银行服务价格管理暂行办法》、《支付机构预付卡业务管理办法》等规定，发卡机构对预付卡服务收费项目和收费标准具有较大自主权，仅要求通过预付卡章程或协议文本公告，人民银行等监管部门并无针对性管理要求。

案例启示

建议加强预付卡监督检查。近年来，商业预付卡市场发展迅速，强化对商业预付卡发卡人的管理，是规范商业预付卡管理的首要环节。人民银行应加强对多用途预付卡发卡人的监督检查，完善业务管理规章，维护支付体系安全稳定运行。

建议加强预付卡服务收费管理。建议金融监管机构进一步出台相关政策，要求发卡机构将预付卡收费项目和标准及时向人民银行和当地人民银行分支机构报备，以加强监督管理，防止收费乱象。

商业银行应有效保障消费者知情权。商业银行应严格按照相关管理规定，通过工作人员介绍、卡面载明等方式，将预付卡相关服务、收费等告知消费者，保障消费者知情权。

（中国人民银行上海总部金融消费权益保护处供稿）

案例二
银行拒绝办理遗留储蓄存折清户案

案情简介

2009 年 5 月 18 日，人民银行某中心支行接到陈某投诉，称其岳父屠某去世时遗留有一本存折，开户银行为某商业银行分行，余额为 149.16 元。2009 年 3 月 9 日，陈某持存折到开户行询问清户手续事宜，该行工作人员告知陈某，根据国家关于储蓄存款继承的相关规定，银行必须凭继承人持有的公证处或人民法院出具的继承权证明书为客户办理清户业务。陈某认为其存款余额少，发生纠纷的概率小，办理公证所需费用为 200 元，超过存款余额，要求银行酌情变通处理。该行工作人员坚持要求按照国家规定办理，并向其说明国家政策规定。

处理过程

人民银行某中心支行就陈某所述事项，于 2009 年 5 月 20 日到某商业银行分行进行调查核实。经调查，投诉人反映的情况属实，该行工作人员的处理基本符合中国人民银行《关于执行〈储蓄管理条例〉的若干规定》的精神，但由于本纠纷案中涉及金额较少，发生纠纷的可能性相对较低，如果一定要求投诉人先公证再办理清户业务，既不符合上位法的规定，也违背了中国人民银行《关于执行〈储蓄管理条例〉的若干规定》设置公证前置的初衷。鉴于此，人民银行某中心支行在充分肯定某商业银行分行工作合理性的同时，从坚持以人为本、依法行政的大原则出发，向某商业银行分行提出处理意见，即在风险可控的前提下，如果陈某已故岳父屠某的全部直系亲属（法定继承人）到场说明情况，并签订确认书，该行可以为其办理清户手续。5 月 25 日，该行按照人民银行某中心支行的意见，为陈某办理了清户手续。

法律分析

1. 《储蓄管理条例》第三十三条规定："储蓄存款的所有权发生争议，涉及办理过户的，储蓄机构依据人民法院发生法律效力的判决书、裁定书或者调解书办理过户手续。"

2. 中国人民银行《关于执行〈储蓄管理条例〉的若干规定》第四十条规定：存款人死亡后，合法继承人为证明自己的身份和有权提取该项存款，应向储蓄机构所在地的公证处（未设公证处的地方向县、市人民法院）申请办理继承权证明书，储蓄机构凭此办理过户或支付手续。该项存款的继承权发生争执时，由人民法院判处。储蓄机构凭人民法院的判决书、裁定书或调解书办理过户或支付手续。此条款使公证成为办理存款继承的前置条件。

本案中，银行要求陈某必须提供公证处或人民法院出具的继承权证明书才能办理清户业务，是符合法律规定的。

案例启示

金融法律法规政策的制定是以维护健康、规范、高效的金融秩序，提高金融服务质量，惠及百姓为根本目的的。本案的处理方式是在准确把握国家的金融政策的前提下，结合实践中的具体情况，为金融消费者减少了经济成本和时间成本，达到了双方的预期效果。本案对于处理金融消费纠纷应当以人为本、依法行政具有重要的示范意义。

金融消费权益保护工作在依法合规的前提下，要以人为本，灵活处理。中国人民银行《关于执行〈储蓄管理条例〉的若干规定》将公证作为办理存款继承的前置条件，主要目的是防止事后发生纠纷。本案涉及金额较少，办理公证所需费用已超过存款余额，采取公证以外的其他方式证明当事人提取存款的合法性，既可以控制风险，又可避免金融消费者与金融机构之间产生纠纷。

建议金融监管部门对此类问题展开调研，择机出台相关政策，就有关规定进行修改、完善。本案中的处理做法属于变通之举，归根结底仍有赖于金融监管部门就相关问题进行明确，为实务操作提供政策依据。

（中国人民银行杭州中心支行金融消费权益保护处供稿）

案例三
境外汇款到账金额不足案

案情简介

2012 年 7 月 27 日，姜某向人民银行某中心支行反映称，7 月份自己两次在辖内某商业银行网点向境外某银行汇出 58 827 新加坡元，并已交付汇款手续费，但收款方反馈称收到款项 58 717 新加坡元，短款 110 新加坡元。但某商业银行给姜某的汇款单上显示的金额并没有错误，为 58 827 新加坡元。姜某认为汇款过程中某商业银行存在乱收费现象，同时没有告知自己收费项目。

处理过程

某商业银行投诉处理中心经过调查，发现短款是由于向境外汇款途中境外银行（中间行或收款行）扣费所致，按照银行同业惯例，由于可能发生境外银行扣费，因此不能保证收款人全额收到汇款，该费用并非被某商业银行收取。同时，某商业银行承认，如果柜台工作人员在汇款前向姜某说明情况，就不会产生误会。

法律分析

1.《中华人民共和国消费者权益保护法》第十三条规定："消费者享有获得有关消费和消费者权益保护方面的知识的权利。"第十九条规定："经营者应当向消费者提供有关商品或者服务的真实信息，不得作引人误解的虚假宣传。"

2.《商业银行服务价格管理暂行办法》第十三条规定："商业银行应按照商品和服务实行明码标价的有关规定，在其营业网点公告有关服务项目、服务内容和服务价格标准。"

本案中，银行在给金融消费者办理金融业务前，应当告知金融消费者可能产生的服务费用。

案例启示

商业银行要不断提高柜台服务水平。金融消费者向境外汇款时，收款人收到的汇款有时小于汇出金额。当汇出行和汇入行之间互开往来账户时，款项一般可全额汇交收款人。但是，大部分情况下汇出行与汇入行无直接的账户往来，而必须通过另一家或几家银行即转汇行转汇至汇入行。每家转汇行在做转汇业务时，都会从中扣收一笔转汇费。银行柜台工作人员应在汇款前向金融消费者说明该情况，以避免产生纠纷。

金融知识宣传力度有待进一步加大。本案中收费环节可能涉及多家银行，并非仅投诉人办理业务发起行。实务中，消费者对转账、汇款涉及多家银行的流程、收费标准、收费分成等了解不多，需要进一步加强宣传和告知，便于消费者理解。

（中国人民银行济南分行金融消费权益保护处供稿）

案例四
隋某投诉遭遇金融诈骗案

案情简介

2012 年 10 月 21 日，隋某向人民银行某中心支行投诉，称其遭遇诈骗，通过 A 银行网上银行业务向诈骗人汇去两笔款项，希望人民银行协调 A 银行拦截两笔汇款，以避免造成资金损失。隋某称，其女儿在加拿大上学，10 月 21 日上午，女儿在 QQ 上称同学家中遇到紧急情况，急需 2 万元，让隋某立即汇款到同学的账户，开户银行为 B 银行某支行。因为平时都是通过 QQ 与女儿联系，隋某并未有所怀疑，便于上午 11 时左右，通过 A 银行网上银行业务将 7 000 元汇给女儿同学的账户。下午 1:30 左右，隋某又以同样的方式汇出 13 000 元。两笔汇款完成后，隋某给在加拿大的妹妹打电话，却得知女儿的 QQ 号码被盗，根本没有要求汇款给同学的事实。

处理过程

人民银行某中心支行根据投诉人提供的支付信息，立即向其上级分行清算中心查询两笔资金处理过程，确认两笔资金尚未通过清算中心转发信息，人民银行某中心支行立即与 A 银行的上级分行协调沟通，请其协助拦截该两笔资金。A 银行上级分行经查询确认该两笔资金尚未向人民银行某分行清算中心提交，立即作业务终止处理，隋某随后到开户银行办理撤回申请，两笔资金顺利返还。

法律分析

《大额支付系统业务处理办法（试行）》第二十三条规定："发起行和特许参与者发起的支付业务需要撤销的，应通过大额支付系统发起撤销请求。国家处理中心未清算资金的，立即办理撤销；已清算资金的，不能撤销。"

第二十四条规定："发起行对发起的支付业务需要退回的，应通过大额支付系统发送退回请求。接收行收到发起行的退回请求，未贷记接收人账户的，立即办理退回。接收行已贷记接收人账户的，对发起人的退回申请，应通知发起行由发起人与接收人协商解决；对发起行的退回申请，由发起行与接收行协商解决。"

本案中，因金融消费者的两笔资金尚未向人民银行某分行清算中心提交，得以顺利追回，避免了财产损失。

案例启示

本案中，隋某遭遇金融诈骗后，通过立即向金融监管机构报告案情，在资金转移前得以及时止损，追回资金，有效避免了财产损失。隋某的处理方式对于广大金融消费者遇到类似的情况具有较好的借鉴意义。此外，金融消费者遇到金融诈骗行为时，不仅要及时向涉案金融机构、金融监管部门报告，也应当同时向公安部门报案。

加强金融风险防范宣传。目前，像这类通过盗用 QQ 号码等网上聊天工具，掌握诈骗对象情况，以朋友、同事、亲属等身份进行网上聊天，获取受害人信任后，假以因遭遇变故、突发事件等急需用钱为借口，要求对方以银行转账、汇款的形式骗取钱财的案件比比皆是，如果本案中两笔资金已向人民银行某分行清算中心提交，受害人的钱款很可能被不法分子转移。金融消费者遇到此类情况时，应谨慎识别，仔细确认登录的网站，及时与亲朋联系核实，不要轻易汇款。

引导消费者依法理性维权。本案中，如果该笔款项已经汇到犯罪嫌疑人指定账户，则受害人需要通过司法部门进行账户冻结。对此，受理投诉的某中心支行、所涉某银行需及时提醒受害人，并给予必要的配合。

（中国人民银行济南分行金融消费权益保护处供稿）

案例五
跨行汇款到账迟延案

案情简介

2012年3~10月，人民银行某中心支行共接收8件投诉，其中有3件投诉涉及跨行汇款到账迟延问题。

1. 2012年2月28日上午10点，投诉人许某由A银行某支行向B银行某支行汇款63万元，但至下午3点仍未到账。B银行某支行经查询，确未收到款项。投诉人认为，A银行承诺"十多分钟到账"未能履行，不提供查询服务且态度不好。

2. 2012年6月29日上午10点，投诉人赵某由A银行某支行向B银行某支行电汇420万元款项，但至上午11点仍未到账，该款项为税款。投诉人请求人民银行某中心支行查清税款未及时到账原因，督促电汇款项按时到账。

3. 2012年10月31日，投诉人江某于15：00左右从A银行某支行汇往B银行某支行人民币166.84万元，但一小时后仍未到账。A银行某支行有关负责同志确认操作无问题，且钱已经汇出。投诉人请求人民银行某中心支行查询资金所在并予以催办。

处理过程

1. 人民银行某中心支行向其上级分行查询，确定该业务已办结。A银行发起时间为15：46，清算时间为15：47。人民银行某中心支行向投诉人进行了反馈，投诉人满意并表示感谢。

2. 人民银行某中心支行向其上级分行大额支付系统技术支持查询，得知A银行某支行已于10：18将两笔共计420万元款项汇出。汇出方为某两家房地产开发有限公司，汇入方为B银行某支行，B银行已收到420万元款项。人民银行某中心支行向B银行上级分行询问此事，该行称由于B银行该分行审核原因，致使汇款未及时下摆到其下级行支行。经人民银行某中心支行督促，该笔款项于中午12点前到账。消费者表示满意。

3. 人民银行某中心支行向其上级分行查询，确定该业务已办结。清算时间为15：21。资金已到B银行账面。但因发起行无大额支付行号，该业务只能从A银行某分行汇到B银行总行，再等B银行总行下摆到目标支行，导致到账迟延。人民银行某中心支行向投诉人进行反馈，投诉人满意并表示十分感谢。

法律分析

《大额支付系统业务处理办法（试行）》第四十五条规定："参与者和运行者因工作差错延误大额支付业务的处理，影响客户和他行资金使用的，应按中国人民银行规定的同档次流动资金贷款利率计付赔偿金。"

第四十六条规定："参与者违反规定故意拖延支付，截留挪用资金，影响客户和他行资金使用的，应按规定承担赔偿责任。"

因此，银行应当确保金融消费者的资金汇划通畅及时，如果因为银行方面过错，延误消费者资金使用，银行应当承担赔偿责任。

案例启示

汇款到账迟延问题均发生在月末，三起到账迟延问题发生的原因虽然各有不同，但实际上，其资金一般都截留在汇款行、汇款行的上级行或收款行的上级行。不排除个别银行机构为完成月末存款考核任务，以推延汇款到账时间的方式占压资金的可能。而投诉人在月末划汇大额款项，多为完成缴税任务或企业资金结算，若超过规定时限资金不到账，则无法完成缴税任务或承担违约责任，其焦急程度可想而知，也易与金融机构工作人员发生争执。所以，如果遇到此类消费者投诉，人民银行应积极协助其进行查询，摸清资金流向，督促银行机构尽快将款项划到收款账户，以解金融消费者的燃眉之急。

（中国人民银行沈阳分行金融消费权益保护处供稿）

案例六
银行拒绝办理储蓄存单取款案

案情简介

2012 年 10 月 18 日下午，消费者智某到人民银行某中心支行投诉某商业银行支行拒绝其提取存款。智某所持定期存单为其父所有，题头为"中国人民银行定期整存整取储蓄存单"，空白处为手工填写，存款人为其父，存单日期为 1974 年 8 月 21 日，存款金额为 265 元，存款单上盖有"中国人民银行某支行某办事处"公章。智某的父亲于 2011 年去世，智某在收拾其父遗物时，发现该存单，于 10 月 18 日上午到某商业银行支行办理支取业务，银行工作人员根据存单上的办理单位，认为该定期存单由人民银行某县支行某办事处出具，应到人民银行某中心支行办理取款。

处理过程

人民银行某中心支行告知智某应到某商业银行办理取款。为切实保护消费者合法权益，人民银行某中心支行及时与某商业银行分行联系，并进行了转办处理。某商业银行分行让智某持存单到其个人金融部门，经认定，该存单记录应在该商业银行某支行。智某于 10 月 19 日持存单到该商业银行某支行取款，该支行经查询存款记录，找到了存单底根，及时向其办理了付款。

法律分析

1983 年 9 月 17 日国务院印发的《国务院关于中国人民银行专门行使中央银行职能的决定》要求中国人民银行专门履行中央银行职能，人民银行过去承担的工商信贷和储蓄业务由某商业银行专业经营。此外，如果该商业银行拒不依法为储户办理取款，则可能构成不当得利。

案例启示

商业银行应当保障储户正当利益。国家宪法保护个人合法储蓄存款的所有权不受侵犯。《储蓄管理条例》规定储蓄机构办理储蓄业务必须遵循"存款自愿，取款自由，存款有息，为储户保密"的原则。持有 1984 年以前的老储蓄存单（存折）的存款人，直接到开立存单（存折）的储蓄机构办理存款手续。如原储蓄机构撤销，可到其上级行进行咨询。

金融监管部门对历史遗留问题需加强协调和督促。历史遗留问题通常涉及面广，情况较为复杂。对此，人民银行等金融监管部门需要从维护金融稳定、保护消费者正当利益的角度出发，灵活处理，以实现息诉止争、化解矛盾的目的。

（中国人民银行沈阳分行金融消费权益保护处供稿）

案例七
银行对逾期支取定期存款违规计息案

案情简介

2011 年 7 月 11 日，人民银行某支行接到吴某电话投诉，称其于 2003 年 7 月 11 日在某商业银行支行存款 5 000 元，存期一年，存单上标明自动转存。某商业银行支行于 2004 年撤销，其业务由某县农村信用联社接收。2011 年 7 月 9 日，吴某到某县农村信用联社某分社支取该定期存款，该分社在计算利息时，第一年按一年期定期存款计息，其余年份按活期存款计息。投诉人认为此计息方法不正确。

处理过程

人民银行某支行于 7 月 12 日向某县农村信用联社发出"金融消费者权益保护办理通知书"，将投诉转该联社办理，同时引导督促其积极履行法定职责和义务。某县农村信用联社某分社与储户协商后，按自动转存相关规定补付了储户利息。

法律分析

《储蓄管理条例》第十八条规定："储蓄机构办理定期储蓄存款时，根据储户的意愿，可以同时为储户办理定期储蓄存款到期自动转存业务。"

第二十五条规定："逾期支取的定期储蓄存款，其超过原定存期的部分，除约定自动转存的外，按支取日挂牌公告的活期储蓄存款利率计付利息。"

本案中，储户办理定期储蓄存款时，同时办理了定期储蓄存款到期自动转存业务。因此，当储户逾期支取时，某县农村信用联社某分社仅将第一年按一年期定期存款计息，其余年份按活期存款计息的方式是不符合法律规定的。商业银行在办理储蓄存款业务时，应该按照法律规定正确计算储蓄存款的利息，保障金融消费者的财产权益。

案例启示

商业银行在办理业务时必须严格遵守法律法规的相关规定。客户办理定期储蓄存款业务，同时办理到期自动转存业务的，存款到期后，若客户未到银行办理转存手续，银行应自动将到期的存款本息按相同存期一并转存，不受次数限制，续存期利息按前期到期日利率计算。续存后如不足一个存期，客户要求支取存款，续存期间按支取日的活期利率计算该期利息。

此类因机构分设、合并、撤销等带来的业务处理延续性问题，应当引起监管部门重视，可以此为线索，要求涉案的商业银行对同类问题进行清理，避免同类纠纷再次发生。

（中国人民银行成都分行金融消费权益保护处供稿）

案例八
银行拒绝办理存折案

案情简介

2012 年 10 月 16 日上午，包某向人民银行某中心支行投诉，称其到某商业银行网点办理存折（用于领取退休工资）时，工作人员告知其只能办理银行卡，不能办理存折。包某称自己年老眼花，不会使用银行卡且要看到存折上的数字才放心，要求人民银行某中心支行协助其办理存折。

处理过程

人民银行某中心支行受理投诉后，及时与某商业银行联系，得知该行目前极少办理存折，但特别申请后可以办理。当天下午，某商业银行回复称已申请到存折，并通知包某到指定网点办理。

法律分析

1. 《储蓄管理条例》第三条规定："本条例所称储蓄是指个人将属于其所有的人民币或者外币存入储蓄机构，储蓄机构开具存折或者存单作为凭证，个人凭存折或者存单可以支取存款本金和利息，储蓄机构依照规定支付存款本金和利息的活动。"

2. 《消费者权益保护法》第九条规定："消费者享有自主选择商品或者服务的权利。"第十条规定："消费者在购买商品或者接受服务时……有权拒绝经营者的强制交易行为。"金融消费者在办理金融业务时，有自主选择金融产品和金融服务的权利。

本案中，包某为领取退休工资而申请办理存折，是其基于支取银行存款需要而享有的正当权利，存折、存单或银行卡都是存取银行存款的凭证，因此，其可以自由选择办理存折、存单或银行卡，某商业银行网点应当根据包某的需要为其办理存折作为存取款凭证。

案例启示

商业银行金融业务和服务水平有待规范和完善。随着银行卡业务的飞速发展，商业银行发卡规模不断扩大，银行卡也因其方便、快捷、安全的特点，受到金融消费者的普遍认可和欢迎。但新兴的银行卡和传统的存折都是存取银行存款的有效凭证，商业银行不能因片面追求业务创新发展，而忽视甚至剥夺金融消费者自主选择办理银行卡或存折的权利。即使像本案中因网点存折数量不够等原因而导致暂时无法办理存折的，也应向客户做好解释工作，充分尊重客户的意愿和选择。

金融监管机构应加强监管，相关立法有待完善。虽然银监会于 2013 年 8 月 30 日出台的《银行业消费者权益保护工作指引》明确要求银行业金融机构应尊重消费者的自主选择权，但并无具体配套规定以及责任追究措施，在实务操作中仍面临依据不足的困难。

应加大金融知识普及教育力度。金融消费者对银行卡等基本金融工具普遍缺乏了解，金融机构和监管机构都应加大宣传教育力度，通过普及金融知识，提高公众理性参与金融活动、依法维护自身权益的能力。

（中国人民银行成都分行金融消费权益保护处供稿）

案例九
银行拒绝办理取款案

案情简介

2012 年 7 月 26 日，曾某与丈夫到人民银行某支行投诉，称其本人原系某煤矿工人，该煤矿 2001 年破产，于 2002 年 1 月清算支付其本人破产安置费 6 740.84 元、支付其母亲付某抚恤金 7 565.45 元，安置费与抚恤金费用由清算小组统一存入某商业银行分理处，曾某在清算小组签字领取了存折和银行卡。曾某因其母亲住院急需用钱，于 7 月 10 日到某商业银行分理处支取款项，因输入密码不符，且夫妻二人存折上的姓名与身份证上的姓名不一致，分理处工作人员要求其到单位或派出所出具身份信息证明。单位破产已人去楼空，曾某在单位破产后长期在外务工，母亲居住在广安，派出所以不了解情况为由拒绝出具相关证明。曾某多次与派出所和某商业银行分理处交涉未果，请求人民银行某支行帮助解决。

处理过程

通过调阅 2002 年该煤矿破产清算资料查明，2002 年 1 月 12 日，某商业银行分理处根据该煤矿划款所附支付清单开立卡折合一账户，存折名字与单位所提供的名字一致，证实为破产清算单位将姓名填写有误所致，并非该行过错（当时尚未实行存款实名制），其后十年时间，曾某夫妇二人账户从未发生过存取款业务，现因录入的密码不符，需到当地派出所开立身份信息证明才能办理。人民银行某支行向某商业银行提出两种解决办法：一是根据查询的有关清单资料帮助客户到当地派出所出具身份证明办理；二是在保证风险可控的前提下，核实情况属实后由有关部门人员签字授权，变通处理。

某商业银行为客户复印了煤矿破产清算清单及其支付抚恤金的有关资料，为客户到派出所开立证明提供了依据。2012 年 8 月 2 日和 7 日，曾某夫妇分别取得派出所开具的身份证明，某商业银行立即为其办理了密码挂失手续，并于当日补发新折（卡）。曾某夫妇支取了全部现金，对人民银行的帮助表示十分感谢。

法律分析

《个人存款账户实名制规定》第六条规定："个人在金融机构开立个人存款账户时，应当出示本人身份证件，使用实名。代理他人在金融机构开立个人存款账户的，代理人应当出示被代理人和代理人的身份证件。"

第七条规定："在金融机构开立个人存款账户的，金融机构应当要求其出示本人身份证件，进行核对，并登记其身份证件上的姓名和号码。……不出示本人身份证件或者不使用本人身份证件上的姓名的，金融机构不得为其开立个人存款账户。"

第十条规定："本规定施行前，已经在金融机构开立的个人存款账户，按照本规定施行前国家有关规定执行；本规定施行后，在原账户办理第一笔个人存款时，原账户没有使用实名的，应当依照本规定使用实名。"

本案中，曾某夫妇开立个人存款账户时，存款实名制尚未实行。在《个人存款账户实名制规定》实施后，因开户姓名与身份证上姓名不符，银行要求其提供单位或当地派出所出具的身份信息证明才能办理取款业务，是符合法律规定的。

案例启示

在存款实名制实施之前开立的银行账户，由于年代久远，且身份信息未进行核对，容易导致纠纷。对此类纠纷，商业银行应进一步提高服务意识，积极协助客户取得相关身份证明；同时，商业银行应及时对存量人民币结算账户进行进一步清理，完善相关账户资料。

实施个人存款账户实名制是人民银行的监管职责之一，人民银行在遇到此类投诉案件时，不仅应当维护金融消费者的合法权益，还应当依法履行监管职责，对商业银行进行业务指导和检查监督。

（中国人民银行成都分行金融消费权益保护处供稿）

案例十
银行违反存款实名制规定造成损失案

案情简介

2011 年 9 月 6 日，刘某向人民银行某支行投诉，称某商业银行支行违反存款实名制规定开户，造成其存款损失，要求该行某支行全额赔偿其资金损失。

刘某称，2011 年 7 月 23 日，诈骗嫌疑人找到刘某，称想与其做一笔建材生意，刘某将建材报价和营业执照、身份证复印件等相关资料给了诈骗嫌疑人。7 月 26 日 9:20，诈骗嫌疑人持刘某身份证复印件到某商业银行支行代理刘某开设活期存折和卡，柜员未核查诈骗嫌疑人身份证件，仅根据刘某的身份证复印件做了身份证联网核查，办理了刘某存折（以下简称 A 存折）和卡。当日 13:18，刘某持本人有效证件到某商业银行支行开户，另一名柜员为其办理了存折（以下简称 B 存折）和卡。两人分别开户后，诈骗嫌疑人使用伎俩将 A、B 存折进行了互换，当日 15:15，刘某持 A 存折到某商业银行支行存款 6 万元，三分钟后，存款被诈骗嫌疑人在异地用卡支取。刘某当日到当地公安机关报案。2011 年 8 月 2 日，刘某到当地县人民法院起诉某商业银行支行，要求赔偿其损失 42 000 元并承担诉讼费用。法院审理后，要求双方协商调解。双方多次协商，但始终未达成一致意见。

处理过程

经人民银行多次协商调解，双方达成一致意见，某商业银行支行赔偿刘某 16 000 元，并到当地县人民法院办理了赔偿手续。同时，人民银行某县支行根据《个人存款账户实名制规定》第九条之规定，对某商业银行支行处以 1 000 元罚款。

法律分析

1. 《个人存款账户实名制规定》第七条规定："在金融机构开立个人存款账户的，金融机构应当要求其出示本人身份证件，进行核对，并登记其身份证件上的姓名和号码。代理他人在金融机构开立个人存款账户的，金融机构应当要求其出示被代理人和代理人的身份证件，进行核对，并登记被代理人和代理人的身份证件上的姓名和号码。"

第九条规定："金融机构违反本规定第七条规定的，由中国人民银行给予警告，可以处 1 000 元以上 5 000 元以下的罚款；情节严重的，可以并处责令停业整顿，对直接负责的主管人员和其他直接责任人员依法给予纪律处分；构成犯罪的，依法追究刑事责任。"

2. 《金融机构客户身份识别和客户身份资料及交易记录保存管理办法》第二十条规定："金融机构应采取合理方式确认代理关系的存在，在按照本办法的有关要求对被代理人采取客户身份识别措施时，应当核对代理人的有效身份证件或者身份证明文件，登记代理人的姓名或者名称、联系方式、身份证件或者身份证明文件的种类、号码。"

加强对个人银行账户开立的审查、核实客户真实身份是金融机构的法定义务。人民银行对金融机构违反个人存款账户实名制规定的行为有行政处罚的权力。本案中，银行没有对被代理人采取客户身份识别措施，也没有核对代理人的有效身份证件或者身份证明文件，行为显然是违法的，给金融消费者带来的财产损失银行应当予以赔偿，同时应当接受人民银行对其作出的行政处罚。

案例启示

实行个人存款账户实名制的主要目的是为了保证个人存款账户的真实性，保护存款人的合法权益，它是规范金融活动、完善金融监管的基础性措施。银行业金融机构应严格按照相关法律规定，加强对个人银行账户开立的审查，识别客户真实身份。人民银行要认真履行对个人银行账户的监督管理职责，加强对银行业金融机构落实账户实名制的指导、监督和检查。金融消费者应妥善保管银行卡、存折等凭证，不对外泄露交易密码等重要信息，加强风险责任意识。

本案对于商业银行严格落实个人存款账户实名制、防范法律风险具有警示作用。

（中国人民银行武汉分行金融消费权益保护处供稿）

案例十一
通过内部中转账户扣划企业资金偿还贷款案

案情简介

某工贸有限公司在某商业银行分行获得贷款，并约定该行可以在其账户中直接扣划资金，偿还贷款本息。后因其他原因，在贷款未偿还的情况下，公司账户被法院查封。2012年3月18日，某化工有限公司通过某农信社向该工贸有限公司电汇660万元。随后，该化工有限公司以经办人员搞错汇款对象为由要求追回该笔汇款，且经查询认定该笔资金的汇入账户为某商业分行的内部账户，而此时该行已将该笔资金作为某工贸有限公司的还贷资金予以扣划入账。

处理过程

该工贸有限公司以某商业银行分行汇款业务不合规、违规截留占用企业款项和不当得利为由先向当地银监局、后向当地人民银行某中心支行投诉，并组织人员到当地银监局要求给予书面答复。同时，组织人员到某商业银行分行柜台窗口采取一元存款等形式挤占窗口，表达不满。目前，该案已进入司法程序。

法律分析

1. 《支付结算办法》第一百七十七条规定："汇款人对汇出银行尚未汇出的款项可以申请撤销。申请撤销时，应出具正式函件或本人身份证件及原信、电汇回单。汇出银行查明确未汇出款项的，收回原信、电汇回单，方可办理撤销。"

第一百七十八条规定："汇款人对汇出银行已经汇出的款项可以申请退汇。对在汇入银行开立存款账户的收款人，由汇款人与收款人自行联系退汇；对未在汇入银行开立存款账户的收款人，汇款人应出具正式函件或本人身份证件以及原信、电汇回单，由汇出银行通知汇入银行，经汇入银行核实汇款确未支付，并将款项汇回汇出银行，方可办理退汇。"

银行汇款人有申请退回汇款的权利。本案中，该化工有限公司虽然不是自然人消费者，但也是受法律保护的企业。企业正常的资金往来受法律保护。如果该化工有限公司确实汇款对象错误，则可以根据相关法律规定的条件和程序，申请退回所汇款项。

2. 《人民币银行结算账户管理办法》第四十四条规定："银行应按规定与存款人核对账务。银行结算账户的存款人收到对账单或对账信息后，应及时核对账务并在规定期限内向银行发出对账回单或确认信息。"

本案中，如果该化工有限公司在合理的时间范围内向银行提出退回汇款的申请，则银行应当予以退回。

3.《合同法》第五十四条规定："下列合同，当事人一方有权请求人民法院或者仲裁机构变更或者撤销：（一）因重大误解订立的；（二）在订立合同时显失公平的。"

本案中，存在两个合同法律关系。其一是某工贸有限公司与某商业银行分行之间的法律关系。根据约定，某商业银行分行可以从某工贸有限公司账户直接扣划资金。其二是某商业银行分行与某化工有限公司之间的汇款业务合同法律关系。在合同交易中，合同双方都应本着平等、诚实信用的原则履约；同时，合同是双方真实意愿的表示，在违背真实意愿的情况下，合同是无效或可变更或者撤销的。本案中，如果该化工有限公司确实搞错汇款对象，则有权按照规定的程序申请变更或者撤销合同。

4.《人民币银行结算账户管理办法》第五十七条规定："中国人民银行负责监督、检查银行结算账户的开立和使用，对存款人、银行违反银行结算账户管理规定的行为予以处罚。"人民银行虽然有相应的管理权，但是当事人要按照程序和规定办理，该化工有限公司到相关监管部门和银行以不适当方式表达意见，显然不是正确的维权方式。

案例启示

金融机构在处理客户资金往来时，不能为图自己方便，未经当事人同意，私自扣划客户账户资金。这种做法违反法律规定，难免引起法律纠纷。

该工贸有限公司在某商业银行分行办理汇款业务时，双方形成一种合同关系。该工贸有限公司如果因失误造成汇款错误的，有权撤销合同行为，由此引起的纠纷，属于民事纠纷，应通过仲裁或司法诉讼等途径解决，而不能采取不适当手段索回自己的财物。

（中国人民银行青岛市中心支行办公室供稿）

案例十二
活期储蓄账户资金被盗案

案情简介

2012 年 1 月 19 日，吴某通过市长热线向人民银行某市中心支行投诉，称其开立于某商业银行分行的活期账户于 2011 年 11 月 16 日存入 20 000 元，2012 年 1 月 6 日发现原有余额无故消失。吴某即向某商业银行分行反映，该行查询后发现，该账户曾于 2011 年 12 月发生过 5 笔网购交易，可能存在资金被盗情况，建议吴某向公安机关报案，并帮助吴某向本案网络服务商——上海快钱客服了解有关情况，对方要求通过警方联系其公司法务科，吴某即向当地派出所报案。1 月 7 日、8 日，吴某两次到某商业银行分行要求查询其账户上 20 000 元的资金流向信息，但因公安部门尚未向该行反馈案件侦办结果，该行无法给出满意答复。2012 年 1 月 10 日，该行工作人员获知投诉人前述 5 笔交易在 2011 年 12 月 13 日、14 日交易时已被拦截，但因吴某预留电话无法打通，没有再与吴某联系。1 月 11 日，该行派员到辖区派出所，委托公安办案人员向吴某转达资金追回信息。但由于信息沟通迟滞，吴某在不知损失资金已被追回的情况下通过市长热线进行了投诉。

处理过程

经某商业银行分行反馈和人民银行实地调查，涉案的 5 笔交易是通过某银行简版网银支付完成的，投诉人账户于 2011 年 11 月 16 日办理账户激活的同时即申请了简版网银，至 2011 年 12 月 14 日共发生交易 32 笔（包括涉案交易 5 笔）。鉴于银行对客户密码的管理较为严格、规范，银行方无法获得客户的账户密码，账户密码由客户自己主动或被动泄露导致损失出现的可能性较大。现场调查证实，2012 年 1 月 16 日，投诉人已收到上海快钱 5 笔退款，并于 2012 年 1 月 20 日提取了退还款。

法律分析

1. 《人民币银行结算账户管理办法》第九条规定："银行应依法为存款人的银行结算账户信息保密。对单位银行结算账户的存款和有关资料，除国家法律、行政法规另有规定外，银行有权拒绝任何单位或个人查询。对个人银行结算账户的存款和有关资料，除国家法律另有规定外，银行有权拒绝任何单位或个人查询。"本案中，如果消费者吴某的资金是因银行方面泄露个人信息而导致的，则银行不仅应承担相应的民事赔偿责任，还可能承担一定的刑事责任。

2. 《中国人民银行关于银行业金融机构做好个人金融信息保护工作的通知》（银发〔2011〕17 号）第三条规定："银行业金融机构应当建立健全内部控制制度……加强个人金融信息管理的权限设置，形成相互监督、相互制约的管理机制，切实防止信息泄露或滥用事件的发生……银行业金融机构要加强对从业人员的培训，强化从业人员个人金融信息安全意识，防止从业人员非法使用、泄露、出售个人金融信息。"

3. 存款人应保存好个人账户密码。《人民币银行结算账户管理办法实施细则》第四十六条规定："存款人应妥善保管其密码。存款人在收到开户银行转交的初始密码之后，应到中国人民银行当地分支行或基本存款账户开户银行办理密码变更手续。"因为消费者本人泄露个人密码造成的损失，银行方面可以免除相关责任。

4. 银行负有保障消费者安全交易的义务。《电子支付指引（第一号）》（中国人民银行公告〔2005〕第23号）第二十六条规定：银行应确保电子支付业务处理系统的安全性，保证重要交易数据的不可抵赖性、数据存储的完整性、客户身份的真实性，并妥善管理在电子支付业务处理系统中使用的密码、密钥等认证工具。随着网上银行的推广，银行方面应建立完善的防失泄密安全技术平台和网络，确保消费者交易在安全的环境中进行。

5. 银行在利用客户资料信息方面受到明确的限制。《电子支付指引（第一号）》（中国人民银行公告〔2005〕第23号）第二十七条规定：银行使用客户资料、交易记录等，不得超出法律法规许可和客户授权的范围。因此，银行工作人员在办理业务时，要确保不泄露消费者个人隐私信息和保密信息。

6. 非金融支付机构应当依法从事网络交易。《非金融机构支付服务管理办法》第二十一条规定：支付机构应当制定支付服务协议，明确其与客户的权利和义务、纠纷处理原则、违约责任等事项。

案例启示

加强消费者个人金融信息保护非常重要。个人金融信息不仅涉及消费者的隐私，还能给消费者财产安全带来影响。金融机构、消费者、监管部门都应当采取措施确保个人金融信息安全。金融监管部门和金融机构要强化金融应急管理机制建设和突发事件处置工作，做好消费者资金被盗后的应急处置和消费者服务工作。

电子银行在给消费者带来方便的同时，也增加了风险隐患。目前，各金融机构在拓展网上业务的同时，应积极加强消费者风险意识教育。

加强金融知识宣传非常重要。部分金融消费者风险意识淡薄，不重视个人账户信息的保密，相关资料如果随意丢弃，则可能会造成个人账户信息的泄露。因此，相关部门加强金融消费者教育、加强金融知识宣传非常必要。

（中国人民银行杭州中心支行金融消费权益保护处供稿）

案例十三
定活两便存款过期支取利息纠纷案

案情简介

储户张某于 1991 年 1 月 5 日在某商业银行某市支行存入一笔金额为 1 000 元的定活两便存款，于 2011 年 1 月 27 日支取。该行按照其总行设定的程序（DCC 系统）为本笔存款计算利息 601.99 元（计算方法：1991 年 1 月 5 日至 1992 年 2 月 1 日计息天数 386 天，利率 13.68%，利息即 132.01 元；1992 年 2 月 1 日至 2011 年 1 月 27 日计息天数 6 836 天，利率 2.75%，利息即 469.98 元，合计 601.99 元），税后利息 562.01 元。储户认为该笔存款利息计算有误，多次到该行反映情况，但由于计算机程序为全国统一开发使用，基层行无权更改，便逐级请示到该银行省分行。根据该银行省分行的回复，DCC 系统计算有误，依据某银行《关于利率执行有关问题的解答》，更正为前八年按八年期定期存款利率 13.68% 打九折计算，以后的 12 年按支取日活期利率计算，退补储户 455.86 元。储户仍然对某银行解决方案不满意，多次到当地银监分局某办事处投诉，并于 2012 年 2 月 13 日就此事到当地人民银行某支行投诉。

处理过程

根据张某提供的基本情况，某商业银行某市支行确定该笔存款正确的计息依据应该是中国人民银行济南分行《关于定活两便存款计息问题的批复》（济银复〔1999〕113 号）以及《储蓄管理条例》。依据上述两项规定，张某的存款应该按照存入日的一年期定期整存整取存款利率打九折计息，即 1 000 元 × 8.64%/360 × 0.9 × 7 222 天 = 1 559.95 元。某商业银行某市支行按该标准向储户支付利息，储户张某表示满意。

法律分析

1. 适用法律首先要弄清楚法律的效力。本案中，储户张某存款时间较长，其间，相关利率执行政策和法律规定变化较大。因此，在计算相关利息时，应首先弄清楚众多法律政策的效力如何，弄清楚相关法律政策是否依然有效。对于同样在生效期内的法律政策，则按照"上位法优于下位法，新法优于旧法"的原则处理。如果仍然不能确定，则应按照有利于消费者的原则确定。

2. 定活两便存款是当时历史条件下的产物，为保护消费者利益，应按照具体规定及有关储蓄法规政策进行处理。《储蓄管理条例》第二十五条规定："逾期支取的定期储蓄存款，其超过原定存期的部分，除约定自动转存的外，按支取日挂牌公告的活期储蓄存款利率计付利息。"

案例启示

因储户存款时间较长，在适用计算依据方面，存在多项不同的规定，有多种选择。

但为公平起见，首先应该按照有利于储户利益的原则来确定。

金融机构应当加大业务知识培训力度。本案由于存款期限长，银行方面没有掌握相关制度规定，导致给消费者造成很大麻烦。因此，作为服务社会大众的金融机构，在拓展业务的同时，必须加强相关法规制度学习，这样既有利于规范金融机构业务操作，也有利于保护金融消费者合法权益。

监管部门应进一步推进金融消费者教育工作，积极开展金融知识宣传，增强金融消费者的风险意识和责任意识，提高消费者的金融消费水平，减少金融消费纠纷，保护消费者合法权益。

（中国人民银行郑州中心支行金融消费权益保护处供稿）

案例十四
资金挂账未处理延误客户结算资金案

案情简介

2012年7月25日，在某商业银行开立结算账户的水泥公司支付给在某农联社开立结算账户的保洁服务公司清库服务费27 440元。由于收款人和账号不符，某农联社做了小额来账挂账退回处理，但数日内收款人和付款人账上均未见到此笔资金。收款人遂往返于某商业银行和某农联社之间查询资金去向，但两行之间互相推诿，且某商业银行经办人员态度比较恶劣。2012年7月29日，收款人向新闻媒体爆料，后经媒体介绍，现场到市金融消费者权益保护中心进行投诉。

处理过程

市金融消费者权益保护中心耐心安抚投诉人，并认真审核投诉人提供的某商业银行和某农联社提供的凭证复印件，告知其小额支付业务的处理流程，并耐心稳定投诉人的情绪。随后，通知某商业银行和某农联社同时查询资金走向。经查发现，该笔款项在某省农联社结算中心，并且一直未处理。根据调查情况，市金融消费者保护中心责成某农联社向客户致歉并当日将资金入账，争取获得客户谅解。在此基础上，向新闻媒体做好解释工作。由于多方的努力，新闻媒体未对该事件进行负面报道。

法律分析

1. 银行负有保障消费者资金汇划通畅、及时、安全的义务。《支付结算办法》第二百零八条规定："银行办理支付结算，不准以任何理由压票、任意退票、截留挪用客户和他行资金。"

2. 银行承担过错赔偿责任。《支付结算办法》第二百四十一条规定："银行办理支付结算，因工作差错发生延误，影响客户和他行资金使用的，按中国人民银行规定的同档次流动资金贷款利率计付赔偿金。"中国人民银行《小额支付系统业务处理办法（试行）》（银办发〔2005〕287号）第七十四条规定："参与者因工作差错延误小额支付业务的处理，影响客户和他行资金使用的，应当依法承担赔偿责任。"

3. 中国人民银行对银行资金清算业务具有监督管理权。中国人民银行《小额支付系统业务处理办法（试行）》（银办发〔2005〕287号）第七十条规定："参与者对收到有差错的贷记支付业务，应当立即向付款行查询后处理退汇。违反规定造成客户和他行资金损失的，应依法承担赔偿责任；情况严重的，中国人民银行可以对其进行通报、警告，直至责令其退出支付系统。"

本案中，某农联社因为工作人员过错，延误消费者资金使用，对此造成的损失，应承担一定赔偿责任。

案例启示

商业银行应改进金融服务态度和质量。银行工作人员应友好、真诚、热情地对待客户的咨询和投诉，尽量将纠纷解决在柜面一线。本案中，由于银行工作人员的服务态度不好，进一步加剧了与消费者的矛盾，导致消费者诉诸新闻媒体寻求保护。

商业银行间应加强相互沟通协调。如果本案中某商业银行和某农联社在客户第一次查询资金去向的时候，能够相互间知会通告并共同深入追究，就可以避免纠纷产生和客户投诉。

商业银行应畅通支付结算渠道。本案中，某农联社的问题出在上级行结算部门未及时处理退账业务，且数天对挂账不闻不问，这种结算"梗阻"严重影响了某农联社的公众服务形象，应引起高度重视。

商业银行应有效化解媒体舆论带来的负面影响，充分借助媒体舆论树立和宣传金融行业正面形象。金融消费者权益保护中心和商业银行应与媒体充分沟通协调，尤其是出现投诉问题的商业银行要勇于承担责任，及时消解矛盾，共同积极引导媒体对金融消费权益保护工作进行正面宣传报道。

（中国人民银行南昌中心支行金融消费权益保护处供稿）

案例十五
ATM 拍摄功能存在故障，导致无法提供破案线索案

案情简介

投诉人孙某于 2012 年 9 月 9 日晚 10:30 左右在某商业银行支行 ATM 取款 200 元，其离开后，将银行卡遗留在 ATM 内未取出，随后在该 ATM 上办理业务的其他人在其卡上盗取共计 7 500 元，孙某随即报案。公安机关要求该行提供盗取过程的视频资料，该行告知其拍摄取款人影像的摄像头存在故障，无法提供嫌疑人影像。投诉人认为，该行 ATM 拍摄功能存在故障，导致无法提供破案的关键证据，该行应该为造成的损失承担一定责任。

处理过程

当地金融消费者权益保护中心依据工作程序，受理该笔投诉，并及时转送某商业银行支行的上级分行办理。从涉诉银行反馈的情况看，该行对自助设备视频录像功能存在故障，未能保留嫌疑人盗取过程影像资料的事实予以认可，但其同时认为，消费者自己疏忽大意，在操作过程中没有及时退卡，导致资金被盗，消费者本人应该负主要责任。为了进一步了解盗取过程视频资料对破案的意义和影响，金融消费者权益保护中心与当地警方联系，得知该类型案件在当地其他金融机构自助设备上也发生过，由于银行自助设备的视频拍摄功能正常，通过调取视频资料，公安机关一般都能锁定嫌疑人，破获案件。具体到该案件来说，由于银行自助设备视频拍摄功能的故障，未能提供嫌疑人关键影像资料，对案件的侦破十分不利，目前该案的侦破已陷入僵局。

根据双方要求，金融消费者权益保护中心作出如下调解决定：由于某商业银行支行对其所拥有的自助设备未尽到完全充分的管理和维护职责，在破获孙某资金被盗案中导致重要证据灭失，对孙某资金损失依照有关规定应承担相应补充责任，具体承担的比例由双方协商确定。双方对此表示同意。

法律分析

1. 银行负有建立并保存相关监控视频资料的义务。《合同法》第六十条规定："当事人应当按照约定全面履行自己的义务。当事人应当遵循诚实信用原则，根据合同的性质、目的和交易习惯履行通知、协助、保密等义务。"本案中，消费者到银行消费时，与银行方面形成一种合同法律关系。按照现有法律规定，提供正常的视频监控保障措施是银行的义务，而银行方面没有提供相应的条件，则应认定为没有履行合同的附随义务。

2. 银行应当建立健全保障客户安全交易的物理环境和技术条件。《金融机构客户身份识别和客户身份资料及交易记录保存管理办法》（中国人民银行、中国银行业监督管理委员会、中国证券监督管理委员会、中国保险监督管理委员会令〔2007〕第2号）第二十八条规定："金融机构应采取必要管理措施和技术措施，防止客户身份资料和交易记录的缺失、损毁，防止泄露客户身份信息和交易信息。"《电子支付指引（第一号）》（中国人民银行公告〔2005〕第23号）第二十六条规定：银行应确保电子支付业务处理系统的安全性，保证重要交易数据的不可抵赖性、数据存储的完整性、客户身份的真实性，并妥善管理在电子支付业务处理系统中使用的密码、密钥等认证数据。

案例启示

银行应全面履行保护消费者安全交易的义务。银行在提供金融服务时，与消费者形成一种合同关系。双方应本着公平、诚实信用的原则履行合同义务。如有一方因过失导致给对方造成损失，则应承担相应的法律责任。

做好消费者个人信息保护工作。个人金融信息不仅涉及消费者的隐私，还能给消费者财产安全带来影响。金融机构要强化软硬件建设，确保消费者交易安全。

加强自助服务设备安全管理。自助服务设备虽然减轻了银行人员工作量，但没有减免银行应承担的法律义务。自助服务设备在给消费者带来方便的同时，也存在着很多风险隐患。银行方面应积极采取措施，加强消费者合法权益保护。

（中国人民银行乌鲁木齐中心支行金融消费权益保护处供稿）

案例十六
存款计息方式理解不同引发纠纷案

案情简介

2011 年 12 月 8 日，储户吴某以书信方式向人民银行某中心支行投诉，称某商业银行计息有误，违反金融规定。吴某称其于 2005 年 11 月 28 日在某商业银行存入 6 400 元，整存整取三年。三年到期后，吴某到该银行办理转存三年，该行工作人员告知其已自动转存，不用再办，所以吴某一直到第二个三年存期满，即 2011 年 11 月 28 日，去该行支取，六年存款税后利息为 636.41 元，吴某认为某商业银行少计了利息。

处理过程

人民银行某中心支行经调查核实：吴某于 2005 年 11 月 28 日在某商业银行存入 6 400 元，整存整取三年，"到期不转存"栏上为"√"，定期存单上打印出到期"不约转"字样。2011 年 11 月 28 日办理支取时，该行对吴某的定期存款利息计算分两段计息：第一段为三年定期利息 622 元（2005 年 11 月 28 日至 2008 年 11 月 27 日，利率 3.24%），第二段为活期利息 97.33 元（2008 年 11 月 28 日至 2011 年 11 月 28 日，利率 0.5%）。

人民银行某中心支行于 2011 年 12 月 20 日组织双方调解，吴某称对第一段三年定期利息无异议，但第二段即 2008 年 11 月 28 日至 2011 年 11 月 28 日应以三年定期利率计息，原因是他 2008 年办理转存时工作人员告知他已自动转存，但吴某不能提供 2008 年 11 月 28 日他去银行转存的证据，因为银行的监控录像最多只能保存 31 天。吴某称他是退休职工，有时间向有关部门投诉，并准备向当地人民银行某分行、某商业银行省分行投诉，还准备起诉该商业银行。

该行称吴某 2008 年 11 月 28 日有可能没有到银行办理转存手续，银行按照《储蓄管理条例》及中国人民银行的相关利率政策把吴某的到期定期存款转为活期是合法的。但吴某到处投诉，各部门均要去该行调查，需花费很多时间和精力接待和解释，一旦进入诉讼程序，将费时、费力、费财，虽胜诉的可能性很大，但该行有可能花费几千元的诉讼费用。

经人民银行某中心支行调解，该行员工自己掏钱 600 元（三年定期税后利息为 620 元）给吴某。吴某拿到钱后，很感激人民银行某中心支行的努力调解，而该行也化解了被投诉和诉讼风险，达到了当事人双方都满意的效果。

法律分析

1. 正确计算存款利息是银行的义务。《储蓄管理条例》第二十五条规定："逾期支取的定期储蓄存款，其超过原定存期的部分，除约定自动转存的外，按支取日挂牌公告的活期储蓄存款利率计付利息。"本案中，由于双方对于争议的问题都不能提供有效证据，在这种情况下，最好的办法就是进行调解，按照双方意愿进行处理。

2. 消费者在金融消费中有表达异议的权利。《储蓄管理条例》第二十八条规定："储户认为储蓄存款利息支付有错误时，有权向经办的储蓄机构申请复核；经办的储蓄机构应当及时受理、复核。"

案例启示

本案中，人民银行某中心支行虽然较圆满地调解了本次纠纷，最大限度地满足了金融消费者的诉求，但被投诉银行员工自己掏钱平息纠纷，有失法律公平、公正原则，也有可能引起像吴某类似的储户向银行提出利息要求。为此，2012年5月，人民银行某中心支行针对近年来该市整存整取定期储蓄存款转存纠纷较多的状况，联合当地银监分局对辖内银行业金融机构整存整取定期储蓄存款转存行为进行调研，并出台《关于进一步规范某市银行业金融机构整存整取定期储蓄存款转存行为的意见》，对银行业金融机构办理整存整取定期储蓄存款转存业务进行规范，切实保护存款人利益。

推进金融消费者教育工作。积极开展金融知识宣传，增强金融消费者的风险意识和责任意识，提高消费者的金融消费水平，减少金融消费纠纷。本案对于金融监管机构以处理投诉为手段，从制度层面规范、净化银行业金融机构经营活动具有借鉴意义。人民银行通过开展受理、解决金融消费投诉工作，可以及时、准确地了解当前金融活动中存在的缺陷与不足，通过实地调查研究，有利于金融监管部门集中力量出台有针对性、有实效性、有指导意义的规范性文件。

（中国人民银行广州分行金融消费权益保护处供稿）

案例十七
未注明到期日和利率的存单计息纠纷案

案情简介

2012 年 8 月 29 日，一储户投诉某商业银行分行称，1995 年 9 月 15 日其向该行购买了 1 000 元定额定期存单，当时的存单票面上未注明到期日和利率，而在存单背面标注"存期由储户自选"，储户认为购买时，银行挂牌了八年期存款利率，因此主张应按照定期八年、年利率 17.1%、享受保值贴补，并按自动转存方式计付本息。某商业银行分行认为根据《储蓄管理条例》，存入时定期存款的最长期限只有五年，应按五年期存款利率计算利息，逾期计付活期利息。双方遂产生争议，储户以利率违规为由，将某商业银行分行投诉至人民银行某中心支行。

处理过程

人民银行某中心支行分析了存单，并查找了历史文件，向储户就相关政策做了详细解读。

1. 对照文件确定存单的存期。按照中国人民银行《关于执行〈储蓄管理条例〉的若干规定》（银发〔1993〕7 号）所规定的存单存期，储户购买定额存单是在 1995 年 9 月 15 日，定期储蓄存款最长存期为五年。

2. 详细解释为何《中国人民银行关于调整存、贷款利率并实行储蓄存款保值的通知》（银发〔1993〕185 号）文件公布八年期存款利率。第一，为保护储户合法权益，《储蓄管理条例》专门对实施前已存入的定期储蓄存款计息作出规定："本条例施行前的定期储蓄存款，在原定存期内，依照本条例施行前国家有关规定办理计息事宜。"第二，为落实《储蓄管理条例》第三十八条、银发〔1993〕7 号文件第二十三条规定，《储蓄管理条例》实施前存入的各种定期储蓄存款，在原定存期内如遇利率上调，仍实行分段计息的办法。第三，《储蓄管理条例》实施不久，即 1993 年 5 月 15 日和 7 月 11 日，中国人民银行先后两次上调存款基准利率。这样，对于 1993 年 3 月 1 日《储蓄管理条例》实施前已存入，且仍在存期内的八年期定期储蓄存款，须根据规定，调高相应利率并实施分段计息。

3. 向储户归结了五点意见。一是根据中国人民银行《关于执行〈储蓄管理条例〉的若干规定》，1995 年 9 月 15 日，定期储蓄存款最长存期为五年。二是银发〔1993〕185 号是调整利率的文件，并不是设定存款存期的文件，银行和储户的定期存款存期，应根据中国人民银行《关于执行〈储蓄管理条例〉的若干规定》设立。三是公布八年期存款利率，是为了解决在 1993 年 3 月 1 日前存入，自 1993 年 7 月 11 日至正常存期到期日，这段区间的计息标准问题，即分段计息标准问题，而不是重新开办八年期定期储蓄存款。四是自动转存与否要根据各银行相关制度确定。五是保值贴补应根据到期日公布的保值贴补计算。

储户在了解了相关政策规定后，同意按照存期为五年、逾期按支取日挂牌的活期存款利率计付本息。某商业银行分行同意另给予客户 500 元的补偿。双方达成和解。

法律分析

1. 中国人民银行《关于执行〈储蓄管理条例〉的若干规定》（银发〔1993〕7 号）第二十三条规定："《条例》实施前存入的各种定期储蓄存款，在原定存期内如遇利率上调，仍实行分段计息的办法。"

2. 正确计算存款利息是银行的义务。《储蓄管理条例》第二十五条规定："逾期支取的定期储蓄存款，其超过原定存期的部分，除约定自动转存的外，按支取日挂牌公告的活期储蓄存款利率计付利息。"

案例启示

金融机构从业人员对于这些未注明到期日和利率等要素的不规范存单，应充分考虑其形成的历史原因，耐心向储户解读相关政策规定，合理规范地满足储户利益。

因储户存款时间较长，在适用计算依据方面，存在多项不同的规定，有多种选择。但为公平起见，首先应该按照有利于储户利益的原则来确定。

（中国人民银行合肥中心支行金融消费权益保护中心供稿）

案例十八
计算复利承诺存款计息纠纷案

案情简介

李某 1989 年 9 月 11 日在某商业银行存款 500 元，存期 21 年，2011 年 9 月 11 日到期。李某称，当年存款时该银行储蓄员说此种储蓄按复利计算，有保值贴补，利息核算后很高，并且储蓄员以存款 500 元为实例，为存款人测算了一笔账，只要不提前支取，三年利滚利，加上国家保值贴补，21 年到期后，连本带利合计可得 30 977 元。

2012 年 3 月 16 日，李某到人民银行某支行投诉该商业银行拒付到期约定利息。李某出示的存款凭证为银行定期整存整取储蓄存单，时间是 1989 年 9 月 11 日，存期 21 年，2011 年 9 月 11 日到期，利息未约定。李某称，现在存款到期，银行却只支付利息 1 800 元，与当年承诺的 30 977 元差距太大。李某不服，数十次与该行协商未果，因此到人民银行某支行投诉。

处理过程

人民银行某支行经查证得知，该行当年开办的是超长期保值储蓄。该行在发布的公告书中，确有举例说明存入 500 元 21 年可得本息 30 977 元的说法，但储蓄员在向顾客解读该产品时未说明利率、保值贴补是变量因素，将随国家每年确定的实际数据而变化这一情况，因此产生储蓄人理解上的歧义。经人民银行某支行多次协调，并对李某做了大量的政策解释工作，2012 年 11 月 5 日，该行与李某达成和解协议，即由该行除支付给李某 1 800 元实际利息外，另外补偿给李某 3 000 元，双方终止争议，形成谅解备忘录。

法律分析

1. 不得计算复利。《储蓄管理条例》第十八条规定："储蓄机构办理定期储蓄存款时，根据储户的意愿，可以同时为储户办理定期储蓄存款到期自动转存业务。"第二十五条规定："逾期支取的定期储蓄存款，其超过原定存期的部分，除约定自动转存的外，按支取日挂牌公告的活期储蓄存款利率计付利息。"本案中，虽然消费者提出当时存款时银行方面承诺给予计算复利，但却无有效证据，且不为相关法规制度所许可，因此不应予以认定。

2. 消费者在金融消费中有表达异议的权利。《储蓄管理条例》第二十八条规定："储户认为储蓄存款利息支付有错误时，有权向经办的储蓄机构申请复核；经办的储蓄机构应当及时受理、复核。"

3.《中华人民共和国消费者权益保护法》第十三条规定："消费者享有获得有关消费和消费者权益保护方面的知识的权利。"第十九条规定："经营者应当向消费者提供有关商品或者服务的真实信息,不得作引人误解的虚假宣传。"

案例启示

金融机构开展业务时不得进行虚假宣传。金融产品与普通商品相比,具有一定的复杂性,普通金融消费者很难完全了解。金融消费者在购买金融产品或接受金融服务时,有权利知悉所购买、使用产品或接受服务的真实情况,金融机构也有告知义务。但由于利益驱使,金融机构往往忽视,甚至故意不进行风险提示。实践中,消费者一旦得不到满意的预期结果,引发诉讼的案件比比皆是,结果往往是银行面临的败诉风险更多,银行即使胜诉,对声誉也会产生负面影响,"胜了官司输了名",得不偿失。本案中,如果按照消费者所说,储蓄员在推广储蓄产品时,有隐瞒风险、夸大收益之嫌,对推销产品未尽全面告知义务,侵犯了消费者对产品的知情权。但由于消费者无有效证据,对这类行为很难认定。

加强金融知识宣传。积极开展金融知识宣传,增强金融消费者的风险意识和责任意识,有利于提高消费者依法参与金融活动的能力和水平,有利于减少金融消费纠纷。

(中国人民银行长春中心支行金融消费权益保护处供稿)

案例十九
过期支取存款利息纠纷案

案情简介

2011 年 12 月 6 日，夏某向人民银行某中心支行投诉，称其持有一张 1988 年某商业银行支行的定期存单，存款期限为 1 年，金额为 1 000 元。2011 年 11 月，夏某准备到某商业银行支行提取存款本息，被告知利息总计为 200 余元，夏某认为银行少算了利息，申诉请求重新核算利息。

处理过程

人民银行某中心支行受理投诉。根据《储蓄管理条例》等规定，定期存款未约定自动转存，逾期支取的，按支取日当日活期存款利率计算利息。因此，向夏某告知了定期存款逾期支取的利息计算方法和当时的活期存款利率，按照规定的计息方式，该笔存款的利息确为 200 元左右。

法律分析

1. 未约定自动转存的只能按活期利率处理。《储蓄管理条例》第二十五条规定："逾期支取的定期储蓄存款，其超过原定存期的部分，除约定自动转存的外，按支取日挂牌公告的活期储蓄存款利率计付利息。"

2. 消费者在金融消费中有表达异议的权利。《储蓄管理条例》第二十八条规定："储户认为储蓄存款利息支付有错误时，有权向经办的储蓄机构申请复核；经办的储蓄机构应当及时受理、复核。"

案件启示

金融机构在办理储蓄存款业务时，具有如实告知的义务。本着保护消费者合法权益的目的，应当告知定期存款未约定自动转存和约定自动转存的区别，以免日后消费者因不知情而提起异议。

加强金融知识宣传。积极开展金融知识宣传，增强金融消费者的风险意识和责任意识，有利于提高消费者依法参与金融活动的能力和水平，有利于减少金融消费纠纷。

金融机构从业人员应向消费者做好政策解释工作，耐心向储户解读相关政策规定，保护消费者的知情权。

（中国人民银行武汉分行金融消费权益保护处供稿）

案例二十
支票被拒绝付款案

案情简介

尚某是一起案件中的原告，通过诉讼调解，被告同意偿还 2 913 700 元并将款项转到 A 区法院执行账户上。2013 年 3 月 11 日下午，A 法院开出转账支票并交付给了尚某，支票金额为 2 913 700 元，付款人为 A 法院，付款人开户行为某商业银行支行。随后，尚某持 A 法院开立的转账支票前往某商业银行支行提示付款，该行接待柜员答复称，该支票已被 A 法院中止付款。尚某要求该行出具拒绝付款证明，该行未出具。因支票未得到及时兑付，3 月 20 日上午 11 时，尚某向人民银行某中心支行金融消费权益保护部门投诉。投诉过程中，尚某情绪激动，并表示如果得不到合理解决，将在互联网各大论坛上传该支票，甚至要去北京上访。

处理过程

人民银行某中心支行金融消费权益保护部门于 3 月 20 日派人组成调查组前往某商业银行支行，向该行询问相关情况，并调取了当天录像及 A 法院中止付款的书面说明，向当天经办柜台人员了解实际情况，掌握了第一手资料。

根据现场了解及掌握的材料，A 法院并未向该行出具中止支付的正式法律文书。调查组认为，涉事银行拒绝付款于法无据，违反了相关法律规定，侵犯了金融消费者的合法权益，应当立即付款；若确实存在依法应当停止兑付的情形，A 法院应当出具正式法律文书。在人民银行的积极协调下，该行、A 法院与投诉人达成了和解协议，3 月 21 日，该行对尚某履行了付款义务，尚某对人民银行处理结果表示满意。

法律分析

1. 在本案中，认定某商业银行支行拒绝支付行为是否合法的一个很重要依据，就是要查清 A 法院是否向该行出具中止支付法律文书。作为司法机关，法院出具的法律文书均具有法律效力。根据我国《民事诉讼法》等相关规定，任何单位和个人都应该执行法院生效的法律文书；否则，便有可能构成"妨碍司法"行为。因此，如果某商业银行支行收到了 A 法院要求中止支付的法律文书，则该行应严格执行，由此造成的法律后果，尚某只能向法院方追责。

2.《中华人民共和国票据法》第五十四条规定："持票人依照前条规定提示付款的，付款人必须在当日足额付款。"第八十一条规定："支票是出票人签发的，委托办理支票存款业务的银行或者其他金融机构在见票时无条件支付确定的金额给收款人或者持票人的票据。"

持票人按照法律规定向付款银行提示付款，除票据存在记载事项错误或不全、背书不连续等票据权利瑕疵外，付款银行均应当无条件付款。本案中，经当地人民银行金融消费权益保护部门调查，该行并未收到 A 法院中止支付的法律文书。因此，某商业银行支行在尚某手续齐全、证件真实的情况下，经过审查后，应该及时付款。如果不及时付款，则应当承担票据法规定的法律责任。

3. 某商业银行支行拒绝支付行为涉嫌违反票据法相关规定，依法应承担相应的民事责任。如果消费者尚某提出此要求，人民银行作为监管部门，可以进行调解，若调解不成，尚某仍有起诉的权利。在本案中，由于人民银行的介入，某商业银行支行及时履行了付款义务，从一定程度上减轻了自身应承担的法律责任，也得到了消费者尚某的谅解，从而免除了赔偿责任。

案例启示

银行经营应当依法进行。本案中，付款银行的行为涉嫌违反票据法相关规定，主要是因为银行在经营中没有坚持原则，仅仅凭借法院的口头通知，而不是具有法律效力的法律文书来决定自己的行为。在银行会计中，法律文书可以作为合法的会计凭证，而口头通知是没有法律效力的。因此，银行在经营中，应坚持独立、合法的原则，不能侵犯作为弱势群体的消费者的合法利益。

深入调查，积极处理。由于消费者情绪激动，如果处理不当，极易形成上访事件。人民银行某中心支行消费权益保护工作部门及时决策，第一时间组成调查组，实地前往纠纷发生地了解、掌握情况。经办人员准确掌握法律相关规定，明确了支票性质和付款特点，判断指出涉事银行行为的违法性，很快作出了有利于金融消费者的判断，安抚了消费者的激动情绪，有效防止了事态恶化和矛盾转移、加剧，减少了社会不稳定因素。

积极沟通，依法处理。人民银行某中心支行消费权益保护工作部门根据相关法律规定，责令当事商业银行立即履行付款义务，及时弥补了违法后果，为取得消费者谅解打下了基础。经过积极与法院、银行和消费者沟通，涉事各方达成和解意见，有效维护了金融消费者合法权益，展示了人民银行积极履职的良好社会形象。

（中国人民银行南京分行金融消费权益保护处供稿）

案例二十一
个人信息不符银行拒绝开户案

案情简介

2013 年 3 月 9 日，市民张某到某市 A 信用社办理开户业务，该社柜员联网核查客户身份信息时，发现张某身份证号码与姓名不匹配，拒绝为其办理业务。随后，张某到当地派出所开具了户籍证明，仍遭到信用社的拒绝。张某投诉到人民银行某中心支行金融消费权益保护部门，要求信用社根据派出所证明，为其开立账户。

处理过程

人民银行某中心支行金融消费权益保护部门接到投诉后，与 A 信用社进行了沟通，并将该笔投诉转 A 信用社办理。A 信用社称，依照《人民币银行结算账户管理办法》，客户开户需提供有效身份证件，张某出示的证件通过联网核查，公民身份证号码虽然存在，但与姓名不符，按照规定不应该予以开户。人民银行某中心支行金融消费权益保护部门根据调查情况，重新梳理相关规定，并协调公安机关核对张某身份信息，发现派出所户籍管理人员在系统录入时多打了一个字母，导致联网核查信息显示公民身份证号码与姓名不符。由于派出所出具的证明具备法律效力，经人民银行某中心支行金融消费权益保护部门协调，A 信用社为张某开立了账户。张某对处理结果表示满意。

法律分析

1. 人民银行对银行结算账户具有明确的管理权。《中国人民银行法》明确规定了中国人民银行监督管理清算行为。《人民币银行结算账户管理办法》第十条明确规定："中国人民银行是银行结算账户的监督管理部门。"

2. 为存款人开立结算账户既是银行的权利，也是银行的义务。《人民币银行结算账户管理办法》第二十八条规定："银行应对存款人的开户申请书填写的事项和证明文件的真实性、完整性、合规性进行认真审查。……符合开立一般存款账户、其他专用存款账户和个人银行结算账户条件的，银行应办理开户手续，并于开户之日起 5 个工作日内向中国人民银行当地分支行备案。"对于符合开立个人结算账户条件的，银行有办理的义务。对于不符合开立条件的，银行有权拒绝办理。本案中，信用社发现张某身份证号码与姓名不匹配，不符合账户实名制规定，应当予以拒绝办理。但是在张某开具证明后，具备了开立账户的条件，信用社无权再拒绝办理。

3. 账户实名制的目的是为了核实开户人身份。在能证明存款人身份的情况下，银行应当为开户人开立账户。根据《中国人民银行 公安部关于切实做好联网核查公民身份信息有关工作的通知》（银发〔2007〕345 号）第三条"建立健全疑义信息反馈核实机制"的明确规定，如果出现联网核查信息不符，银行应要求客户出示户口簿、护照、机动车驾驶证等其他有效证件。经佐证，相关居民身份证确属真实的证件，银行机构应留存相关证件复印件，并继续办理相关业务。为客户出具联网核查结果证明，由客户持该证明自行到被核查人户籍所在地公安机关申请核实。本案中的信用社人员对相关规定理解不准确，拒绝为张某办理账户开立业务，涉嫌侵犯消费者的公平交易权。

案例启示

金融机构应当加大法律法规和金融监管政策培训学习力度。这是一起比较典型的金融机构未对临柜人员进行系统培训，临柜人员业务知识不全面而导致的纠纷。作为服务社会大众的金融机构，在拓展业务的同时，必须加强内控制度的建设，特别要注重与业务直接相关的金融法律法规培训教育，这样既有利于规范金融机构业务操作，也有利于保护金融消费者合法权益。

人民银行金融消费权益保护工作人员应增加相关金融法律法规的知识储备。本案中，工作人员对账户开立相关规定进行了认真梳理，从而准确判断了金融机构违规的事实；反之，则容易被金融机构误导，难以为金融消费者及时提供救助。

人民银行等监管部门应进一步推进金融消费者教育工作。积极开展金融知识宣传，增强金融消费者的风险意识和责任意识，提高消费者依法参与金融活动的能力和水平，减少金融消费纠纷，保护消费者合法权益。

（中国人民银行哈尔滨中心支行金融消费权益保护处供稿）

案例二十二
储蓄存折未记账致消费者误解案

案情简介

赵某于 2003 年 5 月 19 日在某商业银行分理处办理了储蓄卡折合一业务，储蓄存款存折账户为 28 – 5010 × × × × ×，借记卡账户为 1033486 × × × × × × × ×，存折余额为 10 元，2003 年 7 月 1 日结息余额为 10.01 元。

2003 年 9 月 28 日从他行转入 10 000 元，2004 年 3 月 22 日赵某通过借记卡存入 10 000 元。2004 年 2 月 10 日、2004 年 7 月 20 日，赵某儿子苗某先后两次用借记卡取现 20 000 元（每次取 10 000 元），并在取款凭证上签字确认，但赵某持有的存折自 2003 年 9 月 28 日后无存取款明细。

2012 年 6 月 15 日，赵某到该商业银行分理处查询，该分理处答复称，账户最后一次支取时间为 2004 年 7 月 20 日，现存折余额为零，但并未出具相关证明材料。

2012 年 6 月 15 日，赵某向人民银行某中心支行金融消费权益保护中心投诉，称自 2003 年 9 月 28 日后，她在该商业银行分理处办理了储蓄存折未支取存款，存折余额应为 10 010.01 元。

处理过程

人民银行某中心支行金融消费权益保护投诉举报中心根据职能划分，将投诉材料转交该商业银行分行，要求其按规定予以处理，并将处理结果于 2012 年 6 月 27 日书面反馈投诉举报中心备案。

该商业银行分理处通过查阅赵某账户档案资料，确认经办人不存在任何违规现象，造成储蓄存折余额不符的主要原因是取款人用借记卡办理业务，而非用储蓄存折。同时，存款人未及时补登存折，造成个人储蓄存折上的余额与实际余额不符。事后，该商业银行分理处及时向客户做好了解释说明工作，并出具交易明细、取款凭条，赵某签字确认后对处理结果表示满意。

法律分析

1. 《中华人民共和国商业银行法》第五条规定："商业银行与客户的业务往来，应当遵循平等、自愿、公平和诚实信用的原则。"本案中，投诉人赵某认为某商业银行分理处违反上述原则，侵犯了自己的合法权益，因此投诉。

2. 《中华人民共和国商业银行法》第二十九条规定："商业银行办理个人储蓄存款业务，应当遵循存款自愿、取款自由、存款有息、为存款人保密的原则。对个人储蓄存款，商业银行有权拒绝任何单位或者个人查询、冻结、扣划，但法律另有规定的除外。"第三十三条规定："商业银行应当保证存款本金和利息的支付，不得拖延、拒绝支付存款本金和利息。"

本案中，某商业银行分理处对赵某儿子持有的银行卡，在验证取款密码无误的情况下支付存款，行为完全合法。赵某事后未及时补登存折的交易记录，法律并不强制，因此也无过错。

3.《中华人民共和国消费者权益保护法》第八条规定："消费者享有知悉其购买、使用的商品或者接受的服务的真实情况的权利。"因此，消费者在消费中，具有相应的知情权。如果是因为商业银行方面的过错，没有将相应的交易记录打印在存折上，这等于没有尽到告知的义务，涉嫌侵犯消费者知情权。在本案中，没有打印交易记录的行为不是商业银行方面的过错，是消费者没有及时补登打印造成的，因而商业银行不承担相应的法律责任，但应做好解释沟通工作。

案例启示

本案中，金融机构与金融消费者信息不对称。金融机构业务人员没有及时向消费者解释储蓄业务事项，没有建立起相互之间有效的信息沟通平台，在信息沟通中金融消费者处于被动地位。

加强金融知识宣传非常必要。本案中，金融消费者对金融基本知识了解不足，对商业银行业务了解较少，易在业务办理过程中产生不必要的误解。如果金融机构能及时有效地披露相关信息，做好金融知识的普及教育工作，就能避免很多不必要的误解乃至矛盾。

（中国人民银行西宁中心支行金融消费权益保护处供稿）

本篇小结

支付结算服务与居民日常生活息息相关，直接体现着人民银行履职成效，也是银行业金融机构创新金融产品和服务的重要领域。当前，支付结算领域存在侵犯消费者知悉真情权、自主选择权、安全保障权和公平交易权的现象，应予以关注。本篇选取了商业银行在支付结算业务领域与消费者发生纠纷的22个经典案例，其中以下几个方面值得我们关注。

一是商业银行不能对金融消费者进行如实告知和风险提示，甚至作出虚假承诺，侵犯了消费者的知悉真情权。"计算复利承诺存款计息纠纷案"是银行工作人员作出虚假承诺而侵犯消费者知情权的案例。

二是商业银行内部考核和激励机制存在缺陷，损害了消费者的自主选择权。"银行拒绝办理存折案"中，消费者申请办理存折，是其基于支取银行存款需要而享有的正当权利，存折、存单或银行卡都是存取银行存款的凭证，因此，消费者可以自由选择办理存折、存单或银行卡，商业银行不应当拒绝。

三是商业银行要加强人员管理，完善机器设备和网点环境的安全性能，有效保护消费者的安全保障权。例如，"银行违反存款实名制规定造成损失案"就是例证。特别是在涉及金融犯罪时，消费者、商业银行和监管部门要及时报案，做好证据留存，"ATM拍摄功能存在故障，导致无法提供破案线索案"就是由于银行没有有效保留相关证据而为公安机关侦破案件带来难度，从而引起消费者投诉。

四是商业银行要不断提高服务水平，避免因沟通不畅、工作遗漏或者技术问题损害消费者的权利。"资金挂账未处理延误客户结算资金案"就是由于某农联社上级行结算部门未及时处理退账业务，由于结算"梗阻"而严重影响了消费者的资金使用。

下一步，我们建议进一步完善金融消费权益保护制度及支付结算规章制度。

首先，人民银行等金融监管部门要进一步完善金融消费者权益保护的相关规定，明确支付结算领域下金融消费权益保护的内容，如规定银行机构应向金融消费者充分披露结算产品的风险及收费项目，不得将支付结算活动中本应由双方当事人共担的风险转嫁给金融消费者等，使支付结算领域中消费者权益保护工作有法可依。

其次，建议人民银行作为支付结算业务主管部门，择机修订完善《支付结算办法》、《银行卡业务管理办法》等规章制度，并会同银监会、发改委等部门制定各类结算产品的收费标准，进一步明确结算收费、利息计算、信息安全防范等方面的规范和标准，增加银行机构的相关责任，保护金融消费者的知情权。在此基础上，建议强化人民银行履行保护支付结算领域金融消费者权益的职责。通过研究制定金融消费者权益保护的处理规程，明确可受理的支付结算投诉范围，进一步强化支付结算领域金融消费者权益保护方面的职责。人民银行要积极组织银行机构加强支付结算领域金融消费者权益保护知识的宣传，增进公众对支付结算产品、服务和相应风险的识别和了解，提高金融消费者的风险防范意识和维权意识，引导其正确办理支付结算业务。

最后，建议进一步规范银行机构内部投诉处理机制，完善商业银行受理、处理投诉方面的工作要求，为金融消费者提供高效便捷的协商处理渠道。

第六篇

人民币管理

编者按：人民币是我国唯一的合法货币，我国法律赋予人民币无限清偿的能力，并用国家强制力保证其流通。"发行人民币，管理人民币流通"是人民银行的一项重要职责。《中华人民共和国中国人民银行法》、《中华人民共和国人民币管理条例》、《中国人民银行假币收缴、鉴定管理办法》、《中国人民银行残缺、污损人民币兑换办法》、《经营、装帧流通人民币管理办法》、《人民币图样使用管理办法》等法律法规、规章构成了较为完整的人民币管理法律制度体系，为依法加强人民币管理、查处损害金融消费者合法权益的违法行为以及金融消费者维护自身合法权益提供了法律法规依据。

近年来，人民币管理领域的金融消费纠纷呈多发态势，在人民银行受理处理的金融消费者投诉中占比较大。在这些纠纷中，部分金融机构出于商业利益等因素考虑，没有认真执行人民币管理方面的法律制度，损害了金融消费者的合法权益，扰乱了人民币管理秩序；人民银行积极履行"发行人民币，管理人民币流通"的法定职责，采取直接查处、转办、调解等多种方式化解金融消费纠纷，依法维护了金融消费者的合法权益，保障了金融稳定和社会和谐。

本篇收录了有关分支行提供的三十个案例，内容包含残损币兑换纠纷、金融机构对外支付残损币纠纷、纪念币兑换纠纷、假币收缴纠纷、收付小面额票币纠纷、对外支付假币纠纷、取款后发现短款纠纷。通过对这些案例处理过程和法律关系的梳理和分析，我们认识到，加强人民币管理等传统金融消费领域的金融消费权益保护工作仍然有必要，需要进一步深化金融消费权益保护工作与"两管理、两综合"工作及人民银行其他业务工作的整体联动，根据金融消费者投诉处理的整体情况，有针对性地开展人民币管理领域的执法检查和专项治理，以检查促整改、以治理提服务，解决金融消费者反映的热点、难点问题，积极回应社会关切，提升金融机构服务水平。

本篇案例

- 金融机构拒绝兑换残损币案
- 兑换火烧币遭拒案
- 霉烂钞兑换纠纷案
- 残损钞兑换异议案
- 加盖商业银行某县支行"全额"印章的残损币拒兑案
- 投诉银行零残币存款收费案
- 金融机构违反规定对外支付残损人民币案
- 金融机构取款机取出残缺币案
- 金融机构对外支付残损人民币异议案
- 金融机构违反规定兑付纪念币案
- 不服假币收缴申请行政复议案
- 怀疑银行收缴假币调包案
- 收缴假币鉴定案
- 违规收缴假币案
- 新设银行机构无资质工作人员收缴假币案
- 银行强制向储户支付小面额人民币案
- 公交公司1元纸币缴存案
- 银行限时办理人民币零钞存款业务案
- 兑换硬币遭拒案
- 小面额货币兑换案
- 拒绝、推迟为公交公司办理零钞兑换和缴存业务案
- 小面额人民币存款难投诉案
- 怀疑从银行柜台取出假币案
- 从银行柜台取出变造币案
- 疑似取款机取出假人民币案
- ATM自助存款假币案
- 怀疑柜台取到假币要求调换案
- 未按规定清点钞票导致短款纠纷案
- 现金转存，发现短款获还款案
- 未按规定清点钞票发现短款获还款案

案例一
金融机构拒绝兑换残损币案

案情简介

市民张某携带一麻袋残缺币（含破损纸币、硬币）前往某商业银行网点要求兑换新钞，该银行工作人员认为网点人手不足，无法帮助张某清点残缺币，希望张某去其他银行网点兑换。张某拒绝，并投诉至人民银行某分行。

处理过程

人民银行某分行接到投诉后，立刻联系了被投诉银行分行，核实相关情况后，要求该银行网点按照残缺币票面情况，立即无偿为客户办理兑换。被投诉银行营业网点按照《中国人民银行残缺、污损人民币兑换办法》的规定向客户张某兑换了残损币，并向张某赔礼道歉，获得张某原谅。张某对处理结果表示满意。

法律分析

《中国人民银行残缺、污损人民币兑换办法》第三条规定："凡办理人民币存取款业务的金融机构（以下简称金融机构）应无偿为公众兑换残缺、污损人民币，不得拒绝兑换。"金融机构违反此项规定，中国人民银行可根据《中华人民共和国人民币管理条例》第四十二条"由中国人民银行给予警告，并处1 000元以上5 000元以下的罚款；对直接负责的主管人员和其他直接责任人员，依法给予纪律处分"的规定，依法进行处罚。

此案例中，该金融机构以"网点人手不足，无法帮助客户清点残缺币"为由拒绝兑换残损币，违反了相关法律规定，严重侵害了金融消费者的合法权益，损害了人民币的形象。人民银行作为残缺、污损人民币兑换工作的监督管理者，及时对金融机构违规行为进行纠正，要求其立即履行兑换残损币的义务，维护了人民币的信誉，保护了人民币持有人的合法权益。

案例启示

无偿为社会公众兑换残损币是金融机构的法定义务，也是其践行社会责任的重要部分。金融机构应依法合规地为社会公众无偿兑换残损币，维护人民币的形象，保障人民币的正常流通秩序。在金融实践中，部分金融机构临柜人员业务素质不高，对残损人民币兑换标准掌握不够准确，对客户要求兑换残损人民币以种种借口推脱，给群众造成不便，扰乱了人民币的正常流通秩序。

金融机构应加强对残损币兑换业务知识的培训和学习，使临柜人员能够熟练掌握残损币兑换标准，提高为社会公众无偿兑换人民币的责任意识。

　　人民银行作为残损币兑换工作的监督管理者，应加大对残损人民币回收管理工作的检查和监管力度，提升流通中人民币整洁度，维护人民币流通的正常秩序。该案例在残损币兑换维权领域具有普遍性和代表性，对进一步加强残损币兑换业务管理、更好地维护金融消费者合法权益具有借鉴意义。

（中国人民银行上海总部金融消费权益保护处供稿）

案例二
兑换火烧币遭拒案

案情简介

2011年8月1日，投诉人刘某家发生火灾，存放在家中的人民币被大火烧毁，仅遗留下火烧残缺人民币7 000余元。8月5日，刘某到某商业银行营业所要求兑换火烧币，营业所负责人以"兑换标准难以掌握"为由让其到县城内的商业银行机构办理。刘某随后分别到某商业银行支行和某商业银行支行营业部要求兑换，均被工作人员以"麻烦"和"鉴定标准难以界定"为由拒绝兑换，于是向人民银行某支行金融消费权益保护维权中心进行投诉。

处理过程

人民银行某支行金融消费权益保护维权中心根据投诉人提供的火烧残损币残缺状况，将残缺币送交人民银行某支行综合科，按照残缺人民币兑换相关规定对刘某提供的火烧币进行了真伪和残缺程度鉴定。综合科人员认真负责地仔细鉴定后，作出了应予全额兑换的鉴定结论并加盖了"全额"兑换印章。

随后，人民银行某支行金融消费权益保护维权中心按照金融消费者权益保护工作程序向某商业银行支行发出了"人民银行某支行金融消费者权益保护办理通知书"，责成该支行认真按照《中国人民银行残缺、污损人民币兑换办法》进行核实和处理，并于接到通知书之日起五个工作日内将处理结果反馈至人民银行某支行金融消费权益保护维权中心。

8月9日上午，刘某再次来到某商业银行支行营业部，该支行根据人民银行某支行鉴定结论和残缺人民币兑换有关规定，对刘某火烧币予以了全额兑换。同时，某商业银行支行也及时地将"某县金融消费者权益保护反馈意见书"递交到了人民银行某支行金融消费权益保护维权中心。

法律分析

1. 《中国人民银行残缺、污损人民币兑换办法》第三条规定：凡办理人民币存取款业务的金融机构应无偿为公众兑换残缺、污损人民币，不得拒绝兑换。

2. 《中国人民银行关于做好特殊残缺污损人民币兑换工作有关事项的通知》（银发〔2007〕280号）规定：因火灾致损的人民币属于特殊残缺、污损人民币，持有人对金融机构认定的兑换结果有异议或金融机构难以正确把握兑换标准的特殊残缺、污损人民币，应根据持有人要求，出具认定证明，持有人可凭金融机构出具的认定证明到人民银行分支机构申请鉴定。商业银行在为客户办理兑换火烧币业务时，应根据货币残损情况进行相应的处理，通过票面剩余面积确定兑换额度，破损严重的人民币，应提示兑换人去人民银行进行鉴别，再决定是否办理兑换业务。

该银行在金融消费者申请兑换残缺、污损人民币后，未及时有效履行兑换义务，侵害了金融消费者的合法权益。人民银行作为人民币管理部门，按照规定要求该金融机构进行兑换，有效保护了金融消费者的合法权益，维护了正常的人民币流通秩序。

案例启示

人民银行各级分支机构要贯彻落实人民币管理相关法律法规，一方面加强宣传教育，组织对业务不熟的金融机构开展业务和政策法规培训；另一方面，通过执法检查、业务通报等方式督促金融机构做好残损币兑换工作，维护人民币流通秩序。

金融机构要重视残损人民币兑换工作，要确保柜台人员掌握残损人民币兑换的政策法规，兑换残缺、污损人民币是金融机构的一项法定义务，切实履行好该项义务，能有效维护金融消费者合法权益。该案是一起特殊残缺、污损人民币兑换的典型案例，对于特殊残损币如何兑换具有示范作用，对于进一步做好人民币流通管理工作，促进各金融机构认真履行好残缺、污损人民币兑换义务具有借鉴意义。

（中国人民银行成都分行金融消费权益保护处供稿）

案例三
霉烂钞兑换纠纷案

案情简介

2012 年 8 月 15 日，客户郭某到 A 商业银行支行办理人民币存款业务，共计 30 万元（三捆），该行柜员将其中 20 万元（两捆）正常存入后，发现剩余 10 万元（一捆）有些霉烂（不影响各项防伪功能，属于正常兑换范围），于是没有将钱捆打开一一查验，单方面以"钱捆过不了点钞机"为由要求郭某到人民银行鉴定。郭某立刻前往人民银行某中心支行，到达时已是午休时间，便到人民银行对面的 B 商业银行支行办理存款业务。B 商业银行柜员将钱捆拆开后说："我们这办不了，你到某区 B 商业银行营业部去办理吧。"郭某深感不满，于当日下午对两家金融机构拒不办理残损币兑换业务的行为进行了投诉。

处理过程

人民银行某中心支行办公室受理投诉并了解基本情况后，将该起投诉移交货币金银科具体承办。货币金银科工作人员询问郭某并查验其所携带的人民币后，立即通知 A 商业银行支行和 B 商业银行支行的主管行长、相关柜员到人民银行约见谈话，并责令 A 商业银行支行按标准给予兑换。工作人员还现场为郭某和金融机构详细讲解了兑换流程、客户权利和金融机构义务，最后对以上两家金融机构拒不兑换残损币的行为进行了通报，投诉人郭某对处理结果感到满意。

法律分析

1. 《中华人民共和国人民币管理条例》第二十二条规定："办理人民币存取款业务的金融机构应当按照中国人民银行的规定，无偿为公众兑换残缺、污损的人民币。"

2. 《中国人民银行残缺、污损人民币兑换办法》第三条规定：凡办理人民币存取款业务的金融机构应无偿为公众兑换残缺、污损人民币，不得拒绝兑换。

3. 《中国人民银行关于做好特殊残缺、污损人民币兑换工作有关事项的通知》（银发〔2007〕280 号）规定：霉烂人民币属于特殊残缺、污损人民币，持有人对金融机构认定的兑换结果有异议或金融机构难以正确把握兑换标准的特殊残缺、污损人民币，应根据持有人要求，出具认定证明，持有人可凭金融机构出具的认定证明到人民银行分支机构申请鉴定。

客户郭某到 A 商业银行支行和 B 商业银行支行办理人民币存款业务，其中有部分人民币需要先兑换，而上述金融机构未认真履行兑换残缺、污损人民币的法定义务，也未向持有人出具认定证明，侵害了金融消费者的合法权益。人民银行某中心支行及时约见相关金融机构负责人，并在金融系统内部进行通报，有效维护了金融消费者的合法权益，维护了人民币的正常流通秩序。

案例启示

实践中，某些银行业金融机构不能认真执行人民币管理相关制度，拒绝兑换、互相推诿现象日益增多。人民银行严格监督商业银行"首兑责任制"的执行情况，对互相推诿、拒绝兑换、收缴程序和兑换标准不合规的，一经查实，将依据《人民币管理条例》第二十二条、第四十二条严肃处理，规范金融机构经营秩序，保障金融消费者合法权益。人民银行在加强人民币流通市场秩序管理的同时，应有针对性地采取一些后续措施，如商业银行营业网点必须设立残损人民币服务窗口或兑换点，强化临柜人员兑换意识和业务素质，为客户及时兑换残损人民币提供便利。同时，鉴于残缺、污损人民币兑换是一项专业性较强的业务，人民银行在《中国人民银行关于做好特殊残缺、污损人民币兑换工作有关事项的通知》（银发〔2007〕280号）中规定了特殊残缺、污损人民币的兑换程序和要求，金融消费者在兑换特殊残缺、污损人民币时，应到人民银行在辖区内确定的办理特殊残缺、污损人民币业务的金融机构兑换网点进行兑换。如对金融机构兑换结果有异议，可以到人民银行申请鉴定。

各商业银行要加强对前台人员的教育和培训，认真贯彻人民币管理的相关规定，首先接到特殊残损币兑换请求的银行网点，应当明确告知持有人前往指定网点兑换，降低持有人兑换的成本。

（中国人民银行哈尔滨中心支行金融消费权益保护处供稿）

案例四
残损钞兑换异议案

案情简介

2012年10月25日，陈某携带严重霉烂、残损的2005版面值100元共计30 000余元人民币来到某商业银行支行要求为其兑换。该行经过辨别，认为只能为其兑换20 000元。陈某认为该行的兑换金额较少，双方存在争议。10月26日，陈某来到人民银行某支行进行重新鉴定。

处理过程

据悉，居民陈某的父亲生前曾参加过抗美援朝战争，几年前政府专门为抗美援朝志愿军家属发放了一笔政府抚恤金，陈某的母亲平时省吃俭用，将这30 000余元纸币装入铁盒埋入家中地下，但经过近三年时间，纸币受潮，已经严重霉烂。

人民银行某支行工作人员陪同陈某带着残损币来到某商业银行支行，要求该行工作人员根据规定逐一核对，核定予以兑换的金额为23 500元，与人民银行鉴定结论基本一致。随后，人民银行某支行要求该商业银行支行加强现金柜台工作人员的培训，以提升金融服务意识，提高业务能力。

法律分析

《中国人民银行残缺、污损人民币兑换办法》第四条规定：残缺、污损人民币兑换分"全额"、"半额"两种情况。（一）能辨别面额，票面剩余四分之三（含四分之三）以上，其图案、文字能按原样连接的残缺、污损人民币，金融机构应向持有人按原面额全额兑换。（二）能辨别面额，票面剩余二分之一（含二分之一）至四分之三以下，其图案、文字能按原样连接的残缺、污损人民币，金融机构应向持有人按原面额的一半兑换。

对残缺、污损人民币进行兑换是金融机构的一项法定义务，对兑换的原则和标准，相关制度也有具体的规定，金融机构在残缺、污损人民币兑换中应当严格遵照规定执行。同时，鉴于残缺、污损人民币兑换是一项专业性较强的业务，人民银行在《中国人民银行关于做好特殊残缺、污损人民币兑换工作有关事项的通知》（银发〔2007〕280号）中规定了特殊残缺、污损人民币的兑换程序和要求，金融消费者在兑换特殊残缺、污损人民币时，应到人民银行在辖区内确定的办理特殊残缺、污损人民币业务的金融机构兑换网点进行兑换。如对金融机构兑换结果有异议，可以到人民银行申请鉴定。本案中，某商业银行支行能够按照法律规定对残缺、污损人民币进行鉴定兑换，在发生争议后，人民银行某支行妥善进行处理，有效维护了金融消费者的合法权益。

案例启示

对残缺、污损人民币的兑换是金融机构的一项法定义务，金融机构应树立为社会公众无偿兑换人民币的责任意识，加强业务技能的培训，提高业务水平，特别是要求柜台人员熟练掌握残损币的兑换标准，向持有人做好兑换政策和兑换标准的解释工作，确保依法履行好该项义务。同时，持有人对兑换标准执行仍有异议的，柜台工作人员应当及时提醒持有者按照规定向人民银行申请鉴定，有效维护金融消费者的合法权益。

（中国人民银行乌鲁木齐中心支行金融消费权益保护处供稿）

案例五
加盖商业银行某县支行"全额"印章的残损币拒兑案

案情简介

2012 年 4 月 12 日，市民刘某向人民银行某中心支行电话反映称，其持有的一张加盖有 A 商业银行支行"全额"印章的 100 元人民币，在 B 商业银行某网点兑换时被拒绝，刘某要求将该张 100 元人民币存入账户同样被拒绝，B 商业银行网点柜面人员要求其到 A 商业银行进行兑换。刘某在电话中情绪激动，对银行的做法极为不满，并要求处理责任人。

处理过程

人民银行某中心支行办公室随后与两家银行的金融消费者联络员取得联系，对相关情况进行了通报，就残损人民币兑换规定进行说明，指出在操作中存在的违规之处，要求两家银行在认真核实情况的基础上，及时与消费者取得联系并赔礼道歉，按规定为消费者兑换残损币，并在五个工作日内将处理过程向人民银行某中心支行进行反馈。两家商业银行在接到人民银行某中心支行的办理单后，均于当天与投诉人刘某取得联系并道歉，A 商业银行安排专人去刘某家里兑换该残损币，取得了刘某的谅解。人民银行某中心支行在收到两家银行的反馈报告后，通过电话和投诉人刘某就处置情况进行了核实，刘某对人民银行某中心支行的快速处置表示非常满意。

法律分析

1.《中华人民共和国人民币管理条例》第二十二条规定："办理人民币存取款业务的金融机构应当按照中国人民银行的规定，无偿为公众兑换残缺、污损的人民币。"

2.《中国人民银行残缺、污损人民币兑换办法》第七条规定："残缺、污损人民币持有人同意金融机构认定结果的，对兑换的残缺、污损人民币纸币，金融机构应当面将带有本行行名的'全额'或'半额'戳记加盖在票面上。"

残损币兑换实行"首兑责任制"，接到兑换请求的银行应当履行兑换义务，不能因残损币上有其他银行的印章而予以拒绝，B 商业银行某网点在金融消费者申请兑换残缺、污损人民币时，未能有效履行兑换义务，不合理地将金融消费者拒之门外，是未认真履行法定义务的表现，造成了不良影响。人民银行某中心支行及时予以妥善处理，要求该金融机构对污损人民币进行兑换，有效维护了金融消费者的合法权益。

案例启示

兑换残缺、污损人民币是金融机构一项法定义务，如不能及时履行兑换义务，则会侵害金融消费者的合法权益。本案具有一定的代表性，银行以"残损币有其他银行带有行名的'全额'印章"为由拒绝为持有者兑换是不符合规定的，在残损币上加盖带有行名的"全额"或"半额"印章是确认残损币认定结果的重要程序，不是划分由哪个行来进行兑换的依据，只要消费者选择向哪家行兑换，该银行就应当按照兑换标准予以兑换。

这一案例对于如何处理其他银行已认定残损币兑换结果的兑换请求具有示范作用，对于进一步强化人民币流通管理，促进各金融机构认真履行好残缺、污损人民币兑换义务，做好人民币流通工作具有积极的促进作用。

（中国人民银行合肥中心支行金融消费权益保护处供稿）

案例六
投诉银行零残币存款收费案

案情简介

孙某是某公交公司的一名会计，在某商业银行支行进行零残币存款的过程中，当班柜员告知她，根据上级规定，大额零残币存款应予以收费。孙某认为银行为储户办理存款不应该额外收取点零费，对此进行投诉。

处理过程

该市金融分会接到孙某的投诉事宜后，立即电话联系相关单位，要求对此案进行协助调查解决。经查，该公交公司系某商业银行支行老客户，具有长期的合作关系，该公交公司存入某商业银行支行的零残币经过积压已经达到了 18 箱，200 多捆，金额近百万元。某商业银行支行已经利用全员加班的方式集中清点，截止到投诉日，用时五天，对该公司的零残币进行清整。该银行工作人员告诉孙某零钞存款需要收费，收费依据是该行省级机构发布的收费文件（冀中银财 2013 年 39 号文），收费标准是账户当日累计清点零钞（币）数额达 500 张（枚）或以上开始收费，最低 5 元，每增加 100 张（枚）加收 1 元。经过金融分会调解，该银行支行决定对孙某的存款零钞免收费，该公交公司对处理结果表示满意。

法律分析

银行对达到一定数量的 1 元面值及 1 元以下面值的硬币或纸币清点业务，收取一定的手续费是否合理？我们从三个方面看这个问题：

1. 从货币管理关系看，按照《中华人民共和国中国人民银行法》的规定，人民币无论是主币还是辅币都是我国的无限法偿货币，在本货币区域内都具有绝对的支付效力，任何单位和个人不得拒绝接受，也不应变相限制其支付效力。银行收取零币清点手续费是在清点完零币后加收的服务费，银行并没有拒绝承担对零币存款人的存款保管义务，也没有将其与其他整币存款人区别对待，更没有拒绝为零币存款人办理货币的支付结算业务，没有限制我国法偿货币的支付效力，并没有违反货币管理方面的法律。

2. 就合同关系而言，银行与存款人之间存在一种储蓄合同关系，即存款人将人民币或外币存入银行，银行根据存款人的请求支付本金和利息。银行对大额零残币存款收取清点费用，不属于储蓄合同对于双方当事人权利、义务的规定，在储蓄合同法律关系中，存款人不负有支付零残币清点费用的义务。但是，银行与大额零残币存款人之间订立储蓄合同的同时，还存在着一种服务合同关系，即银行提供人力资源和特定场所，为大额零残币存款人提供不同于整币存款的清点服务，在现有技术条件无法实现快速、准确清点大额零残币的情况下，银行作为此项服务的提供者，付出了额外的成本消耗，有权收取合理范围内的清点费用。

3. 就监管关系而言，按照我国《价格法》，收取零币清点手续费不属于该法第十八条规定的与国民经济发展和人民生活关系重大的极少数商品、资源稀缺的少数商品、自然垄断经营的商品、重要公用事业、重要的公益性服务，不属于政府指导价或者政府定价范围，也不适用《价格法》第二十三条规定的听证会制度。此外，我国《商业银行服务价格管理暂行办法》第十一条明确规定：商业银行不得对人民币储蓄开户、销户、同城的同一银行内发生的人民币储蓄存款及大额以下取款业务收费，大额取款业务、零钞清点整理储蓄业务除外。以上规定都表明大额零钞存款是否收费由金融机构自主决定，属于行业自律的范畴。因此，监管机构也无权限制这种收费行为。

4. 诸多外资商业银行也有收取硬币存入费用的惯例。例如，渣打银行规定，每位客户一日内存入 500 枚或以上，收取存款总额的 2% 作为手续费，最低收取 50 港元。花旗银行也存在类似的规定，每次存入 500 枚或以上辅币，收取存入辅币值的 2% 作为手续费，最低收取 50 港元。

案例启示

针对广大金融消费者对金融机构收取零币清点手续费存在普遍不满的问题，我们认为，在市场经济条件下，银行也是企业，利润是它们的基本追求。大量的小额钞票或硬币的清点工作确实给银行带来了不小的成本消耗，也占用了大量的柜面资源，为此，银行要求大额零残币的企业存款人支付合理的费用也在情理之中。

鉴于银行尤其是国有商业银行应当承担的社会责任、银行作为企业与居民存款人的地位差异以及现实生活中居民个人存入大额零残币的发生概率，我们认为，对于居民存款人，不应收取零残币清点费用。

另外，不同的商业银行采取不同的收费标准，存在一定的随意性，需要有关监管部门对此进行规范。按照目前的法律法规的规定，零钞清点业务实行市场调节价，收费标准由各商业银行自定。我们建议通过监管部门指导、行业协会自律的角度予以规范。从长远看，商业银行应从完善技术条件、增配人力资源等方面承担与其收益所得相适应的社会责任，逐渐取消大额零残币清点费用，切实维护金融消费者的合法权益。

同时，我们也建议个人在有比较多零钞的情况下，选择银行客流量不大的时间段办理存款业务，零钱数目较大的公司客户最好先预约，避免耗时耗力，影响银行其他业务的办理。

（中国人民银行石家庄中心支行金融消费权益保护处供稿）

案例七
金融机构违反规定对外支付残损人民币案

案情简介

2012 年 7 月 26 日上午，客户游某在 A 商业银行储蓄柜台取现 65 000 元，其中：40 000 元为 100 元面值，2 000 元为 20 元面值，10 000 元为 10 元面值，3 000 元为 5 元面值。游某发现 10 元和 5 元面值的钞票中夹带较多的残损币，但当场未向 A 商业银行支行进行反映和投诉。随后，客户游某将上述资金存入 B 商业银行支行营业部，并于当日向人民银行某支行投诉。

处理过程

接到投诉后，人民银行某支行立即派人到 B 商业银行支行营业部进行调查，核实具体情况。经查，在投诉所涉款项中，10 元券一把夹带残损币 83 张，5 元券一把夹带残损币 67 张，共计残损币 150 张，金额 1 215 元。随后，人民银行某支行立即对 A 商业银行支行投诉当天的人民币收付业务开展执法检查，通过现场调取现金取款监控录像、询问现场相关人员、清点挑剔残损币、收集现金捆扎腰条及残损币拍照等方式进行取证，证明游某投诉情况属实，确认柜员林某在为客户游某办理 65 000 元现金取款业务时，存在对外支付残缺、污损人民币行为。根据执法检查结果，人民银行某支行要求 A 商业银行对上述违规行为立即整改，并于 7 月 30 日约见该行高管人员，提出整改意见和后续工作要求。A 商业银行在规定时间内报送了《关于 A 商业银行支行柜台违反人民币收付业务管理事项的整改报告》并积极进行整改。

法律分析

《中华人民共和国人民币管理条例》第四十二条规定：办理人民币存取款业务的金融机构违反规定将残缺、污损的人民币对外支付的，由中国人民银行给予警告，并处 1 000 元以上 5 000 元以下的罚款；对直接负责的主管人员和其他直接责任人员，依法给予纪律处分。

此案例中，A 商业银行对外支付大量残损币，严重损害了人民币的形象，破坏了人民币流通的正常秩序。人民银行作为人民币流通管理部门，按照有关规定，依法严肃处理了该金融机构的违规行为，保护了社会公众的合法权益，维护了人民币的信誉。

案例启示

人民币收付业务是银行业金融机构的基础业务，此项业务对于提高流通中人民币质量、保证人民币正常流通起着至关重要的作用。各金融机构要建立健全人民币收付业务内控机制，经常组织柜员对人民币收付有关制度及业务知识进行培训和学习，提高柜员的业务素质和依法办理人民币现金收付业务的能力及服务水平。在办理现金收付业务中，相关人员要严格按残损人民币的挑剔标准整理人民币，不得将未经挑剔的人民币重新付出，杜绝残损人民币流出，实现现金出柜无残损币，净化货币流通市场，有效维护人民币的整洁度。

该案例作为人民币收付业务维权领域的典型案例，对于进一步加强人民币收付业务管理，督促各金融机构健全相关内控制度，落实人民币收付各项法规制度，维护人民币正常流通秩序具有一定的启示作用。

（中国人民银行福州中心支行金融消费权益保护处供稿）

案例八
金融机构取款机取出残缺币案

案情简介

2012 年 9 月 24 日，孙某在 A 商业银行分行自动取款机取现 9 500 元，发现其中一张百元钞票票面缺了至少 1/3，随即拨打 A 商业银行咨询电话，被告知任何一家银行的任何网点均可兑换残损币，于是到附近 B 商业银行网点兑换，被告知钱币残损程度超过 1/3 只能兑换一半，即 50 元。孙某又到 A 商业银行营业网点兑换，也被告知只能兑换 50 元。在与多家银行网点协商无果后，孙某向人民银行某中心支行金融消费权益保护中心进行电话投诉，寻求帮助。

处理过程

人民银行某中心支行金融消费权益保护中心在接到投诉后，马上组织专人对此情况进行调查。在与 A 商业银行进行沟通后，人民银行某中心支行金融消费权益保护中心一方面主动与本单位货币金银科联系，说明投诉详情，要求其积极协助解决该投诉事项；另一方面，及时将金融消费投诉事项转办至 A 商业银行分行，督促其尽快解决。

A 商业银行分行在接到金融消费权益保护中心的转办电话后，立即组织专人对此事件进行调查。通过调阅监控录像、整理自动取款机等手段，证实了投诉事项并找到了缺少的那部分人民币。A 商业银行分行马上弥补了孙某的损失，并赔礼道歉，希望取得孙某的谅解。

法律分析

《中华人民共和国人民币管理条例》第二十二条第一款规定："办理人民币存取款业务的金融机构应当按照中国人民银行的规定，无偿为公众兑换残缺、污损的人民币，挑剔残缺、污损的人民币，并将其交存当地中国人民银行。"第二十二条第二款规定："金融机构不得将残缺、污损的人民币对外支付。"商业银行应当无偿为公众兑换残损币，并杜绝对外支付残损币。

本案中，客户从商业银行自动提款机提取现金，构成了银行与客户进行支付业务的法律关系，由于机器出现故障而向客户支付残损币违反了我国法律法规的相关规定，侵害了金融消费者的合法权益，损害了人民币的形象。因此，应当由过错方无偿地为客户兑换票面整洁的货币并寻求客户的谅解。

案例启示

首先，人民银行应该严格执行相关的法律法规，加大对各商业银行的监管力度，重视客户反映的问题，对违法违规行为严肃处理。

　　其次，各级金融机构要认真贯彻落实上级文件，在日常工作中严格按照规章制度办事，重视对系统以及机器的日常维护，杜绝由于机器故障或其他人为原因导致的人民币污损，让每一位顾客满意。

　　最后，随着金融机构实体网点成本的日益增加，自动取款机、存取款一体机、网上银行等客户自助式设备和服务的应用正在显著扩大，而由此带来的技术上的支持与维护也亟待金融机构的重视和强化。从法律角度看，不论是通过实体的营业网点还是自助式的网上银行，都构成金融机构与客户之间金融服务的法律契约，不影响客户理应享受的服务质量与合法权益。

（中国人民银行南京分行金融消费权益保护处供稿）

案例九
金融机构对外支付残损人民币异议案

案情简介

2011年10月10日，张某向某市议政网投诉称：A商业银行分理处存在对外支付残损币情况。张某认为该分理处的做法影响客户日常业务办理，希望有关部门协调解决。

处理过程

人民银行某支行发现投诉后，要求A商业银行支行落实投诉内容并上报核查结果。A商业银行支行通过走访客户和调取监控录像的方式进行了核查，未发现议政网上张某反映事项。A商业银行支行认为张某所说的残损币有可能是"旧钱"，"旧钱"并不一定是残损币，有些"旧钱"仍可以继续流通，是张某误将"旧钱"当做残损币。人民银行某支行要求A商业银行支行将调查结果在网上予以公布，并继续严格执行人民币支付办法，加大对客户的宣传力度，争取客户的理解、满意和支持。投诉人之后未再进行重复投诉。

法律分析

《中华人民共和国人民币管理条例》第二十二条第二款规定："中国人民银行不得将残缺、污损的人民币支付给金融机构，金融机构不得将残缺、污损的人民币对外支付。"

《中国人民银行残缺、污损人民币兑换办法》第二条规定："本办法所称残缺、污损人民币是指票面撕裂、损缺，或因自然磨损、侵蚀，外观、质地受损，颜色变化，图案不清晰，防伪特征受损，不宜再继续流通使用的人民币。"可见，不得对外支付残缺、污损人民币是金融机构的一项法定义务，而对何为残缺、污损人民币，法律也有明确规定。

金融机构违反规定对外支付残缺、污损人民币的，根据《中华人民共和国人民币管理条例》第四十二条规定，人民银行可以对该金融机构进行处罚。人民银行对违法行为进行处理时，应当遵守《行政处罚法》、《中国人民银行行政处罚程序规定》等法律规定，做到事实清楚，证据充分、确凿，使用法律、行政法规和规章正确，处罚适当，程序合法。

人民银行某支行积极开展调查，通过调查发现A商业银行支行不存在向外支付残缺、污损人民币的违规行为，投诉人也未提供明确证据证明A商业银行支行存在违规行为，属于违法事实不清。出于维护正常金融秩序的需要，人民银行某支行要求该机构做好投诉答复工作，并积极宣传人民币相关知识，较好地处理了该项投诉。

案例启示

法律明确规定，金融机构不得向外支付残缺、污损人民币，如存在该种违法行为，人民银行应当依法作出处理。在进行行政管理时，人民银行应当遵守法律程序规定，以事实为依据，以法律为准绳，依法履行职责。

同时，该案显示，残缺、污损人民币的兑换和流通是人民群众普遍关心的问题，也是一个专业性较强的问题，什么样的人民币是残缺、污损人民币，需要专业机构凭借专业知识、专业技能进行鉴定。人民银行作为人民币的法定管理机构，应当积极组织协调金融机构做好人民币知识的宣传和普及，为人民币流通营造良好的外部环境。

（中国人民银行银川中心支行金融消费权益保护处供稿）

案例十
金融机构违反规定兑付纪念币案

案情简介

2011 年 7 月，一市民匿名写信向人民银行某分行反映称，某商业银行分支机构在建党 90 周年纪念币兑付过程中未能按有关规定和要求全部面向社会公众兑付。该市民表述称，其冒雨排队到某商业银行分支机构兑付建党 90 周年纪念币，数小时后被告知纪念币已所剩无几，还听说有银行工作人员将未兑付的纪念币兑换取走，于是该市民与其他排队人员一起要求某商业银行分支机构负责人解决此事，未果。次日，该分支机构上级行联系该市民，向其赠送世博纪念币表示安慰，并希望事态不要扩大，该市民予以拒绝。事后，该市民又进一步了解到该行员工及购买其理财产品的客户优先得到了纪念币。出于对公平、公正的要求，该市民匿名向人民银行某分行举报。

处理过程

接到该举报后，人民银行某分行立即约见了某商业银行会计部负责人谈话，并通过观看录像、自行调查等方式进行了调查。从录像情况来看，某商业银行分支机构兑付秩序较好，未发现异常。通过调查发现，某商业银行分支机构绝大部分纪念币正常向客户进行了兑付，但确实存在向内部员工各发一枚纪念币的行为，以及将纪念币用于营销的情况。根据调查的情况，人民银行某分行对违规发放纪念币的相关网点进行了通报批评，并将其违规发放的纪念币全部收回上缴。

法律分析

《中华人民共和国人民币管理条例》第十八条规定："中国人民银行可以根据需要发行纪念币。"第十九条规定："纪念币的主题、面额、图案、材质、式样、规格、发行数量、发行时间等由中国人民银行确定。……中国人民银行应当将纪念币的主题、面额、图案、材质、式样、规格、发行数量、发行时间等予以公告。中国人民银行不得在纪念币发行公告发布前将纪念币支付给金融机构。"

从以上法律条文看，《中华人民共和国人民币管理条例》明确中国人民银行可以根据需要发行纪念币，并且应当将纪念币的主题、面额、图案、材质、式样、规格、发行数量、发行时间等予以公告，但是没有对普通纪念币的限额配比、兑换流程作出明确规定，各家金融机构在具体兑付过程中都是依据自己制定的兑付流程进行兑付，缺乏明确具体的法律分析。

案例启示

纪念币是具有特定主题的、由中国人民银行限量发行的人民币，是我国的法定货币。纪念币通常是为了纪念我国重大政治历史事件、传统文化等有特殊意义的事物而发行的。普通纪念币与市场上流通的同面额的人民币价值相等，可以同时在市场上流通。纪念币的作用主要是满足公众的收藏要求，而不是用于流通。特定主题和限量发行是纪念币的主要特性。

按照规定，金融机构通过储蓄窗口以普通纪念币的面值出售给群众，不能以高于纪念币面值的价格出售。普通纪念币正是由于其限量性和收藏性，受到越来越多的收藏者的追捧，在纪念币发行中截留私分、炒买炒卖的现象也时有发生，深层次的原因是纪念币的发行、兑付过程不公开、不透明，亟须规范纪念币的发行和流通，提高纪念币发行的严肃性和规范性。

本案例作为普通纪念币发行维权领域的典型案例，对于积极探索建立更加公开、透明、平等，更加符合市场实际的纪念币发行机制有一定的促进作用。

（中国人民银行上海总部金融消费权益保护处供稿）

案例十一
不服假币收缴申请行政复议案

案情简介

20××年7月22日，市民赵某将自己所有的已经破碎的面额为100元的1999版人民币委托单位同事到某商业银行分理处调换，银行经办人员确认该币为假币并进行了收缴，并开具了《假币收缴凭证》（冠字号码为GA5482581，持有人为赵某，签字栏签字也为赵某，而当事人为赵某委托的同事，并非货币所有人赵某）。7月23日，赵某向该银行提出货币真伪鉴定申请，经鉴定为假币后，银行开具了《货币真伪鉴定书》和《假币没收收据》。赵某认为，一是她的纸币来源正常；二是申请鉴定时，鉴定人员告知该钞票鉴定为假币的主要依据是钞票颜色不对，而颜色不对是由于不慎放了消毒水和洗衣液所致，颜色变化不能改变真币的性质。因此，赵某认为其被没收的100元人民币不是假币，并向人民银行申请行政复议，要求撤销被申请人出具的《货币真伪鉴定书》和《假币没收收据》。

处理过程

人民银行某分行接到赵某的行政复议申请后，调取了现场录像。从现场录像看，整个假币收缴过程均在持有人的视线范围内，且经办、复核人员均持有中国人民银行反假货币上岗资格证。同时，在调查中也发现被申请人即某商业银行存在问题：一是《假币收缴凭证》上持有人签字应为赵某的同事；二是被申请人所开具的《假币收缴凭证》上假币冠字号码为GA5482581，而《货币真伪鉴定书》和《假币没收收据》上的假币冠字号码为GA54982581，两者不符，因此被申请人提供的证据不能确切证明其鉴定、没收的假币与其收缴钞币之间的同一性。根据上述调查的情况，人民银行某分行认为某商业银行假币鉴定、没收所依据的事实不清，故决定撤销其出具的《货币真伪鉴定书》和《假币没收收据》。

法律分析

《中国人民银行假币收缴、鉴定管理办法》第六条规定：金融机构在办理业务时发现假币，由该金融机构两名以上业务人员当面予以收缴。对假人民币纸币，应当面加盖"假币"字样的戳记；收缴假币的金融机构（以下简称收缴单位）向持有人出具中国人民银行统一印制的《假币收缴凭证》，并告知持有人如对被收缴的货币真伪有异议，可向中国人民银行当地分支机构或中国人民银行授权的当地鉴定机构申请鉴定。收缴的假币，不得再交予持有人。《中国人民银行假币收缴、鉴定管理办法》第八条规定：办理假币收缴业务的人员，应当取得《反假货币上岗资格证书》。本案例中，经人民银行调查，该银行假币收缴过程是按照法律规定程序进行的，其经办、复核人员均持有《中国人民银行反假货币上岗资格证》，且整个假币收缴过程都在持有人的视线范围内并出具了《假币收缴凭证》。

《中国人民银行假币收缴、鉴定管理办法》第十条规定：持有人对被收缴货币的真伪有异议，可以自收缴之日起3个工作日内，持《假币收缴凭证》直接或通过收缴单位向中国人民银行当地分支机构或中国人民银行授权的当地鉴定机构提出书面鉴定申请。《中国人民银行假币收缴、鉴定管理办法》第十六条规定：持有人对金融机构作出的有关收缴或鉴定假币的具体行政行为有异议，可在收到《假币收缴凭证》或《货币真伪鉴定书》之日起60个工作日内向直接监管该金融机构的中国人民银行分支机构申请行政复议，或依法提起行政诉讼。本案例中，赵某在法定期限内提出了鉴定申请，对该金融机构作出的鉴定申请不服，于是向人民银行申请行政复议。人民银行根据所查明的案件事实以及相关证据，依法作出了撤销被申请人出具的《货币真伪鉴定书》和《假币没收收据》的决定。

从整个案件处理过程来看，行政复议被申请人收缴假币的程序以及假币鉴定程序基本遵守相关法律规定，但是由于未认真核实假币持有人身份，开具的《假币收缴凭证》、《货币真伪鉴定书》和《假币没收收据》上的假币冠字号码不一致，因此导致没有充分证据证明其没收的人民币与之后鉴定的人民币是同一张人民币，人民银行也根据查明的事实和证据依法作出撤销原货币鉴定的行政复议决定，保护了金融消费者的合法权益。

案例启示

从以上案例我们可以看出，收缴假币工作是一项非常严谨的工作，收缴人员不遵守法定程序或在具体收缴过程中登记填写假币要素不准确，会导致货币持有人对假币的收缴产生怀疑，造成不良的社会影响，对金融机构的信任也大打折扣。金融机构要高度重视假币收缴、鉴定工作。一方面，金融机构柜员要加强学习，不断提高反假技能，提高辨别真假币的能力，严格按照《中国人民银行假币收缴、鉴定管理办法》有关规定，做到依法收缴和处置假币，确保假币收缴程序的严格、规范、透明；另一方面，要加大反假币的宣传力度，宣传假币识别常识，提高居民的辨别假币水平，增强公民的防范意识，同时应加大对假币收缴、鉴定程序的宣传，使公民了解假币收缴、鉴定程序，保证假币收缴工作的顺利开展。

本案例在假币收缴领域具有一定的代表性，对金融机构严格规范开展假币收缴工作有警示作用，对金融消费者依法维权有一定的指导意义。

（中国人民银行上海总部金融消费权益保护处供稿）

案例十二
怀疑银行收缴假币调包案

案情简介

人民银行某分行营业管理部于 2011 年 11 月 23 日上午接到村民陈某投诉电话，举报某商业银行员工王某在为其办理存款业务时存在假币调包现象：陈某在某商业银行存入 7 000 元现金，临柜人员王某用验钞机点出一张假币，当即收缴。陈某怀疑王某调包，将假币置换于 7 000 元现金内，于是向人民银行投诉。

处理过程

人民银行某分行工作人员接到投诉电话后，组织人员迅速到达现场通过调用监控录像、查阅资料及询问相关当事人等方式进行调查。监控录像显示，从投诉人把现金递入窗口，到银行员工将现金放在验钞机内点出假币的整个过程，不存在调包现象，并且被投诉金融机构办理此笔业务时，柜员的收付业务过程都符合规定。调查人员将监控全过程翻录在手机上，经陈某观看证实后，对所发现假币依法没收。陈某当场向银行员工道歉，并对人民银行工作人员的工作效率和严谨的工作作风表示满意。

法律分析

《中国人民银行假币收缴、鉴定管理办法》第六条规定："金融机构在办理业务时发现假币，由该金融机构两名以上业务人员当面予以收缴。"本案例中，被投诉金融机构依照法定程序对发现的假币予以收缴。

案例启示

近年来，关于金融机构工作人员在办理业务时真假币调包或者从金融机构取出假币的新闻越来越多。尽管这些新闻大多都没有证据证明就是金融机构所为，但对金融机构的信誉造成了不良影响，社会公众对银行的公信力已大大降低。所以，当金融机构告知客户所存的钱里有假币时，客户的第一反应是怀疑被银行工作人员调包了。此案中客户陈某也怀疑金融机构实施了真假币调包。

因此，从金融机构角度来看，一要加强内控管理，杜绝假钞从银行流出的现象发生，保证金融机构的信誉；二要加强对柜员的业务操作培训，规范业务流程，严格按照人民币收付业务程序办理业务；三要进一步完善视频监控系统，充分发挥视频监控系统在安全管理、内部控制、事后监督和文明优质服务等方面的预警和处置作用。

同时，金融消费者权益保护工作的开展既要维护金融消费者的合法权益，也要维护金融机构的利益。本案例中，人民银行根据查明的事实和证据资料，从公平、公正的角度，对消费者投诉进行了妥善处理，赢得了金融机构及消费者的尊重和信任。该案例作为人民币管理业务领域的典型案例，对于促进金融机构加强自身管理、严格业务流程以及营造和谐有序的金融消费环境有重要借鉴意义。

（中国人民银行济南分行金融消费权益保护处供稿）

案例十三
收缴假币鉴定案

案情简介

2012 年 8 月 2 日，某县村民蒋某在某信用合作联社办理业务时，其持有的 100 元人民币被该社以假币收缴，并向其出具了《假币收缴凭证》。蒋某对被收缴货币的真伪有异议，于当日持《假币收缴凭证》向人民银行当地分支机构提出书面鉴定申请。

处理过程

人民银行当地分支机构于 8 月 9 日组织人员对收缴钞币进行了鉴定，经鉴定确认为假币，同时告知蒋某如果对人民银行的鉴定结果有异议，可以到上一级人民银行申请行政复议或依法提起行政诉讼。在鉴定现场，鉴定人员对蒋某就《人民币管理条例》、《中国人民银行假币收缴、鉴定管理办法》等法律知识、真假币辨别方法以及假币流入市场的危害进行详细讲解，获得了蒋某的理解和认同。

法律分析

《中国人民银行假币收缴、鉴定管理办法》第六条规定："金融机构在办理业务时发现假币，由该金融机构两名以上业务人员当面予以收缴。"本案例中被投诉金融机构依照法定程序对发现的假币予以收缴。第十条规定："持有人对被收缴货币的真伪有异议，可以自收缴之日起 3 个工作日内，持《假币收缴凭证》直接或通过收缴单位向中国人民银行当地分支机构或中国人民银行授权的当地鉴定机构提出书面鉴定申请。"第十二条规定："中国人民银行分支机构和中国人民银行授权的鉴定机构应当自受理鉴定之日起 15 个工作日内，出具《货币真伪鉴定书》。因情况复杂不能在规定期限内完成的，可延长至 30 个工作日，但必须以书面形式向申请人或申请单位说明原因。"

本案中，货币持有人在法定时限内提出了货币鉴定申请，人民银行在法律规定的期限内对被收缴货币进行了鉴定，程序合法，依据合法，理由充分，并对货币持有人进行了相关知识的教育，维护了人民银行的良好形象。

案例启示

对于金融机构认定假币并立即收缴的行为，客户不理解，甚至发生争执，多是真假币辨别知识、假币收缴制度及收缴流程知识的缺乏造成的，因此，无论是人民银行还是各金融机构，都要加强对反假币知识、假币收缴制度及收缴流程的宣传，尤其是加强对广大农村地区的反假宣传。

近年来，假币犯罪活动由城市向偏远农村蔓延，假币在农村流通的情况时有发生，而现在假币的仿真程度已相当高，由于农民反假知识较缺乏，犯罪分子才有可乘之机。因此，金融机构要结合本地实际，采取多种有效措施，大力开展反假货币活动，增强人民群众反假币意识，让假币没有藏身之处。

（中国人民银行济南分行金融消费权益保护处供稿）

案例十四
违规收缴假币案

案情简介

2012 年 8 月 23 日，汪某向人民银行在某县的分支机构的金融消费者权益保护中心投诉：其在当地某商业银行营业部办理汇款业务时，银行柜台人员告知其所汇的 5 张 100 元人民币中有 2 张为假币，并在未向其当面验证，及加盖假币戳记的情况下，便将 2 张 100 元券予以收缴。

处理过程

通过询问当事人、调阅监控录像、使用点验钞仪器的验证，最终认定投诉人汪某在该行办理汇款业务所汇的 5 张 100 元人民币中确有 2 张券为假币，应当予以收缴，且收缴过程一直在投诉人视线范围内，并由 2 名业务人员当面收缴，不存在未向投诉人当面验证真伪的情况。但该行在收缴过程中，确实未当场加盖"假币"字样戳记，也未使用人民银行统一印制的假币收缴凭证，所填写金额大小写不相符、要素不全，违反了有关规定。投诉人汪某对处理结果无异议。

法律分析

《中国人民银行假币收缴、鉴定管理办法》第六条规定："金融机构在办理业务时发现假币，由该金融机构两名以上业务人员当面予以收缴。对假人民币纸币，应当面加盖'假币'字样的戳记；……收缴假币的金融机构（以下简称收缴单位）向持有人出具中国人民银行统一印制的《假币收缴凭证》。"

本案中，该银行营业部收缴假币时，未严格按照规定进行处理，属于违规行为。人民银行要求该金融机构对违规行为进行整改，并进一步加强内部管理，严格假币收缴业务培训，提高业务能力，认真履行好假币收缴法定义务，切实维护金融消费者合法权益。

案例启示

收缴假币不仅涉及人民币的正常流通秩序，也涉及金融消费者的合法权益。如果不严格按照规定执行、操作不当，将会产生风险隐患。各金融机构应当加强内部管理，通过强化培训、提高业务能力等手段，提高假币收缴的规范性，有效维护金融消费者合法权益。

人民银行作为人民币的法定管理机关，应当督促、指导、要求各金融机构加强业务培训，提高规范意识，严格做好假币收缴工作，维护人民币的流通秩序。

（中国人民银行西宁中心支行金融消费权益保护处供稿）

案例十五
新设银行机构无资质工作人员收缴假币案

案情简介

2013 年 4 月 9 日，王某到某新设银行机构办理存款业务，该行柜员金某发现待存款项中夹杂 100 元假币 1 张。金某将该假币收缴。王某要求查看金某的没收假币资质，金某没有提供。王某向人民银行某中心支行金融消费维权中心投诉，要求该行更换有假币收缴资质的人员对假币进行重新鉴定；请求人民银行对该银行机构安排无资质人员收缴假币的问题进行惩处。

处理过程

人民银行某中心支行金融消费维权中心受理投诉后，立即现场核实情况，按规定处置投诉。现场核实发现：该行临柜人员全部为新毕业大学生，均无《反假货币上岗资格证书》。人民银行要求该行更换有假币收缴资质的人员重新对该假币进行鉴定。同时，督促该行尽快组织临柜人员参加《反假货币上岗资格证书》考试。该行表示，将从其他分支机构借调 2 名持有《反假货币上岗资格证书》人员开展工作。王某对处理结果表示满意。

法律分析

新设银行机构临柜人员无《反假货币上岗资格证书》，无论收缴假币，或不收缴假币都构成违规。无证收缴假币，违反了《中国人民银行假币收缴、鉴定管理办法》第二章第八条规定："办理假币收缴业务的人员，应当取得《反假货币上岗资格证书》。"同时，《中国人民银行假币收缴、鉴定管理办法》第四章第十七条又规定，发现假币而不收缴的，中国人民银行给予警告、罚款，同时，责成金融机构对相关主管人员和其他直接责任人给予相应纪律处分。此外，无反假资格证的临柜人员发现假币，无论收缴与否，都会对正常的金融消费者保护秩序造成负面影响：如果不予收缴，假币流入市场，损害其他消费者的合法权益；如果收缴假币，则会因主体失格，违法收缴破坏金融消费者保护整体的法制秩序。

案例启示

第一，处理金融消费者投诉需高点站位，要对消费者与金融机构业务争议产生的原因抽丝剥茧。

第二，对金融管理部门出台的制度不完善之处，要在充分论证基础上，提出合理化建议。对金融机构自身制度、机制缺陷，要在法定职责内，督促其及时整改。

对因金融机构执行制度不到位引发的争议，要及时向其他金融机构通报，防止同类问题再次发生。

第三，强化商业银行依法合规进行业务操作意识，树立尊重消费者金融合法权益观念，既要防止发现假币不收缴的消极不作为，更要杜绝相关人员违反相关规定任意作为。

（中国人民银行哈尔滨中心支行金融消费权益保护处供稿）

案例十六
银行强制向储户支付小面额人民币案

案情简介

周某于 2012 年 9 月 26 日在某商业银行网点办理取款业务，该行柜员向周某支付的 9 万元现金全部为面额为 5 元的纸币，周某要求支付百元面额纸币，该柜员称当日调拨现金均为 5 元、10 元小面额纸币，周某对该银行工作人员答复不满，向该行客户投诉管理部门进行投诉，被告知是由于人民银行不调拨大面额纸币造成的。周某对该银行答复不满，向人民银行某中心支行投诉。

处理过程

人民银行某中心支行接到投诉后，立即进行了调查。经查，造成该案的主要原因是该银行机构未能按照人民银行关于现金收付及人民币流通净化工程的相关政策要求，在办理取款业务时未主动正确向客户宣传相关政策，合理搭配大小面额人民币比例。针对上述情况，人民银行某中心支行约见了该行主管现金管理工作的领导，向其通报了该行违规情况，提出了限期整改的要求，责令该行按照人民银行政策要求，向储户支付合理券别结构的现金，为周某调剂支付相当的小面额现金。周某对人民银行的处理结果表示满意。

法律分析

《中华人民共和国人民币管理条例》第二十四条规定："办理人民币存取款业务的金融机构应当根据合理需要的原则，办理人民币券别调剂业务。"

本案例中，被投诉金融机构未按照客户合理需要向其支取人民币，并解释不能支付是由于人民银行不调拨大面额纸币，该金融机构的违规行为不仅侵害了金融消费者的合法权益，而且损害了人民银行的声誉。人民银行作为人民币收付业务的管理机关，依法要求被投诉金融机构按照人民银行政策要求，正确向客户宣传人民银行现金收付相关政策，要求金融机构向储户支付合理券别结构的现金，既维护了金融消费者的利益，净化了人民币流通环境，又提升了人民银行形象，取得了良好的社会效果。

案件启示

为维护人民币正常流通秩序，提高流通中人民币的整洁度，方便社会公众使用人民币，人民银行各分支机构在辖区范围内组织开展人民币流通净化工程，落实相关政策要求，按人民币大小面额比例向银行业金融机构调拨现金。从本案例我们可以看出，要真正落实人民币流通净化工程相关政策，为人民群众使用人民币提供便利，金融机构应积极建立人民币流通管理评估预警机制、完善银行柜面大额现金支付和小面额货币兑换预约制度、建立残损人民币兑换和小面额人民币调剂的长效机制，合理搭配大小面额现金比例，进一步优化流通中券别结构，同时要正确宣传人民银行人民币流通净化工程相关政策，避免金融纠纷的发生。

该案例作为人民币维权领域的典型案例，在人民币收付业务领域具有一定的代表性，对于进一步加强人民币收付业务管理，依法履行现金收付业务监督管理职责，实现人民币流通管理工作和金融消费权益保护工作的相互融合具有一定的促进作用。

（中国人民银行沈阳分行金融消费权益保护处供稿）

案例十七
公交公司 1 元纸币缴存案

案情简介

2012 年 6 月 25 日，某市公交公司向人民银行某中心支行提交《关于公交公司营运收入的 1 元纸币请进行接收的请示》，报告了关于百万 1 元纸币积压、缴存难的实际困难，请求人民银行就此问题与商业银行进行沟通，帮助公交公司改善 1 元纸币无人接收的局面。

处理过程

接到市公交公司报告后，人民银行某金融消费者权益保护中心立即将此情况转办至货币金银部门及相关银行机构金融消费者权益保护投诉点，中心支行领导亲自带领相关部门负责人到市公交公司现场办公，组织辖区银行机构负责人召开专题会议，研究、落实市公交公司库存现金积压解决办法。最终，根据了解的实际情况，作出如下处理决定：一是要求市公交公司基本账户开立行立即清理库存，增派人员，无条件接收企业缴存的零钞；二是指导市公交公司在其他银行开立一般账户，分散缴存积压纸币；三是中心支行组织开展"1 元纸币残损券突击复点工程"，从辖区银行机构抽调业务人员利用周末进行残损人民币突击复点工作，确保市公交公司上缴的百万 1 元纸币回笼和复点任务顺利完成；四是建立大额零钞缴存应急机制，在发生纸币零钞大量缴存的突发情况时，由辖区设有二级库的银行机构对缴存零钞进行分散处理。此种解决方案得到了银行机构和市公交公司的一致认可，市公交公司 1 元纸币库存积压问题得到了妥善解决。

法律分析

《中华人民共和国商业银行法》第二十九条规定："商业银行办理个人储蓄存款业务，应当遵循存款自愿、取款自由、存款有息、为存款人保密的原则。"商业银行经营吸收公众存款的业务，应该自觉履行义务，无条件、及时接收公交公司缴存的零钞，无权以缺乏零钞清点器具、无库房存放等理由拒绝接收公交公司的存款。

案例启示

人民银行及其各分支行应采取多项措施深入推进辖区人民币净化工程，切实解决残损人民币缴存难、金融机构清分难等问题。积极建立协调机制，督促商业银行履行职责，及时接收企业存款，最大限度地减少以不合理的理由拒绝公众存款的现象发生。同时，在辖区人民币流通出现特殊情况时，应迅速启动大额现金分散缴存和大额现金集中复点机制，及时解决人民币流通中出现的问题。

（中国人民银行沈阳分行金融消费权益保护处供稿）

案例十八
银行限时办理人民币零钞存款业务案

案情简介

2012年2月20日下午，市民姚先生在某商业银行支行办理5万元零钞存储业务时，被业务人员告知存零钞存储业务只限在早上10点至11点之间。他认为这样的做法很不合理，于是与银行进行沟通，希望银行方面给出合理解释。银行称这是内部硬性规定，遵照规定只能在此时间段内办理零钞存储业务。在与银行沟通无果后，姚先生向人民银行某中心支行金融消费权益保护中心提出投诉。

处理过程

接到姚先生投诉后，人民银行某中心支行将该案通过人民银行某分行"金融消费权益保护工作管理系统"进行了转办。鉴于投诉人仍然在该商业银行支行等候，督办人员马上通过电话与该银行相关部门负责人沟通，问清情况后发现该行确实存在此类问题，督办人员告知该行相关部门负责人，根据法律规定，这种在固定时间段内存储零钞的做法是不合法的，必须立即按照相关规定为投诉人办理零钞存储手续。该银行某县支行负责人表示，存零钱与一般业务相比工作量较大，为了合理分配时间，提高服务效率，所以制定了定时存取零钱的制度。接到投诉后，该行认识到定时开设存取零钱的业务对储户并不合理，表示将立即停止该项规定，当即为投诉人办理了零钞存款，并向投诉人致歉，投诉人表示谅解。

法律分析

《中华人民共和国中国人民银行法》第十六条规定："中华人民共和国的法定货币是人民币。以人民币支付中华人民共和国境内的一切公共的和私人的债务，任何单位和个人不得拒收。"

《中华人民共和国商业银行法》第二十九条规定："商业银行办理个人储蓄存款业务，应当遵循存款自愿、取款自由、存款有息、为存款人保密的原则。"第四十九条规定："商业银行的营业时间应当方便客户，并予以公告。商业银行应当在公告的营业时间内营业，不得擅自停止营业或者缩短营业时间。"

本案中，商业银行限时办理客户零钞存储业务的行为不符合相关法律法规规定，剥夺了客户"存款自愿、取款自由"的合法权利，为客户办理基本业务带来了不便，应当及时纠正并请求客户的谅解。

案例启示

商业银行在为客户办理业务的过程中，应该以方便客户的原则作为出发点，以积极的态度和优质的质量为客户提供服务。在商业银行提供服务的过程中，有些业务的确存在业务量大，重复性高，耗时长等特点，在一定程度上会影响业务办理的效率。但是商业银行应该制定合理的客户分流计划，科学搭配时间，尽量满足客户的要求，而不该采用对业务办理的时间段进行限制这种不符合法律规定的手段，来缓解客流高峰时段的压力。商业银行应不断提升自身服务质量，加强对员工的培训力度，为顾客营造良好的营业氛围。

（中国人民银行南京分行金融消费权益保护处供稿）

案例十九
兑换硬币遭拒案

案情简介

2012年10月11日，居民倪某因急需使用零钱，于是准备到银行兑换1000个面值1元的硬币。倪某先后来到A商业银行支行、B商业银行分行、C商业银行开发区支行、D商业银行支行等四家银行办理换取零钱的业务，但均被告知没有1000元的硬币可供兑换。倪某认为银行不可能没有硬币供兑换，拒绝换零是柜面人员为了避免业务量过大而找的借口。倪某认为银行不履行兑换义务，损害了客户的权利，于10月12日拨打了人民银行某中心支行金融消费权益保护中心的投诉电话，对上述商业银行拒绝换取零钱的现象进行了投诉。

处理过程

接到投诉后，人民银行某中心支行经办人员立即向本单位货币金银科相关人员咨询并得知，银行的每个网点的零钱需求量都要提前向上一级行申报，由其上一级进行统一分配，各个网点不一定有大量硬币库存，以免形成硬币积压导致货币不流通。如果需大量兑换，各银行应提前预约，人民银行发行库有则可兑换。

据此，经办人员立即与投诉人取得联系，建议该投诉人选择两种方式兑换硬币：一是提前预约兑换，但由于中秋节、国庆节双节刚结束，一元硬币较为紧张，人民银行发行库也不充裕，希望该客户理解；二是在固定网点使用硬币兑换机兑换，目前某市区共有8个银行网点已经安装硬币兑换机，可以提供小面额货币兑换服务，但每位客户一天只能兑换一次，且有最高金额限制。

投诉人对人民银行的答复表示满意，对中秋节、国庆节双节刚结束、硬币较为紧张的解释也表示理解。

法律分析

兑换钱币（整换零或零换整）和存取款一样均属于银行的业务范围，兑换钱币属于《中华人民共和国人民币管理条例》中规定的人民币券别调剂业务。《中华人民共和国人民币管理条例》第二十四条规定："办理人民币存取款业务的金融机构应当根据合理需要的原则，办理人民币券别调剂业务。"合理的券别调剂（兑换钱币）是银行应尽的法定义务，银行不得以任何理由推脱。中国人民银行曾针对个别办理人民币存取款业务的金融机构片面追求自身经济效益不履行券别调剂的法定职责，拒绝为公众调剂人民币券别的行为发出《中国人民银行关于进一步加强人民币收付业务管理的通知》（银发〔2006〕154号），要求各金融机构要提高服务意识，认真执行相关法规，根据合理需要的原则，为公众办理人民币券别调剂业务。2009年1月21日中国人民银行、中国银行业监督管理委员会（银监会）针对此问题又发出通知（银发〔2009〕18号），再次提出明确要求。公众如遇银行拒绝兑换情形，可向银行的上级行投诉，以维护自身的合法权益。

案例启示

目前客户到国内银行网点零钞兑换，如果兑换量比较大的话，需要提前向银行预约。因为每个银行网点的零钱需求量都要提前向上一级行申报，由其上一级行统一分配，为避免形成硬币积压，各个网点不一定有大量硬币库存。如果需大量兑换，各银行应提前预约，人民银行发行库有则可兑换。

具体到此案中，一是商业银行在办理换取零钱的业务时，应该及时与客户进行沟通，将情况提前告知客户，并积极配合客户要求及时做好准备。二是应该进一步提高银行柜面人员的素质，提升商业银行的服务质量，在办理业务的过程中，与客户积极沟通，取得客户的理解和配合，在维护客户权益的同时树立自身的良好形象。

（中国人民银行南京分行金融消费权益保护处供稿）

案例二十
小面额货币兑换案

案情简介

2012 年 9 月 26 日，李某向人民银行某县金融消费权益保护中心投诉，某农村信用社拒绝一次性兑换 500 元人民币 5 角硬币。

处理过程

人民银行某县金融消费权益保护中心立即组织相关人员奔赴现场，经了解，李某向该信用社提出一次性兑换 500 元人民币 5 角硬币，农村信用社建议他少兑换一些，但李某以银行应无偿兑换和满足客户需要为由进行了投诉。

某农村信用社不能满足李某的兑换需求有一定过错，但李某要求一次性兑换 500 元 5 角硬币，数额较大，可以提前向金融机构预约，以便金融机构提前准备，满足其需求。在中心人员的调解下，双方都表示理解，纠纷得到解决。

法律分析

《中华人民共和国人民币管理条例》第二十四条规定："办理人民币存取款业务的金融机构应当根据合理需要的原则，办理人民币券别调剂业务。"2009 年 1 月 21 日中国人民银行、中国银行业监督管理委员会（银监会）针对此问题又发出通知（银发〔2009〕18 号）再次提出明确要求，金融机构根据客户生产生活的正常需要，有义务为其办理券别调剂兑换业务。

该案例中，李某向某农村信用社申请兑换硬币，该信用社应当尽可能满足李某券别兑换申请，如果本机构兑换券别金额不足，应当告知李某，并积极调运予以兑换，直接拒绝的做法对李某的权益造成了一定影响。消费者向金融机构兑换零钞硬币时，要事先进行沟通，提出合情合理的需求，如果兑换数量过大，要容许金融机构通过调剂或者延期为消费者提供兑换服务。人民银行某县金融消费权益保护中心积极协调，妥善处理，有效维护了李某的合法权益。

案例启示

对金融消费者提出的合理的人民币券别兑换申请，金融机构应当予以办理，能够直接兑换的进行直接兑换，券别金额不足的应当做好解释工作，并进行及时调运，满足金融消费者需求。同时，金融消费者也应在正常的生产生活需要的情况下合理提出兑换申请，如有大额兑换需求时，应当向金融机构提前预约，便于金融机构进行调剂，自觉维护正常的人民币流通秩序。

（中国人民银行郑州中心支行金融消费权益保护处供稿）

案例二十一
拒绝、推迟为公交公司办理零钞兑换和缴存业务案

案情简介

2012 年 5 月 25 日，某市 9 家公交公司，先后 5 次通过上门或打电话等形式，向当地人民银行投诉，多家金融机构以"整洁度低、制度约束"、"业务烦琐"等为由，拒绝或推迟办理零钞兑换和缴存业务，给企业生产经营带来诸多的不便，影响了这些企业的正常工作，请求人民银行进行协调解决。

处理过程

当地人民银行组织相关科室开展专题调研，调研结果表明，9 家公交公司投诉情况基本属实。6 月 26 日，人民银行主持召开全市金融机构现金管理工作座谈会，并邀请 9 家公交公司派代表参加会议。会上，经人民银行协调，各金融机构负责人表示，愿意继续为公交公司提供全方位的金融服务；公交公司代表也表示，将全力支持和配合金融机构的工作，组织相关财务人员按照银行方面的要求做好零钞整点工作。

法律分析

《中华人民共和国商业银行法》第二十九条规定："商业银行办理个人储蓄存款业务，应当遵循存款自愿、取款自由、存款有息、为存款人保密的原则。"《中华人民共和国人民币管理条例》第三条规定："中华人民共和国的法定货币是人民币。以人民币支付中华人民共和国境内的一切公共的和私人的债务，任何单位和个人不得拒收。"

金融机构为公交公司办理零钞整点业务是一项日常义务，相关金融机构拒绝办理零钞兑换和存缴业务，给人民币的流通秩序带来了一定影响。公交公司收纳的零钱数额较大，其财务人员应当与银行积极沟通，合理安排好时间，选择银行业务闲暇的时段通过提前预约和银行通知的方式到银行办理兑换和存款业务，增进相互理解，大额零钱兑换和存款耗时费力，尽量不在银行业务量大的时间点到银行办理此类业务。

人民银行积极协调各金融机构为公交公司提供零钞整点服务，对于维护正常的人民币流通秩序具有积极意义。

案例启示

零钞整点和缴存业务作为金融机构的一项日常业务，涉及金融消费者的权利。金融机构应当加强管理，为金融消费者提供优质的金融服务。针对这类公司零钞兑换难、

缴存难问题，解决过程应当注意把握：一是公司企业和开户银行签订合作协议；二是建立公司零钞缴存预约机制；三是指导企业做好人民币整点和扎把工作；四是银行柜台采取"卡把收款"形式办理缴存业务；五是由开户银行协调零钞供需双方的横向调剂。

（中国人民银行海口中心支行金融消费权益保护处供稿）

案例二十二
小面额人民币存款难投诉案

案情简介

2013年5月28日，某公交公司三位职工到人民银行某支行投诉：某商业银行营业网点拒绝办理小面额人民币存款业务。随后去另一银行网点，该网点出具收据后将小面额人民币留下让其回去等候，未当面点清入账。客户深为不满，到人民银行某支行投诉，声言如人民银行不能解决此问题就去政府投诉。

处理过程

人民银行某支行直接受理了该投诉，5月29日与30日组织投诉者和两家银行网点负责人、分管领导在人民银行某支行进行调解，经双方陈述，认定第一家银行网点违反《中华人民共和国人民币管理条例》，构成拒收小面额人民币存款行为，人民银行某支行拟将对该银行进行处罚。第二家银行网点为减少其他客户办理业务等待时间下班后对其小面额人民币进行清点并以入账，因公交公司基本户在该网点开立，人民银行建议该网点对公交公司小面额人民币初步整理进行指导并签订协议，及时办理公交公司小面额人民币存款和残损币兑换业务。

6月3日，人民银行某支行组织支行发行人员深入到某公交公司小面额人民币整理现场进行专业指导，6月20日召开金融机构联席会对该投诉案进行通报，要求各金融机构认真执行《中华人民共和国人民币管理条例》和《不宜流通人民币挑剔标准》规定，杜绝拒收小面额人民币存款行为情况的发生。

法律分析

《中华人民共和国人民币管理条例》第三条规定："中华人民共和国的法定货币是人民币。以人民币支付中华人民共和国境内的一切公共的和私人的债务，任何单位和个人不得拒收。"本案中第一家银行网点拒绝办理小面额人民币存款业务的行为违反了《中华人民共和国人民币管理条例》的相关规定，人民银行依法履行人民币管理职责，严肃查处了第一家银行网点的违法行为，维护了金融消费者的合法权益。同时，通过召开金融机构联席会，通报该投诉案件，要求金融机构严格执行《中华人民共和国人民币管理条例》和《不宜流通人民币挑剔标准》，依法合规办理业务。

案例启示

第一，加大对企业财务人员人民币管理相关法规的宣传力度，积极引导企业办理大额零钱存款通过预约的方式办理，尽量不占用银行工作繁忙的时间段，避免因为时间冲突引起纠纷。

第二，进一步完善金融机构临柜员工人民币管理持证上岗制度。金融机构要加强对工作人员的职业道德教育，尤其是要加强柜员的服务意识，端正服务态度，避免因为前台人员的处理不当引起矛盾激化。

第三，对金融机构人民币管理工作进行有效监督、检查，督促金融机构改变工作作风，提高工作质量和服务水平。

（中国人民银行呼和浩特中心支行金融消费权益保护处供稿）

案例二十三
怀疑从银行柜台取出假币案

案情简介

2012 年 10 月 19 日，张某向人民银行某中心支行金融消费权益保护中心投诉从某市商业银行提取的现金中混有假钞。

据张某描述，9 月 27 日，张某从某商业银行柜台取出退休工资 2 000 元，均为百元面额，后锁于家中柜子里。张某由于年岁已大，消费项目少，每月取出固定金额的现金，均锁入柜中，每次要用钱时，从中抽出一两张，用于基本生活花销。10 月 18 日，张某在菜市场买菜时，被售货员告知其使用的百元纸钞为假币。于是张某便到取款银行与其进行协商，银行工作人员告知其无法处理，建议其去中国银行业监督管理委员会某监管局（以下简称某监管局）投诉，或者去报案。张某去了某监管局，监管局做了记录，但告知张某，由于缺乏直接证据，所以很难处理。由于管理人民币流通是中国人民银行的职能，所以建议张某到人民银行某中心支行金融消费权益保护中心投诉。

处理过程

人民银行某中心支行金融消费权益保护中心有关工作人员认真听取张某对该案件的描述，并对其遭遇表示同情，安抚了张某的情绪；同时，工作人员从法律角度耐心帮张某分析情况，告知张某要认定从银行所提取的现金中混有假钞是需要证据的，而其从取款到发现假币，间隔 20 多天，取证比较困难，虽然人民银行有管理人民币流通的职能，但人民银行不是侦查机关，没有调查取证的权力，所以不能帮助张某认定该假钞是否出自某商业银行，建议张某可以向公安机关报案，寻求帮助。

法律分析

《中华人民共和国中国人民银行法》第四条规定，人民银行履行发行人民币，管理人民币流通的职责。

《中华人民共和国人民币管理条例》第三十六条规定："办理人民币存取款业务的金融机构应当采取有效措施，防止以伪造、变造的人民币对外支付。"金融消费者认为其权益受到侵害时，可以向人民银行当地分支机构进行投诉。人民银行在受理投诉的过程中，应当对假币进行没收处理，并督促金融机构主动进行排查，减少潜在风险，维护金融市场的良好秩序。

案例启示

本案例中虽然不能最终证实该张假币是由金融机构柜面流出的，但是通过人民银行某中心支行的深入调查了解，发现了金融机构在假币"技防"方面存在薄弱环节。

被投诉金融机构在办理业务所使用的部分点钞机具确实不能识别变造假币，如果临柜人员反假经验不丰富，则确实存在银行柜面流出假币的可能性。某商业银行也表示将进一步加强临柜人员培训，积极向上级行请示加紧更换新型点钞机具，全力做好反假币工作。

作为金融消费者，在金融机构办理人民币存取款业务时，应当在业务办理时当场对金额和币质情况进行核对，如有异议及时提出。

（中国人民银行广州分行金融消费权益保护处供稿）

案例二十四
从银行柜台取出变造币案

案情简介

2012 年 7 月 30 日，黎某向人民银行某市分支机构金融消费权益保护中心投诉某商业银行直属支行。7 月 13 日投诉人在某商业银行直属支行柜台取款 2 000 元，放入信封中交给其子作为生活费（其子在南京读大学）。当投诉人儿子到南京后，将信封中的钱拿出使用时，发现有一张 100 元的人民币为真假拼凑变造币。投诉人马上将情况反馈给该银行，该银行表示由于间隔时间太长，难以确定变造币的来源，所以不能确认变造币为该银行流出。双方争执不下，于是黎某向人民银行某市分支机构金融消费权益保护中心进行投诉。

处理过程

人民银行某市金融消费权益保护中心受理投诉后高度重视，经办人员第一时间与投诉人取得联系，了解相关情况，希望投诉人能将假币交由人民银行处理。但由于该张假币目前在南京，不便寄回，因此经办同志告知投诉人将该张假币交由人民银行当地分支机构，并向其宣传了有关政策。投诉人表示，其投诉目的不在于要求某商业银行赔偿损失，而是希望通过投诉引起银行的高度重视，从银行柜面取出假币，严重影响了银行信誉和金融消费者对于银行的信任。

8 月 1 日，人民银行某市分支机构金融消费权益保护中心有关人员赴该银行开展现场调查。经调阅取款当日监控录像，经办柜员操作合规，取款时经点钞机验钞并未发出报警，不能肯定该张伪钞是经该银行柜面流出。但是通过对该银行网点目前使用的点钞机进行查看，使用年限均超过了三年，能识别一般的假币，但是不能识别真假拼凑的假币。并且在该银行的自查过程中发现，该行几个网点在办理现金业务时，所使用的点钞机均不能识别真假拼凑的假币，存在一定风险隐患。

人民银行某市金融消费权益保护中心将调查结果告知了投诉人，并认真解释有关政策法规，投诉人表示理解，并对人民银行某市金融消费权益保护中心的工作表示肯定。

法律分析

《中华人民共和国中国人民银行法》第四条规定：人民银行履行发行人民币，管理人民币流通的职责。在金融消费者认为其权益受到侵害时，可以向中国人民银行金融消费权益保护中心进行投诉。

《中华人民共和国人民币管理条例》第三十三条规定："中国人民银行、公安机关发现伪造、变造的人民币，应当予以没收，加盖'假币'字样的戳记，并登记造册；

持有人对公安机关没收的人民币的真伪有异议的，可以向中国人民银行申请鉴定。公安机关应当将没收的伪造、变造的人民币解缴当地中国人民银行。"《中华人民共和国人民币管理条例》第三十六条规定："办理人民币存取款业务的金融机构应当采取有效措施，防止以伪造、变造的人民币对外支付。"人民银行在受理投诉的过程中，应当对假币进行没收处理，并督促金融机构主动进行排查，减少潜在风险，维护金融市场的良好秩序。

案例启示

在此案中，一方面来看，金融机构在处理问题时反应迅速，方法得当，通过调取当时监控录像等手段，积极配合人民银行某中心支行的工作人员进行协调工作，使得调解工作圆满完成，这种解决方式值得其他金融机构借鉴。但是从另一方面来看，顾客对金融机构是否存有假钞产生怀疑，从侧面反映出在金融机构中的确存在有假钞混杂的情况。这个问题不仅严重损害了顾客的利益，还损害了金融机构在社会上的公信力和声誉。这就迫切需要采取一定手段，杜绝此类现象发生，保护金融消费者的合法权益，维护金融机构的良好形象。

（中国人民银行成都分行金融消费权益保护处供稿）

案例二十五
疑似取款机取出假人民币案

案情简介

2012 年 10 月 19 日上午，市民张先生向人民银行某支行金融消费权益保护中心投诉称，其于 10 月 18 日晚在某商业银行支行 ATM 取现 1 000 元，回家后发现其中有一张假币，于是直接向人民银行某支行投诉，要求该行赔款并道歉。

处理过程

接到张先生投诉后，人民银行某支行告知投诉人，目前该市某商业银行的所有 ATM 配钞均经现金整点中心集中清分并记录、存储冠字号码，且冠字号码全部有备份可查，如有疑问即可查证。

随后，人民银行某支行工作人员邀请张先生前往某商业银行支行，将客户所持可疑币的冠字号码通过纸币号码查询系统进行查验，显示该记录不存在，证明这张假币不是出自该行 ATM。为进一步消除投诉人顾虑，人民银行相关工作人员与该支行负责人一起当场在 ATM 提取 5 张 100 元面钞进行查询，电脑立即显示所取 5 张 100 元面钞的冠字号码、取款网点及装填时间等详细信息，投诉人表示心悦诚服，承认假币可能是自己因疏忽从其他地方获取的，并当场将假币上缴。

法律分析

《中华人民共和国人民币管理条例》第三十六条规定："办理人民币存取款业务的金融机构应当采取有效措施，防止以伪造、变造的人民币对外支付。办理人民币存取款业务的金融机构应当在营业场所无偿提供鉴别人民币真伪的服务。"

《中国人民银行关于进一步做好假人民币收缴工作的通知》（银发〔2009〕98 号）规定："各金融机构应全面检查本系统点验钞机具和 ATM 使用情况，根据业务需要完善相关机具服务设施，特别是要进一步完善自动存取款设备钞币防伪鉴别系统，切实防止从金融机构 ATM 流出假人民币。"以上规定都充分说明商业银行有义务采取必要措施防止 ATM 出现假币。

案例启示

如果 ATM 的配钞均经现金整点中心集中清分，同时记录、存储冠字号码且冠字号码全部有备份可查，这类纠纷就可以避免。

顾客对金融机构是否存有假钞产生怀疑，从侧面反映出在金融机构中的确存在有假钞混杂的情况。这个问题不仅严重损害了顾客的利益，最重要的是，严重降低了金融机构在社会上的公信力和信用度。金融机构作为防范假币的第一线，要采取可能的技术手段，防止银行柜台和 ATM 出现假币流入市场，ATM 币种单一，可以采取技术手段进行冠字号码备案的方式堵截假币的来源。消费者到柜台和 ATM 取钱一定要当面验钞，发现可疑币，立即向银行反映，并即时取证，防止因收到假币造成损失。

（中国人民银行南京分行金融消费权益保护处供稿）

案例二十六
ATM 自助存款假币案

案情简介

2012 年 9 月 18 日，曹某向人民银行某中心支行电话投诉，称其 9 月 14 日在某商业银行分行营业部 ATM 自助存款 3 000 元，当钞票全部存进存钞口关闭时，ATM 系统发生故障，后吐出一张故障说明凭条。经询问大堂经理，大堂经理告诉曹某由于 ATM 系统故障存款并未成功，过后工作人员会及时处理并把相应款项转到曹某账上；同时该大堂经理在故障说明凭条注明了曹某的存款金额、完整卡号和联系方式。9 月 17 日，曹某查询其账户发现仅到账 2 900 元，于是打电话向该行询问缘由。某商业银行分行营业部工作人员告知在其存款中发现 1 张假钞，请曹某前来确认处理；同时，该工作人员还告诉曹某先前有发现客户在 ATM 恶意存入假钞的案件，已报警处理。曹某认为其存款中不可能夹有假钞，更不可能恶意存入假钞。经交涉未果，曹某便向人民银行投诉。

处理过程

经甄别当日 ATM 存款流水记录、存废箱记录以及曹某存款监控录像、某商业银行工作人员 ATM 操作监控录像等，确认该假钞确为曹某所存，但非故意存入。在人民银行某中心支行的主持下，经该商业银行分行耐心解释和基于对工作不到位的真诚道歉，曹某表示理解并接受认定结果。

法律分析

《中国人民银行假币收缴、鉴定管理办法》对假币的收缴程序和要求进行了明确规定。针对曹某投诉的事项，人民银行某中心支行和该金融机构对事实进行调查核实，在证据充足的情况下，确定该假币为曹某所存，并按照法律规定进行了处理。

案例启示

假币的发现和处理涉及金融消费者、金融机构的权利和义务。针对此类事项，一是金融机构工作人员在处理业务争议时，切忌对客户采取"有罪推定"的态度，要善于换位思考，防止矛盾激化。二是对有争议的业务，金融机构要主动采取措施，耐心解释说明，以充分的理由和真诚的态度取得客户理解。三是认真按照《人民币管理条例》、《中国人民银行假币收缴、鉴定管理办法》等规定，严格依据程序办理假币收缴工作。

（中国人民银行福州中心支行金融消费权益保护处供稿）

案例二十七
怀疑柜台取到假币要求调换案

案情简介

2008年5月6日，客户邓某致电人民银行某中心支行金融消费维权中心，声称其前一日在某商业银行支行取款时，柜台工作人员向其支付的2万元款项中含有假币两张，次日发现后去某商业银行支行要求调换，被工作人员拒绝，遂要求维权中心帮其维权。

处理过程

人民银行某中心支行金融消费维权中心接到投诉后，当即派出两名工作人员邀约投诉人一起，前往某商业银行支行进行实地调查，并同时约请某商业银行分行资金运营中心负责同志一同到场。在现场，通过向当事人了解和调阅该笔业务的录像资料，发现当班柜员在支付款项前曾正反三次通过验钞机清点，一次手工清点，符合操作规程。并在某商业银行分行资金运营中心负责同志的陪同下，由邓某亲自检验了当班的全部点验钞机，全部工作正常。根据调查情况和谁主张谁举证的司法原则，因投诉人无法举证，且票款离行已经过一夜，该假币来源已无法取得足够证据。

人民银行某中心支行金融消费维权中心工作人员在现场向投诉人详细讲述了客户在取钱时应注意的事项，并耐心解释了银行的有关规定，同时，也对该行柜台外摆放的专供客户使用的点验钞机，摆放位置不明显，客户不容易看见，监控有盲区，使用率低等情况提出了批评。某商业银行分行领导当即指派专人进行了调整，并张贴了客户复点验点验钞机的醒目标识，平抑了客户的情绪，取得了客户的谅解，防止了事态的进一步恶化。

法律分析

《中华人民共和国人民币管理条例》第三十六条规定："办理人民币存取款业务的金融机构应当采取有效措施，防止以伪造、变造的人民币对外支付。办理人民币存取款业务的金融机构应当在营业场所无偿提供鉴别人民币真伪的服务。"可见，金融机构有义务通过建立健全内部管理制度、严格业务操作流程，确保人民币的正常存取。作为金融消费者，在金融机构办理人民币存取款业务时，应当在业务办理时当场对金额和币质情况进行核对，如有异议及时提出。

本案中，金融消费者未尽到自身义务，在业务办理时未及时进行核对，又未有充分证据证明该假币为金融机构支付，同时该金融机构的相关管理制度及操作流程均比较完善，根据《中华人民共和国民事诉讼法》确定的举证原则，该假币责任应由该金融消费者承担。

案例启示

　　人民币存取款业务是金融消费者在金融机构办理的日常业务。在业务办理过程中，金融机构应当严格执行相关法律法规及内部管理规定，严格按照业务操作流程进行办理，积极维护消费者合法权益。同时，只有金融机构业务操作规范，才能避免纠纷发生，有效保护自己；人民银行作为人民币的法定管理部门，应当加强监督指导，增强反假货币的宣传力度，进一步提高普通消费者识别假币的能力和水平，有效维护人民币的正常流通秩序。

　　　　　　　　　　（中国人民银行太原中心支行金融消费权益保护处供稿）

案例二十八
未按规定清点钞票导致短款纠纷案

案情简介

2012 年 7 月 4 日，村民秦某到 B 商业银行支行取款 19 000 元（其中 10 000 元为 100 元面额的整把钞票），后去 N 商业银行支行存款时，N 商业银行支行工作人员点收发现 10 000 元的整把钞票中，缺少 10 张，即 1 000 元，秦某急忙赶回 B 商业银行支行向该行工作人员说明情况，要求补齐所缺款项。B 商业银行支行工作人员以"现金离柜，概不负责"为由拒绝补款，双方各执一词，于是引起纠纷。在双方协商未果的情况下，秦某向人民银行某中心支行进行了投诉。

处理过程

人民银行某中心支行受理投诉后，将有关投诉材料转给 B 商业银行分行处理。B 商业银行分行经查验录像资料，B 商业银行支行工作人员在为秦某付款时，对 10 000 元的整把钞票未在柜台内的验钞机上进行清点，违反了商业银行对外付款时，必须经过验钞机具清点后方可付款的操作规程。秦某对柜台付出的款项未进行清点，也应承担一定的责任。后经协调，由 B 商业银行支行柜台人员赔付秦某 500 元。B 商业银行分行现金业务部经理就调解结果及时向人民银行某中心支行货币金银科进行了汇报，货币金银科负责人对秦某进行了电话回访，秦某对调解结果比较满意。

法律分析

"现金离柜，概不负责"是金融机构单方订立的格式条款，免除了金融机构的主要责任，排除了金融消费者追偿的权利，根据《中华人民共和国合同法》第四十条"提供格式条款一方免除其责任、加重对方责任、排除对方主要权利的，该条款无效"，因此，"现金离柜，概不负责"的规定无效。

金融机构在办理人民币现金业务时，应当遵照相关法律法规和内部管理规定，严格按照操作流程进行办理，如不按照规定进行业务操作，则应承担相应风险责任。同时，金融消费者在办理人民币现金业务时，应督促金融机构对现金进行清点，自身也应对现金金额进行确认，否则，一旦离开业务现场，就会承担举证不能的风险。本案中，B 商业银行支行工作人员存在违规行为，村民秦某未尽到自身清点义务，双方均存在过错，人民银行某中心支行根据实际情况妥善处理该项投诉，合法合理。

案例启示

人民币存取款业务是金融机构办理的基础业务，金融机构应当严格按照法律规定和内部管理制度进行业务操作，对外付款时，必须经过验钞机具清点后方可付款，同时客户在取款离柜前，也应自行清点，这样才能避免取款差错和假币现象。如未能尽到自身义务，则会带来相应的风险责任，这也提醒相关金融机构要严格按照相关规章制度办理业务，金融消费者要增强责任意识，切实防范可能发生的风险。

（中国人民银行兰州中心支行金融消费权益保护处供稿）

案例二十九
现金转存，发现短款获还款案

案情简介

2012年7月上旬，人民银行某中心支行工作人员接到市民谢某对Z商业银行支行的投诉电话。谢某称其在2012年7月3日10时许，到Z商业银行支行提取现金17万元，然后马上拿到G商业银行支行办理存款，G商业银行支行当班人员在清点10万元的整捆100元券时，发现其中一把短款7张，金额700元。谢某立即要求Z商业银行支行进行调查，补回700元，但Z商业银行支行负责人声称"钱已出行，概不负责"。

处理过程

受理投诉后，2012年7月10日，人民银行某中心支行组织两个检查组，分别至Z商业银行支行和G商业银行支行查看两个银行网点的监控录像。

经调阅Z商业银行支行监控录像和找当班员工了解证实，7月3日10时16分，储户谢某在该行提取现金17万元，其中，有10万元现金是整捆100元券，腰条盖章封捆员×××、行号×××。经查，这捆现金来自Z商业银行支行，另7万元是成把现金。该行当班员工在准备支付现金时，询问谢某要不要拆捆逐把过机清点，谢某回应说不要了。谢某拿到现金后，于10时17分离开Z商业银行支行（按门前摄像头时间，各摄像头会出现时间不一致情况）。

谢某离开Z商业银行支行后，直接开车到G商业银行支行，G商业银行支行监控录像显示，谢某到达时间是10时19分，下车后直接进入营业大厅，10时24分开始办理业务，当时是办理两笔汇款（一笔是17万元、另一笔是5.39万元），柜台员工接过现金后先过机清点散把100元券，然后才剪开整捆的100元券进行清点，当过机清点到第三把时，小屏幕显示93，再次复点仍显示93，并立即告知谢某。谢某于10时33分打电话给Z商业银行支行进行交涉。

现场测试。人民银行某中心支行为证实储户谢某不存在中途调换钱捆的情形，由货币金银科检查人员进行了现场测试，从Z商业银行支行开车到G商业银行支行的实际用时是3分50秒，与谢某的开车时间基本吻合，结合谢某投诉情形以及查看监控录像情况，可以明确认定谢某一人在3分多钟时间内，是不可能既要开车，又要拆捆抽张再封捆，然后再到G商业银行网点存钱的。综上可以判断，短款责任在取款银行。

在人民银行某中心支行的积极介入下，该投诉案件得到了圆满解决：Z商业银行分行立即联系谢某，将短款700元补给谢某，并对Z商业银行支行之前的恶劣服务态度当场向谢某表示道歉。

法律分析

"钱已出行，概不负责"是金融机构单方订立的格式条款，免除了金融机构的主要责任，排除了金融消费者追偿的权利，根据《中华人民共和国合同法》第四十条"提供格式条款一方免除其责任、加重对方责任、排除对方主要权利的，该条款无效"，因此，"钱已出行，概不负责"的规定无效。金融机构在办理人民币现金业务时，应当遵照相关法律法规和内部管理规定，严格按照操作流程进行办理，如不按照规定进行业务操作，则应承担相应责任，不能以"钱已出行，概不负责"规避自身应承担的正确支付现金给金融消费者的义务。同时，金融消费者在办理人民币现金业务时，也应督促金融机构对现金进行清点，并且自身应对现金金额进行确认，否则，一旦离开业务现场，则会承担举证不能的风险。

本案中，Z 商业银行支行在办理取款业务时，未能对现金进行全部清点，存在违规行为。人民银行某中心支行在调查取证、查清事实的基础上，积极协调，督促金融机构将短款予以补齐，有效维护了金融消费者的合法权益。

案例启示

事后，Z 商业银行分行对其下属支行上缴 90 万元现金的当天监控录像和流水登记进行认真细致检查，并调查经办人日常表现等相关情况，查找发生短款差错的原因。这个案例表明，金融机构在现金业务办理过程中，要严格落实相关法律法规，确保业务流程合法合规，杜绝银行误收误付假币、长短款等业务差错的发生。同时，金融消费者也应增强责任意识，对业务办理过程进行监督。

（中国人民银行广州分行金融消费权益保护处供稿）

案例三十
未按规定清点钞票发现短款获还款案

案例简介

2012 年 3 月 19 日 16:30 左右，倪某于某商业银行分行支取现金 18 万元，由于数额较大，未清点。取钱后直接到距离某商业银行分行 300~400 米远的某信用联合社分支机构进行转存，在转存过程中，发现一把 50 元钞票中缺失 2 张。事件发生后，倪某向某商业银行分行交涉，某商业银行分行指出，按照相关规定，钱款需当面点清，在离柜后一律不负责。在当事人多次与某商业银行分行协商无果的情况下，倪先生向人民银行某中心支行提起投诉。

处理过程

在接到当事人的投诉后，人民银行某中心支行按《某市金融消费者权益保护实施办法》的规定，转交货币金银科办理，货币金银科组织人员到相关金融机构进行了调查、了解、取证，认定了缺少 2 张 50 元的事实。货币金银科组织金融机构与当事人进行了多次沟通与调解，最终某商业银行分行向倪某道歉并给予 100 元赔偿。经回访，倪某对处理结果表示满意。

法律分析

金融机构在办理人民币现金业务时，应当遵照相关法律法规和内部管理规定，严格按照操作流程进行办理，如不按照规定进行业务操作，则应承担相应责任。某商业银行分行辩解的"钱款需当面点清，在离柜后一律不负责"是金融机构单方订立的格式条款，免除了金融机构的主要责任，排除了金融消费者追偿的权利。根据《中华人民共和国合同法》第四十条"提供格式条款一方免除其责任、加重对方责任、排除对方主要权利的，该条款无效"，因此，"钱款需当面点清，在离柜后一律不负责"的规定无效。同时，金融消费者在办理人民币现金业务时，也应督促金融机构对现金进行清点，并且自身应对现金金额进行确认，否则，一旦离开业务现场，就会承担举证不能的风险。

本案中，倪某于某商业银行分行支取现金，该行未能对现金进行全部清点，存在违规行为，人民银行在调查、了解、取证的基础上，认定了缺少 2 张 50 元的事实，最终某商业银行分行向倪某道歉并给予 100 元赔偿，妥善处理了该起投诉案件，有效保护了金融消费者的合法权益。

案例启示

一是金融消费者应提高维权意识。很多消费者遇到这类取款出现假币、长短款事项时，通常选择沉默，倪某坚决维护自身权益，反映出公民维权意识的逐步增强，对于监督银行服务行为，促进其提高工作质量大有裨益。

二是建议储户应尽量对钱款进行清点，并注意收集捆扎款项的腰条、封条等，以对自己的权益进行佐证。

三是金融机构在办理现金收付业务时，应当严格按照法律规定和内部管理制度进行业务操作，对外付款必须经过验钞机具清点。

同时，金融机构在提示了储户应当尽到的当面点清钱款义务之后，应该对储户履行这个义务提供必要的条件，如提供大户点钞的安全、合理空间等，使储户在大额取款时能够有安全感，能够正当履行自己的注意义务，行使自己的权利，这样才不至于导致新的纠纷。

（中国人民银行太原中心支行金融消费权益保护处供稿）

本篇小结

　　人民币存取款业务是金融机构的基础业务，银行业金融机构执行人民币流通政策的情况直接影响到人民银行政策的实施效果。近年来，随着经济运行方式的不断变化和金融机构管理体制的不断完善，人民币流通管理模式受到了挑战，某些银行出现了重服务、轻监管的现象，人民币流通管理机制不完善，认识不到位，目标不明确，措施不全面，主要表现在以下五个方面。

　　一是商业银行推诿、拒绝办理残缺污损人民币兑换。"金融机构拒绝兑换残损币案"、"兑换火烧币遭拒案"和"霉烂钞兑换纠纷案"等案例，都是金融机构不能认真执行人民币管理相关制度，拒绝兑换、互相推诿的现象。商业银行应当严格履行"首兑责任制"，人民银行对互相推诿、拒绝兑换、收缴程序和兑换标准不合规的现象，一经查实要严肃处理，保障金融消费者的合法权益。

　　二是商业银行机具设备更新不足，存在着流出假币、变造币的风险。"怀疑从银行柜台取出假币案"和"从银行柜台取出变造币案"等案例都是关于商业银行向消费者误付假币的案件。

　　三是商业银行过度关注自身利益诉求，现金收支计划随意性过大，随意缩减业务办理时间，例如"银行强制向储户支付小面额人民币案"和"银行限时办理人民币零钞存款业务案"。

　　四是金融机构应当严格按照法律规定和内部管理制度进行业务操作，对外付款时，必须经过验钞机具清点后方可办理付款业务，只有金融机构业务操作规范，才能避免纠纷发生，有效保护自己的权益。消费者在取款离柜前，也应自行清点，这样才能避免取款差错和假币现象。如未能尽到自身义务，则会带来相应的风险责任。"未按规定清点钞票导致短款纠纷案"就是银行工作人员没有按照规定清点钞票而引发的纠纷，由于消费者本身也没有自行清点，最终经调解，双方同意各自承担一部分责任。

　　五是商业银行在办理实行市场调节价的业务时，要做好解释以取得消费者的理解，化解矛盾风险。本篇中的几个关于银行收取零钞存款清点费的案例值得我们关注，按照目前法律法规的规定，零钞清点业务实行市场调节价，收费标准由各商业银行自定。我们建议可以从监管部门指导、行业协会自律的角度予以规范。从长远看，商业银行应从完善技术条件、增配人力资源等方面承担与其收益所得相适应的社会责任，逐渐取消大额零残币清点费用，切实维护金融消费者的合法权益。

　　下一步，人民银行作为人民币的法定管理部门，应当加强监督指导，增强反假货币的宣传力度，进一步提高普通消费者识别假币的能力和水平，有效维护人民币的正常流通秩序。

　　此外，人民银行要加强对商业银行的业务指导，提高服务水平。在技术改进方面，要切实将改善民生作为核心原则，如2012年推出的新型的 ATM，不仅可以随时随地为客户提供金融服务，而且还可以打印存取钞票的冠字号，有效地解决了 ATM 存款、取款遇到假钞取证难的问题。再如某些商业银行创新地推出了专门便利盲人客户办理业务的"金融助盲卡"，极大地改善了特殊人群的金融服务体验。

第七篇

存贷款利率管理

编者按：近年来，随着经济社会的快速发展，金融机构信贷业务的种类和产品创新层出不穷。贷款业务是金融机构的一项传统业务，金融机构作为信贷产品的开发者与提供者，与金融消费者之间存在借贷法律关系。由于金融机构与金融消费者对信贷产品的政策、信息，在了解、掌握等方面存在"天然"的不对称性，导致由贷款业务引发的信贷投诉纠纷较为普遍。

目前，对贷款业务纠纷主要集中在三个方面：一是因贷款期限、利率、担保连带责任等问题引起的纠纷；二是对信贷产品政策的理解有误等引起的纠纷；三是因信贷业务搭售理财产品而引起的纠纷。从纠纷产生的原因看，主要是消费者对金融机构的信贷政策了解不全面、理解不深入，金融机构对相关政策的宣传解释不到位。

本篇存贷款利率管理收录了有关分支行提供的十九个案例，通过对相关案例的分析，我们看到，在传统信贷业务快速发展的同时，金融消费者的维权意识在不断地增强，对金融消费者权益的保护必要而迫切。我们认为，一方面要加强对金融知识的普及和宣传，使消费者明白自身所享有的消费权利，敢于、善于运用合法的渠道维护自身的权益；另一方面要通过现场检查、非现场检查等手段督促金融机构向消费者充分行使告知义务，确保金融消费者享有充分的知情权和公平交易权。人民银行作为金融主管部门，不仅注重消费者教育与金融机构指导，还要在职责范围内发挥中立的、专业的协调作用，畅通纠纷各方面的沟通交流与信息透明。通过以上措施，切实保护金融消费者在信贷业务方面的合法权益。

本篇案例

- 公积金房贷提前还款被拒案
- 贷款卡停用办理借贷业务引发纠纷案
- 因承担连带保证责任影响信用记录案
- 离婚未及时变更贷款人导致不良记录案
- 信贷产品未尽告知义务引发纠纷案
- 放贷凭证的利率与借款合同不一致案
- 因银行失误导致房贷逾期案
- 办理贷款过程中搭售保险产品案
- 办理房屋按揭贷款业务强行搭售金融产品案
- 叫停消费贷款遇阻案
- 因信用不良申请农户小额贷款遭拒案
- 贴息贷款转为有息贷款计息纠纷案
- 按揭贷款提前还款收取补偿金纠纷案
- 信用社发放冒名贷款案
- 银行贷款查询纠纷案
- 银行贷款搭售黄金案
- 贷款本金中预扣利息引发纠纷案
- 银行贷款搭售保险纠纷案
- 助学贷款逾期未还纠纷案

案例一
公积金房贷提前还款被拒案

案情简介

人民银行某分行营业管理部金融消费投诉处理中心于2012年3月13日接到金融消费者马某的电话，投诉某商业银行分理处对其提出的"要求住房公积金贷款提前还款，不改变还款额，缩短还款期限"业务，以公积金管理中心有规定为由不予办理。马某称其自行向公积金管理中心咨询，相关人员的答复是"没有此项规定，只要银行提交材料即予办理"。因此，马某要求某商业银行分理处进一步核实相关规定，并按规定为其办理业务。

处理过程

人民银行某分行营业管理部金融消费投诉处理中心接到投诉后，随即电话联系某商业银行分行，向其说明消费者投诉情况，某商业银行在进行调查、取证后，及时向中心进行了反馈，情况如下：公积金管理中心对于银行办理此类业务确实有相关规定，即借款人部分提前还款先保持原期限不变，降低还款额；借款人要求缩短期限的，需借款人重新提供夫妻双方收入证明，填写申请及期限变更协议报公积金管理中心审批后方可。某商业银行贷后相关业务人员以客户身份致电公积金管理中心咨询，得到的回复是还款期限和还款额可以同时变更。某商业银行贷后负责人又专程就此事与公积金管理中心审批处负责人反映协商后明确了相关规定，即某商业银行无权自行给客户变更公积金还款期限，仍需客户提交相关材料及申请后由公积金管理中心审批同意。此纠纷实为公积金管理中心相关人员的答复不准确导致，某商业银行贷后业务人员跟马某联系并告知了相关规定后，中心也进行了相关解释，该客户对处理结果表示满意。

法律分析

根据《中华人民共和国合同法》第八条规定，"依法成立的合同，对当事人具有法律约束力。当事人应当按照约定履行自己的义务，不得擅自变更或者解除合同。"《合同法》第七十七条同时规定，"当事人协商一致，可以变更合同。法律、行政法规规定变更合同应当办理批准、登记等手续的，依照其规定。"

根据《山东省个人住房公积金贷款管理暂行办法》（济银发〔2000〕188号）第八章第三十条规定，"借款合同当事人任何一方，要求解除或变更合同的，必须经合同各方协商同意，依法签订变更协议，在变更协议生效之前，原合同继续有效。"

根据本案实际情况，结合现行法律规定，马某提出的诉求属于变更合同的情况，需要与住房公积金管理中心和委托银行协商，重新签订合同，否则应按原合同执行。

案例启示

目前，全国各地住房公积金贷款比较普遍，较普通个人银行贷款，住房公积金贷款涉及的部门多，不仅涉及银行和借款人，同时还有住房公积金管理部门，又由于各地对住房公积金贷款提前还贷的要求不尽一致，因此，此类投诉相对较多。

在处理此类投诉案例时，金融机构的投诉受理部门要在耐心听取投诉人诉求的前提下，根据当地住房公积金贷款管理的相关细则，向投诉人作出准确解释，避免纠纷的发生。客户也要耐心听取金融机构的解释，如有不清楚的地方要进一步核实。此外，全国各地的住房公积金贷款业务涉及的监管部门多，各地的规定也略有差异，所以要加强管理部门间的沟通，从便利消费者的角度做好相关制度的梳理、公开。

（中国人民银行济南分行金融消费权益保护处供稿）

案例二
贷款卡停用办理借贷业务引发纠纷案

案情简介

某公司在某银行办理了 35 万元贷款的业务，抵押物为房产一套。2008 年贷款到期后，该公司与该银行商定以借新还旧的形式继续使用此笔贷款，并将已经签章的信贷借款合同和借款凭证交给该银行办理相关手续。该银行在审批过程中发现，该公司工商营业执照已被吊销，贷款卡因未年审而处于停用状态，随即告知该公司，要求其解决贷款卡问题，否则不能办理借新还旧的贷款审批。该公司因不愿缴纳工商部门的罚款而未拿回营业执照，贷款卡未通过年审，该公司遂认为借新还旧业务未能办理。2009 年，该银行以该公司无力偿还贷款本息为由主张处置抵押房产，此时该公司才得知借新还旧的贷款已经办理，于是向人民银行某中心支行提起申诉，认为该银行在其贷款卡停用期间为其办理借新还旧贷款业务属违规行为，要求撤销信贷登记系统中的借新还旧贷款记录。

处理过程

人民银行某中心支行金融消费权益保护中心经过分析认为：企业由于既无力偿还银行贷款，又想保住自己的抵押房产，所以提出 2008 年借新还旧贷款合同无效的主张，如果借新还旧贷款被认定为无效合同，原房产抵押合同法定时效已过，从而规避银行对抵押房产的处置。银行与企业之间的贷款关系事实上成立，但该银行在办理业务的过程中存在违规行为，将按规定予以处理。

法律分析

《银行信贷登记咨询管理办法（试行）》（银发〔1999〕281 号）第九条规定，贷款卡实行集中年审制度。借款人必须在每年的三月至六月持贷款卡、经工商行政管理部门年审合格的《企业法人营业执照》到中国人民银行办理年审手续。第十条规定，"借款人贷款卡未年审或年审不合格者，中国人民银行应将其所持有贷款卡暂停使用。"第十四条规定，"金融机构办理信贷业务时，应查验借款人的贷款卡，并通过银行信贷登记咨询系统查询借款人贷款卡的状态和借款人资信情况。金融机构不得对持有被暂停、注销贷款卡的借款人发生新的信贷业务，已发生的信贷业务可以做延续处理。"

《中华人民共和国合同法》第四十四条规定，"依法成立的合同，自成立时生效。法律、行政法规规定应当办理批准、登记等手续生效的，依照其规定。"

本案中，某公司与银行签订的借新还旧的贷款合同为双方的真实意思表示，并形成了合意，该公司已在合同上签章，因此双方签订的合同是成立的。但是，该公司贷款卡因营业执照的吊销未通过年审，属于不得办理新的信贷业务的情形，该银行违反了人民银行相关规定为其办理信贷业务，属于违规操作行为。人民银行作为金融监管部门，对于银行违规发放贷款的行为可以通过行政处罚的角度予以处理。

案例启示

贷款合同是平等的民事主体之间自主形成的合意的书面体现，本案中双方达成了签订贷款合同的协议并已经签章，所以贷款合同应当被认为是有效成立的。但是从本案的情况来看，银行为了获得抵押物优先受偿的权利，违规办理了借新还旧的信贷业务，违反了人民银行的有关规定，破坏了金融秩序，应当受到监管机构的行政处罚。为避免此类损失的发生，金融机构应加强相关规定的学习，严格执行人民银行信贷业务各项规定，确保信贷业务的合规合法性，这才是维护自身利益的根本之道。

（中国人民银行济南分行金融消费权益保护处供稿）

案例三
因承担连带保证责任影响信用记录案

案情简介

2009 年 2 月 25 日，某银行支行与借款人付某，担保人付某、杭某，签订借款合同、担保合同，约定付某向该银行支行借款 30 万元，月息 8.4075‰，期限为 2009 年 3 月 11 日至 2010 年 2 月 15 日，以某地房屋办理了抵押登记，同时由付某、杭某承担连带责任担保。借款到期后，借款人付某未能及时归还借款 30 万元，该银行支行工作人员多次催收，但被告付某以种种理由拒绝偿还借款。2011 年 4 月 25 日，某银行支行向法院提起诉讼，依法请求付某偿还借款本息，并要求保证人付某、杭某承担连带责任。因为此诉讼，担保人杭某在办理住房贷款及公务卡时被拒，于是投诉至人民银行某中心支行。

处理过程

人民银行某中心支行金融消费权益保护中心向投诉人解释了其担保连带责任和义务，杭某对此事实予以认可，表示会加强金融知识学习，提高金融消费维权意识，积极劝说借款人付先生履行还款义务，对人民银行积极的工作态度表示了感谢。

法律分析

《中华人民共和国担保法》第十二条规定，"同一债务有两个以上保证人的，保证人应当按照保证合同约定的保证份额，承担保证责任。没有约定保证份额的，保证人承担连带责任，债权人可以要求任何一个保证人承担全部保证责任。"

第二十八条规定，"同一债务既有保证又有物的担保的，保证人对物的担保以外的债权承担保证责任。"即先以"担保物"来承担担保责任，再由"担保人"来承担担保责任。

结合本案实际情况，该笔贷款的担保方式有保证和抵押两种，因此，根据《合同法》相关规定，债务人付某不履行还款义务时，该银行应先主张以抵押房产折价或拍卖、变卖所得价款受偿，对担保物以外不能实现的债权，才可要求担保人付某、杭某承担连带保证责任，但其将连带保证人列入被告的做法并不违反法律规定。

案例启示

金融消费者应不断加强金融知识与法律知识的学习，应自觉增强信用意识，依法维护自己的权益，为他人提供担保时应对被担保人的还款能力与个人信用状况进行考察，避免因被担保人不能及时还款给自身带来的法律风险。

银行作为金融业务的经营者，在推广金融业务的同时，应加强对个人信用记录的宣传推广，提升金融消费者保护个人信用记录的意识。

（中国人民银行济南分行金融消费权益保护处供稿）

案例四
离婚未及时变更贷款人导致不良记录案

案情简介

2009 年 11 月，王某与张某经法院判决离婚，两人共有一处房产，该房产以按揭贷款方式购买，期限为 20 年，房产证上的名字为王某，按揭贷款合同也是以王某名义在 A 银行办理。法院判决该房产归张某所有，剩余未偿还的贷款由张某偿还。但离婚后房屋未办理产权变更手续，王某也未及时到 A 银行办理贷款合同主体变更事宜，且未提示 A 银行。从 2009 年 11 月至 2012 年 8 月期间，张某因未及时偿还贷款给王某造成 13 条逾期不良记录。王某因不良记录在 B 银行办理按揭贷款被拒，遂向 A 银行提出征信异议申请，同时向 A 银行出示了法院判决书及离婚证书，要求将 13 条不良记录转移到张某的名下，A 银行未采纳王某的意见，王某投诉至人民银行某中心支行。

处理过程

人民银行某中心支行接到王某的投诉后，按照《个人信用信息基础数据库异议处理规程》（银发〔2005〕393 号）的相关要求启动了异议处理流程，首先定位了该按揭贷款的数据发生机构 A 银行，向其下达了异议处理内部协查函，A 银行调阅了该笔按揭贷款的还款记录，证实该贷款确实存在到期未及时还款的情况。但对于王某要求将自己信用报告中由于张某原因造成的不良记录转移到张某的名下的请求，A 银行回复为：该行信贷系统不支持这种在贷款存续期间进行合同主体变更的情况，如要进行变更必须将房屋过户到张某名下，再由张某一次性还清余款后，银行按原合同流水号以抵押贷款的方式再向张某贷款。

收到 A 银行的协查报告后，人民银行某中心支行与当地房产交易管理中心进行了沟通，就房屋变更事宜进行了咨询。该中心答复该情况的房屋产权变更需要由张某持本人身份证、户口本及法院判决书办理房屋产权变更。同时，人民银行某中心支行将该情况告知王某，王某遂与张某协商沟通了房屋产权变更及提前还款事宜。但张某仅同意并完成了房屋产权变更，对于提前还款事宜拒不同意。

人民银行某中心支行针对王某的特殊情况，出面与 A 银行、B 银行进行沟通，经协商，由 A 银行出具还款记录，王某携带法院判决等证明材料，证明不良记录非由本人原因造成，B 银行为其办理了按揭贷款。

法律分析

《中华人民共和国物权法》第九条规定，"不动产物权的设立、变更、转让和消灭，经依法登记，发生效力；未经登记的，不发生效力，但法律另有规定的除外。"不动产是指依自然性质或法律规定，不可移动的土地、土地定着物，与土地尚未脱离的土地生成物，因自然或人力依附于土地并不能分的其他物。

《中华人民共和国合同法》第八十四条规定，"债务人将合同的义务全部或者部分转移给第三人的，应当经债权人同意。"第二百零六条规定，"借款人应当按照约定的期限返还借款。"

本案中，王某与张某在婚姻存续期间，王某以按揭贷款方式从 A 银行处购得房屋，其与 A 银行之间存在借款合同，应按合同约定全面履行还款义务。王某与张某离婚后，法院判决该房产归张某所有，剩余未偿还的贷款由张某偿还。根据《中华人民共和国物权法》规定，应当对不动产产权及时进行变更登记，同时《中华人民共和国合同法》也规定，变更债务人的，应当经债权人同意，投诉人因未及时进行物权变更且未通知 A 银行就将还款义务转移给张某，导致了张某不及时还款的不良记录被记于自己名下的后果，因此，A 银行在本案中不存在明显过错。

案例启示

金融消费者应该珍视爱惜自身信用，根据实际及时变更与金融机构之间的权利义务关系，避免不良记录的出现。

银行作为信用记录的记录者，应加强个人信用记录的宣传推广，提升金融消费者保护个人信用记录的意识，避免此类案件的再次发生。

（中国人民银行沈阳分行金融消费权益保护处供稿）

案例五
信贷产品未尽告知义务引发纠纷案

案情简介

陈某通过某银行营业网点宣传手册了解到，如有某油田1~2名正式职工作担保，即可办理10万元小微企业无抵押贷款业务，陈某即带领某油田两名正式职工到该银行要求办理此业务，但被告知需要出具两项证明：担保人为某油田正式职工的工作证明；被担保人和担保人不能及时还款的情况下，由担保人所在单位负责偿还贷款的证明。陈某认为该银行的宣传手册未尽到合理告知义务存在欺诈客户行为，且第二类证明将违约风险转嫁给了某油田，此类证明根本无法实现，遂向人民银行某中心支行金融消费权益保护中心投诉，要求该银行就该项贷款条件进行解释说明。

处理过程

收到投诉后，人民银行某中心支行金融消费权益保护中心就该项业务及办理流程向该银行进行了核实。该银行答复此项业务所需开具证明：一是某油田正式职工证明，二是收入证明，证明在被担保人未及时清偿贷款情况下，保证人具有代为还款能力。人民银行金融消费权益保护中心将某银行答复意见告知投诉人陈某，并将案件转至该银行金融消费权益保护投诉点。该银行投诉点随即派人到该营业网点进行调查核实，并邀请陈某与营业网点人员进行了现场调解。经调解，该网点承认未尽到合理说明义务，陈某也承认自身存在认识上的偏差，该网点工作人员当场向陈某表示道歉，陈某对此表示谅解。

法律分析

《中华人民共和国合同法》第十四条规定，"要约是希望和他人订立合同的意思表示，该意思表示应当符合内容具体确定的要求。"

第十五条规定，"要约邀请是希望他人向自己发出要约的意思表示。寄送的价目表、拍卖公告、招标公告、招股说明书、商业广告等为要约邀请。"

当事人订立合同应采取要约、承诺方式，要约内容应当明确具体，商业广告宣传一般视为要约邀请。本案中，该银行网点的宣传手册应认定为商业广告形式的要约邀请，并非向当事人陈某发出的要约，非合同订立方式。对于宣传册中不清楚的地方，陈某应向该网点咨询了解，具体贷款要求应以书面合同条款为准。

案例启示

金融消费者购买、使用金融产品或服务时，不应轻信经办人员口头承诺或偏信宣传材料内容；若对该业务及办理条件存在认识上的偏差，可以向金融机构相关人员咨询，最终享有的权利和承担的义务应以签订的书面合同为准。金融机构提供服务或产品时，应尽到合理的说明义务，特别对影响消费者决定是否购买或使用该产品或服务的条款应以重点强调，确保该决定是消费者的真实意思表示。

（中国人民银行沈阳分行金融消费权益保护处供稿）

案例六
放贷凭证的利率与借款合同不一致案

案情简介

投诉人于 2011 年 8 月 12 日上午在某银行办理"好借好还"业务，贷款 9 万元，合同约定年利率为 6.1%，期限为 180 天。双方签署了借款合同，但工作人员以不能打印凭证为由未当场出具放贷凭证，告诉投诉人过会儿来拿。2 个小时后投诉人到该支行领取凭证时，发现凭证上的贷款利率为 7.01%，比合同约定的利率高出近 1%，遂投诉至人民银行某中心支行金融消费权益保护中心。

处理过程

人民银行某中心支行金融消费权益保护中心工作人员立即进行了调查，该支行解释称，由于其系统故障导致了实际利率与显示利率不符，该笔业务真实利率应该为 7.01%，同时由于经办人员不熟悉业务，未能及时发现实际利率与显示利率不符的错误，导致双方签订了年利率为 6.1% 的借款合同。经调解，双方达成按约定的 6.1% 利率执行该借款合同的协议。

法律分析

《中华人民共和国合同法》第八条规定，"依法成立的合同，对当事人具有法律约束力。当事人应当按照约定履行自己的义务，不得擅自变更或者解除合同。"

第三十二条规定，"当事人采用合同书形式订立合同的，自双方当事人签字或者盖章时合同成立。"

第四十四条规定，"依法成立的合同，自成立时生效。"

第一百九十七条规定，"借款合同采用书面形式，但自然人之间借款另有约定的除外。借款合同的内容包括借款种类、币种、用途、数额、利率、期限和还款方式等条款。"

结合本案实际，双方已签订了书面借款合同，该合同已明确了包括贷款利率在内的双方的权利义务，放贷凭证只是该笔贷款的放款凭据，非合同组成部分，该支行应按照该合同确定的利率收取利息，不得以放贷凭证的利率要求借款人支付利息。

案例启示

合同是当事人之间设立、变更、终止民事权利义务关系的协议，非因法定原因不可变更，双方应遵循诚实信用原则，根据合同性质、目的和交易习惯履行通知、协助、保密等义务。金融机构作为格式合同的提供者，应当遵循公平原则确定当事人之间的权利和义务，并以明示的方式提请对方注意免除或限制其责任的条款，按客户要求，对相关条款进行说明。

　　为保护自身合法权益，金融消费者在购买金融产品或金融服务的过程中，要认真学习金融知识、了解金融风险，同时要增强法律意识，对于金融机构提供的格式合同等重要法律文件要认真阅读、仔细询问，同时妥善保管相关证明文件。

　　监管机构也要加强对金融机构格式合同范本的业务指导与监督检查，用突出的字体提示业务风险，避免误导消费者。

　　　　　　（中国人民银行南昌中心支行金融消费权益保护处供稿）

案例七
因银行失误导致房贷逾期案

案情简介

投诉人办理房屋贷款后与银行核对每月还款金额，并按照银行确认的还款金额按期还款，由于银行在核对中出现失误，告知投诉人的还款金额低于实际应还款金额，造成投诉人房贷逾期，产生不良信用记录。投诉人与该金融机构交涉近 3 个月没有得到有效处理，于是向人民银行某支行金融消费者权益保护办公室投诉。

处理过程

人民银行某支行金融消费者权益保护办公室了解情况后，为其打印了个人信用报告，要求放贷银行对案件事实进行确认。经调查，造成当事人逾期还款的责任在于该银行经办人员，人民银行某支行向该金融机构下发了《金融消费者权益保护办理通知书》并抄送征信管理部门，由征信管理部门实时掌握处理进程。该银行在 2 日内核实完毕后及时更正投诉人的违约信息，并向人民银行某支行反馈处理意见。

法律分析

《中华人民共和国合同法》第六条规定，"当事人行使权利、履行义务应当遵循诚实信用原则。"

《贷款通则》第二十三条规定，"贷款人的义务包括：公布所经营的贷款的种类、期限和利率，并向借款人提供咨询。"

本案中，投诉人未能按期还款是由于银行提供了错误的还款信息造成的，投诉人主观无过错，不应承担不良信用记录的后果。因此，银行应当及时说明逾期贷款的原委，及时更正客户的信用信息。

案例启示

金融消费者在接受金融产品和服务的时候，要认真了解业务内容，对于重要事项要做好核实确认，不要轻易完全相信银行工作人员口头告知的情况。如果出现银行的工作失误，要保留好证据材料，保护自身的合法权益。

作为贷款人，银行应本着认真负责的态度，为客户提供准确的信息，避免因自身原因给客户造成财产和信用损失。

监管机构要督促金融机构加强人员培训，完善内部风险防控制度，强化业务审批的规范性，做好投诉受理工作。

（中国人民银行南京分行金融消费权益保护处供稿）

案例八
办理贷款过程中搭售保险产品案

案情简介

2012 年 2 月，陈某致信人民银行某中心支行，投诉某商业银行分行发放高利贷：约定贷款 30 000 元、期限 3 年期，采用等额本息还款，每月还款 1 490 元，合同约定利息是 2.1%／月。但实际上每月还款 1 490 元中真正还本金的只有 700 元左右，其他部分全为利息，按目前还款方式年利息达 43%，远远超过最高不能超过国家法定 1～3 年期贷款基准年利率 6.65% 的 4 倍的国家规定。

处理过程

该商业银行分行反馈情况为：陈某于 2011 年 7 月向该行分行申请个人小额信用贷款，总贷款金额人民币 30 000 元，基准利率 6.65% 上浮 30% 后执行 8.645% 的贷款利率，根据合约实行按月等额还款，客户每月需向某商业银行分行付本息 949.04 元，并向某保险按期缴保费 540 元（根据贷款操作相关规定由某商业银行分行代扣缴）。事实上，客户已于 2012 年 2 月 7 日提前结清该笔贷款。该行于 2012 年 2 月 16 日与客户进行了电话沟通。客户表示已经了解某商业银行分行付息费用及相关规定，对某商业银行分行还款金额已无任何异议。客户对保费的相关疑虑，某商业银行分行也已转达至相关保险公司。

法律分析

《中华人民共和国合同法》第二百零四条规定，"办理贷款业务的金融机构贷款的利率，应当按照中国人民银行规定的贷款利率的上下限确定。"

《中国人民银行关于调整金融机构存、贷款利率的通知》（银发〔2004〕251 号）第二条第一项规定，金融机构（城乡信用社除外）贷款利率不再设定上限。商业银行贷款和政策性银行按商业化管理的贷款，其利率不再实行上限管理。

《中国银监会关于进一步加强商业银行代理保险业务合规销售与风险管理的通知》（银监发〔2010〕90 号）第二条规定，"商业银行开展代理保险业务，应当遵循公开、公平、公正的原则，充分保护客户利益。"第三条规定，商业银行在开展代理保险业务时，应当向客户说明保险产品的经营主体是保险公司，如实提示保险产品的特点和风险。

《中华人民共和国合同法》第四十二条规定：当事人故意隐瞒与订立合同有关的重要事实或者提供虚假情况，给对方造成损失的，应当承担损害赔偿责任。《中华人民共和国民法通则》第一百一十七条规定："侵占国家的、集体的财产或者他人财产的，应当返还财产，不能返还财产的，应当折价赔偿。"

本案中，陈某办理贷款的利率符合国家法律法规规定，是双方的真实意思表示，符合法律规定，受法律保护。银行为其办理的保险业务，侵害了陈某的知情权，给陈某造成的损失有过错，依法应承担赔偿责任。

案例启示

金融消费者要认真了解自己所办理的业务，阅读签订的合同条款内容，慎重签章。

金融机构推介金融产品时，应严格按照法律法规以及有关规定执行，在公平、自愿的前提下向金融消费者推介，严禁强行搭售，避免引起不必要的纠纷。

监管部门加强对银行理财产品销售人员的法律培训，加强职业道德建设，维护消费者的合法权益。

（中国人民银行广州分行金融消费权益保护处供稿）

案例九
办理房屋按揭贷款业务强行搭售金融产品案

案情简介

2012 年 10 月 26 日，网民许某在某市网络问政平台投诉某商业银行支行强迫消费者购买金融产品，人民银行某支行立即针对此问题进行了调查。

处理过程

人民银行某支行约见了该银行支行相关人员，经查，2012 年 10 月 25 日，该支行在办理房屋按揭贷款业务时向投诉人进行金融产品推介，要求客户购买金融产品，如不购买金融产品就不予办理按揭贷款。后经人民银行某支行电话向投诉人核实，证实了当时的情况。10 月 31 日，双方达成撤销投诉的和解意见，投诉人同意和解、撤销投诉，未选择该银行办理房贷业务。

法律分析

《中华人民共和国反不正当竞争法》第十二条规定，"经营者销售商品，不得违背购买者的意愿搭售商品或者附加其他不合理的条件。"

《中华人民共和国消费者权益保护法》第九条规定，"消费者享有自主选择商品或者服务的权利。消费者有权自主选择提供商品或者服务的经营者，自主选择商品品种或者服务方式，自主决定购买或者不购买任何一种商品、接受或者不接受任何一项服务。"

本案中，银行以搭售形式对办理房贷业务的条件进行了限制，侵犯了消费者的自主选择商品和服务的权利，是一种不正当竞争行为。消费者采取"用脚投票"的方式，对此类行为表示否定。

案例启示

金融机构应加强工作人员的道德思想教育，在公平、自愿的前提下向金融消费者推介产品，禁止强买强卖的搭售行为，避免引起不必要的纠纷。

金融监管机构应加大对金融机构违规行为的打击力度，维护公平的金融市场环境，以加强对消费者权益的保护。

（中国人民银行广州分行金融消费权益保护处供稿）

案例十
叫停消费贷款遇阻案

案情简介

2012 年 7 月 20 日，冯某前往某商业银行分行办理消费贷款 30 万元，由于临近下班，冯某未具体查看合同内容，只听该行的某客户经理介绍：此贷款月息为 1.139%，分 36 个月还款，每月等额还款 11 751 元。冯某随后咨询了其他商业银行，发现该行的利率偏高，并于 7 月 23 日与客户经理联系，提出停办此项贷款业务。7 月 24 日，冯某前往该行与客户经理交涉，客户经理出去 30 分钟后回来表示已停办了该业务。7 月 25 日早上，冯某又致电该行再次说明情况，该行告知其放款前会有人电话核对身份信息，到时再表示不办理此项贷款即可。随后，该行未打电话核实就将该笔贷款打到了第三方账上，第三方拒绝了冯某对该笔贷款的取现要求。7 月 26 日，冯某将此事投诉至人民银行某中心支行。

处理过程

人民银行某中心支行致电冯某了解到，冯某曾接到该行贷款优惠的短信及电话营销，因宣传内容优惠，才动了贷款的念头。经核实，冯某所讲基本属实。人民银行某中心支行与该行进行沟通协调，该行同意以提前还款的方式让冯某还清贷款，未给客户造成任何经济损失，冯某对处理结果表示满意。

法律分析

《中华人民共和国消费者权益保护法》第十九条规定，"经营者应当向消费者提供有关商品或服务的真实信息，不得作引人误解的虚假宣传。"

《中华人民共和国合同法》第四十五条规定，"当事人对合同的效力可以约定附条件。附生效条件的合同，自条件成就时生效。"

本案中，冯某之所以到该银行办理消费贷款业务，是因为受了该行电话和短信优惠营销策略鼓动所为，该行营销内容有误导宣传之嫌，但是营销宣传内容仅仅是该项业务的要约邀请，具体合同内容应当以双方签订的合同为准。冯某在办理业务时，并未认真阅读合同内容即签章，相对草率。双方签字后，该贷款合同即成立。时隔三日，冯某意欲取消该笔贷款时，该行工作人员告知其电话核实身份信息是发放该笔贷款的必经环节，核实身份信息可视为对合同生效设立的条件。该行未经核实环节就发放该笔贷款，违反了相关业务规程和法规政策，应当配合冯某及时纠正失误，尽可能地减少冯某的损失。

案例启示

金融机构应树立合规经营、诚实信用、服务群众的良好形象，不得以虚假营销内容诱导消费者。金融消费者要提高维权意识，避免偏听偏信，签订合同前应仔细了解合同条款，避免麻烦和纠纷。

（中国人民银行广州分行金融消费权益保护处供稿）

案例十一
因信用不良申请农户小额贷款遭拒案

案情简介

某省某市村民刘某，因经营不善导致承包亏损，萌生了通过农户小额贷款创收还债的想法，遂多次到该市某信用联社申请农户小额贷款，信贷业务人员告知贷款需担保人或者抵押物，而刘某明显不符合贷款条件，因此未向其发放贷款。刘某因信贷业务人员服务态度不好，心生怨气，投诉至人民银行某支行，称该联社以各种借口搪塞，不给其发放农户小额贷款，要求人民银行协调解决此事。

处理过程

人民银行某中心支行受理了投诉，采取了三项措施。一是核实刘某的信用状况。了解到刘某经济条件较差，且经常参加赌博，借钱长期抵赖不还，村中无人愿做其贷款担保人。二是与金融机构妥善沟通。该中心支行联系了该联社负责人，要求其认真接待刘某，耐心向其解释信贷政策，同时综合评估其资信情况，依据政策确定是否可以发放贷款。三是做好情绪安抚工作。该中心支行相关人员为刘某分析了个人信用情况，讲解了个人信用在当前社会生活中的重要性、信用评估在信贷发放方面的运用情况，并通过贷款实例就本市各金融机构信贷发放政策设定的资格条件、审查程序等作了说明。最终，该联社信贷人员表示，如刘某能够提供真实有效的担保手续或抵押物，该社可为其发放扶持贷款，刘某了解政策后暂时放弃了贷款的想法。

法律分析

《中华人民共和国合同法》第四条规定，"当事人依法享有自愿订立合同的权利，任何单位和个人不得非法干预。"第一百九十八条规定，"订立借款合同，贷款人可以要求借款人提供担保。"第一百九十九条规定，"订立借款合同，借款人应当按照贷款人的要求提供与借款有关的业务活动和财务状况的真实情况。"

本案中，该行要求刘某按贷款相关规定提供担保或抵押的行为符合法律规定，无违规操作行为。

案例启示

金融消费者要正确认识自身的权利与义务，不得通过投诉、申诉等方式获取不正当的利益。

金融机构应加强与客户的沟通协调，做好相关金融产品和金融政策的宣传解释工作，避免因宣传不到位引发金融服务纠纷。

（中国人民银行哈尔滨中心支行金融消费权益保护处供稿）

案例十二
贴息贷款转为有息贷款计息纠纷案

案情简介

2012 年 5 月 4 日，某县村民石某向某储蓄银行支行申请农村妇女小额贴息贷款，该行于 5 月 16 日将 5 万元的贴息贷款存于石某的存折上，并通知其前来办理手续。5 月 17 日，石某与其担保人杨某共同前来办理贷款手续，因石某的丈夫未到现场，该行未能办理贷款签字手续。6 月初，人力资源和社会保障局对该行发放的妇女小额贴息贷款审核时发现，石某丈夫已于 2012 年 5 月 28 日在该县某信用社申请了退伍军人创业贴息贷款（已发放），不属于可享受妇女小额贴息贷款的范围，该行随即通知借款人石某前来办理相关手续。在此期间，石某已得知自己不符合贴息贷款条件，愿意将这笔妇女小额贴息贷款转为常规贷款。7 月 2 日借款人石某和丈夫以及担保人杨某到该行办理贷款合同补签手续，该行收取了 5 月 16 日至 7 月 2 日所产生的贴息贷款利息 654 元，理由是：县支行贷款虽经上级行审核，但为了及时发放贷款，确保按时完成放贷任务，该行采取了先报批后审查的方式，于 5 月 16 日已为石某办理了该笔贷款，并已通知其前来办理相关签字手续，在不能享受贴息优惠的情况下，贷款人同意转为有息贷款，应当承担贷款利息。石某认为，首先，自己原本申请的是贴息贷款，经审核不符合条件，银行收回即可。其次，该行虽然于 2012 年 5 月 16 日将 5 万元以其名义存入存折，但存折一直在银行保管，关于利息问题，事前并没有告诉其本人，且 7 月 2 日前自己并未使用过这笔贷款，不应承担贷款利息。最后，石某通过信访渠道将此事投诉至人民银行某县支行。

处理过程

人民银行某县支行会同某县金融办经过调查核实：该行在未经有关部门审核通过的情况下，向借款人发放贷款不符合某县妇女小额担保贷款发放程序。虽然从形式上银行单方面与借款人建立了贷款合同，但合同未经双方当事人签字，按照《贷款通则》和《中华人民共和国合同法》的有关规定，银行与借款人并没有形成实质上的债权债务关系，该行收取未经借款人签字确认期间的贷款利息的做法不合理。经过人民银行某县支行调解，该行向石某退还了 654 元的贷款利息。

法律分析

《中华人民共和国合同法》第三十二条规定，"当事人采用合同书形式订立合同的，自双方当事人签字或者盖章时合同成立。"

《中华人民共和国合同法》第四十四条规定，"依法成立的合同，自成立时生效。法律、行政法规规定应当办理批准、登记等手续生效的，依照其规定。"

　　一般情况下，依法成立的合同，自成立时生效。本案中，石某申请办理妇女小额贴息贷款，借款合同未经双方签字盖章，该借款合同未成立更谈不上生效。事实上，石某也未曾使用该笔贷款，因此，该行不得要求石某支付相关利息。

案例启示

　　作为金融消费者，应加强金融知识的学习，增强自我维权意识，通过正当渠道维护自身合法权益。

　　作为金融机构，只有严格执行相关法律法规规定，规范贷款手续，按要求执行相关贷款流程，才能避免纠纷。

（中国人民银行兰州中心支行金融消费权益保护处供稿）

案例十三
按揭贷款提前还款收取补偿金纠纷案

案情简介

罗某的女儿于 2009 年在市区购买了一套商品房，在某商业银行支行办理按揭贷款手续时，对于提前还款事项，工作人员解释为：按揭贷款开始后，一年内提前还款须支付 5‰的违约金，一年后则无须支付。2012 年 4 月 13 日，罗女士受其女儿委托，到该行办理提前还款。该行工作人员称 2010 年 4 月已出台新规定，必须交纳违约金，罗女士办理了有关手续并交纳了 700 余元的违约金。其女了解业务办理情况后，认为银行出台新规定却未履行告知义务，致使其未能根据新情况调整还款计划而多付违约金，且听说该行仅对部分提前还款的客户收取违约金，这一做法明显歧视客户，于是向人民银行当地分支机构金融消费权益保护中心投诉，要求了解有关情况，返还所交的违约金。

处理过程

接到投诉后，人民银行分支机构金融消费权益保护中心联系了该支行负责人，要求其调查了解罗某所述情况，并及时向罗某和分支机构金融消费权益保护中心反馈。事后该支行向分支机构金融消费权益保护中心反馈：该行收取的 700 余元为"补偿金"而非"违约金"，在贷款合同中有明确约定，对其工作解释不到位向罗某致歉，罗某对此处理结果表示满意。

法律分析

《中华人民共和国合同法》第十二条规定，合同的内容由当事人约定。第六十条规定，"当事人应当按照约定全面履行自己的义务。"合同的精髓是当事人自由意志的汇合，只要不违反法律、道德和公告秩序，当事人有按照自己的意志决定合同内容的权利。

本案中，罗某之女与该银行签订的合同中明确约定了提前还款需支付补偿金，其提前还款应按照合同条款支付相应补偿金。

案例启示

本案中，按照合同条款本无争议，但由于该银行工作人员解释上的偏差，造成了客户的认识错误，导致了投诉。面对客户，金融机构的工作人员的业务素质和沟通能力至关重要，只要在法律法规规定及相关政策范围内向客户作出合理解释，就能有效避免投诉和纠纷，树立良好的金融服务形象。

（中国人民银行南昌中心支行金融消费权益保护处供稿）

案例十四
信用社发放冒名贷款案

案情简介

某县农民李某向人民银行某中心支行举报，称该县某信用社在办理贷款业务时，审核把关不严，导致有人冒用他人名义办理贷款，其中可能涉及该社内部人员违法违纪问题，要求调查处理此事，追究相关人员责任。

处理过程

人民银行某中心支行首先与当地银监部门取得了联系，要求银监部门妥善处理，并将处理结果告知举报人；其次依据人民银行征信管理职能，组织人员对冒名贷款现象开展了专项调查。调查表明，造成冒名贷款的主要原因是某些人因不符合贷款条件，无法通过正常渠道获得贷款，转而利用小额信用贷款无须抵押、审批快捷的特点，假借他人名义申请并获得农村信用社贷款。该中心支行将相关情况上报上级行，同时将有关情况电话告知举报人，举报人对调查结果表示理解，并肯定了人民银行某中心支行认真负责的工作态度。

法律分析

《中华人民共和国合同法》第四条规定，"当事人依法享受自愿订立合同的权利，任何单位和个人不得非法干预。"

第七条规定，"当事人订立、履行合同，应当遵守法律、行政法规，尊重社会公德，不得扰乱社会经济秩序、损害社会公众利益。"

第五十二条第二款规定，恶意串通，损害国家、集体或者第三人利益的，合同无效。

合同是双方当事人真实的意思表示，本案中，被冒名贷款的人员所背负的贷款非本人真实意思表示，是他人恶意串通而形成的贷款合同，属于无效合同。

案例启示

近年来，国家为了保护农民利益，出台了一系列惠农政策，但实际效果有待事实检验。作为金融机构，要牢固树立"民生金融"的理念，在法律法规政策允许的范围内开展业务，加强金融机构内控制度建设，避免违规操作引起的金融纠纷，促使各项惠农政策真正落到实处。此外，考虑到农民的金融知识较为薄弱，需要加强金融知识教育，提高对个人金融信息的保护意识，避免被不法分子所利用，造成不可挽回的损失。

（中国人民银行南昌中心支行金融消费权益保护处供稿）

案例十五
银行贷款查询纠纷案

案情简介

廖某于 2006 年向某联社贷款 1 笔 3 万元，2012 年 10 月 25 日到该社还利息时，输入其名字查询流水账发现欠了 3 笔贷款，分别是 3 万元、4.5 万元、4.98 万元，廖某对后 2 笔贷款不知情，该社又不作解释，廖某投诉至当地市经侦支队、工商部门、"110"等部门，但其均以不属于管辖范围为由不予受理。廖某遂投诉至人民银行某中心支行要求查清该两笔贷款。

处理过程

人民银行某中心支行将该投诉案件移交人民银行某县支行办理。该支行立即与该社联系。经调查，该 3 笔贷款的借款人实为同名同姓的两个人，即存在两个借款人，其中 1 笔为 3 万元的借款人是投诉人廖某；另外两笔贷款的借款人是另一与投诉人同名同姓的人，与投诉人无关。该支行督促该社做好对客户的解释工作，加强业务管理，提高服务质量，投诉人对处理结果表示满意。

法律分析

《中华人民共和国合同法》第一百九十七条规定，"借款合同采用书面形式，但自然人之间借款另有约定的除外。"

本案中，廖某与该社的贷款业务属于自然人与金融机构之间的借款行为，根据法律规定应以书面合同形式确认双方的权利义务，对未记载于书面合同中的义务，廖某可不予确认。值得注意的是，本案中廖某在查询流水时发现疑问，属于操作技术中出现的问题，其合法权益并未被侵害。随着金融自助终端设备的日益普及，此类情况在日常的金融活动中是十分常见的，相关工作人员只要做好解释说明即可消除客户在操作中的疑虑。

案例启示

随着金融网络化的发展，金融服务已经从柜台延伸到自助终端、网上银行、电话银行等诸多领域，作为金融服务提供方，金融机构应加强工作人员业务培训，在提高其业务素质的同时，增强工作责任心，对客户的疑问做好解释工作，充分听取客户诉求，避免因工作失误对金融消费者的权益造成损害。金融监管机构要关注对金融机构内部培训教育的督促指导，不仅关注员工的业务能力，也要关注其服务意识。此外，要培养金融消费者的沟通意识，不要遇到疑问就慌乱急躁，有针对性地进行投诉举报。

（中国人民银行西宁中心支行金融消费权益保护处供稿）

案例十六
银行贷款搭售黄金案

案情简介

2011 年 10 月 20 日，人民银行某县支行收到金某的投诉，称其于 2011 年 10 月 20 日到某银行办理住房按揭贷款手续时，该行工作人员要求其搭配购买实物黄金，提出如果搭配购买黄金，贷款利率只上浮 10%；否则上浮 15%。金某认为此举属强制搭售行为，与该行管理人员进行交涉，该行工作人员以上级行有具体规定为由拒绝处理金某提出的问题。金某遂投诉至人民银行。

处理过程

人民银行就此投诉事件与该行进行了联系。据了解，该行近期按揭贷款利率确由上级行以内部文件形式下达，上浮标准是 15%；若客户购买实物黄金等理财产品，利率执行上浮 10% 的规定。该行工作人员表示，由于客户经理没有解释清楚，让客户产生了误会，买与不买其实随客户自愿。金某接受了该行的说法，同意接受该行住房按揭贷款的现行规则，并对人民银行县支行的纠纷处理结果表示满意。2012 年 5 月以后，该行取消了按揭搭配理财产品的做法。

法律分析

《中华人民共和国消费者权益保护法》第九条规定，"消费者享有自主选择商品或者服务的权利。"

《中华人民共和国反不正当竞争法》第十二条规定，"经营者销售商品，不得违背购买者的意愿搭售商品或者附加其他不合理的条件。"

《中华人民共和国民法通则》第三条规定，"当事人在民事活动中的地位平等。"第四条规定，"民事活动应当遵循自愿、公平、等价有偿、诚实信用的原则。"

《中华人民共和国合同法》第三条规定，"合同当事人的法律地位平等，一方不得将自己的意志强加给另一方。"

《中国人民银行关于调整金融机构存、贷款利率的通知》（银发〔2004〕251 号）第二条第一款规定，金融机构（城乡信用社除外）贷款利率不再设定上限。

本案中，金某前来办理的是住房按揭贷款业务，根据金某的具体情况，银行可以按照国家政策确定其贷款利率。该行对购买了本行理财产品的客户采取优惠贷款利率的做法属于合法范围内的自主营销手段，但其要求购买实物黄金与优惠的贷款利率相结合的方式，的确让客户感到有搭售之嫌。客户可以选择接受或者不接受，可以选择不在此家商业银行办理贷款业务。

案例启示

金融机构相对于消费者来说，对金融业务相关政策了解更详细、具体，金融机构应在提供金融服务或金融产品过程中尽到最大限度地说明、提示义务，避免出现误导消费者的语言或行为，维护金融市场的公平、公正、合理。

金融机构应加强工作人员的道德思想教育，在公平、自愿的前提下向金融消费者推介，禁止强买强卖的搭售行为，避免引起不必要的纠纷。

金融监管机构应加大对金融机构违规行为的打击力度，维护公平的金融市场环境，以加强对消费者权益的保护。

（中国人民银行杭州中心支行金融消费权益保护处供稿）

案例十七
贷款本金中预扣利息引发纠纷案

案情简介

某地个别贷款农户向人民银行某中心支行反映某县信用社预扣贷款本金（一般按10%）存放信用社，用于预付贷款利息，并要求农户签订按季结息扣款协议。

处理过程

人民银行某中心支行提出了四条措施要求该社立即进行整改。一是要求该社召开分支机构负责人专项整治工作会议，严禁扣留贷款本金备付利息。二是要求该社下发通知张贴于各营业网点，对公众明确告知信用社贷款不得预扣贷款本金备付利息，公布联社监督举报电话，接受公众监督。三是要求该社按照农业农户生产周期规律合理制定贷款期限，逐步推广利随本清的小额农户贷款，减少按季结息给农户增添的麻烦，也顺应农业生产经营的规律。四是对少数贷款客户因路途遥远或生产经营繁忙，自行要求留存贷款本金备付利息的，必须与客户签订留存扣付协议，真正体现客户意愿，维护贷款人合法权益。

法律分析

《中华人民共和国合同法》第二百条规定，"借款的利息不得预先在本金中扣除。利息预先在本金中扣除的，应当按照实际借款数额返还借款并计算利息。"

《贷款通则》第十八条规定，借款人有权按合同约定提取和使用全部贷款。

本案中，该社采取预扣本金备付贷款利息的做法违反了《合同法》和《贷款通则》的规定，侵犯了借款人的合法权益，应予以更正。

案例启示

国家一直以来都在金融支农、金融惠农方面出台多项政策，扶植农村金融。金融机构应加强对国家政策的理解与体会，在工作中真正做到金融支持"三农"，同时做好相关法律制度的学习，在国家法律法规规定允许范围内开展各项业务。金融监管机构也要做好农民的金融教育工作，提高农民的维权意识和自我保护能力。

（中国人民银行贵州中心支行金融消费权益保护处供稿）

案例十八
银行贷款搭售保险纠纷案

案情简介

人民银行某县支行接到县政府办公室批转的一单群众反映，称某县农村合作银行城区分理处向贷款客户搭售保险，该人民银行县支行迅速组织人员，进驻该行进行调查。

处理过程

经调查，某县农村合作银行城区分理处共办理此类保险业务5笔，每笔保险业务都有借款人愿意办理的承诺书。据银行经办人员回忆，在办理的5笔保险业务过程中，均未发现贷款人不愿或勉强同意办理保险业务现象。

由于该案中客户匿名向县长信箱投诉，人民银行某县支行无法与客户进行直接沟通，于是将群众反映问题和调查情况及时向该行领导和有关部门进行了通报，由该行派专门人员对这个群众反映问题继续调查。后该行自行与近期办理贷款的各客户联络，经询问得知，有客户贷款当时虽不愿办理该项保险，但由于担心不办保险银行不予贷款，因此并未提出异议。而该行工作人员也未尽到详细解释该保险意义及用途的责任，造成了客户的误解。后经相关责任人向客户道歉并进行详细解说，最终与客户达成了谅解，并向县政府办公室及人民银行进行了报告。人民银行某县支行对某县农村合作银行作出以下处理意见。

第一，要求其在贷款办理营业厅公布"贷款人意外伤害保险"办理政策和程序，宣传开办此项业务的目的、政策，切实尊重贷款人意愿。

第二，如今后发生因经办人员在办理保险业务前未将政策向贷款人解释清楚，导致贷款人误会或者经办人员强行、暗示诱导贷款人办理保险业务，违背贷款人意愿的，责令农村合作银行对相关负责人和经办人员进行严肃处理，并向客户登门致歉、全额退还保费。

第三，要求农村合作银行加强对经办人员的业务培训，不断提升业务素质和职业道德，严格坚持"自愿协商、诚实守信"的原则，切实尊重客户意愿，杜绝此类问题发生。

法律分析

《中华人民共和国保险法》第十一条规定："订立保险合同，应当协商一致，遵循公平原则确定各方的权利和义务。除法律、行政法规规定必须保险的外，保险合同自愿订立。"

《中华人民共和国消费者权益保护法》第九条规定："消费者享有自主选择商品或

者服务的权利。"

《中华人民共和国反不正当竞争法》第十二条规定："经营者销售商品，不得违背购买者的意愿搭售商品或者附加其他不合理的条件。"

本案中，虽然经调查未发现某县农村合作银行对消费者办理贷款时强制销售保险的现象，但由于其工作人员未详细解释该保险意义及用途，造成了客户的误解，客观上形成了办理贷款搭售保险的事实。

案例启示

据调查，大部分金融机构在办理贷款时均未强制消费者办理保险，但在金融消费者投诉中，办理贷款搭售保险的投诉较多，这一方面反映出金融机构在办理贷款业务时，没有充分向消费者详细解释保险意义、用途及其享受的自由选择权，使消费者误以为办理保险是办理贷款的必需条件；另一方面也反映出金融消费者在向金融机构贷款时，将自己置于弱势地位，对金融机构的要求无条件满足但又不符合自己的真实意愿，而在事后予以投诉。因此，要避免此类投诉，一方面需要金融机构向消费者充分行使告知义务，提升社会服务形象；另一方面需要金融消费者提高自身的维权意识，与金融机构站在对等的位置来办理业务，签订合同，以维护自身的合法权益。

（中国人民银行西安分行金融消费权益保护处供稿）

案例十九
助学贷款逾期未还纠纷案

案情简介

贷款人张某，于 2008 年 9 月 27 日以监护人的身份为其女儿申请一笔 6 000 元的政府贴息助学贷款，贷款到期日为 2012 年 9 月 25 日。2009 年 8 月 31 日，张某又为其女申请该类助学贷款 6 000 元，到期日为 2012 年 9 月 25 日。截至 2013 年 7 月 25 日，张某两笔贷款均未偿还。

在张某逾期 10 个月未还贷款，多次催收无果的情况下，某农村信用联社将张某诉诸当地人民法院，要求被告张某偿还两笔贷款总计 1.2 万元，并支付在两笔贷款产生的原助学贷款利率（0.9%）基础上加收 50% 的逾期利息。张某认为其助学贷款有展期，贷款到期后自动展期两年且仍是政府贴息，信用联社不应收其逾期利息。于是张某来人民银行反映问题，并请求人民银行要求信用联社撤诉。

处理过程

人民银行某中心支行金融消费权益保护中心办公室接到此案后，由投诉受理员及时填写投诉登记表，并根据业务范围填写了资料交接登记簿转交货币信贷科业务专员进行接待和解答。业务专员就助学贷款的相关政策向投诉人张某作了详细解答，贷款人张某很满意金融消费权益保护中心的接待和答复，并同意和某信用联社协商，偿还本金和逾期罚息。据金融消费权益保护中心投诉受理专员的跟踪了解，张某已经偿还了所欠本金和罚息，某信用联社也已经撤诉，案件在人民银行积极有效地调解下得到圆满解决。

法律分析

《中国人民银行助学贷款管理办法》第七条规定："助学贷款的期限一般不超过八年，是否展期由贷款人与借款人商定。"

《国务院办公厅转发中国人民银行等部门关于国家助学贷款管理规定（试行）的通知》第二十四条规定："借款学生不能按期偿还贷款本息的，按中国人民银行有关规定计收罚息。"

本案中，张某与某农村信用联社签订的借款合同，双方已明确贷款期限，此两笔贷款没有展期。而且贷款到期前后张某也没有及时申请展期。张某逾期 10 个月未偿还本金，某信用联社加收逾期利息是符合法律规定的。

案例启示

实际操作中，由于贷款人或监护人对助学贷款的相关政策法规了解不够、法律意识不强，此类案件时有发生。本案中被投诉人其实是受害者，由于投诉人对助学贷款政策和金融法律法规知识的缺乏，致使其逾期偿还贷款，损害了被投诉人的合法权益。建议金融监管部门、各类银行业金融机构加强对助学贷款或下岗失业人员小额担保贷款等国家优惠政策性贷款和金融法律法规知识的宣传和普及，提高金融消费者的金融知识水平和法律意识，避免不必要的纠纷和争议。

（中国人民银行呼和浩特中心支行金融消费权益保护处供稿）

本篇小结

存贷款利率管理属于人民银行法定职能范围，从人民银行目前受理的投诉案件分析，关于存贷款利率业务的争议是金融消费者投诉的重点领域。

一是关于贷款审批与贷款利率确定的投诉案件很多。在国家对房地产进行调控的时期，此类案件更是高发。实践中，部分商业银行对消费者办理贷款业务设置重重障碍，如"办理房屋按揭贷款业务强行搭售金融产品案"就是要求消费者必须购买该银行的金融产品才能够为其办理房屋按揭贷款，"银行贷款搭售黄金案"也是银行要求消费者购买实物黄金后方可享受优惠利率。

二是在金融消费者提前还贷环节与金融机构发生的争议较多。本篇中，"公积金房贷提前还款被拒案"主要是由于公积金贷款涉及部门多、解释不清而引发的纠纷。"按揭提前还款收取补偿金纠纷案"是由于消费者没有充分理解贷款合同内容，金融机构对相关政策的宣传解释不到位所导致。

三是商业银行内部制度不完善，工作人员业务素质不过硬。"贷款本金中预扣利息引发纠纷案"中，某信用社采取预扣本金备付贷款利息，违反了《中华人民共和国合同法》和《贷款通则》的规定，侵犯了借款人的合法权益。"放贷凭证的利率与借款合同不一致案"，就是由于经办人员不熟悉业务，未能及时发现实际利率与显示利率不符的错误，导致双方签订了年利率为6.1%的借款合同却显示年利率为7.01%的放贷凭证，最终在人民银行的调处下，银行按照借款合同的利率为客户办理了贷款业务。

目前，人民银行、银监会、证监会、保监会等部门以及相关行业协会、消费者保护协会都在金融消费者保护领域做了大量工作。根据上述存贷款利率案例中显现的重点问题，我们建议人民银行要进一步加强监督指导，提高消费者的金融素质与防范风险的能力，有效维护货币政策的正常传导。

第一，建议明确金融机构商业原则自主经营范畴。近年来，我国利率市场化进程不断加快。自2013年7月20日起，我国已经全面放开金融机构贷款利率管制，取消金融机构贷款利率0.7倍的下限，由金融机构根据商业原则自主确定贷款利率水平。类似地，银行在中间业务上收费也有差别，不能简单认为收费高就是侵害金融消费者权益。利率是资金价格，收费是服务价格，如果利率走向市场化，那么服务就更应坚持市场化、允许差异性。在这样的背景下，我们有必要加强对金融消费者的教育，帮助其树立风险意识，选择适合自己的金融产品，提高其自我保护能力。

第二，加强金融消费者教育。金融消费者要认真了解自己所办理的业务，阅读签订的合同条款内容，慎重签章。我们提醒广大金融消费者一定要诚信贷款，诚信是每个人立足社会不可或缺的无形资本，恪守诚信是每个人应有的生存和发展理念之一，按时还款是每一个贷款人最基本的责任和义务。

第三，理顺金融消费者保护工作的内部管理体制，提高金融服务质量，规范金融产品销售。建议由监管机构督促商业银行自觉规范格式化合同范本，减少业务差错，杜绝虚假宣传误导消费者。金融机构推介金融产品时，应严格按照法律法规以及有关规定执行，在公平、自愿的前提下向金融消费者推介，严禁强行搭售，避免引起不必要的纠纷。

第四，金融消费权益保护不仅仅是金融监管机构、金融机构的责任，金融消费者本身也应对自己负责，对社会负责，了解金融法律法规，依法依规办事，合法合理维权。只有各主体都树立起责任意识，金融消费权益保护工作才会真正起到应有的作用。

第八篇

国库管理

编者按：国库管理是指负责预算执行的专门机构根据法律法规的规定管理预算收入的收纳、划分、留解和库款支拨等业务，国库管理包含国库集中收付管理、国债管理和国库现金管理三方面内容。

近年来，国库管理领域金融消费纠纷逐渐增多，主要集中在三个方面。一是国库券历史遗留问题。国库券作为特定历史时期的产物，银行的年轻柜台人员对国库券缺乏认识，不熟悉国库券兑付的政策规定，解释处理不当、引发纠纷。二是国债业务纠纷。该类纠纷主要发生在国债销售和兑付环节，由于销售过程透明度和公正性不足，侵害客户公平交易的权利；客户提出兑付申请时，又因为业务不熟悉和内部管理出错拒绝客户兑付国债，引发客户投诉。三是银行缴税方面的纠纷。该类纠纷主要表现为银行未充分重视国库经收工作，未严格执行国库管理的相关规定，导致客户税款现金缴纳和账户划转不成功，侵害客户权益。这些纠纷中，由于缺乏国库、国债方面的知识，客户往往处于被动地位，多数情况下都息事宁人未进行投诉，客户的合法权益难以得到有效保护。

本篇国库管理案例收录有关分支行提供的十二个案例，通过对收集案例的分析，我们发现，国库管理方面的投诉主要是由于银行对国库经收和国债承销、兑付业务重视不够造成的。国库经收和国债兑付工作不仅关系到对客户的权益保护，还关系到国家税收的稳定和国家信誉的维护。我们认为，应当加大对国库经收和国债售兑方面的政策法规和基础知识的宣传教育，培养客户自我保护的意识和能力。除此之外，还应积极引导银行业金融机构充分重视国库经收和国债售兑工作，主动维护客户的合法权益和国家的良好信誉，加大对银行业金融机构执行国库管理法律法规情况的监督检查力度。

本篇案例

- 20 世纪 80 年代购买的国库券兑付纠纷案
- 投诉某商业银行拒绝办理现金缴纳社保费案
- 投诉某商业银行不按规定出具国债收款凭证案
- 投诉银行国债发售时间不统一案
- 投诉银行销售储蓄国债未提供原始认购书案
- 以票据交换结束为由拒收公司税票引发纠纷案
- 法院要求人民银行协助扣划消费税退税税款引发纠纷案
- 国债提前兑取利息损失案
- 因银行内部系统原因拒绝兑付国债案
- 投诉国库经收处拒收税款案
- 银行违规销售国债侵害消费者权益案
- 国债承销机构凭证使用违规案

案例一
20 世纪 80 年代购买的国库券兑付纠纷案

案情简介

2012 年 10 月 31 日，某市某影剧院负责人徐某专程前往人民银行某中心支行致谢，赠送一面锦旗，上书"彰显国债声誉 保投资者权益"。某市某影剧院于 1985 年至 1987 年购买了面值 10 000 元的国库券和国家重点建设债券，后由于经办人员病故和单位停业多年导致原始单据遗失。人民银行某中心支行通过多方了解，与该单位取得联系，多次组织人员指导某影剧院完善兑付资料，于 2012 年 10 月 30 日成功完成对其持有国债的兑付工作。

处理过程

2012 年 8 月以来，人民银行某中心支行认真贯彻落实上级行对国家债券收款单集中催兑工作要求，多措并举，组织辖内人民银行县支行、各商业银行、农信社广泛开展了国家债券收款单集中催兑活动。一是进行国家债券收款单催兑公告。人民银行某中心支行组织相关人员在超市等人流集中点派发及张贴催兑公告，在商业银行网点 LED 屏滚动发布催兑信息，在重点时段播出宣传广告。二是主动联系、实地走访持有国债单位。人民银行某中心支行积极与该市财政局、工商局、税务局和商业银行等相关部门沟通协调，发现持有债券单位大都已经停产关闭，接洽有关主管部门后才与持有债券单位留守人员取得联系，留守人员表示由于多年停产，原有的国库券和国家重点建设债券原始单据已经遗失。三是积极争取上级行政策指导。人民银行某中心支行及时向上级行国库部门汇报持有国债单位遗失原始单据的情况，针对这种情况，进一步明确了国债收款单收据联遗失情况下办理国债收款单兑付的有关手续。

法律分析

《中华人民共和国民法通则》第二条规定，"中华人民共和国民法调整平等主体的公民之间、法人之间、公民和法人之间的财产关系和人身关系。"第五十条规定，"有独立经费的机关从成立之日起，具有法人资格。"国家机关可以作为民事主体，参与民事法律关系，公民、法人和其他组织由于购买国债产生的法律关系是一种平等主体间的借贷关系。

《中华人民共和国合同法》第六十条规定，"当事人应当按照约定全面履行自己的义务。"

作为债权人的某影剧院可以在债权到期后以兑付债券的方式要求支付本金及利息，

国债交易的法律关系虽属平等型法律关系，但体现出一定的特殊性，国债属于信用等级最高、安全性最好的债权债务关系，它是以国家信用作为担保，按照规定兑付国债持有人的债券，既是对国债投资者权益的保护，又是对国家信誉的维护。

案例启示

本案涉及的国债均属 1997 年之前发行的国库券和国家重点建设债券，当时的这部分国债大多属派购性质，属记名式债券，记名式国债持有人只能向人民银行申请兑付，兑付时除须提供国库券收款单、重点建设债券收款单外，还需提供收款单收据联、单位介绍信等资料，本案的国债持有人因国库券收款单等凭证丢失到银行兑付遭拒绝引发了本次纠纷，一方面银行工作人员对于国债兑付的政策法规不熟悉，缺乏必要的培训和学习，没有正确告知国债持有人不同类型的国债凭证应当如何兑付，也未告知对缺失凭证如何进行补正。另一方面，人民银行国债集中清理兑付活动工作虽投入大量精力，但由于时间跨度大，持有单位、人员、结构的变化，导致收款单位名称变更、国债收款单丢失或所有权转移，导致兑付工作难度极大，仍然有部分国债未能实现兑付，使国债持有人权益受到损害。

银行应当加大对员工国债兑付方面政策法规的培训，对于国债兑付的要求，手续齐全的要及时予以兑付，手续不齐全的要耐心细致地向持有人进行解释，指导持有人补正相关手续予以兑付；银行应高度重视国债的承销和兑付工作，国债作为国家财政担保支付的债务，代表着国家的信誉，银行有责任积极主动地维护国家的信誉，对于国债兑付请求，不属于银行兑付义务的，要及时告知持有人向当地人民银行兑付。

（中国人民银行广州分行金融消费权益保护处供稿）

案例二
投诉某商业银行拒绝办理现金缴纳社保费案

案情简介

2011 年 3 月 23 日，周某向某市金融消费权益保护中心提起申诉，称其到某商业银行支行办理现金缴纳社保费业务，该支行拒绝办理。

处理过程

某市金融消费权益保护中心受理申诉后，进行了协商调处。经查，周某没有在该商业银行支行开立存款账户，故该支行拒绝办理现金缴纳社保费业务。根据调查情况，某市金融消费权益保护中心责成该支行按照规定办理现金缴纳社保费业务，并采取有关措施消除不良影响。

法律分析

本案是一起商业银行拒绝办理现金缴纳社会保险费引发的民事纠纷，由于周某没有在该支行开立存款账户，其通过现金形式在该支行缴纳社会保险费的行为应视为汇兑结算业务，据此本案可作如下法律分析。

第一，商业银行不应拒绝办理汇兑结算。《支付结算办法》第一百六十九条规定，"单位和个人的各种款项的结算，均可使用汇兑结算方式。"即使周某未在该支行开立存款账户，也可以采取汇兑方式办理缴费结算，该支行不得拒绝办理。

第二，商业银行不应拒收人民币现金。《中华人民共和国人民币管理条例》第三条规定，"中华人民共和国的法定货币是人民币。以人民币支付中华人民共和国境内的一切公共的和私人的债务，任何单位和个人不得拒收。"虽然周某未在该支行开立存款账户，但其使用人民币现金支付社保费用并办理缴费结算符合法律规定，该支行不得拒收。

第三，商业银行应当尊重金融消费者的自主选择权。《中华人民共和国消费者权益保护法》第九条规定，"消费者享有自主选择商品或者服务的权利。消费者有权自主选择提供商品或者服务的经营者，自主选择商品品种或者服务方式，自主决定购买或者不购买任何一种商品、接受或者不接受任何一项服务。"商业银行提供多种服务方式，包括现金汇兑业务，该支行应当尊重金融消费者的自主选择权，不应拒绝周某选择以现金方式办理社会保险费缴纳。

案例启示

从本案中可以看出，部分商业银行服务意识不够强，不愿意为不在本行开立存款账户的客户提供有关的金融服务，造成了三方面的不良影响：一是给金融消费者带来不便，侵害了金融消费者的合法权益；二是没有履行法定义务，违反了法律规定；三是没有对不在本行开立存款账户的金融消费者给予平等待遇，损害了机构形象。

因此，在提供金融服务的过程中，金融机构要树立良好的服务意识，坚持客户至上的理念，增强提供金融服务的主动性和积极性，平等对待每一位客户，以优质的服务维护自身形象和吸引更多客户；要严格按照法律规定提供金融服务，除法律另有规定外，不得无故拒绝办理有关金融业务。

（中国人民银行武汉分行金融消费权益保护处供稿）

案例三
投诉某商业银行不按规定出具国债收款凭证案

案情介绍

2011年6月13日上午，一位年近八旬的老先生来到人民银行某中心支行金融消费权益保护中心，投诉某商业银行支行凭证式国债发行出具材料不规范，其购买的5 000元三年期凭证式国债，银行没有提供"凭证式国债收款凭证"，希望人民银行出面协调，要求该支行出具国债实物凭证，如无法出具，要求该支行退回5 000元购买国债款及活期利息。

处理过程

人民银行某中心支行国库科业务人员认真审核材料后认为："中间业务交易回执"载明的户名、交易名称、券种名称、购买金额、起息日和分档利率等符合规定，认定该支行向老先生发售凭证式国债属实，但未按规定出具"中华人民共和国凭证式国债收款凭证"。

经调查，该支行没有对购买凭证式国债的投资者出具业务交易回执，但出具了其他交易证明材料，主要原因是该行业务系统升级改造。国库科经办人员认为，该行的上述做法不符合凭证式国债发售要求，要求该行严格执行有关规定，为老先生出具印有"中华人民共和国凭证式国债收款凭证"字样的实物凭证，并及时向金融消费权益保护中心反馈处置结果。

6月16日上午，该行回复，已与老先生联系，为其补充出具了凭证式国债实物凭证。经核实，老先生已于当日取得了该银行出具的填制日期为6月10日的凭证式国债实物凭证。

法律分析

本案是一起商业银行承销凭证式国债，没有按照有关规定为金融消费者出具正式凭证式国债收款凭证而引发的民事纠纷案。凭证式国债是指国家不印制实物券面，而采用填制"中华人民共和国凭证式国债收款凭证"的方式，由财政部通过部分商业银行柜台，面向社会大众发行的储蓄性国债。结合上述案情，本案可作以下法律分析。

《中国人民银行、财政部关于发行2011年凭证式（二期）国债有关问题的通知》（银发〔2011〕135号）和《中国人民银行、财政部关于发行2011年凭证式（一期）国债有关问题的通知》（银发〔2011〕46号）规定："本期国债收款凭证，一律使用由中国人民银行监制、中国印钞造币总公司所属有关证券印制厂统一印制的'中华人民共和国凭证式国债收款凭证'，不得使用其他凭证。"在本案中，该支行以业务系统升级为由，用其他交易证明材料代替"中华人民共和国凭证式国债收款凭证"，不仅损害了金融消费者的合法权益，也违反了管理部门的文件规定。

《中华人民共和国消费者权益保护法》第二十二条规定，"经营者提供商品或者服务，应当按照国家有关规定或者商业惯例向消费者出具发票等购货凭证或者服务单据；消费者索要发票等购货凭证或者服务单据的，经营者必须出具。"尽管《中华人民共和国消费者权益保护法》适用范围为消费者为生活消费需要购买、使用商品或者接受服务，但是该条对本案仍然具有重要的参照意义。中国人民银行、财政部文件规定商业银行应当使用"中华人民共和国凭证式国债收款凭证"且金融消费者明确要求该支行出具国债实物凭证，根据《中华人民共和国消费者权益保护法》第二十二条规定，该支行应向金融消费者出具"中华人民共和国凭证式国债收款凭证"。

案例启示

在本案中我们看到，该支行在承销国债的具体过程中，以内部系统升级为由拒不出具收款凭证，反映出商业银行仍然存在基层网点从业人员合规操作意识不高、管理制度执行不到位、内部监督机制不健全的问题。法律法规的规定具有强制性，金融机构作为义务人应当严格执行规定，不得以内部管理中出现的问题作为拒不履行法定义务的理由。承销商业银行应当加强从业人员培训，增强依法合规操作意识，树立法律至上的理念，同时加强内部监督检查和问责处理，及时发现存在的问题并予以整改，确保相关制度落实到位。

国债管理部门可以通过现场和非现场相结合的方式，进一步加强对商业银行的监督管理，及时收集有关信息，妥善处理各类投诉，使国债发行真正成为一项利国利民的好政策。

金融消费者要增强维权意识，索取并保存好有关交易材料和凭证，以便在合法权益受损时能够有效维护自身权益。

（中国人民银行南京分行金融消费权益保护处供稿）

案例四
投诉银行国债发售时间不统一案

案情简介

2012 年 9 月 14 日，人民银行某中心支行接到方某投诉，称其于 4 月 10 日在某商业银行支行购买国债，排队伍第一名，但该网点一开门营业即称国债已经售完，于是向人民银行投诉，要求该支行给个说法，并要求对该支行加强监管。

处理过程

某商业银行分行经向该支行调查了解，投诉情况属实，并于 9 月 25 日书面反馈人民银行某中心支行，对导致投诉的原因解释如下：该行网点遍布城乡，城市与乡村的作息和营业时间有差异，但国债销售额度统一管理，并未在各营业网点之间划分，且发售时间与各网点营业时间相同，营业时间早的网点可以早发售。投诉人所在网点在市区，营业时间晚于农村地区网点，导致开门营业时国债已经被发售完毕。

人民银行某中心支行认为，该银行应当采取相关措施，或在网点之间划分额度，或统一发售时间，为客户购买国债提供相同的机会。9 月 27 日，某商业银行分行有关负责人与某支行部门负责人根据人民银行某中心支行的要求，与投诉人方某进行了沟通，表达了歉意，并规定以后统一国债发售时间。投诉人方某表示谅解，双方达成和解。

法律分析

《中华人民共和国消费者权益保护法》第四条规定，"经营者与消费者进行交易，应当遵循自愿、平等、公平、诚实信用的原则。"第十条规定，"消费者享有公平交易的权利。"公平交易权是金融消费者在购买金融商品或者接受金融服务时所享有的与金融机构进行公平交易的权利，包括获得平等交易机会、合理价格、计量正确等公平交易条件的权利。

本案中，某商业银行支行作为国债承销机构，未统一各网点的国债发售时间，同时因城乡网点的营业时间差异造成了消费者购买国债机会不均等的问题，违背了平等、公平的交易原则，损害了部分消费者的公平交易权。

案例启示

本案件反映出作为国债承销机构的金融机构在代理销售国债时，应考虑所在地区实际情况，制定公平合理的承销发售方案，严格遵守交易过程中的平等和公平原则，采取行之有效的措施保障消费者公平交易权，将维护消费者合法权益作为提升企业社会形象、践行企业社会责任的重要途径。

（中国人民银行宁波市中心支行办公室供稿）

案例五
投诉银行销售储蓄国债未提供原始认购书案

案情简介

2012年3月29日,李某向人民银行某中心支行投诉,几天前在某银行营业网点购买了四笔电子式储蓄国债,其中第一笔银行没有向其发放认购原始凭证,只是给了复印件,另三笔在他的强烈要求下,银行发放了认购原始凭证,但是,四张凭证上均没有标注到期付息率,因此,购买人对银行不给原始认购凭证和认购凭证上没有标注到期付息率,存有疑虑,对到期付息时银行能否按宣传利率付息感到不踏实。

处理过程

人民银行某中心支行受理投诉后,迅速召集国库部门有关人员对投诉人提出的问题和疑虑进行答复。根据有关规定,国库部门工作人员向投诉人作了认真详细的说明,告知投诉人,电子式储蓄国债是财政部面向个人投资者发行的,以电子方式记录债权的一种不可上市流通的人民币债券。电子式储蓄国债与凭证式储蓄国债不同,它以电子记账的方式记录投资人买了多少国债,在购买行开立一个国债托管账户,以电子方式记录债权,承销行无须另行交付购买凭证,免去了购买人保管纸质债券凭证的麻烦。

财政部公告2012年第6号第四条明确规定,投资者购买本次发行的国债,需持本人有效身份证件和承销团成员的活期存折(或借记卡)在承销团成员网点开立个人国债账户,个人国债账户不收开户费和维护费用,开立后可以永久使用。已经通过承销团成员开立记账式国债托管账户的投资者可继续使用原来的账户购买储蓄国债(电子式),不必重复开户。活期存折(或借记卡)的相关收费按照各行标准执行。电子式储蓄国债凭证上没有设计利率标注栏目,国库部门工作人员解释后请认购人理解,国债是国家财政部发行并以国家信誉为担保,到期一定会按财政部公告利率付息,请购买人放心。投诉人消除疑虑,满意而归。

法律分析

2009年财政部、中国人民银行《储蓄国债(电子式)管理办法(试行)》第九条规定,"储蓄国债(电子式)以电子方式记录债权,通过投资者在试点商业银行开设的人民币结算账户进行资金清算。"可见以电子方式记录债权的形式是合同的表现方式,符合法律规定,某银行按照财政部公告要求发售国债的行为是合法的。

《中华人民共和国消费者权益保护法》第八条规定:"消费者享有知悉其购买、使用的商品或者接受的服务的真实情况的权利。"此外,财政部、中国人民银行《储蓄国债（电子式）管理办法（试行）》第三十一条规定，试点商业银行应在其业务系统中保留完整的指令记录，并按相关规定提供书面交割记录。试点商业银行在办理发行认购业务时，应当向投资者提供统一的《中华人民共和国储蓄国债（电子式）认购确认书》。

因此，作为消费者的李某享有充分获知本期国债产品相关信息的权利，包括利率、期限、付息方式等；同时银行应按照规定向李某出具《中华人民共和国储蓄国债（电子式）认购确认书》。

案例启示

本案中，造成李某心存疑虑的主要原因为：一方面，发售国债的银行在国债发售前和发售中未通过适当方式进行宣传，未充分披露本期国债产品的相关信息并向认购者履行提示和说明义务，且未按规定出具《中华人民共和国储蓄国债（电子式）认购确认书》；另一方面，认购者在购买国债之前未对本期国债产品作充分的了解。

因此作为国债承销机构的金融机构在发售国债业务时，应通过适当方式在公开场合告知国债的发售公告和办法，对涉及的相关专业知识和消费者权益保护领域的内容应予重点解释，有效履行告知义务和提示说明义务；按照规定出具相应的业务凭证等；同时应积极开展金融消费者教育，加强金融知识的普及宣传，帮助金融消费者更好地认识金融、了解金融。

金融消费者则应加强对金融专业知识的学习，主动了解国债发行公告的内容和要求，牢固树立金融风险意识和责任意识，不断提升自我保护能力。

（中国人民银行呼和浩特中心支行金融消费权益保护处供稿）

案例六
以票据交换结束为由拒收公司税票引发纠纷案

案情简介

2012 年 10 月 13 日，某物流公司人员前往某信用社交纳公司税票，该信用社以"两场票据交换已结束，不再受理税票业务"为由拒收公司税票。10 月 15 日下午，该物流公司向人民银行某市支行进行投诉。此案件没有经过金融机构投诉处理渠道进行处理。

处理过程

人民银行某市支行进行登记并了解相关情况后，电话至该信用社核实确有此事。随后派员前往该信用社对案件详细情况进行调查，并与相关负责人及经办人员进行了谈话。

人民银行某市支行根据《商业银行、信用社代理国库业务管理办法》第十条"国库经收处不得无理拒收纳税人缴纳或征收机关负责组织征收的预算收入"的规定，指出国库经收处不得无理拒收纳税人缴纳或征收机关负责组织征收的预算收入，该信用社已违反此项规定。如不办理可依据《商业银行、信用社代理国库业务管理办法》第四十一条第四款，"国库经收处拒收纳税人缴纳的现金税款或纳税人存款账户余额充足而拒绝划转税款的，视情节轻重，处 5 000 元以上、20 000 元以下的罚款进行处罚。"

鉴于该信用社当日已办理此项业务，人民银行某市支行责成相关人员认真学习《商业银行、信用社代理国库业务管理办法》等规定，并对违规行为作出检查。

法律分析

《商业银行、信用社代理国库业务管理办法》第七条规定，"国库经收处必须准确、及时地办理各项预算收入的收纳，完整地将预算收入划转到指定收款国库。"第十条规定，"国库经收处不得无理拒收纳税人缴纳或征收机关负责组织征收的预算收入。"第四十一条第四项规定，"国库经收处拒收纳税人缴纳的现金税款或纳税人存款账户余额充足而拒绝划转税款的，视情节轻重，处 5 000 元以上、20 000 元以下的罚款。"

本案中，该信用社所说"两场票据交换已结束"仅仅是说明该信用社（国库经收处）当天与收款国库之间的税款划转环节结束，而纳税人向该信用社缴纳税款的行为不受影响。该信用社工作人员将国库经收处接收纳税人缴纳税款与国库经收处到人民银行办理票据交换这两个独立的环节混淆，向纳税人作出不恰当的解释，是引起纠纷的重要原因，并且其拒收税款的行为涉嫌违反国库业务管理相关规定，应结合案件其他情形作出相应后续处理。该信用社应加强对柜台工作人员教育，提高业务素质，避免再次出现此类情况。

案例启示

目前纳税人缴纳税款可以使用现金、转账以及电子缴税等形式。由于国库经收处一般设在对公业务窗口，非工作日不办理业务，故现金、转账缴税这两种需要到柜台办理缴税业务的方式受到工作时间的较大限制，而人民银行及相关部门正在大力推行的电子缴税可极大缓解此类问题，为纳税人提供方便。为避免此类事件再次发生，进一步提升银行业金融机构服务水平，一方面应强化柜台工作人员的学习教育。另一方面，国库经收处应配合人民银行及相关部门大力宣传、推行电子缴税。

（中国人民银行乌鲁木齐中心支行金融消费权益保护处供稿）

案例七

法院要求人民银行协助扣划消费税退税税款引发纠纷案

案情简介

2009 年 6 月 10 日，某县法院 3 名工作人员持法院执行裁定书和协助冻结存款通知书来到人民银行某县支行，要求人民银行协助法院扣划某酒业有限公司 2009 年 6~12 月葡萄酒消费税退税税款，并在办理退税前通知该县法院。人民银行某县支行根据相关法律法规，拒绝了县法院的要求。但县法院办案人员提出，任何公民都有协助法院执行公务的义务，并指出如不予配合，人民银行某县支行需按《中华人民共和国民事诉讼法》第一百零二条"拒不履行人民法院已经发生法律效力的判决、裁定"的条款承担相应的法律责任。随后，县法院办案人员又告知该人民银行某县支行，由于某酒业有限公司拒不执行判决书，目前已判决执行的货款就达 225 万元，涉及农户 19 户（另有 6 户已立案即将判决），已导致该县农民数起信访，在本县造成一定影响，县委县政府为此也召开了协调会，此问题不解决，将影响该县的信访工作。

处理过程

6 月 15 日，人民银行某县支行向人民银行某中心支行进行汇报，请求政策指导，人民银行某中心支行请示上级国库部门后很快向该县支行作出指示，并将有关文件依据传真到人民银行某县支行。人民银行某县支行根据人民银行某中心支行的指示，向县法院办案人员出示了中国人民银行办公厅《关于国库部门协助冻结和扣划国库资金有关问题的批复》（银办函〔2001〕413 号），作了以下解释说明。（1）最高人民法院和中国人民银行联合发布的《关于依法规范人民法院执行和金融机构协助执行的通知》（法发〔2000〕21 号）中规定，除特别指明外，协助执行的主体为商业性金融机构，而不包括作为行政机关的中国人民银行及其分支机构。（2）除本级政府财政外，其他任何单位和个人要求运用或冻结国库库款的，中国人民银行及其分支机构依法均不能给予协助，否则，将依法承担法律责任。（3）司法机关认为国库内资金不属于国库库款的，应当依法要求地方政府或者有关政府部门将资金划出国库后再予以执行。

人民银行某县支行向县法院办案人员作了充分解释，得到办案人员理解后，又向办案人员提出了积极的建议，需冻结的该酒业有限公司退税税款，此款目前还是国库库款，不属于被冻结的存款范围，但等退库税款划转到该企业在商业银行的账户后，该款项就不属于国库库款，法院有权要求商业银行按规定协助执行，办理冻结该账户资金业务。最后，该县法院采纳了人民银行某县支行的合理化建议，放弃了让国库协助扣留库款的要求，双方达成一致，待此退税手续送达国库后，国库部门在第一时间通知县法院到该企业开户银行要求冻结，办理相关手续。

法律分析

《中华人民共和国预算法》第四十八条第四款规定，各级国库库款的支配权属于本级政府财政部门。除法律、行政法规另有规定外，未经本级政府财政部门同意，任何部门、单位和个人都无权动用国库库款或者以其他方式支配已入国库的库款。

《中华人民共和国预算法实施条例》第四十四条规定，《预算法》第四十八条第四款所称"以其他方式支配已入国库的库款"，是指部门、单位和个人未经本级政府财政部门同意，调拨、周转、冻结、扣拨、退付已入国库的库款。

《中华人民共和国民事诉讼法》（2007）第二百一十八条规定，被执行人未按执行通知履行法律文书确定的义务，人民法院有权向银行、信用合作社和其他有储蓄业务的单位查询被执行人的存款情况，有权冻结、划拨被执行人的存款，但查询、冻结、划拨存款不得超出被执行人应当履行义务的范围。

《最高人民法院、中国人民银行关于依法规范人民法院执行和金融机构协助执行的通知》（法发〔2000〕21号）第三条规定，对人民法院依法冻结、扣划被执行人在金融机构的存款，金融机构应当立即予以办理，在接到协助执行通知书后，不得再扣划应当协助执行的款项用于收贷收息；不得为被执行人隐匿、转移存款。违反此项规定的，按照《民事诉讼法》第一百零二条的有关规定处理。

中国人民银行2011年印发的《国库会计管理规定》中指出，预算收入的退库，应当按照国家规定直接退给申请单位或申请个人。任何部门、单位和个人不得截留、挪用退库款项。

本案中，引发纠纷的关键是某县法院工作人员将此笔拟扣划税款的资金性质与银行存款混同。某县法院要求人民银行协助法院扣留某酒业有限公司2009年6~12月葡萄酒消费税退税税款时，该笔款项还是国库库款，未经本级政府财政部门同意，任何部门、单位和个人都无权动用国库库款或者以其他方式支配已入国库的库款，因此人民银行某县支行不能给予协助。退库税款划转到该企业在商业银行的账户后，该款项从国库库款变为该企业银行存款，法院才有权要求商业银行按规定协助执行，办理冻结该账户资金业务。

案例启示

银行协助司法机关冻结、扣划银行存款的相关问题，法律及相关规范性文件均有规定。同时，人民银行及最高人民法院等部门分别于1993年、1996年、1997年、2000年、2002年先后联合或单独印发通知进行规范，部门间基本的工作协调框架已经建立。但在实际操作中，基层法院和人民银行分支机构对于具体规定的理解各有不同，容易引发矛盾，对此应加大对各部门工作人员尤其是基层工作人员的培训力度，并结合相关法律法规的修订以及协调制度执行过程中出现的问题及时完善工作机制，对于"银行"、"金融机构"、"存款"这些基本概念，应按照《中华人民共和国商业银行法》、《中华人民共和国证券法》相关定义进行规范，避免产生歧义。同时也要求各方具有高度的大局意识，在出现政策理解差异时及时向上级汇报，妥善处置。

（中国人民银行乌鲁木齐中心支行金融消费权益保护处供稿）

案例八
国债提前兑取利息损失案

案情简介

2012 年 4 月 16 日,某国债客户持 2011 年 4 月 15 日购买的 20 万元储蓄国债(电子式)第二期国债(3 年期)到某商业银行支行办理提前兑取业务,该网点按照提前兑取手续费率计提兑取本金额 1‰的手续费,以及持有第二期满 12 个月不满 24 个月按发行利率计息并扣除 180 天利息后,计付给该客户本息款 205 406.42 元。在收到网点支付的本息款后,该客户对"持有第二期满 12 个月不满 24 个月按发行利率计息并扣除 180 天利息"这一规定非常不理解,并认为网点工作人员计算有误:按一年期国债利率(年利率3.70%)计算,应得利息应该有 7 400 多元;若按 1 年期定期存款(年利率 3.25%)利率计算也有 6 500 元,而自己所持有国债已满一年,至少也应该按照一年期利率计算利息。客户情绪激动,网点工作人员在解释无效的情况下,请求人民银行国库部门给予协助。

处理过程

人民银行某市中心支行接到承销机构的请求后,立即将《财政部、中国人民银行关于 2011 年第一期、第二期和第三期储蓄国债(电子式)发行工作有关事宜的通知》(财库〔2011〕53 号)传真至承销机构,告知其以文件为依据计付利息,并要向客户出示该文件。同时,国库科主要负责人和国债管理人员及时赶到现场,耐心与客户进行沟通,并向客户逐一解释当期财政部及中国人民银行关于国债提前兑取的有关规定,通过国库人员的耐心解释,客户的情绪得到了缓解,对国债和储蓄的投资有了更多的了解,认可了国库人员的解释,接受了网点的处理结果。

法律分析

本案例从法律层面分析涉及两个方面的关系,一是国家与国债客户之间的借贷关系,二是国家与银行之间的委托代理关系,三者均为平等的民事关系。

该国债客户通过购买国债与国家产生了借贷关系,互有遵守合同约定的义务。根据《财政部、中国人民银行关于 2011 年第一期、第二期和第三期储蓄国债(电子式)发行工作有关事宜的通知》(财库〔2011〕53 号)的规定,国债购买人提前兑付国债将承担利息及手续费损失的违约责任,国债购买人在知晓该规定后仍进行购买,应当视为同意该规定。根据《中华人民共和国合同法》第一百零七条的规定,"当事人一方不履行合同义务或者履行义务不符合约定的,应当承担继续履行、采取补救措施或者赔偿损失等违约责任",客户购买的国债为 3 年期,其提前兑换即为违约。该文件明确了提前兑换的客户所应承担的责任,因此网点按提前兑付需按兑付本金的 1‰扣除手续费，以及持有满 1 年不满 2 年，按当期发行利率 5.43% 计息并扣除 180 天利息，这一处理程序符合当期国债发行文件对国债提前兑取的有关规定，是正确的，其实质是客户违约应承担的相应的责任。

国家与银行的委托代理关系，国家发行国债，委托银行销售，国家与银行之间为平等的委托代理关系，其销售国债实质是代理国家发行，区别于银行自身存款业务，因此，客户购买国债区别于其在银行存款，两者之间适用的合同条款不同，不能因在银行购买国债而视同在银行存款，客户要求按一年期利率计算利息的要求不合理。

案例启示

银行在进行国债销售时应当告知消费者国债与储蓄存款的区别，就当期国债销售的相关规定进行说明，还要对提前兑付利息和手续费损失这些对消费者不利的规定解释清楚，要认识到宣传解释国债也是国债销售的重要工作内容。

一般来说，国债总体收益比银行存款高，持有国债的收益高于同期的银行储蓄存款的收益。以本案为例，一笔 20 万元 3 年期的定期储蓄存款，按目前持有期限提前支取，银行方面是按照 1 年期活期储蓄存款年利率 0.5% 支付利息，即银行支付 1 017 元利息，这比储蓄类国债持满 1 年后提前兑取所获得利息 5 406.42 元要少得多，因此投资国债收益明显高于同期的储蓄收益，国债的高收益率容易导致消费者盲目选择购买国债。消费者在选择国债产品时不要只考虑收益率的高低，要认真了解当期国债的期限、提前兑付等要求，同时要对自己的财产状况及预期收益进行估算，购买较长期限国债时，要对自己后期资金需求情况有所考虑，合理安排资金进行投资，选择购买适合自己的国债，避免因为后期需要资金提前进行兑付造成利息和手续费的损失。

（中国人民银行南宁中心支行金融消费权益保护处供稿）

案例九
因银行内部系统原因拒绝兑付国债案

案情简介

熊某于 2000 年 10 月在某商业银行支行购买了 2 万元 5 年期凭证式国债，因遗忘而一直未办理兑付手续。2012 年 8 月 29 日前往购买网点办理兑付时，该行经办人员以系统内无该笔国债资金挂账、持有人可能挂失或已兑付为由拒绝兑付本息款项。

处理过程

人民银行某中心支行金融消费权益保护中心接到投诉后，要求某商业银行立即处理。某商业银行支行经过 5 个工作日调查未找到相关资料。人民银行某中心支行委派国库部门 2 人赶赴现场调处，查办人员在某商业银行分行营业部的协助下，先后查询了历年国债资金明细账、翻阅存档的会计报表、电子信息、手工台账等各种资料，并通过翻看总账、分户账、余额表、挂失登记簿等会计资料，7 个工作日后终于查明：该笔国债资金表外账已于 2005 年末上挂某商业银行分行营业部，到期后一直未兑付，属逾期未兑付国债。

人民银行某中心支行认为，某商业银行支行未经仔细查证，拒绝兑付国债本息款项的行为，违反了当事人之间的合同约定，侵害了当事人的债权，于是责令该商业银行为熊某兑付了国债，并约见某商业银行支行负责人进行诫勉谈话。最终，该投诉以某商业银行支行兑付国债，并向当事人道歉而得到圆满解决。

法律分析

在该案例中，客户购买了凭证式国债，由于我国的国债发行实行的是承销制度，由金融机构组成国债承销团承购国家发行的国债，然后由各金融机构进行转售，消费者在银行购买国债即与银行建立了合同关系，享有国债期满后要求银行支付本息的权利。

《中华人民共和国合同法》第六十条规定，当事人应当按照约定全面履行自己的义务。因此，客户在国债期满后持合法的权利凭证向银行提出兑换国债的请求时，银行应当根据当期国债的利息标准支付本息。消费者向银行申请兑付凭证式国债，需要向银行提供国债凭证，并在兑付后由银行收回该凭证，银行仅基于内部操作程序妄加推断持有人可能挂失或已兑付并不能成为银行拒绝兑付客户本息款项的理由，银行仍负有履约义务。

案例启示

从本案情况看，该银行在代理国债销售兑付工作中存在不足，使金融消费者的合法权益未能得到有效保障。一是银行员工的责任心不强，客户持有合法的权利凭证，而银行只以内部操作程序妄加推断，银行审查客户的国债凭证真实性后，要积极查找相关历史凭证和电子系统数据资料，维护金融消费者的财产权；二是银行内部操作程序不完善，逾期未兑付国债上挂后，应建立相应的登记簿或设置相应的标识，方便及时查找。同时，消费者要积极主动行使自己的财产权利，按照规定及时办理国债兑付手续，依法维护自身的合法权益。

（中国人民银行长沙中心支行金融消费权益保护处供稿）

案例十
投诉国库经收处拒收税款案

案情简介

2013 年 5 月 16 日，中国人民银行某县支行接到县地税局举报，某商业银行营业部经办人员拒绝为纳税人办理银行端查询缴税业务，金额 64 500 元。

处理过程

接到举报后，人民银行某县支行高度重视，立刻派人前往某商业银行营业部调查了解情况。经查实，该行营业部经办人员系新调入人员，尚未接受银行端查询缴税业务培训，也未办理过银行端查询缴税业务，怕操作错误导致不必要的麻烦，因此，拒绝受理该客户银行端查询缴税业务。

查明情况后，人民银行某县支行当场纠正了该行错误做法，并就如何办理银行端查询缴税业务进行了现场指导。及时与地税局沟通联系纳税人到某商业银行办理银行端查询缴税业务，不到 10 分钟，此笔税款足额入库。同时，人民银行某县支行及时将有关情况上报上级行国库部门，鉴于某商业银行营业部开办该项业务时间不长，该行经办人员尚未参加过相关业务培训，且该行违规情节轻微并及时纠正，没有造成危害后果，因此，决定不对其进行行政处罚。

为进一步推广银行端缴税业务，人民银行某县支行采取了以下措施。一是约见高管谈话。对某商业银行无理拒收税款行为提出严肃批评，要求其加强内部管理，单位人员调整应保持业务的连续性，不得影响代理国库经收业务质量。二是建立协调机制，加强监督考核。6 月 20 日，人民银行某县支行组织召开财政、税务、国库、人民银行联席会议，对某商业银行无理拒收税款行为进行通报批评，责令其认真整改。同时，设立投诉、举报电话，对各国库经收处窗口人员在代理国库业务过程中出现的不予办理、出现问题不沟通、不解决、推诿扯皮或刁难纳税单位和个人的行为，一经举报，将按照《商业银行、信用社代理国库业务管理办法》规定予以处罚。要求各商业银行、信用社引以为戒，认真履行好国库经收处职责。

法律分析

依据《商业银行、信用社代理国库业务管理办法》第十条规定，"国库经收处不得无理拒收纳税人缴纳或征收机关负责组织征收的预算收入"；第四十一条第四项规定，"国库经收处拒收纳税人缴纳的现金税款或纳税人存款账户余额充足而拒绝划转税款的，视情节轻重，处 5 000 元以上、20 000 元以下的罚款"。

本案中，银行工作人员无故拒绝为客户办理缴税业务，违反了《商业银行、信用社代理国库业务管理办法》的相关规定，损害了纳税人的合法权益。人民银行依法履行国库管理职责，接到举报线索后，认真进行调查核实，根据调查核实的情况，依法纠正了银行的错误做法，并采取了相应的监管措施，维护了国库经收秩序和纳税人的合法权益。

案例启示

国库经收处必须严格按照有关规定办理业务。若发现国库经收处有违规行为，国库部门应及时予以纠正、制止，并及时向上一级人民银行分支机构报告，上一级人民银行分支机构核实后，视情节轻重，按有关法规、制度的规定，对有关商业银行、信用社进行处罚。人民银行某县支行发现问题后，能够及时查找原因，并采取有效措施规范国库经收处业务，对经收处充分发挥了监督指导作用，保护了纳税人自由选择缴税方式的权利，加快了税款入库速度，受到银行、地税局和纳税人高度赞誉，提升了人民银行基层分支机构的社会公信力。

（中国人民银行长春中心支行金融消费权益保护处供稿）

案例十一
银行违规销售国债侵害消费者权益案

案情简介

2013 年 5 月，人民银行某中心支行综合执法检查发现，某商业银行分行代理销售 2013 年第一期凭证式国债时，仅向客户提供该行自制的业务交易回执，未按照规定提供"中华人民共和国凭证式国债收款凭证"。调查中，被检查单位反映，某商业银行在浙江省内的分支机构均采取该销售模式，由于公众缺乏国债知识，购买时未提出过异议，被检查单位也未收到相关投诉。

处理过程

人民银行某中心支行发现该情况后，立即采取了四项处理措施：一是要求某商业银行分行立即纠正违规行为，通知国债投资人凭某商业银行自制业务交易回执换取凭证式国债，并承诺今后代理销售国债时不再发生此类违规行为；二是布置其他金融机构自查自纠，并报告相关情况；三是重申国债销售纪律，要求金融机构加强国债知识宣传，主动提供法定国债凭证；四是及时向上级行汇报相关情况。

法律分析

《关于 2013 年凭证式国债发行等有关事宜的公告》（财政部公告〔2013〕10 号）规定："承销团成员应向投资者提供'中华人民共和国凭证式国债收款凭证'。"在本案中，该支行以业务系统升级为由，用其他交易证明材料代替"中华人民共和国凭证式国债收款凭证"，不仅损害了金融消费者的合法权益，也违反了管理部门的文件规定。

《中华人民共和国消费者权益保护法》第二十二条规定，"经营者提供商品或者服务，应当按照国家有关规定或者商业惯例向消费者出具发票等购货凭证或者服务单据；消费者索要发票等购货凭证或者服务单据的，经营者必须出具。"

案例启示

"中华人民共和国凭证式国债收款凭证"是国债法定债权凭证，银行仅提供自制交易回执影响国债到期兑付，也制约了消费者转让或者进行国债质押融资等权利，由于消费者缺少必要的法律和国债知识，对此并未提出异议。因此，人民银行除以处理投诉方式保护消费者外，还需要采取多种方式加大国债知识的宣传普及力度，同时，通过执法检查等方式加大监督检查力度，严肃查处侵害金融消费者权益行为，全面保护金融消费者的合法权益。金融机构要严格按照国债管理的相关规定办理各项国债业务。国债投资者要加强国债知识的学习，依法维护自身的合法权益。

（中国人民银行杭州中心支行金融消费权益保护处供稿）

案例十二
国债承销机构凭证使用违规案

案情简介

2013 年 3 月 10 日，田某到某商业银行购买 5 万元 2013 年凭证式（第一期）国债，但该商业银行给田某出具的不是"中华人民共和国凭证式国债收款凭证"，而是该商业银行自行印制的"定存一本通"。3 月 11 日，田某向人民银行某中心支行投诉。

处理过程

人民银行某中心支行接到投诉后迅速组织国债业务人员赴该商业银行现场了解情况。经查，3 月 10 日为凭证式（第一期）国债发行第一天，该商业银行按照以往经验留存了 14 张"中华人民共和国凭证式国债收款凭证"，但由于本期国债发行量大，发售火热，当日该行发售国债 20 户 163.5 万元。业务人员将 14 张凭证使用完后，在其上级行当日休息无法领取凭证的情况下，为了不影响国债发售，使用了本行的"定存一本通"作为发售凭证。人民银行某中心支行根据相关规定，向该商业银行发出了《整改通知书》，要求该商业银行在 5 个工作日内将国债投资者持有的"定存一本通"全部更换为"中华人民共和国凭证式国债收款凭证"。截至 3 月 15 日，该行对 6 户国债投资者持有的 8 笔金额为 32 万元的国债销售凭证全部按规定更换完毕。投诉人对人民银行的处理结果表示满意。

法律分析

根据中国人民银行、财政部关于发行 2013 年凭证式国债相关问题的规定，国债收款凭证一律使用由中国人民银行监制、中国印钞造币总公司所属有关证券印制厂统一印制的"中华人民共和国凭证式国债收款凭证"，不得使用其他凭证。该国债承销机构违反规定使用其自行印制的"定存一本通"办理国债承销业务，违反了人民银行的有关规定，侵害了国债投资者的合法权益。人民银行作为国债业务管理部门，按照有关规定，依法严肃处理了国债承销机构的违规行为，保护了国债投资者的合法权益，维护了国债市场的良好秩序。

案例启示

国债是中央政府发行的，由国家信誉作为担保的一种债券。国债承销机构必须严格按照国债管理的相关规定，办理国债业务，使用国债专用凭证，维护国债的良好信誉。国债承销机构要完善国债业务办理应急预案，做好国债承销凭证的应急调拨和管理，确保国债销售工作依法合规进行。国债投资者在购买国债时，要认真核对相关凭证，依法积极维护自己的合法权益。该案例作为国债业务维权领域的典型案例，在国债承销领域具有一定的代表性，对于进一步加强国债业务管理，依法履行国债业务管理职责，实现国债管理工作和金融消费权益保护工作的相互融合具有一定的促进作用。

（中国人民银行太原中心支行金融消费权益保护处供稿）

本篇小结

购买国债是市民的一种投资方式，国债以国家信誉为担保，具有风险低、安全性高等特点。但国债也存在一些弊端，就是国债的偿还周期一般较长，消费者如果将大部分资金购买国债，在偿还期限未到之前，可能会遇到资金周转不灵的困境，而一旦提前兑取需承担一定的经济损失。本篇共收录了十二个国库管理类案例，其中涉及的重点问题有以下几个方面。

一是商业银行违规销售国债。如按照《关于2013年凭证式国债发行等有关事宜的公告（财政部公告〔2013〕10号）》的规定，承销团成员应向投资者提供"中华人民共和国凭证式国债收款凭证"。在"银行违规销售国债侵害消费者权益案"中，商业银行以业务系统升级为由，用其他交易证明材料代替"中华人民共和国凭证式国债收款凭证"，不仅损害了金融消费者的合法权益，也违反了管理部门的文件规定。

二是商业银行作为国债承销机构，没有为消费者尽量提供平等的交易机会。例如有的商业银行没有统一各网点的国债发售时间，有的商业银行因为城乡网点的营业时间不同而造成消费者购买国债机会不均等的问题，违背了平等、公平的交易原则，损害了部分消费者的公平交易权。

三是要高度重视发行时间较早的国债，如1997年之前发行的国库券和国家重点建设债券的兑付工作。由于当时的这部分国债大多属派购性质，属记名式债券，记名式国债持有人只能向人民银行申请兑付，兑付时除须提供国库券收款单、重点建设债券收款单外，还需提供收款单收据联、单位介绍信等资料。如在"20世纪80年代购买的国库券兑付纠纷案"中，该商业银行的工作人员由于工作时间短，在实践中经验不足，银行应当加大对员工国债兑付方面政策法规的培训，对于国债兑付的要求，手续齐全的要及时予以兑付，手续不齐全的要耐心细致地向持有人进行解释，指导持有人补正相关手续予以兑付。

四是在协助司法机关冻结、扣划银行存款时，基层法院和人民银行分支机构对于具体规定的理解各有不同，容易引发矛盾。"法院要求人民银行协助扣划消费税税款引发纠纷案"中，引发纠纷的关键是某县法院工作人员将此笔拟扣划税款的资金性质与银行存款混同。按照规定，国库库款未经本级政府财政部门同意，任何部门、单位和个人都无权动用国库库款或者以其他方式支配已入国库的库款，所以该案中人民银行某县支行不能给予协助。

国库经收和国债兑付工作不仅关系到客户的权益保护，还关系到国家税收的稳定和国家信誉的维护。我们认为，应当加大对国库经收、国债销售、兑付等方面的政策法规和基础知识的宣传教育，培养客户自我保护的意识和能力。特别是，国债的高收益率容易导致消费者盲目选择购买国债。消费者在选择国债产品时不仅要考虑收益率的高低，也要认真了解当期国债的期限、提前兑付等限制，要对自己的财产状况及预期收益进行估算，购买较长期限国债时，要对自己后期资金需求情况有所考虑，合理安排资金进行投资，选择购买适合自己的国债，避免因为后期需要资金提前进行兑付造成利息和手续费的损失。

金融机构作为国债承销机构，在代理销售国债时应考虑所在地区实际情况，制定公平合理的承销发售方案，严格遵守交易过程中的平等和公平原则，采取行之有效的措施保障消费者公平交易权利，将维护消费者合法权益作为提升企业社会形象、践行企业社会责任的重要途径。

除此之外，还应积极引导银行业金融机构充分重视国库经收、国债销售、兑付工作，主动维护客户的合法权益和国家的良好信誉，加大对银行业金融机构执行国库管理法律法规情况的监督检查力度。

第九篇

外汇管理

编　者按：外汇，是指以外币表示的可以用作国际清偿的支付手段和资产。主要有：外币现钞，包括纸币、铸币；外币支付凭证或者支付工具，包括票据、银行存款凭证、银行卡等；外币有价证券，包括债券、股票等；特别提款权及其他外汇资产。[①] 近年来，随着我国经济的高速发展，对外贸易与交流也日益频繁，外汇流入大量增加。2013 年 4 月底，我国外汇储备首度突破 35 000 亿美元。消费者参与的外汇交易业务主要有售汇、结汇等。2012 年，国内银行代客累计结汇 15 693 亿美元，累计售汇 14 587 亿美元[②]。伴随着结售汇业务的发展，外汇交易纠纷也不可避免地出现了。

本篇外汇管理案例收录了有关分支行提供的四个案例。目前，人民银行各级金融消费权益保护部门受理的外汇类投诉主要涉及外汇理财纠纷、结汇纠纷、小币种外汇及外币硬币兑换纠纷等，纠纷形成原因既有银行未尽告知义务导致的理解不一致，也有法律规范滞后性导致的法律漏洞。减少外汇交易纠纷、维护消费者权益，首先，需要强化银行业金融机构的说明解释、信息披露义务，提高其承担消费者教育责任的主动性；其次，要加强外汇业务尤其是特许类业务的监督管理，督促外汇指定银行依法提供公众服务；最后，要加强调查研究，积极探索解决、应对经济发展过程中出现的新问题、新情况，及时修改完善相关法规制度。

---

① 《中华人民共和国外汇管理条例》（2008 年修订）。
② 外汇相关数据均来自国家外汇管理局官方网站。

本篇案例

- 何某投诉外汇买卖未按委托价格成交案
- 网络销售公司投诉结汇难案
- 陈某投诉不予兑换小币种案
- 陈某投诉不予兑换外币硬币案

案例一
何某投诉外汇买卖未按委托价格成交案

案情简介

何某是某商业银行外汇实盘买卖客户，在 2011 年 7 月 28 日 18 点 38 分止损挂盘卖出日元买入美元，挂盘止损价格为 81.55，挂盘期限 1 天，历史交易记录显示成交价格 1:81.55。但何某查询当天外汇行情发现，美元/日元市场行情中间价最高为 1:81.47，而何某与某商业银行签订的个人实盘外汇买卖协议书中约定，在消费者进行外汇买卖时不再另外收取其他手续费，由此可知成交价是不包含手续费用的。因此，何某认为当天的外汇中间价未到委托价，不应该成交。何某向某商业银行多次反映此问题，均未得到满意答复。2011 年 8 月 26 日，何某持书面材料及历史交易记录、交易日 K 线图等相关证据向当地人民银行金融消费权益保护中心投诉。

处理过程

经过调查，人民银行认为此笔投诉属消费者对"现汇交易价"和外汇市场"中间价"概念不清所引起的纠纷。外汇市场"中间价"是人民银行公布的外汇市场上交易的基准价格；"现汇交易价"是指外汇指定银行在向客户买卖外汇时所使用的汇率。现汇交易价是银行向客户提供的现汇汇率，与中间价存在一定的点差。以本案为例，某行对一般客户的现汇交易价是在中间价基础上加减 10 个点差确定，因此，当外汇市场中间价到达 1:81.45 时，何某 1:81.55 的现汇交易报价就会成交。随后，人民银行组织双方进行当面调解，向何某解释了有关概念，并提醒他在今后的交易中，应以银行报价而不是外汇市场中间价为判断标准，避免造成资产损失。何某对这一解释表示接受。同时人民银行建议某行加强对一线人员的业务培训，并在今后的工作中，对于一些容易产生纠纷和歧义的问题适当印制补充合同，事先向消费者予以解释。

法律分析

《中华人民共和国消费者权益保护法》第八条规定，"消费者享有知悉其购买、使用的商品或者接受的服务的真实情况的权利"，与此相对应的就是经营者的告知义务。《消费者权益保护法》是专门调整经营者与消费者之间的消费关系的基本法，接受银行的服务也是消费行为的一种，银行作为经营者应承担保障消费者知情权的义务。在本案涉及的实盘外汇买卖活动中，银行应对成交规则、合同条款尽到解释说明义务和客户财产安全的风险提示义务。

《中华人民共和国合同法》第六十条规定，"当事人应当按照约定全面履行自己的义务。当事人应当遵循诚实信用原则，根据合同的性质、目的和交易习惯履行通知、协助、保密等义务"。此处的"通知、协助、保密等义务"即为合同附随义务，是指法律在无明文规定、当事人之间亦无明确约定的情况下，要求当事人一方作为或不作为，以确保合同目的得以实现，包括告知、照顾、说明、保密等。其中的告知义务，就是向对方当事人告知对其利益有重大影响之事项的义务。

第三十九条第一款规定，"采用格式条款订立合同的，提供格式条款的一方应当遵循公平原则确定当事人之间的权利和义务，并采取合理的方式提请对方注意免除或者限制其责任的条款，按照对方的要求，对该条款予以说明"。为遵循合同法对合同当事人进行平等保护的原则，商业银行在格式合同的订立过程中应充分、全面、真实地对合同条款重要内容进行说明与解释。本案中"中间价"与"现汇交易价"虽非免责条款，但如同赔偿的计算方法、计算公式，以及"起息日"、"到期日"等专业用语一样，直接影响消费者合同期待利益的实现，应在合同订立时由银行人员如实说明。

本案看起来只是一个简单的因对业务规则理解不一所导致的纠纷，但从深层次看则暴露出银行存在未充分履行告知、说明义务的问题。银行履行告知义务的理论基础是信息不对称理论，在银行与消费者的交易中，具有信息优势和专业素养的银行应尽到解释、说明义务。

但是，当前银行告知义务的立法规制仍存在不足。关于金融消费者知情权，除《中华人民共和国消费者权益保护法》外，仅有中国人民银行1999年颁布的《银行卡业务管理办法》在当事人职责部分作了专门规定，金融监管部门颁布的规范性文件和政策通知中也偶有散见，但迄今为止还没有专门针对金融服务与金融消费者保护问题作出规范的法律法规或者规章，也没有专门规范金融机构信息披露、告知义务的立法性文件，从而导致银行在业务活动中怠于履行告知义务。此外，对于违反附随义务的法律责任并没有具体规定。尽管理论界通常认为在债务履行中违反了附随义务，属于履行不完全，应承担违约责任；若违反告知等附随义务导致对方当事人人身及财产遭受损害，则产生违约责任与侵权责任的竞合。但《中华人民共和国合同法》第六十条只规定了附随义务，未对违反附随义务后适用的归责原则、应承担责任的形式、损害赔偿的范围等问题作出明确规定。

案例启示

消费者应主动了解金融产品与服务业务规则。消费者不应盲目购买金融产品或接受金融服务，应在行动前对相关业务进行全面了解和综合权衡，尤其是在参与新业务、较大金额投资时，更需要充分了解掌握相关信息，确保交易能达到自己的预期目的，避免自身权益受损。

银行应履行主动告知义务。金融业务具有特殊性和专业性，尤其是一些创新业务，往往存在独特的交易规则，这些规则影响着客户的切身利益。银行在创新业务和开拓市场的同时，必须履行主动告知的义务，确保客户能够了解交易规则和产品特性，避免盲目操作。此外，本案中何某多次向某行反映，均未得到令人满意的答复，说明银行相关人员工作责任心不强、解释工作不到位，因此其服务态度与素质也需加强。

　　商业银行的告知义务作为平衡商业银行与委托人之间的法律关系的重要举措之一，如不作明确的法律规范，一方面会直接弱化监管部门对商业银行履行告知义务的监督，另一方面也导致了商业银行普遍忽视这一义务。因此，应把商业银行的告知义务纳入我国银行法的规范体系，通过《中华人民共和国商业银行法》确立告知义务作为商业银行的一项基本义务，在其第四章"贷款和其他业务的基本规则"中规定银行履行告知义务的时间、对象、范围、责任等。考虑到《中华人民共和国商业银行法》作为法律，修订程序严格、费时较多，相对难以操作。在立法、修法近期难以实现的背景下，人民银行作为金融消费权益保护部门，可以先行单独或牵头制定规范性文件进行规范，待时机成熟再推动修订法律。

（中国人民银行西安分行金融消费权益保护处供稿）

案例二
网络销售公司投诉结汇难案

案情简介

某信息科技有限公司是一家通过网络出售游戏装备、游戏币及代理游戏升级的企业，于 2012 年 11 月在某银行开立了外汇账户，11 月 8 日通过外汇账户收入外汇 1 笔，金额 9 985 欧元。按照现有外汇管理相关规定，外汇收支必须提供相关单证，且不得以分拆等方式逃避外汇监管。但因该公司所从事业务（虚拟产品网上交易）的特殊性，无法按结汇规定提供合同协议或发票等单证，因此开户银行拒绝为其办理收结汇手续。该公司便采取由公司员工收结汇的方式将外汇收入汇入境内个人账户，结汇后分别取现，再将人民币缴存到公司人民币账户。但自 2013 年以来，该公司业务量激增，每天成交 600 单左右，以每单 30 美元计算，月营业额近 60 万美元，导致目前大量外汇资金存放在境外账户上，无法通过合法途径结汇。因此，该公司以某银行拒绝结汇影响其正常生产、经营为由，投诉至人民银行某中心支行。

处理过程

人民银行某中心支行经深入调查研究，在外汇管理规定框架内积极向上争取政策，灵活细化结售汇标准，采取个案审批的方式切实解决特殊行业收结汇难的问题，具体措施包括三点。第一，境内机构与境外机构或个人进行网络游戏等虚拟产品交易的，应当向银行提交合同（协议）、发票（支付通知）或结算清单等。第二，对于未签订交易合同的零星交易，应向银行提交相关交易平台的交易记录或往来函件、聊天记录等证明材料。第三，对于小额频繁交易无法提供每笔交易记录的，可根据其对税务部门申报的应税营业额，核定营业额指标，定期根据核定的营业指标到外汇银行办理收结汇。

最终，在人民银行某中心支行的业务指导下，该公司顺利结汇。

法律分析

《中华人民共和国外汇管理条例》第十二条第一款规定，"经常项目外汇收支应当具有真实、合法的交易基础。经营结汇、售汇业务的金融机构应当按照国务院外汇管理部门的规定，对交易单证的真实性及其与外汇收支的一致性进行合理审查。" 2013 年 9 月 1 日起施行的《服务贸易外汇管理指引》第六条及《服务贸易外汇管理指引实施细则》第四条重申了真实性和一致性的审查要求，并明确了外汇收支需要审核的材料包括合同（协议）或发票（支付通知）或相关其他交易单证，金融机构如不予合理审查将可能面临行政处罚。

本案中某公司通过网络出售游戏装备、游戏币及代理游戏升级的业务，应属于服务贸易，且是一种新兴贸易形式，《服务贸易外汇管理指引》及《服务贸易外汇管理指引实施细则》对此均无具体规定，导致该类企业无法正常结汇。《服务贸易外汇管理指引实施细则》第八条规定，办理单笔等值 5 万美元（含）以下的服务贸易外汇收支业务，金融机构原则上均可不审核交易单证，即可实现无单证结汇。但实践中各地外汇管理部门大多要求金融机构进行审核，金融机构为谨慎起见也通常予以审核，因此此类无相关业务单证的交易仍然无法顺利结汇。本案中人民银行采取变通处理、个案审批的方式值得认可，也完全符合《中华人民共和国外汇管理条例》第十二条第一款"真实、合法的交易基础"的要求。

法律规范的目的在于确保交易真实、维护市场秩序，因此，只要是合法的、真实的交易，均应予以顺利结汇。从本案看，外汇管理部门应针对各类新型服务贸易加强法制完善与政策供给，将其外汇收支业务纳入规范化轨道，明确其具体操作规程，真正做到惠民、便民。

案件启示

法律规范的滞后性是法的基本特征之一，社会发展日新月异，现有规范必然无法对社会生活中的新领域、新问题、新现象——及时作出回应。作为法规制度的制定者，应当加强立法调研，认真听取社会大众尤其是被管理者的意见和建议，提高立法和制定一般规范性文件的前瞻性、科学性，增强法规制度在社会生活中的适用性。作为法规制度的执行者，应当深刻领会规范的精神实质，加强对新生事物的调查研究，在坚持原则性的同时，主动探索解决新问题的方式方法，积极向法规制度的制定者反馈情况，推动法制完善，切实服务社会民生。

作为执行金融法律、法规和政策的商业银行，如果在执行过程当中发现现行法律法规无法涵盖新生经济现象，并且有阻碍经济活动的情形时，应当及时向政策法规制定机关或者监管机关报告，提请调查研究，以便针对新事物制定新对策，而不是墨守成规。

本案在推动我国外汇制度建设层面，探索、适应金融创新，推动金融支持实体经济发展的层面具有重要意义。

（中国人民银行合肥中心支行金融消费权益保护处供稿）

案例三
陈某投诉不予兑换小币种案

案情简介

2012年7月31日，陈某持护照到某商业银行支行办理韩元兑换人民币业务，被告知须到该商业银行分行营业部办理。陈某当即赶到该银行分行营业部，接待人员告知必须持身份证办理外币兑换业务，因未带身份证，陈某只能折返。8月1日，陈某带身份证再次来到该银行分行营业部，被告知该行不能办理韩元兑换业务。陈某认为该银行分行营业部具有办理外汇业务的资质，应该为她办理兑换业务，于是向人民银行金融消费权益保护中心提出申诉，一是要求该银行分行营业部按规定为其办理外汇兑换业务；二是要求该行须赔礼道歉，因其没有事先告知不能办理韩元兑换人民币业务，导致她冒着酷暑多次往返。

处理过程

经调查，韩元属于小币种外汇，涉案的银行分行营业部虽具备相关外汇业务资质，但从未办理过小币种结售汇业务，也未对外汇业务经办人员进行过韩元结售汇业务培训。由于柜台的汇兑经办人员业务生疏，没有明确告知不能办理的现实状况和具体原因，也未对拒绝为客户办理汇兑的行为进行妥善解释，导致了陈某虽往返多次依然未能成功办理韩元兑换业务。

在人民银行金融消费权益保护中心的介入下，该银行分行通过电话向陈某进行了解释说明，对其职员的不当行为进行了诚恳的道歉，并提出解决意见供其选择：如果陈某急需兑换，该行可以帮助其到该银行省分行去办理；如果陈某并无急迫需求，可以等待一个月左右，该行近期将聘请专家给员工培训韩元等小币种结售汇业务，届时再电话通知陈某到该行营业部兑换。

法律分析

《中华人民共和国行政许可法》第六十七条规定，取得直接关系公共利益的特定行业的市场准入行政许可的被许可人，应当按照国家规定的服务标准、资费标准和行政机关依法规定的条件，向用户提供安全、方便、稳定和价格合理的服务，并履行普遍服务的义务；未经作出行政许可决定的行政机关批准，不得擅自停业、歇业。

我国外汇管理部门对结汇、售汇、本外币兑换等外汇业务实行市场准入制，银行业金融机构经营个人本外币兑换业务，必须取得外汇管理部门的行政许可。本外币兑换业务作为一项公众服务，关系到社会公众的基本经济权益，是社会经济生活中的基本服务，因此，根据《中华人民共和国行政许可法》，获得个人本外币兑换特许业务市场准入的银行业机构，应当向消费者提供方便的外币兑换服务，不得拒绝兑换或者擅自停止兑换。

本案中，某商业银行分行营业部具备结售汇及个人本外币兑换特许业务资质，应当及时对员工进行业务培训，依法持续向社会公众提供外币兑换服务。否则，外汇管理部门可以依据《中华人民共和国行政许可法》相关规定责令限期改正，或者依法采取有效措施督促其履行义务。

案例启示

本案中，由于涉案银行未按个人本外币兑换特许业务要求配备适格的业务人员，且银行工作人员未能一次性告知该行无法兑换小币种外币这一事实，导致消费者多次奔波仍未能成功将手中的韩元兑换成人民币。为避免类似事件发生，外汇管理部门应当加强对行政许可事项的监督检查，定期核查被许可人从事外汇业务类行政许可事项活动情况，对已经取得相关业务资质但又欠缺从事行政许可事项活动能力或者怠于履行服务义务的，应当及时采取措施督促其改正。

此外，银行业金融机构应当在业务活动中贯彻优质服务理念，加强对员工的业务培训，提高其工作责任心和综合服务素质、能力，并使其掌握较好的沟通技巧，确保在引导客户办理业务、解答客户咨询事项时能去繁从简、一步到位，避免客户周折奔波。

（中国人民银行武汉分行金融消费权益保护处供稿）

案例四
陈某投诉不予兑换外币硬币案

案情简介

陈某想将自己持有的若干外币硬币兑换成人民币，但前往多家银行网点均未办成，工作人员要么声称本网点不具备个人本外币兑换业务资质，让其找个人本外币特许兑换点兑换，要么推脱本网点暂不办理外币硬币兑换业务，让其找其他兑换点试试。陈某对此表示不理解，于是向人民银行投诉。

处理过程

经查，陈某所接触的银行网点中，部分不具备个人本外币特许业务资质，部分则是不愿为其处理，原因是外币硬币在境内市场不能消化，必须出运到货币发行地兑换，业务成本太高。鉴于此，人民银行金融消费权益保护工作人员就个人本外币特许业务的市场准入问题向陈某作了说明解释，并将投诉事项转至具备个人本外币特许业务资质的某商业银行，由该银行依法为陈某办理了外币硬币兑换业务。陈某对人民银行金融消费权益保护部门处理结果相当满意。

法律分析

本外币兑换业务是一项公众服务，关系到社会公众的基本经济权益，因此也是社会经济生活中的基本服务，国家依据《中华人民共和国行政许可法》对此设定行政许可。

我国对结汇、售汇、本外币兑换等外汇业务实行市场准入制，银行业金融机构经营个人本外币兑换业务，必须取得外汇管理部门的行政许可。根据《中华人民共和国行政许可法》第六十七条，取得直接关系公共利益的特定行业的市场准入行政许可的被许可人，应当按照国家规定的服务标准、资费标准和行政机关依法规定的条件，向用户提供安全、方便、稳定和价格合理的服务，并履行普遍服务的义务；未经作出行政许可决定的行政机关批准，不得擅自停业、歇业。因此，获得个人本外币兑换特许业务市场准入的银行业机构，应当向消费者提供方便的外币兑换服务，不得拒绝兑换或者擅自停止兑换。

本案中，陈某曾前往多个银行网点办理兑换业务，对于不具备相关业务资质的网点，自然不得擅自为陈某兑换外币，但已经依法取得个人本外币兑换特许业务资质的银行网点则应当为陈某提供外币兑换服务。否则，外汇管理部门可以依据《中华人民共和国行政许可法》相关规定责令限期改正，或者依法采取有效措施督促其履行义务。

案例启示

由于外币硬币面值较小、处置成本太高，硬币兑换业务往往"得不偿失"，导致部分具备个人本外币兑换特许业务资质的银行网点不愿意提供兑换服务，从而引发消费者投诉。为避免类似事件发生，外汇管理部门应当加强对行政许可事项的监督检查，定期核查被许可人从事外汇业务类行政许可事项活动情况，对已经取得相关业务资质但又欠缺从事行政许可事项活动能力或者怠于履行服务义务的，应当及时采取措施督促其改正。

对于小额外币兑换难问题，银行不收兑外汇硬币主要有两个原因，第一是成本高，由于外币存款必须存到外国银行，一般国内银行都是将收到的外币通过香港存或者运到当地银行存，硬币的运输成本高，而运作过程中，银行也是不会有资金收益的；第二，银行即使收了小额外币，但由于无人兑换，无法支付出去。不兑付外币辅币是目前银行业的行业惯例，国家外汇管理局对此也并无禁止性规定。

自2008年起，国家外汇管理局借鉴国际经验，为了改变我国长期以来个人本外币兑换业务主要由银行办理的局面，先后在北京、上海两地进行个人本外币兑换特许业务（以下简称特许业务）试点。2009年11月，国家外汇管理局继续扩大特许业务试点，各项工作进展顺利，达到了预期效果。2012年8月20日国家外汇管理局出台了《个人本外币兑换特许业务试点管理办法》（汇发〔2012〕27号），进一步深化了特许业务试点工作，促进了个人本外币兑换市场的发展。

此外，银行业金融机构应当强化社会责任意识，在关系公共利益的特许业务中坚持服务公众理念，舍小利、顾大局，才能真正赢得消费者的信赖，从而为自身创造良好的生存发展环境。

（中国人民银行上海总部金融消费权益保护处供稿）

本篇小结

外汇管理属于国家外汇管理局的法定职能范围。近年来，国家外汇管理局把深化改革与政策调整、减少行政审批、放宽限制、简化手续结合起来，加快转变职能，主动适应中国改革开放的新形势。通过国家外汇管理局逐步地精简行政审批步骤，极大地便利了广大市民与企业办理外汇业务，也减少了外汇业务纠纷发生的概率，提高了依法履职效果。

本篇选取了四个外汇管理案例，包括个人委托银行进行外汇买卖、公司到银行办理结汇、个人办理小币种结售汇和个人兑换外币硬币等业务办理中发生的纠纷。通过案例的深入剖析，我们建议在今后的工作中要重点关注和强化以下几个方面。

首先，要强化银行业金融机构的说明解释、信息披露义务，提高其承担消费者教育责任的主动性。金融机构作为法规制度的执行者，应当深刻领会规范的精神实质，加强对新生事物的调查研究，在坚持原则性的同时，主动探索解决新问题的方式方法，积极向法规制度的制定者反馈情况，推动法制完善，切实服务社会民生。

其次，要加强外汇业务尤其是特许类业务的监督管理，督促外汇指定银行依法提供公众服务，如果在执行过程当中发现现行法律法规无法涵盖新生经济现象，并且阻碍经济活动的情形时，应当及时向政策法规制定机关或者监管机关报告，提请调查研究，以便针对新事物制定新对策，而不是墨守成规。

最后，要加强调查研究，积极探索解决、应对经济发展过程中涌现的新问题、新情况，及时修改完善相关法规制度。国家外汇管理局作为法规制度的制定者，应当加强立法调研，认真听取社会大众和被管理者的意见与建议，提高立法和制定一般规范性文件的前瞻性、科学性，增强法规制度在社会生活中的适用性。

第十篇

金融机构收费

编者按：金融机构在办理各类业务时依法适当、合理收取一定费用是维系金融机构日常经营的基础。但若金融机构违法违规"乱收费"，或巧立名目变相收费，则会直接侵害消费者的合法权益，破坏金融市场的稳定。目前，部分金融机构片面追求利润、过度强调成本，在一定程度上忽视了自身所承担的社会服务责任，导致违规收费的现象时有发生，引起社会广泛诟病。

金融机构收费的主管部门主要为中国银行业监督管理委员会、中国人民银行以及国家发展和改革委员会。早在 2003 年中国银行业监督管理委员会成立伊始，就先后出台了《商业银行服务价格管理暂行办法》和《中国银行业监督管理委员会办公厅关于商业银行服务收费有关问题的通知》（银监办发〔2008〕264 号）等重要规范银行业金融机构收费行为的规定。2011年，中国银行业监督管理委员会、中国人民银行和国家发展和改革委员会三部委联合签发了《关于银行业金融机构免除部分服务收费的通知》（银监发〔2011〕22 号），进一步规范服务收费行为，敦促商业银行开展服务项目的清理工作：对违反规定的收费项目，要立即停止收费；对没有违反规定但存在较大争议的收费项目，要对收费项目和定价水平的合理性进行评估，并及时采取措施妥善处理；对代理收取的费用，要对客户做好信息披露和解释工作。此外，中国银行业监督管理委员会和国家发展和改革委员会正在抓紧对《商业银行服务价格管理暂行办法》进行修订，将重点明确对商业银行在公平竞争、信息透明、消费者权益保护、公众监督、协会自律等方面的具体要求。

本篇金融机构收费案例收录了有关分支行提供的二十一个案例。通过对这些案例的分析，我们认为，应坚决执行收费公示制度，加大监督检查力度和违规处罚力度，督促金融机构依法合规经营，切实维护金融消费者的合法权益。

本篇案例

- 预付卡续期收费案
- 网上汇款不成功仍扣划手续费案
- 银行错发贷款导致多收客户利息案
- 提前还贷收取违约金案
- 信用卡手续费收取不合理案
- 办理信贷业务收取融资顾问费案
- 境外汇款收取多项手续费案
- 银行单方改变汇款方式导致多收费案
- 长期不动账户收费案
- 为贫困生办理补助款收费案
- 同一银行两张银行卡收费标准不同案
- 重复收取短信信息费案
- 跨行取款收取高额手续费案
- 误将同城汇款当做异地汇款收费案
- 银行擅自扣收服务费案
- 办理工资卡捆绑开通网上银行业务案
- 收取密码重置费案
- 退休金个人银行账户收取年费案
- 工资卡收取工本费及账户年费案
- 养老金账户收取管理费案
- 基金定投账户误收管理费案

案例一
预付卡续期收费案

案情简介

投诉人芳某称其在超市使用预付卡消费，发现该卡已经过期。打电话给发卡公司，发卡公司表示需要支付 10 元钱延长一年使用期限。芳某认为有的预付卡是免费续期的，而这家公司的卡续期要收费，要求查处这种乱收费的行为。

处理过程

经调查，现有法律法规未对支付机构续卡收费及相关标准作出明确规定，但《关于规范商业预付卡管理意见的通知》（国办发〔2011〕25 号）规定，不记名商业预付卡有效期不得少于三年。因此，人民银行要求发卡公司为投诉人免费续满三年有效期，发卡公司表示同意。

法律分析

《非金融机构支付服务管理办法》第三条规定："支付机构依法接受中国人民银行的监督管理。"第十九条规定："支付机构应当确定支付业务的收费项目和收费标准，并报所在地中国人民银行分支机构备案。支付机构应当公开披露其支付业务的收费项目和收费标准。"

《关于规范商业预付卡管理意见的通知》规定，不记名商业预付卡有效期不得少于三年。

《中华人民共和国合同法》第七条规定："当事人订立、履行合同，应当遵守法律、行政法规，尊重社会公德，不得扰乱社会经济秩序，损害社会公共利益。"第五十二条规定：有违反法律、行政法规的强制性规定的情形，合同无效。

本案中，发卡公司发行预付卡的行为属于非金融机构提供支付服务。提供支付服务的非金融机构依法接受人民银行的监督管理。虽然现行法律法规没有明确规定预付卡续卡的收费标准，但本案中发卡公司发行的预付卡期限少于三年，并对延长期限进行收费，明显违反了《关于规范商业预付卡管理意见的通知》关于预付卡期限的规定。同时，发卡公司与持卡人之间存在合同关系，发卡公司对预付卡有效期的设定是双方合同的一个条款，该条款违反了《关于规范商业预付卡管理意见的通知》关于不记名预付卡有效期不得少于三年的规定，也属于《中华人民共和国合同法》第五十二条合同无效的一种情形。因此，本案中不记名预付卡少于三年的有效期的设定是无效的，人民银行可以要求发卡公司进行修正。

案例启示

非金融机构提供支付服务应当严格遵守相关规定。近年来，预付卡发行管理、网络支付等非金融机构支付服务的发展日益迅猛，已经成为我国支付服务市场的重要组成部分。非金融机构规范提供支付服务不仅是促进支付市场健康发展的重要一环，同时也是促进自身发展壮大的原动力。

　　监管部门应当加强对非金融机构支付服务的监督管理和宣传引导。非金融机构支付服务与金融机构支付服务相比，还未被广大公众所熟知。人民银行作为监管部门应当加强对支付机构的监督和管理，同时组织支付机构对支付业务规则和风险进行宣传。另外，人民银行还应查处支付机构违规提供支付服务、损害金融消费者权益的行为。

　　　　　　　　　　　　（中国人民银行上海总部金融消费权益保护处供稿）

案例二
网上汇款不成功仍扣划手续费案

案情简介

2012 年 9 月 21 日，投诉人王某来电反映其在 A 商业银行网上银行系统办理汇款业务，汇款金额 3 万元，系统显示失败。但其账户被扣除手续费 25 元，王某表示难以接受，要求该银行退款。

处理过程

经核实，A 商业银行网上银行系统 2012 年 9 月 10 日已将 3 万元汇款按程序汇出，但由于 B 商业银行某支行收款后发现收款人账户有误，于 9 月 11 日将 3 万元汇款退回。但由于银行资金已经发生汇划，故已收取手续费不予退还。王某仍认为 A 银行不应对退回的汇款收取手续费。A 银行某分行表示其网上银行的业务和收费流程都由其总部设定，王某的要求超出该分行职责所能解决的范围，该行表示将向其上级行转达王某的意见和要求。

法律分析

按照《商业银行服务价格管理暂行办法》第七条的规定，商业银行汇款手续费属于市场调节价的范围。

第九条规定："实行市场调节价的服务价格，由商业银行总行、外国银行分行（有主报告行的，由其主报告行）自行制定和调整，其他商业银行分支机构不得自行制定和调整价格。"

第十三条规定："商业银行应按照商品和服务实行明码标价的有关规定，在其营业网点公告有关服务项目、服务内容和服务价格标准。"

根据规定，商业银行汇款手续费实行市场调节价。本案中，只要 A 银行收取的 25 元汇款手续费符合该银行总部相关收费标准，并在汇出行的营业网点进行了公示，银行收费就是合法的。

本案中，汇款人王某对汇款不成功存在过错。王某和 A 银行之间就该笔网上银行汇款业务事实上构成一种合同关系。A 银行履行的合同义务是将 3 万元汇款汇至 B 银行的账户，王某履行的合同义务是支付 25 元手续费。但是王某没有向 A 银行提供正确的账户信息，导致 A 银行未能完全履行合同。但是 A 银行已经将汇款汇往 B 银行，由此产生了一定的费用（但不一定是全部手续费），应当由汇款人王某承担。双方对汇款不成功是否收取手续费或收取多少比例的手续费没有明确约定，这部分费用难以确定。

案例启示

金融消费者应当树立"买者余责"的意识。"卖者有责，买者余责"是公平交易的一项原则。作为金融消费者，应当全面行使自身的知情权和选择权，充分了解银行各类业务的特点、收费标准和运行细节，选择最适合自己的业务形式。同时，应当配合银行正确提供各类信息，知晓自身的责任，对自己的行为承担应有的责任。

商业银行应充分履行维护金融消费者权益的义务。在办理金融业务过程中，商业银行与金融消费者相比，具有一定的优势地位。同时，商业银行也肩负一定的社会服务职责。因此，对于银行服务收费之类较为专业和复杂的业务事项，商业银行应履行更多的公示、解释和宣传义务，充分尊重金融消费者的知情权、选择权和公平交易权等权利。

监管部门应当进一步强化对商业银行服务收费的管理。目前，我国现有的法律和行政法规对于商业银行服务收费的规定过于笼统，监管部门对商业银行执行市场调节价的监管力度有限，银行服务收费问题成为社会公众反映较多的问题。监管部门在尊重市场规律的前提下，应当积极推动服务收费的立法工作，对除定价权之外的细节问题进行规范。

（中国人民银行济南分行金融消费权益保护处供稿）

案例三
银行错发贷款导致多收客户利息案

案情简介

2003 年 8 月 11 日，李某与某商业银行分行签订了个人购房借款合同，合同约定某商业银行向李某贷款 6 万元，贷款月利率为 4.2‰，贷款期限 10 年。李某在该银行开立活期账户后，该银行按约定以购房款的名义将贷款一次性划入某房地产公司。因银行工作人员疏忽，误将贷款 6 万元发放为 7 万元。后经该银行与某房地产公司交涉，房地产公司向银行退还了 1 万元现金，但对因多贷出 1 万元而产生的各项利息由谁承担的问题产生了分歧。于是李某起诉至某市中级人民法院，诉求为：错误计算利息不应由李某承担；某商业银行分行应赔偿李某由此事产生的误工费等费用。

处理过程

某市中级人民法院一审认为，某商业银行分行未按借款合同约定的数额发放贷款存在过错，因多贷出 1 万元而产生的利息应由该行承担，但对李某提出的误工赔偿诉求不予支持。李某不服上述判决，向某省高级人民法院提起上诉。某省高级人民法院二审审理认为：某商业银行分行不仅应承担多发放 1 万元贷款产生的利息，还应承担对李某错发放贷款后计算错误的利息，但对李某提出的误工赔偿诉求不予支持。

法律分析

《中华人民共和国合同法》第一百零七条规定："当事人一方不履行合同义务或者履行合同义务不符合约定的，应当承担继续履行、采取补救措施或者赔偿损失等违约责任。"

第一百一十二条规定："当事人一方不履行合同义务或者履行合同义务不符合约定的，在履行义务或者采取补救措施后，对方还有其他损失的，应当赔偿损失。"

本案中李某与某商业银行签订贷款合同，双方构成了合同法律关系。某商业银行没有按照合同约定履行发放 6 万元贷款，而发放 7 万元贷款，由此给李某带来了贷款利息和误工费等财产损失，应承担违约责任。

同时，本案也是一起侵害金融消费者财产权的例子。金融消费损害赔偿权也称为求偿权或索赔权，是消费者在金融消费过程中非因自己的故意或过失而遭受人身、财产损害时，有向金融经营者提出请求赔偿的权利。这项权利是金融消费安全权的应有之义和自然合理延伸。本案中，李某因某商业银行分行的过错而发生资金损失，因此有提出赔偿请求的权利。

案例启示

本案发生的时间为 2003 年，当时人民银行及各金融监管部门都没有成立专门保护金融消费者的部门，保护金融消费者权益的意识也较为淡薄。本案中的金融消费纠纷，虽然案情比较简单，涉及的金额也比较少，但是金融消费者还是选择了通过司法途径来解决问题。由此可见，开展金融消费权益保护是金融监管部门十分必要和紧迫的社会责任。

人民银行开展金融消费权益保护工作可以从金融消费者的切身利益出发，与相关的司法部门合作，引入诉讼和调解对接机制，使金融消费者的合理诉求以最小的成本在最短的时间内得到满足。

（中国人民银行兰州中心支行金融消费权益保护处供稿）

案例四
提前还贷收取违约金案

案情简介

2012 年 6 月 14 日，某市民反映其在某商业银行支行办理了住房按揭贷款，合同约定一年以后可以提前还款，按提前还款额的 0% 向贷款人支付违约金；即暂时不支付违约金，是否支付以提前还款日贷款人相关规定为准"。该市民于一年后提前还款时，某商业银行支行分几次收取了违约金共 3 000 多元，该市民认为该行收取违约金不当。

处理过程

经查看贷款合同、还贷凭证、银行计收手续费单据、某商业银行支行有关提前还款计收违约金的文件等资料，该行对提前还款确实有相关文件依据，该行相关负责人也向该市民详细解释了提前还款收取违约金的理由，并结合贷款合同约定条款，出具了相关文件依据，该市民表示认可。

法律分析

《中华人民共和国合同法》第三十九条规定："采用格式条款订立合同的，提供格式条款的一方应当遵循公平原则确定当事人之间的权利和义务，并采取合理的方式提请对方注意免除或者限制其责任的条款，按照对方的要求，对该条款予以说明。"

第四十一条规定："对格式条款的理解发生争议的，应当按照通常理解予以解释。对格式条款有两种以上解释的，应当作出不利于提供格式条款一方的解释。"

第一百一十三条规定："当事人一方不履行合同义务或者履行合同义务不符合约定，给对方造成损失的，损失赔偿额应当相当于因违约所造成的损失，包括合同履行后可以获得的利益，但不得超过违反合同一方订立合同时预见到或者应当预见到的因违反合同可能造成的损失。"

平等原则是民事法律关系的基本原则之一。在本案的合同法律关系中，合同双方当事人约定"按提前还款额的 0% 向贷款人支付违约金；即暂时不支付违约金，是否支付以提前还款日贷款人相关规定为准"，而提前还款日贷款人的相关规定是由贷款人一方确定的，对借款人而言存在极大的不可预见性。在该合同条款的规定下，贷款人即某商业银行支行处于明显的优势地位。同时，银行按揭贷款合同一般采取格式合同的形式，本案中，由于双方对提前还款违约金的条款存在争议，根据上述规定，应当做有利于借款人一方的解释。

案例启示

商业银行应当对合同条款进行明确规定并进行充分的解释。银行相对于金融消费者处于专业优势地位，银行是提供贷款格式合同的一方，提前还款违约金应在贷款合同中予以明确。同时，由于贷款合同条款的专业性较强，银行应当对关键的条款和借款人可能理解困难的条款进行详细解释。

金融消费者在与银行签订合同时应进行充分的了解。借款人在签订贷款合同时，应仔细阅读相关合同条款。对于合同中的疑问，第一时间咨询银行工作人员，在全面、准确了解合同各项条款尤其是自己的违约责任之后，才能签订合同。对合同签订之后明确的事项，可以通过补充条款进行约定。

（中国人民银行成都分行金融消费权益保护处供稿）

案例五
信用卡手续费收取不合理案

案情简介

2010 年 11 月，王某买车时办理了某商业银行的信用卡购车分期还款业务，双方签订信用卡购车透支还款合同，合同约定："乙方（王某）以信用卡透支方式支付购车款，向甲方（某商业银行）分期偿还，期限为 36 个月，手续费按月分期等额偿还。从 2010 年 12 月开始还款。若乙方提前还清全部透支款项，乙方仍应当向甲方支付全部手续费。"2013 年 2 月（还款第 25 个月），王某提前还清购车款，某商业银行按合同约定从其账户内扣收了剩余 11 个月的信用卡手续费。王某认为某商业银行的收费方式对消费者不公平，要求该银行退还多收取的手续费。

处理过程

某商业银行认为，双方在签订和履行合同时均未表示异议，故在此事件上无过错。但是，从保护金融消费者权益的角度出发，该银行认为其在王某提前还款后继续收取手续费确实不合理，决定退还对王某多收取的手续费，王某对处理结果表示满意。同时，某商业银行修订了合同相关条款，明确今后客户在申请信用卡购车分期业务时，如果提前还款，已收取的分期付款手续费不予退回，尚未收取的手续费将不予收取。

法律分析

《中华人民共和国合同法》第三十九条规定："采用格式条款订立合同的，提供格式条款的一方应当遵循公平原则确定当事人之间的权利和义务，并采取合理的方式提请对方注意免除或者限制其责任的条款，按照对方的要求，对该条款予以说明。"

根据《中华人民共和国消费者权益保护法》第二十六条规定，经营者不得以格式条款、通知、声明、店堂告示等方式，作出排除或者限制消费者权利、减轻或者免除经营者责任、加重消费者责任等对消费者不公平、不合理的规定，不得用格式条款并借助技术手段强制交易。格式条款、通知、声明、店堂告示等含有前款所列内容的，其内容无效。

本案中，某商业银行在格式合同中约定"若乙方提前还清全部透支款项，乙方仍应当向甲方支付全部手续费"，导致王某在提前履行完合同义务的情况下仍需支付剩余期限的手续费，加重了客户的责任，违反了公平原则，根据相关规定应认定该条款为无效条款，不具有法律约束力。

案例启示

商业银行在制作格式合同文本或收取相关服务费用时，应充分尊重金融消费者的合法权益，从金融消费者的角度审查自身收费标准和方式是否合理，避免损害金融消费者的合法权益。

　　本案中某商业银行在发现自身行为侵犯了金融消费者的合法权益后，通过协商补救有效化解了矛盾，并及时修订相关内容以确保类似侵权事件不再发生，这种处理方式对金融消费者权益的保护具有十分积极的意义，值得其他金融机构借鉴。

　　　　　　　　　　　　　　　（中国人民银行宁波市中心支行办公室供稿）

案例六
办理信贷业务收取融资顾问费案

案情简介

刘某向人民银行某支行投诉，称其于 2010 年 3 月 15 日向某商业银行支行申请了房产抵押贷款 230 万元。经双方协商，贷款利率确定为基准利率上浮 40%。贷款合同中注明利率为 5.346%，期限 10 年。某商业银行支行在合同外一次性收取融资顾问费 273 240 元（该银行提供的计算公式为：115 万元 × 10 年 × 5.94% × 40% = 27.324 万元；由于是等额还款方式，融资额减半），于 2010 年 3 月 29 日列入个人融资顾问业务收入。2013 年 3 月，刘某要求提前偿还贷款，并要求退还剩余 7 年的融资顾问费。

处理过程

人民银行某支行多次与某商业银行支行协商，要求其提供收取融资顾问费的相关依据。该行称《贷款通则》制定时间过早，收取融资顾问费是其总部系统的惯常做法，已经执行多年，无法提供相关依据，但中国银行业监督管理委员会明令禁止的收费中也并不包括融资顾问费。对于刘某提出的提前还款后银行退还部分融资顾问费的诉求，某商业银行支行表示双方应按《中华人民共和国合同法》的规定履行合同，融资顾问费是一次性收取的，无法退还。

经多次调解无效，人民银行某支行通知刘某终止调解，建议其通过司法渠道维护自身合法权益。

法律分析

《贷款通则》第二十四条第四款规定："自营贷款和特定贷款，除按中国人民银行规定计收利息之外，不得收取其他任何费用；委托贷款，除按中国人民银行规定计收手续费之外，不得收取其他任何费用。"《贷款通则》虽于 1996 年颁布，但仍然具有法律效力，其相关条款不因某商业银行支行声称"制定时间过早"而丧失法律约束力。

中国银行业监督管理委员会规范商业银行服务收费的"七不准、四公开"规定"不准以贷收费"，即银行不得借发放贷款或以其他方式提供融资之机，要求客户接受不合理的中间业务或其他金融服务收费；"不准浮利分费"，即严格区分收息和收费业务，不得将利息分解为费用收取，严禁变相提高利率。

银行收取融资顾问费多是由于新增信贷额度收紧导致"贷款难"而变换的贷款附加条件，也有部分银行是为了满足一些客户利率下浮的要求，将利率下浮的部分费用损失以融资顾问费的形式进行增补。如果直接向银行贷款，只要缴纳评估费、抵押登记费、公证费等，不应再缴纳任何其他费用。因融资顾问服务而产生的融资顾问费属于银行中间业务收费。本案中，刘某与某商业银行支行签订贷款合同时，中国银行业监督管理委员会上述文件还未出台，但双方在履行合同的过程中，该文件开始施行，因此，本案的处理仍可以以该文件为依据。但由于对银行收费的监管属于银监部门的职责，且上述文件由银监部门印发，建议本案投诉人向银监部门投诉或寻求司法途径更有效地解决问题。

案例启示

金融消费权益保护区别于微观审慎监管的很重要的一点在于其关注内容不在于金融机构的利益，而在于金融消费者的利益。如何在确保金融业健康、稳定发展的同时，保护好金融消费者的合法权益，不仅仅是金融监管部门的职责，也是金融机构的义务所在。一方面，相关监管部门应有所作为，明确出台针对此类问题的统一性处理意见以及规范金融机构收费的细则性规定，避免出现消费者权利主张无依据、维权渠道不畅通的现象；另一方面，金融机构应切实提高金融消费权益保护意识，承担起相应的社会责任，增强业务创新能力，积极拓展增加经营收益的新途径，建立规范经营的长效机制。

（中国人民银行石家庄中心支行金融消费权益保护处供稿）

案例七
境外汇款收取多项手续费案

案情简介

某市民于 2011 年 8 月 31 日在某商业银行支行办理境外汇款（加拿大）7 129 加元，支付手续费 132.68 元人民币；于 2011 年 9 月 2 日又到该行汇款 4 840 加元，支付手续费 122.21 元人民币，合计境外汇款金额 11 969 加元，经查询汇款到账只有 11 452.79 加元，与实际汇款金额相差了 516.21 加元。该市民对此金额产生质疑，认为某商业银行支行多收取了费用，要求银行解释收费依据、计费标准和方式。

处理过程

经查，该市民第一笔境外汇款当日加元牌价为 100 加元兑 654.760 元人民币，即 7 129 加元，折合人民币金额 46 677.84 元；第二笔境外汇款当日加元牌价为 100 加元兑 655.650 元人民币，即 4 840 加元，折合人民币金额 31 733.46 元。某商业银行支行就此业务多次联系其总部，并多次向客户解释：境外电汇业务中转行要收取一定的手续费，因该市民办理的是美元账户汇加元，还需进行外币转换折算。某商业银行支行还为该市民出具了费用明细，该市民对处理结果表示满意。

法律分析

《中华人民共和国外汇管理条例》、《个人外汇管理办法》（中国人民银行令〔2006〕第 3 号）及其实施细则等只规定了商业银行和个人办理境外汇款业务的基本条件，境内个人外汇汇出境外的业务流程和收费标准均由商业银行自行决定。办理跨境外汇电汇业务，汇出行一般收取三项费用：一是汇款手续费。二是汇款过程中的电讯费，这两项费用各家银行收费标准不尽相同，但都属于收费公示的范围。三是"钞转汇"的费用。使用人民币现钞或者美元等外币现钞办理汇款业务，都会被要求按当日的汇率缴纳钞汇差价费用（汇款本金 × 当天的现汇卖出价/当天的现汇买入价 – 汇款本金）。这项费用严格来说不属于收费项目，而是个人购汇的损失，一般直接在所购外汇中扣除。例如本案中，如果汇款申请人办理汇款的美元账户中存有的是加元的现钞 11 969 元，要汇出加元，必须先根据加元当日牌价折算成人民币，再用人民币购汇。由于买入和卖出存在差价，汇出的汇款会少于 11 969 加元。前两项费用汇款申请人通过人民币直接支付给银行，也就是本案中提及的手续费 132.68 元和 122.21 元。

一笔跨境外汇电汇汇款业务的处理流程会涉及一家甚至多家境外银行，也就是中转行，中转行通过各自的账户关系来完成汇款资金的清算，最终使资金到达收款人的账户中。中转行根据各自的收费标准收取一定的费用，从而造成客户汇出的款项出现中间环节的扣费，这是全球商业银行汇款业务的通行做法，这种业务处理流程俗称为汇路。汇款申请人可以通过选择不同的汇出行来选择汇路，汇出行一般会提供最便捷的汇路。在实际业务操作中，汇款过程中会发生中间行的扣费是确定的，但是，扣费的多少事前难以确定，因为一笔汇款经过的清算路径是不确定的，各行的收费标准也不同，汇出行事前无法对中间行扣费的具体金额作出准确计算。

根据以上分析，一般的汇款申请人在办理境外汇款业务时，很难详细了解各银行的收费标准和业务细节，消费者应有的知情权难以得到充分保障。

案例启示

金融消费者应该主动了解更多的外汇业务办理细节。跨境汇款业务有其自身的特殊性和复杂性，金融消费者如果不主动了解，在选择汇出行和汇款时机时可能会给自己带来不必要的损失。建议金融消费者在办理外汇业务时，主动了解，详细询问，多做比较，最大限度地保障自身的财产权益。

在为客户办理外汇业务时，商业银行应进行充分的解释和说明。由于外汇业务相对复杂，收费项目相对较多，银行在办理业务之前，应当进行尽量详细的解释和说明，让消费者了解收费依据和计费流程，实现明码标价，让消费者放心消费；在办理跨境汇款业务时应主动考虑消费者的利益，为汇款申请人选择便捷和收费合理的汇路；在业务办理之后，应该主动为客户出具业务费用明细，解释计算方式，避免因解释不到位而产生不必要的纠纷。

（中国人民银行成都分行金融消费权益保护处供稿）

案例八
银行单方改变汇款方式导致多收费案

案情简介

2012年5月，某商业银行分行接到客户投诉，该客户于5月3日向该行提交了一笔同城外币汇款指示，指示上明确标注实时支付，但该行按普通电汇办理了该笔业务并收取了费用。因该行同城外币实时支付费用要低于普通电汇费用，客户对银行单方改变汇款方式导致多收费不满。

处理过程

经调取该客户的汇款指令底单，核实了客户勾选的汇款方式及收款银行。经查，该客户确实提交了同城外币汇款指示，但由于收款银行没有加入实时支付系统，因此某商业银行分行操作人员按普通电汇进行了业务操作。

客户认为，如果收款银行无法接受实时支付，某商业银行分行应先向客户说明情况，再由客户决定是按普通电汇来操作还是取消这笔汇款。某商业银行分行承认在工作中存在的问题与不足，并向客户道歉，双方达成和解，客户表示接受。

法律分析

《中华人民共和国消费者权益保护法》第九条规定："消费者享有自主选择商品或者服务的权利。消费者有权自主选择提供商品或者服务的经营者，自主选择商品品种或者服务方式，自主决定购买或者不购买任何一种商品、接受或者不接受任何一项服务。"

第二十条规定："经营者应当向消费者提供有关商品或者服务的质量性能、用途、有效期限等信息，应当真实、全面，不得作虚假或者引人误解的宣传。经营者对消费者就其提供的商品或者服务的质量和使用方法等问题提出的询问，应当作出真实、明确的答复。"

本案中，由于收款银行没有加入实时支付系统，某商业银行分行不能按照投诉人要求以实时支付方式进行汇款，但该银行分行并未将该信息告知投诉人，也未征得投诉人的同意，就擅自改按普通电汇进行了业务操作，既没有按法律规定履行信息提供义务，又侵犯了投诉人的自主选择商品或服务的权利。

《中华人民共和国合同法》第六十条规定："当事人应当按照约定全面履行自己的义务。"

第一百零七条规定："当事人一方不履行合同义务或者履行合同义务不符合规定的，应当承担继续履行、采取补救措施或者赔偿损失等违约责任。"

本案中，投诉人填写汇款单，发出汇款指令，构成要约；银行接受指令汇款，构成承诺，双方的合同成立并生效。某商业银行分行擅自改变汇款方式，投诉人可以按照《中华人民共和国合同法》规定，要求该银行分行承担相应的民事责任。

案例启示

选择权是消费者一项重要权利，法律为了保障消费者选择权的有效行使，相应地规定了经营者承担的商品、服务安全保证义务和信息提供义务。银行在提供金融商品或服务的过程中，应当向金融消费者全面、完整地提供有关金融产品或者服务的真实信息，对复杂产品、关键条款或交易条件应以通俗易懂的语言向消费者说明，进行必要的风险提示，以保证金融消费者进行自主选择。

商业银行为金融消费者提供产品或服务时，应当依照法律法规的规定或者双方的约定履行义务。本案中，客户对于汇款的方式有明确要求，某商业银行分行没有提出异议或说明，应严格按照客户要求办理相关业务。若确实由于客观原因无法办理，应及时联系客户，主动告知客户其他业务方案及不同业务方案间的差别，特别是收费标准等敏感信息，征得客户同意后再进行业务操作。

（中国人民银行深圳市中心支行办公室供稿）

案例九
长期不动账户收费案

案情简介

谢某（原为个体工商户负责人）于 1993 年在某商业银行办理了对公结算个体运输户开户，该账户最后发生业务的时间为 1995 年 4 月 7 日，当时账户余额为 1 033.22 元。根据某商业银行当时清理长期不动户的要求，1998 年 7 月 15 日，某商业银行将该账户转为长期不动户，连本带息共计为 1 213.62 元，转为长期不动户后不再计息。2012 年 8 月，谢某要求支取账户余额，经计算，该账户余额不足以支付账户管理费用，还需向银行再缴纳一定的账户管理费。谢某向某商业银行投诉无果，遂委托其在报社工作的亲戚李某向该市金融消费者保护中心投诉。

李某称某商业银行从未通知过谢某账户要收取小额账户管理费，谢某对小额账户管理费一事全然不知情。某商业银行解释，谢某当时填写的开户申请书上未留地址及联系方式，因此，当时无法通知谢某。

处理过程

该投诉具有一定的特殊性。第一，投诉所涉银行账户从开立至谢某 2012 年 8 月要求支取余额历时 19 年，人民银行在此期间出台了多项账户管理规定，包括《银行账户管理办法》、《人民币银行结算账户管理办法》、《人民币银行结算账户管理办法实施细则》等，因此，处理该投诉要全面了解有关的账户管理规定。第二，该投诉的受托人李某为媒体工作者，其身份比较敏感，如果处理不当可能产生一定的舆论风险。

该市金融消费者保护中心经核实案情，提出如下处理意见。谢某与某商业银行间合同关系仍然存续，双方应遵守合同约定。某商业银行未履行告知客户收取账户管理费的义务，存在一定过错；谢某开立的对公账户从 1995 年 4 月 7 日起未再发生业务，根据《银行账户管理办法》第二十七条的规定应当销户，但其未办理销户手续，因该账户尚有余额，某商业银行将其转入长期不动户予以管理，增加了银行账户管理运营成本，谢某也存在一定过错。鉴于双方都存在过错，按照过错相抵原则，建议双方折中处理，某商业银行只收取 1996 年至 1998 年末该账户转入长期不动户期间的账户管理费 300 元，剩余款项全部支付给谢某。某商业银行接受上述处理结果，但谢某不接受。后经三方再次协商，某商业银行表示不收取账户管理费，谢某全额支取了对公账户余额 1 213.62 元。

法律分析

《银行账户管理办法》第二十七条规定：开户银行对一年（按对月对日的计算）未发生收付活动的账户，应通知存款人自发出通知起 30 日内来行办理销户手续，逾期视同自愿销户。本案中，谢某在某商业银行的账户自1995年4月7日起未再发生业务，根据《银行账户管理办法》（人民银行1994年实施）的规定，某商业银行应于1996年4月7日后通知谢某办理销户手续，没有证据表明该银行履行了通知义务，导致谢某的账户没有被销户，使谢某认为账户依然存续。由此可见，某商业银行没有履行法定的义务，违反了人民银行的规定。

同时，某商业银行与谢某之间存在合同关系，双方都享有法定或约定的合同权利，同时也应当履行法定或约定的义务。1998年7月15日，某商业银行将谢某的账户转为长期不动户，不再计息，并收取小额账户管理费，这是对双方合同内容的重要变更。对于合同的变更，某商业银行应与谢某协商一致，不得擅自变更。某商业银行未进行告知和协商，擅自将谢某的账户变更为长期不动户，且收取小额管理费，存在违约行为。

考虑到谢某开户时未留地址及联系方式，导致某商业银行难以通知谢某，同时谢某也存在着疏于管理账户的过错，金融消费者保护中心首先建议双方采取折中的方法，只收取1996年至1998年末该账户转入长期不动户期间的账户管理费300元，剩余款项全部支付给谢某。在双方未就此处理方案达成一致的情况下，金融消费者保护中心又从维护某市银行业信誉角度出发，促成双方在协商一致的前提下，达成处理意见，充分体现了民法的平等和意思自治原则。

案例启示

金融机构应加大金融宣传和解释力度，尤其是在与金融消费者利益相关的法律、法规、政策出现调整时，金融机构应大力宣传、进行提示，提醒金融消费者注意维护自身合法权益。

金融机构在为客户提供金融产品或服务时，应遵循民事活动法律地位平等原则，不得将自己的意志强加给金融消费者。

作为金融管理者，进行金融法律、法规、规章、政策的调整，应提前做好与社会公众的沟通工作，使社会公众有明确的预期，提前安排处理自己的经济活动，减少规则调整带来的影响。同时，要督促金融机构做好规则调整的宣传解释工作。

金融消费者保护中心在处理投诉时首先应当依法、公平合理地处理金融消费争议和投诉；在不违背法律法规的前提下，可以综合考虑社会影响，行业信誉等因素，妥善处理金融消费争议和投诉。

（中国人民银行乌鲁木齐中心支行金融消费保护处供稿）

案例十
为贫困生办理补助款收费案

案情简介

2012年6月5日，某市金融消费者权益保护中心受理一起投诉，缘由是某教育局学生资助管理中心为贫困学生办理补助款发放事宜，但由于学生办理的银行卡不在同一银行，而相关银行又不配合，导致补助款无法及时发放。

据了解，某教育局学生资助管理中心基本账户开户行为A银行，但部分受资助学生办理的银行卡账户在B银行。某教育局学生资助管理中心需按规定将补助款发放到符合条件的学生手中，教育局出纳到A银行办理此项业务，但A银行提出：对还未办理银行卡的学生，要求其在A银行办理银行卡后才能将补助款发放至学生卡中（由于部分学生未办理身份证，不符合办卡条件，因此无法通过这种方式发放）；对在其他行办理了银行卡的学生，对其发放补助款，需通过票据交换形式转入他行卡中，需按每卡每笔支付5.5元的手续费；通过电汇手续繁杂，需客户逐笔填写电汇凭证，同时仍需按每笔5.5元支付手续费。某教育局学生资助管理中心难以就补助发放方式和由此产生的费用与银行达成共识。最终，A银行未能为该管理中心办理上述业务，进行了投诉。

处理过程

B银行与某教育局相关人员进行沟通协商，与该教育局签订了定期贷记业务（个人）代理协议，由B银行根据该教育局的委托，将该教育局的支付信息通过小额支付系统进行批量处理后按期把教育补助款发放至学生卡中，现已完成246户共184 500元补助款发放工作。今后还将继续通过小额支付系统按时向该市所有符合条件的学生发放补助款。

法律分析

《中华人民共和国反不正当竞争法》第六条规定："公用企业或者其他依法具有独占地位的经营者，不得限定他人购买其指定的经营者的商品，以排挤其他经营者的公平竞争。"第二十三条规定，"公用企业或者其他依法具有独占地位的经营者，限定他人购买其指定的经营者的商品，以排挤其他经营者的公平竞争的，省级或者设区的市的监督检查部门应当责令停止违法行为，可以根据情节处以五万元以上二十万元以下的罚款。"

本案中，A银行未就补助款发放事宜与某教育局学生资助管理中心达成一致，双方不存在委托合同关系。某教育局学生资助管理中心与B银行签订了定期贷记业务（个人）代理协议，双方的委托合同关系成立并生效。B银行作为受托人，应当按照该管理中心的指示和要求处理委托事务，将补助款发放到每个学生手中。

A 银行之所以未能与某教育局学生资助管理中心达成一致，是因为 A 银行在提供解决方案时，只考虑了本单位的经济效益，没有考虑社会效益。而且 A 银行提出的第一条解决方案，对还未办理银行卡的学生，要求其在该银行办理银行卡后才能将补助款发放至学生卡中，有违反《中华人民共和国反不正当竞争法》的嫌疑。如果最后真是要求贫困学生在 A 银行办理银行卡后才发放补助款，A 银行很可能要据此承担相应的法律责任。

案例启示

银行在为社会公众提供金融服务时，既要考虑经济效益，同时也要承担社会责任。对于银行自行定价的收费服务项目，银行可以对困难群体的服务收费予以减免。

银行工作人员应提升业务素质，在客户办理的业务涉及其他银行时，应给予客户合理化建议。比如这项业务的办理可以利用快捷、方便的小额支付系统进行跨行清算时，A 银行的业务人员就没有向客户提出建议，只是一味地强调必须在本银行办理相关业务。

因为有的贫困学生没有办理身份证，不能办理银行卡或开立账户，导致贫困学生的补助款不能及时到账。按照《个人银行结算账户管理办法》，开立个人银行结算账户必须要有居民身份证或临时身份证。考虑到本案的实际情况，在操作中，银行可以变通处理，由贫困学生的学校开具证明，与教育局学生资助管理中心的名单核对，对于核对一致的，可以以户口簿代替身份证，为贫困学生办理银行卡。

（中国人民银行乌鲁木齐中心支行金融消费保护处供稿）

案例十一
同一银行两张银行卡收费标准不同案

案情简介

祝某有一对双胞胎孩子（未成年），孩子所在学校让两个孩子各办理一张某商业银行的卡用于交学杂费，祝某于 2011 年 11 月 20 日到某商业银行 A 支行为其中一个孩子办理了一张灵通卡，A 支行按照收费标准划扣了 15 元。2011 年 11 月 23 日，祝某到该银行 B 支行为另一个孩子办理了一张宝贝成长卡，此卡对未满 16 岁的未成年人免收手续费。祝某对同一家银行两次办卡收费标准不同表示不满。

处理过程

某商业银行解释，按照该行业务规定，宝贝成长卡对未满 16 周岁的未成年人客户免收手续费。11 月 20 日，祝某到 A 支行办卡时，此网点当时没有宝贝成长卡，因此，A 支行为祝某办理了灵通卡，收费标准是 15 元。

祝某表示对该行两张卡的收费标准没有异议，但他认为，他在 A 支行办卡时，工作人员并没有向其解释该网点没有宝贝成长卡，也没有询问他是否要办理宝贝成长卡，更没有建议他等待或到其他网点办理宝贝成长卡。因此，A 支行工作人员在办理业务时没有为客户着想，只为办卡而办卡，应改进服务。

法律分析

《中华人民共和国消费者权益保护法》第八条规定："消费者享有知悉其购买、使用的商品或者接受的服务的真实情况的权利。"第九条规定："消费者享有自主选择商品或者服务的权利。"

《商业银行服务价格管理暂行办法》第十三条规定："商业银行应按照商品和服务实行明码标价的有关规定，在其营业网点公告有关服务项目、服务内容和服务价格标准。"

本案中，某商业银行 A 支行是否完全履行了信息提供义务和保障了消费者的知情权存在疑问。经营者的信息提供义务是否仅局限于消费者指定的商品或服务，还是与指定商品或服务有关的所有信息都应该予以提供（尤其是与消费者切身利益相关的信息），需要通过完善相关立法予以明确。

同时，商业银行办卡收费，实行市场调节价，不同类别的卡实行不同的收费标准，由其总部自行制定和调整。因此，本案中某商业银行 A、B 支行对不同的银行卡实行不同的收费标准，没有违反《商业银行服务价格管理暂行办法》的规定。

案例启示

商业银行应加大服务力度。本案中银行工作人员在执行业务规定方面没有违规，但是在服务方面还有提升的空间。商业银行工作人员应坚持以人为本，提供周到服务，充分、全面了解客户需求，如实反映业务情况，可为客户提供一定的合理化建议，由客户根据自身实际自主选择是否办理业务及业务种类。

　　消费者、商业银行、监管部门应该从不同的角度保护消费者合法权益。消费者在办理业务前应充分询问了解相关业务知识；金融机构应履行全面、真实的信息提供义务，对消费者的问题要准确解答；监管部门要加大宣传教育力度，普及金融知识，对金融机构提出更高的要求，提高保护金融消费者权益的意识。

　　　　　　　　（中国人民银行乌鲁木齐中心支行金融消费保护处供稿）

案例十二
重复收取短信信息费案

案情简介

2013年3月11日，某市民投诉，称其办理了某商业银行分行的银行卡短信提醒业务，每月信息费为2.5元，但发现此卡每月都被扣两次信息费（每次2.5元）。该市民要求某商业银行分行返还其被重复扣取的信息费，并予以解释和道歉。

处理过程

经调查，该市民将其在某商业银行分行的存折换成银行卡后，因柜台业务人员疏忽，未及时在系统里删除该市民原存折号码，导致系统自动对存折和银行卡同时扣除信息费。某商业银行分行当天将多扣的信息费返还了该市民，并进行了解释和道歉。

法律分析

《中华人民共和国消费者权益保护法》第二条规定："消费者为生活消费需要购买、使用商品或者接受服务，其权益受本法保护；本法未作规定的，受其他有关法律、法规保护。"

在本案中，投诉人为其银行卡定制短信提醒业务是否属于生活消费需要这个范畴难以明确界定。而《中国人民银行法》等法律法规在金融消费者权益保护方面的规定几乎均为原则性规定，没有明确保护金融消费者权益的具体规定。这凸显了当前保护金融消费者的法律法规存在欠缺。

《中华人民共和国合同法》第一百零七条规定："当事人一方不履行合同义务或者履行合同义务不符合约定的，应当承担继续履行，采取补救措施或者赔偿损失等违约责任。"

根据《中华人民共和国合同法》规定，某商业银行分行与投诉人的服务合同关系成立且生效，双方应当按照约定全面履行自己的义务。本案中，某商业银行分行重复扣收信息费，违反了双方约定，应承担违约责任。

案例启示

在当前《中华人民共和国消费者权益保护法》等有关法律在保护金融消费者权益方面存在欠缺的情况下，人民银行立足防范和化解金融风险、维护金融稳定的职责，探索开展金融消费权益保护工作，较好地弥补当前工商和消协等部门和团体在保护金融消费者权益方面职责和权限的不足。

金融机构要完善服务，增强服务意识，加大对员工的教育和培训，增强工作人员的责任心，避免因工作人员操作失误，导致客户的权益损失。

（中国人民银行南宁中心支行金融消费权益保护处供稿）

案例十三
跨行取款收取高额手续费案

案情简介

2011年9月，某客户在某商业银行支行ATM取款，因该行收取跨行手续费过高（正常同城区域内手续费为4元/笔，该行手续费为取款额的1%+2元），客户与该行协商未果，于是向当地人民银行某中心支行投诉。

处理过程

该商业银行支行称其为吉林省某农村商业银行全资设立的子公司，使用吉林省某农村信用社的综合业务系统（该商业银行支行所在地不在吉林省），所以ATM的取款手续费按照跨行跨省的标准收取，高于同城手续费标准。在了解高额手续费的原因后，当地人民银行某中心支行要求某商业银行支行立即与其上级管理部门联系，确定能否独立发卡，并按照本地地址布放ATM，从而按正常同城取款标准收取客户的手续费，并将多收取的手续费部分返还给该客户。约谈结束后，某商业银行支行将多收取手续费部分返还给该客户。

法律分析

《中华人民共和国消费者权益保护法》第八条规定："消费者享有知悉其购买、使用的商品或者接受的服务的真实情况的权利。"第九条规定："消费者享有自主选择商品或者服务的权利。"

本案中，某商业银行支行使用吉林省某农村信用社综合业务系统，致使ATM的取款手续费按照跨行跨省的标准收取，高于同城手续费。关于这一服务的真实信息，某商业银行支行应该作出如实说明，保障消费者的知情权，以便消费者进行自主选择，但某商业银行支行没有说明，因此导致客户投诉。

案例启示

商业银行应公示业务收费标准和收费依据。商业银行应通过主动公示业务收费标准和依据、解答消费者有关收费的疑问等方式，充分保障消费者的知情权和选择权，避免因没有履行告知义务、双方信息不对称等导致纠纷。

商业银行应不断完善金融产品和服务功能。商业银行作为经营者，应该把为消费者提供品质好、价格优的产品和服务作为不懈追求的目标，这样才能留住客户并将客户群体发展壮大，实现金融机构与客户的共赢。本案中，某商业银行支行应完善本行的业务系统和发卡机制，降低银行卡的交易、使用费用，一方面提高本行的竞争力，另一方面降低客户的交易成本。

　　监管部门应帮助本地法人金融机构、小微金融机构完善业务系统，改善金融服务，支持他们独立发卡，按照本地地址布放 ATM，在支付清算的准入和接入上给予指导和帮助。

（中国人民银行哈尔滨中心支行金融消费权益保护处供稿）

案例十四
误将同城汇款当做异地汇款收费案

案情简介

2011 年 1 月 27 日，方某投诉，称其当日到某商业银行办理汇款业务，一笔汇往外市，一笔汇往同城，某商业银行按照汇款金额扣缴了 25 元手续费。方某认为，同城汇款不应收取手续费，从办理业务所填写的银行卡卡号能够显示该笔汇款是同城汇款。而银行柜员认为，方某没有注明其中一笔是同城汇款，多收取手续费是方某自身原因造成的。方某诉求为：要求该行说明汇款凭证的填写错误；要求该行提供相关收费依据。

处理过程

某商业银行表示，由于方某当时办理了两笔汇款业务，一笔汇往外市，一笔汇往同城，但方某没有向银行柜员说明，银行柜员也没有详细询问，误以为两笔汇款均是汇往外地，因此给了两张汇款单，事实上，同城汇款应当填写无卡/折存款单。随后银行柜员按填写账号将两笔汇款均使用"汇兑系统"汇出，因此，系统自动按照 5‰ 比例扣缴了手续费。某商业银行向方某解释并道歉，承诺退还扣缴的手续费。

法律分析

《中华人民共和国合同法》第六十条规定："当事人应当遵循诚实信用原则，根据合同的性质、目的和交易习惯履行通知、协助、保密等义务。"

在银行与客户履行交易合同时，银行应尽到善意告知义务，对业务的办理进行必要的审核。本案中，通常情况下银行工作人员能够通过审核发现该笔业务是否属于同城汇款。审核发现业务单据填写不妥的，应当主动告知客户，以免造成不必要的损失。本案中，银行工作人员没有尽到必要的审核义务，也未能主动履行告知义务，造成了客户的困扰，存在一定的过错。银行工作人员以客户没有注明同城汇款为由进行辩解不成立。

案例启示

商业银行应当提高业务办理水平。商业银行应当加强员工教育培训，提高员工业务水平和社会责任感。在办理业务中，员工应当以专业人员的角度对客户的业务申请进行必要的审核，熟练掌握各项业务规则和办理流程，防止出现业务疏漏，造成不必要的损失。

消费者金融知识水平有待提高。相对于商业银行来说，金融消费者处于信息弱势地位。金融监管部门、银行等金融机构应当加强金融知识宣传力度，特别是银行金融机构，在办理业务时应当尽到善意告知义务，保障消费者知情权和选择权，避免不必要的金融消费纠纷。

（中国人民银行武汉分行金融消费权益保护处供稿）

案例十五
银行擅自扣收服务费案

案情简介

2012 年 2 月 9 日，方某向人民银行某中心支行投诉，称其于 2006 在某商业银行支行办理了一张借记卡，最近发现该行扣收了她的电话银行服务费。但是她在办卡的时候，并没有申请办理此项业务，而且自己和老伴年事已高，根本不会使用此项业务。方某要求该行查清该项费用收取了多长时间，并退还收取的费用。

处理过程

人民银行该中心支行将案件转该商业银行支行处理，该行经过调查，将误收 6 年的电话银行服务费共计 60 元退还给了方某，并向其道歉。

案情简介

2012 年 5 月 25 日，李某在某商业银行分行办理业务时开通了 3 个月免费试用的短信通知业务，柜台人员同时为其开通了自动展期一年的服务，但未告知客户该功能在免费期满后要收取费用。2012 年 9 月 25 日，该服务免费试用期结束后，李某账户内被扣取了短信服务费。李某遂向该行投诉，要求对在其不知情的情况下扣划费用的行为进行解释。

处理过程

某商业银行分行联系了李某，核实情况后，对柜台人员的行为向李某道歉，同时，该行就短信服务的功能及收费标准向李某作了详细解释，最终取得了李某的谅解，双方达成了和解。

法律分析

《中华人民共和国消费者权益保护法》第八条规定："消费者享有知悉其购买、使用的商品或者接受的服务的真实情况的权利。"第九条规定："消费者享有自主选择商品或者服务的权利。"某商业银行支行在投诉人未选择业务且不知情的情况下，扣收服务费，侵犯了投诉人的知情权和选择权，且涉嫌捆绑销售。

上述两个案例中，商业银行擅自收取服务费既无法律依据也无合同依据，侵犯了消费者的财产权，涉嫌不当得利。一是没有法律依据。银行没有单方启动服务并收取服务费的法律依据，只能依据交易合同进行收费。二是没有合同依据。《中华人民共和国合同法》第三条、第四条明确规定，合同当事人的法律地位平等，一方不得将自己的意志强加给另一方；当事人依法享有自愿订立合同的权利。商业银行与投诉人并未签订服务协议，擅自收取服务费没有合同依据，违反了平等自愿这一民事合同基本原则。

根据《中华人民共和国民法通则》等法律规定，公民合法财产受法律保护，禁止任何组织或个人侵占。银行擅自扣收服务费，构成民事侵权。对此，投诉人有权依据《中华人民共和国民法通则》第一百三十四条的规定，要求银行停止侵害、返还财产、赔礼道歉；此外，造成损失的，还有权要求银行赔偿损失。

案例启示

商业银行应履行主动告知义务。商业银行与客户签订的交易合同大多为格式合同。对主合同之外的附属合同内容、收费项目等需要消费者特殊注意的，可通过字体放大、加黑等特殊标识，警示消费者认真阅读，谨慎选择。必要时，还应由工作人员告知消费者，尊重消费者知情权和选择权，不得捆绑、搭售产品。

监管机构要加强监督和查处。对涉嫌捆绑、搭售的银行，除按照金融监管规定责令整改，追究其违规责任外，必要时，对涉嫌构成不正当竞争、利用垄断地位侵害消费者权益，情节严重且造成严重后果的，可以送有关部门追究其责任。

引导消费者增强金融风险意识。通过加强金融消费咨询与投诉管理，加大金融知识宣传力度，引导消费者增强金融风险意识。特别是在办理金融业务、签署交易合同时，全面阅读合同条款，对存在异议或不清晰的主动与银行工作人员沟通，避免疏忽大意签署不明白或违背自身意愿的合同。

（中国人民银行武汉分行金融消费权益保护处、
中国人民银行宁波市中心支行办公室供稿）

案例十六
办理工资卡捆绑开通网上银行业务案

案情简介

2011年5月25日，史某称自己因单位发放工资需要在某商业银行支行办理工资卡（借记卡）时，该行业务人员要求必须同时开通网上银行并购买30元的口令卡，否则不予办卡。于是史某开通了网上银行，办理了银行卡。事后，史某认为该行的这种做法侵犯了自己的合法权益，向人民银行某中心支行投诉。

处理过程

经调查，某商业银行支行员工出于业绩考核方面的压力，对史某捆绑开通了网上银行业务。该支行对员工进行了批评教育，并向史某道歉，为其免费办理了网上银行销户手续。

法律分析

《中华人民共和国消费者权益保护法》第九条规定："消费者享有自主选择商品或者服务的权利。消费者有权自主选择提供商品或者服务的经营者，自主选择商品品种或者服务方式，自主决定购买或者不购买任何一种商品、接受或者不接受任何一项服务。"这项消费者享有的选择权同样适用于金融消费者。本案中，某商业银行支行的捆绑销售行为侵犯了史某的选择权。

按照《中华人民共和国合同法》第五十四条的规定，"订立合同时显失公平；一方以欺诈、胁迫的手段或者乘人之危，使对方在违背真实意思情况下订立的合同，受损害方有权请求人民法院或仲裁机构变更或撤销。"

本案中，史某只能到某商业银行支行申办工资卡，该支行具备了事实上的优势条件。该支行工作人员利用此优势条件，以不开通网银并购买口令卡就不开户为由，迫使客户办理捆绑业务，明显违背了客户意愿，在这种情况下订立的合同属于可变更或撤销的合同。对此类合同，消费者有权申请法院或仲裁机构变更或撤销捆绑办理业务的部分内容；同时有权依据《中华人民共和国合同法》第五十八条的规定，要求银行返还购买口令卡的30元；存在损失的，还有权要求赔偿因此受到的损失。

案例启示

银行应当规范经营、公平交易。商业银行应当依法合规办理业务，充分尊重金融消费者的自主选择权，不应以牺牲银行信誉换取一时的利益。为维护金融业的健康有序发展，需要不断提高金融业从业人员的自身素质。

监管部门在处理此类投诉时需要综合考虑《中华人民共和国消费者权益保护法》、

《中华人民共和国合同法》等相关规定。在协调处理投诉的同时，要注意消费者撤销请求权的时效限制，并提醒消费者。根据《中华人民共和国合同法》第五十五条规定，应当在知道或应知道撤销事由之日起一年内行使撤销权，否则，撤销权消灭。因此，要以适当的方式提醒消费者，特别是要避免出现因监管部门的处理延误消费者撤销权的行使，进而引发纠纷的情况。

（中国人民银行南京分行金融消费权益保护处供稿）

案例十七
收取密码重置费案

案情简介

2011 年 6 月 17 日，潘某向人民银行某中心支行投诉，称因忘记银行卡密码，到某商业银行办理密码重置业务，柜员告知要收取密码重置费 10 元，潘某表示人民银行等三部委已经取消了此类收费，柜员表示尚未接到该通知，不支付服务费就不能办理密码重置业务。

处理过程

人民银行某中心支行向潘某解释，人民银行等三部委免收服务费用的文件自 2011 年 7 月 1 日起实施，相关银行机构已开展系统设置工作，将自文件实施日起免收相关费用，潘某表示认可。

法律分析

《关于银行业金融机构免除部分服务收费的通知》从 2011 年 7 月 1 日起实施，银行业金融机构免除人民币个人账户若干项服务收费，其中包括密码修改手续费和密码重置手续费。按照"法不溯及既往"的基本原则，该文件不能约束实施前的行为。因此，该文件施行之前的交易收费，应当适用当时的相关规定。

2003 年施行的《商业银行服务价格管理暂行办法》将商业银行服务收费分为政府指导价和市场调节价两类。按照该办法规定，密码重置费当时可由各商业银行总部结合市场情况发布服务价格。因此，在《关于银行业金融机构免除部分服务收费的通知》施行前，商业银行可根据自身总部规定收取密码重置费。

案例启示

银行应加强收费依据的披露和公开。银行日常经营中，应主动公开各项收费依据和标准，向客户做好解释沟通，保障客户知情权。《关于银行业金融机构免除部分服务收费的通知》及类似政策出台后，银行应当做好过渡阶段的准备和宣传，规范收费，耐心解答客户的质疑，避免误会和纠纷。

增强金融消费权益保护宣传的针对性。监管部门、金融机构等要不断加强金融消费权益保护宣传力度，增强宣传内容和方式的针对性。比如对《关于银行业金融机构免除部分服务收费的通知》等与消费者密切相关的政策，在出台后要及时组织宣传，包括政策内容、生效时间等，引导消费者全面理解国家政策，理性维权。

　　加强投诉接待受理工作。加强投诉受理审核工作，对与本案类似的投诉，监管部门投诉接待人员可及时做好政策解释，争取投诉人理解，撤销投诉，避免纠纷扩大，提高纠纷处理效率。

（中国人民银行武汉分行金融消费权益保护处供稿）

案例十八
退休金个人银行账户收取年费案

案情简介

2012年2月9日，消费者宋某向人民银行某中心支行投诉，称其于1月19日持退休金银行账户到某商业银行支行取款时，发现被扣收年费20元，宋某要求该行退还20元年费。

处理过程

人民银行某中心支行将案件转给该商业银行办理。经调查，宋某账户确属工资代发账户，由于该行没有对该账户的性质进行系统维护，导致系统一次性扣收了2年的年费。2月20日，该行向宋某退还了20元年费。

法律分析

银行应当执行政府定价。政府定价，是指依照《中华人民共和国价格法》的规定，由政府价格主管部门或者其他有关部门，按照定价权限和范围制定的价格。中国银行业监督管理委员会、中国人民银行、国家发展改革委在职责范围内，在坚持市场化原则的同时，为提高银行业金融机构的服务效率和服务水平，出台了《关于银行业金融机构免除部分服务收费的通知》，对银行相关收费项目进行了政府定价，符合《中华人民共和国价格法》的规定，银行应当执行。

根据《关于银行业金融机构免除部分服务收费的通知》的规定，自2011年7月1日起，银行不得再收取退休金账户年费和管理费。同时，还应做好部署，做好账务系统和账户标记的调整和调试工作。本案中，某商业银行未按要求对本案所涉账户的性质进行系统维护，存在过错，应承担过错责任，无条件返还多收的年费。

《中华人民共和国价格法》第三十九条规定："经营者不执行政府指导价、政府定价以及法定的价格干预措施、紧急措施的，责令改正，没收违法所得，可以并处违法所得五倍以下的罚款；没有违法所得的，可以处以罚款；情节严重的，责令停业整顿。"本案中，某商业银行支行未执行政府定价，可能遭受价格主管部门的处罚。

案例启示

银行应主动执行政府定价，切实承担社会责任。首先，政府定价具有强制性，应当执行，不执行就可能会遭受行政处罚。对此，银行应提高认识，主动执行政府定价。其次，银行要按照规定做好账务系统和账户标记的调整和调试工作，做好对客户的沟通和解释工作，以服务质量换取客户的理解和信任。最后，认真执行《关于银行业金融机构免除部分服务收费的通知》是银行进一步履行社会责任的实际行动，银行应转变认识，以此为契机来提升社会形象，争取得到社会公众的肯定和赞赏。

消费者要多关注国家政策的变化情况，加强与银行的沟通。对与自身利益切实相关的政策规定及其变化情况，消费者要多关注，必要时及时与开户银行联系，依法要求银行更改收费项目或标准。本案中，如消费者及时与银行联系对账户性质进行重新标识，就不会发生多收年费的事件。

金融消费权益保护工作部门要加强金融消费者教育工作。本案中，消费者未及时联系银行重新标识账户性质，可能存在两个原因：一是对相关规定的变化情况不了解；二是缺乏主动维护自身权益的意识。这两个原因都客观反映了目前我国消费者教育工作还需进一步加强。对此，金融消费权益保护工作部门应根据职责分工，做好金融消费者教育工作，切实提高金融消费者依法参与金融活动的能力和依法维护自身权益的意识。

价格主管部门和相关职能部门要监督银行执行政府定价相关规定。本案中，银行未执行政府定价，从另一个侧面反映了相关部门监督不完全到位的问题。针对类似的情况，价格主管部门和相关职能部门要加强监督，进一步督促各银行业金融机构执行政府定价的各项规定。

（中国人民银行武汉分行金融消费权益保护处供稿）

案例十九
工资卡收取工本费及账户年费案

案情简介

2011 年 8 月 24 日，许某投诉某商业银行支行收取银行卡（系工资卡）工本费和账户年费不当。

处理过程

某商业银行支行表示：第一，关于 5 元银行卡工本费，根据《关于银行业金融机构免除部分服务收费的通知》，文件中要求取消的 34 项收费中并不包含取消银行卡工本费，因此，银行收取银行卡工本费并不违反相关规范性文件；第二，关于 10 元账户年费，由于许某只持身份证到该支行开办借记卡，未出示其他相关证明资料，银行无法核实许某账户性质，因此为其开立普通账户，根据普通账户属性，应对借记卡普通账户扣缴 10 元年费。2011 年 8 月 25 日，经与许某所在单位沟通，该支行确认了许某的员工身份，将其账户修正为代发工资账户属性，并退还 10 元年费。

法律分析

银行收取 5 元银行卡工本费的行为接受合同法律规范的调整，同时接受政府主管部门的监督管理。《关于银行业金融机构免除部分服务收费的通知》并未要求银行取消对银行卡收取工本费，根据法无明文禁止即自由原则，对银行卡收取工本费应遵循当事人的意思自治，由合同法律规范进行调整。根据《中华人民共和国合同法》的相关规定，银行在平等自愿的前提下向消费者收取办卡工本费并无不当。

但是，由于银行业的特殊性，银行业监督管理部门对其价格行为具有约束性的规定，根据《商业银行服务价格管理暂行办法》第十四条的规定，商业银行依法制定服务价格，应至少于执行前 15 个工作日向中国银行业监督管理委员会报告，并应至少于执行前 10 个工作日在相关营业场所公告。可见，银行执行自行制定的价格之前要履行两项义务：一是提前 15 个工作日向中国银行业监督管理委员会报告；二是提前 10 个工作日在相关营业场所公告。只要银行履行了这两项义务并在客户办理业务时进行了说明和提醒，收取 5 元银行卡工本费的行为就是合法的。

收取 10 元账户年费的行为接受行政法律规范的调整，应执行政府指导价相关规定。根据《中华人民共和国价格法》的规定，银行应当执行《关于银行业金融机构免除部分服务收费的通知》，对代发工资账户免收年费。同时，对政府指导价涉及的项目，银行必须在营业场所实行明码标价。明码标价应当做到位置醒目、价目齐全、内容真实，以保障金融消费者的知情权。

案例启示

银行要把执行《关于银行业金融机构免除部分服务收费的通知》作为履行社会责任、提升服务水平的契机，加大对员工的教育和培训力度，要求员工在办理业务时主动向客户说明业务办理流程和收费标准，站在满足客户需求的角度与客户进行有效沟通，避免因沟通不充分而产生误会，甚至违反相关规定。

金融消费者要加强金融知识学习，提升依法参与金融活动的能力和水平。同时，在办理业务时要向银行工作人员充分表达自己的意愿和需求，自主选择或在银行工作人员的帮助下选择适合自己的金融产品和服务。

金融监管部门应根据职责分工，做好金融消费者教育工作，切实提高金融消费者依法参与金融活动的能力和依法维护自身权益的意识。

我国要不断推进银行市场化改革，建立健全市场竞争机制，对不属于政府管制范围内的银行产品和服务的价格，交给市场去决定。市场经济的基本规则是等价交换，消费者获取金融产品和服务应给付相应的对价。对于消费者一味希望获得免费服务的观念，政府相关部门可适当加以引导，在市场中形成"天下没有免费的午餐"的观念。

（中国人民银行广州分行金融消费权益保护处供稿）

案例二十
养老金账户收取管理费案

案情简介

原某铁路局退休职工石某向人民银行某中心支行投诉，反映其在某商业银行分行开立了一个养老金存折账户，该行对其账户收取了小额账户管理费。石某认为自己属于低收入人群，该行不应对其账户收取管理费，请求人民银行某中心支行制止该行行为。

处理过程

经核实，石某被收取小额账户管理费的原因是银行对该户漏设了免收标识，现已对石某的账户重新设置了免收标识，某商业银行分行向石某致电道歉，并将退回误收的费用，石某对处理结果表示满意。

法律分析

对养老金账户免收管理费符合公共利益的需要。养老金也称退休金，是一种主要的养老保险待遇，是指在劳动者年老或丧失劳动能力后，根据他们对社会所作的贡献和所具备的享受养老保险的资格或退休条件，按月或一次性以货币形式支付的保险待遇，主要用于保障职工退休后的基本生活需要。养老金承载着极其重要的社会保障功能，属于重大的社会公共利益，对养老金账户免收管理费就是为了服务这一公共利益需要。

对养老金账户免收管理费有明文规定，属于政府定价。根据《关于银行业金融机构免除部分服务收费的通知》的规定，自 2011 年 7 月 1 日起，银行不得再收取养老金账户年费和管理费。因此，银行应无条件返还多收的小额账户管理费。

案例启示

银行应当主动执行政府定价相关规定。一方面，对政府定价涉及的项目，银行必须在营业场所实行明码标价。明码标价应当做到位置醒目、价目齐全、内容真实，以保障金融消费者的知情权。另一方面，银行要把执行《关于银行业金融机构免除部分服务收费的通知》作为履行社会责任、提升服务水平的契机，用优质服务换取客户的理解和信任。

价格主管部门和相关职能部门要监督银行执行政府定价相关规定。本案中，银行未执行《关于银行业金融机构免除部分服务收费的通知》的规定，从一个侧面反映了相关部门对其监督不完全到位的问题。针对类似的情况，价格主管部门和相关职能部门要加强监督，进一步督促各银行业金融机构执行政府定价各项规定。

（中国人民银行合肥中心支行金融消费权益保护处供稿）

案例二十一
基金定投账户误收管理费案

案情简介

张某向某商业银行投诉，反映其账户已加办基金定投业务，但账户交易记录显示2011年9月29日扣款小额账户管理费0.53元，2011年12月29日扣款小额账户管理费0.04元，2012年3月29日扣款小额账户管理费1.93元，要求银行核实情况。

处理过程

某商业银行对相关账户交易明细进行复核，发现张某的账户确实加办了基金定投业务，但该行业务人员未对该账户做加办标识（该银行对基金定投账户不收取管理费），导致系统对该账户按照普通账户性质收取了小额账户管理费。该行立即对张某加办基金定投业务的该账户进行了标识，并退回了多收的3笔共2.5元的小额账户管理费。

法律分析

根据《中华人民共和国价格法》的规定，基金定投账户的管理收费不属于政府价格管制范围，应当由市场进行调节价。但银行在自主定价时应当接受政府主管部门的监督管理，根据《商业银行服务价格管理暂行办法》第十四条的规定，商业银行依法制定服务价格，应至少于执行前15个工作日向中国银行业监督管理委员会报告，并应至少于执行前10个工作日在相关营业场所公告。可见，银行执行自行制定的价格之前要履行两项义务：一是提前15个工作日向中国银行业监督管理委员会报告；二是提前10个工作日在相关营业场所公告。只要银行履行了这两项义务并在客户办理业务时进行说明和提醒，收费行为就是合法的。

本案中，需要弄清两个问题：第一，银行是否对基金定投账户管理费进行了定价并按规定向中国银行业监督管理委员会报告；第二，银行是否按规定将基金定投账户管理费的价格进行了公告并向客户进行了提示和说明。如果某商业银行没有履行上述两项义务，则不应收取基金定投账户管理费。本案中，由于银行工作人员的失误，对消费者基金定投账户收取了小额账户管理费，属于不当得利，应予以退还。

案例启示

银行要进一步提升服务水平和质量。一是要根据相关规定对金融服务和产品实行明码标价，保障金融消费者的知情权。二是要提高定价能力，对客户进行细分，针对不同的客户群体和不同的金融产品（服务）制定不同的价格，确保所确定的价格能够被大多数客户所接受。三是要提高服务水平和质量，不同的消费者由于承受能力和业务需求不同，往往对金融服务和产品的价格的敏感度也不同，在市场经济高度发展的今天，不乏消费者用高价换取优质服务。因此，银行最根本的还是要提高服务水平和质量，以此赢得客户的理解和支持。

金融消费者应适当转变观念。市场经济的基本规则是等价交换，消费者获取金融产品和服务应当给付相应的对价。消费者不能老是指望获取免费服务，而是应当形成"天下没有免费的午餐"的观念。

金融消费权益保护工作部门应根据职责分工，做好金融消费者教育工作，切实提高金融消费者依法参与金融活动的能力和依法维护自身权益的意识。

（中国人民银行合肥中心支行金融消费权益保护处供稿）

本篇小结

目前，金融机构收费由中国人民银行、中国银行业监督管理委员会、中国证券监督管理委员会、中国保险监督管理委员会、国家发展和改革委员会等多部门进行行政管理，相关行业协会进行自律性管理。本篇选取了二十一个案例，涉及预付卡、信用卡、外汇业务、账户管理等类型，对该领域的法律法规制度作了系统的梳理归纳，为读者提供了处理此类案例的思维框架与解决手段。下一步，我们建议从以下几方面着手，科学规范金融机构的收费业务。

第一，进一步明确金融消费者权益的边界，严格剔除金融消费者自身过错造成的损失，防范道德风险。近年来，关于金融消费者权益保护的相关论述颇为丰富，但是尚缺乏对金融消费者权益范围的清晰界定。实践中，以人民银行受理的金融消费者投诉案件数据库为样本，当前确实存在着金融消费者扩大维权范围的倾向，甚至出现了过度维权的现象。针对此类情况，部分金融机构被迫投入大量精力防范和规避投诉，在一定程度上削弱了金融创新能力。法理上，金融侵权应以过错为要件，如果金融消费者利益损失是由自身过错造成的，责任就不应由金融机构承担。以"网上汇款不成功仍扣划手续费案"为例，汇款不成功的主要原因是汇款人写错汇款账户，汇款人存在着过错，而银行履行了汇款到汇款人指定账户的合同义务理应按照标准收取手续费，不存在着不当得利。

第二，金融机构应充分履行维护金融消费者权益的义务。在办理金融业务过程中，金融机构与金融消费者相比，具有一定的优势地位。对于银行服务收费之类较为专业和复杂的业务事项，商业银行应履行更多的公示、解释和宣传义务，充分尊重金融消费者的知情权、选择权和公平交易权等权利。金融机构应当加强对有关收费项目的管理和公示，并坚持按照"谁委托、谁付费"的原则收取各类费用，出具收费凭证，切实防止乱收费情况，避免消费者误解。

第三，金融消费者应当树立"买者余责"的意识。"卖者有责，买者余责"是公平交易的一项原则。作为金融消费者，应当全面行使自身的知情权和选择权，充分了解金融产品和服务的特点、收费标准和运行细节，选择最适合自己的产品和服务形式。同时，应当配合银行正确提供各类信息，知晓自身的责任，对自己的行为承担应有的责任。

第四，监管部门应当进一步强化对商业银行服务收费的管理。目前，我国现有的法律和行政法规对于商业银行服务收费规定过于笼统，监管部门对商业银行执行市场调节价的监管力度有限，银行服务收费问题成为社会公众反映较多的问题。监管部门在尊重市场规律的前提下，应当积极推动服务收费的立法工作，对除定价权之外的细节问题进行规范。

第十一篇

服务质量

编 者按：银行服务质量问题是金融消费者投诉的重点领域之一。在该领域，金融消费者权益受到损害的情况主要表现为以下四种形式：一是不公平对待客户，如过于追求高端客户、忽视甚至歧视普通客户，限制柜台业务办理等；二是服务能力不足，如柜台窗口开放不足导致客户排长队，银行自助设备故障率居高不下，自助设备加钞不及时等；三是服务意识偏差，如员工服务态度恶劣，违背服务承诺，存在"店大欺客"现象等；四是拒绝提供服务，如为保业绩、拉存款，在关键时点拖延办理支付业务，拒绝办理利润率不高的税款缴纳业务，拒绝办理劳动强度大、费力不赚钱的硬币、辅币收纳业务等。

保证和提高服务质量是《中华人民共和国消费者权益保护法》规定的经营者应尽义务之一，也是维护金融消费者合法权益的应有之义。减少服务质量投诉，维护消费者合法权益，首先，需要强化银行业金融机构的服务意识，督促金融机构加强内部服务质量培训，提高其提供优质服务的主动性；其次，要加强针对银行业金融机构服务质量的监督管理，采取明察暗访等多种形式，督促金融机构依法、合规、高效提供金融服务；再次，针对服务质量投诉案件，人民银行金融消费权益保护部门应积极探索做好调解工作，引导金融机构采取有效措施，避免矛盾激化和升级；最后，要加强调查研究，针对经济社会发展过程中涌现的新问题、新情况，及时修改完善相关法规制度，为金融机构提升金融服务质量提出要求和指引。

本篇服务质量案例收录了有关分支行提供的二十五个案例，详细剖析了案例涉及的法律条文，为金融消费者维权提供了翔实的法律依据，同时对商业银行如何化解矛盾，进一步改善和提高服务质量提出了诸多有益建议。

本篇案例

- 银行 VIP 客户随意插队影响普通客户案
- 银行 VIP 客户插队引其他客户不满案
- 银行柜台客户排队现象严重案
- 银行变相缩短营业时间案
- 银行强制分流客户到自助取款机办理业务案
- 社保失业金查询纠纷案
- 金融消费者恶意投诉银行案
- 银行差别对待客户案
- 银行柜台不予办理小额存取款业务案
- 银行 ATM 故障案
- 客户投诉银行工作效率低案
- 银行工作人员服务态度恶劣案
- 银行在营业时间内拒绝办理现金业务案
- 银行拒绝受理零辅币业务案
- 银行拒绝办理转账业务案
- 银行拒绝兑付土地复垦补偿款案
- 银行无理拒收契税缴款书案
- 银行未尽交易提示义务案
- 银行理财产品收益未达预期案
- 银行贵宾窗口闲置不向普通客户开放案
- 银行拒绝客户分批存入现金案
- 银行拒绝开立个人账户案
- 银行拒绝协助查询账户原始记录案
- 银行无理拒绝大额取款案
- 银行拒绝核对存款金额案

案例一
银行 VIP 客户随意插队影响普通客户案

案情简介

彭某到某商业银行分理处支取 1 万元定期存款，在排队等候半个多小时后，见一客户未取号排队直接至窗口办理业务，彭某对此表示不满，银行保安则称该客户是 VIP 客户，可以享受优先服务。于是，彭某向人民银行某中心支行金融消费权益保护中心投诉该分理处歧视普通客户。

处理过程

人民银行某中心支行金融消费权益保护中心接到投诉后，立即与某商业银行分行进行联系。经调查核实，该商业银行总部制度规定对 VIP 客户提供优先办理业务的服务，并应在营业大厅公示"VIP 客户优先办理"，该商业银行分理处也按照上级行规定进行了相关公示。人民银行某中心支行将相关情况向彭某进行了解释，并建议该商业银行分行积极向上级行反馈，结合实际情况将 VIP 客户窗口与普通业务窗口分设，并尽量多开设几个业务通道，提高服务效率，减少客户等待时间，彭某对解释结果表示接受。

法律分析

《中华人民共和国合同法》第八条规定："依法成立的合同，对当事人具有法律约束力。当事人应当按照约定履行自己的义务，不得擅自变更或者解除合同"。

银行允许 VIP 客户插队，有违合同相对性原则。根据合同相对性原则，银行与 VIP 客户之间订立的优先办理业务合同，只在银行和 VIP 客户之间有效，不得约束合同以外的第三人，VIP 客户的优先权仅是针对银行的，在 VIP 客户和普通客户之间并不存在合同关系，因此 VIP 客户在行使优先权时不应影响普通客户。根据合同权利和义务对等的原则，银行要争取大客户，就应承担相应成本，如增加投入，在不减少普通客户窗口的前提下专设 VIP 窗口，而不能转嫁义务，把自己的利益建立在牺牲普通客户权益的基础上。此外，"先来后到、依次而行"是社会生活中的习惯做法，在民事法律关系中属于一种善良风俗，在没有特别约定的情况下，通常应当按照先后次序行事。普通客户和银行之间也订立了服务合同，但并未明示"允许 VIP 客户插队"等内容，银行虽有单方面作出的公告，但并不能约束普通客户。因而银行允许 VIP 客户插队是相对于普通客户的违约行为。

《中华人民共和国消费者权益保护法》第二十六条规定："经营者不得以格式条款、

通知、声明、店堂告示等方式，作出排除或者限制消费者权利、减轻或者免除经营者责任、加重消费者责任等对消费者不公平、不合理的规定，不得利用格式条款并借助技术手段强制交易。格式条款、通知、声明、店堂告示等含有前款所列内容的，其内容无效。"

银行在窗口所贴"VIP 客户优先办理"的告示，允许 VIP 客户"插队"，有违公平交易原则，损害了普通客户的公平交易权，应为无效。

《中华人民共和国消费者权益保护法》第四条规定："经营者与消费者进行交易，应当遵循自愿、平等、公平、诚实信用的原则"。第十四条规定："消费者在购买、使用商品和接受服务时，享有人格尊严、民族风俗习惯得到尊重的权利"。

"先来后到"是我国千百年来的优良传统，银行允许 VIP 客户插队，普通客户一定程度上会感受到不平等和人格尊严受损。银行的行为有违《中华人民共和国消费者权益保护法》规定的公平、平等原则，也与民法的公序良俗原则背道而驰。

案例启示

商业银行从自身利益出发，在不违反现行法律法规的前提下开通 VIP 优先服务项目本无可厚非，但应当妥善处理好普通客户与 VIP 客户之间的利益冲突。本案给我们的启示有以下三点。

第一，银行应提升自身服务能力。通过增设窗口、自助服务机具、增加服务人员等方式提升服务能力，满足不同类型客户群体办理业务的需求，防止因自身服务能力不足而损害部分消费者利益。

第二，银行应公平对待每一位客户。银行是为广大人民群众提供金融服务的重要场所，有义务为每位客户提供优质的服务，在不降低普通客户服务质量的前提下，可单独设立专门为 VIP 客户提供服务的 VIP 室等服务项目，从而避免 VIP 客户直接插队，不损害正常排队的普通客户的利益和人格尊严。

第三，金融监管机构应当加强对金融机构提供金融服务行为的监督管理，通过事前审查、执法检查、事后备案等方式对金融机构提供金融服务、保护金融消费者权益方面制度的制定及执行情况实施监督检查，纠正其中不合法、不合理的内容，为金融消费者营造良好的金融消费环境。

（中国人民银行南昌中心支行金融消费权益保护处供稿）

案例二
银行 VIP 客户插队引其他客户不满案

案情简介

2012 年 7 月，某企业职工王某在某商业银行办理取款业务，当时正值业务高峰期，排队等候办理业务的客户较多，等待近半小时的王某眼看就要轮到自己，却被比自己后来的两个客户抢先办理了业务，王某对此极为不满，与银行发生争执。得知"加塞儿"的客户为该行 VIP 客户，王某认为银行此举有"嫌贫爱富"的嫌疑，有悖文明服务的承诺，于是将此事投诉至该行主管部门。

处理过程

该行主管人员向王某解释，银行与 VIP 客户之间签有相关优先办理业务的服务合同，所以为两位 VIP 客户优先办理了业务。王某认为作为普通客户的自己并不了解银行与 VIP 客户之间的关系，银行不应该为开办 VIP 客户服务项目而牺牲普通客户的利益。虽然王某对于该行主管人员的答复不满，但也只能对自己"被加塞"自认倒霉，未再作追究。

法律分析

《中华人民共和国合同法》第八条规定："依法成立的合同，对当事人具有法律约束力。当事人应该按照约定履行自己的义务，不得擅自变更或者解除合同"。

该条规定确立了合同相对性原则。根据合同相对性原则，银行与 VIP 客户之间订立的优先办理业务合同，只在银行和 VIP 客户之间有效，不得约束合同以外的第三人，VIP 客户的优先权仅是针对银行的，在 VIP 客户和普通客户之间，VIP 客户并没有任何优先权。银行与普通客户之间的服务合同并没有关于"允许 VIP 客户插队"的约定，因此，银行允许 VIP 客户插队的行为违反了合同相对性原则，损害了普通客户及时享受银行服务的权利，是相对于普通客户的违约行为。

《中华人民共和国消费者权益保护法》第四条规定："经营者与消费者进行交易，应当遵循自愿、平等、公平、诚实信用的原则"。第十四条规定："消费者在购买、使用商品和接受服务时，享有人格尊严、民族风俗习惯得到尊重的权利"。

"先来后到"是社会生活中的一项基本规则，也是人们交往时应遵守的一种善良风俗。银行允许 VIP 客户插入普通客户队伍中优先办理业务，有违法律上的平等原则和善良风俗，使普通客户感受到了人格伤害和不公平待遇。

案例启示

商业银行从自身利益出发，在不违反现行法律法规的前提下开通 VIP 服务项目本无可厚非，但要妥善处理好普通客户与 VIP 客户之间的利益冲突。本案给我们的启示包括以下三点。

第一，银行应提升自身服务能力。通过增设窗口、自助服务机具、增加服务人员等方式提升服务能力，满足不同类型客户群体办理业务的需求，防止因自身服务能力不足而损害部分消费者利益。

第二，银行应公平对待每一位客户。银行是为广大人民群众提供金融服务的重要场所，有义务为每位客户提供优质的服务，在不降低普通客户服务质量的前提下，可单独设立专门为 VIP 客户提供服务的 VIP 室等服务项目，从而避免 VIP 客户直接插队，不损害正常排队的普通客户的利益和人格尊严。

第三，金融监管机构应当加强对金融机构提供金融服务行为的监督管理，通过事前审查、执法检查、事后备案等方式对金融机构提供金融服务、保护金融消费者权益方面制度的制定及执行情况实施监督检查，纠正其中不合法、不合理的内容，为金融消费者营造良好的金融消费环境。

（中国人民银行西宁中心支行金融消费权益保护处供稿）

案例三
银行柜台客户排队现象严重案

案情简介

人民银行某市中心支行金融消费权益保护中心接到张某投诉，称自己 2013 年 6 月 16 日到某商业银行网点办理取款业务，排队近两个小时才办理成功，并且排队过程中与商业银行工作人员产生了语言争执。

处理过程

人民银行某市中心支行金融消费权益保护中心接到投诉后，对相关情况进行了核实，与被投诉商业银行消费维权负责人取得了联系，责成妥善处理。6 月 17 日，接到该商业银行回复，称已向客户致歉并解释原因，同时对窗口工作人员进行了批评教育。

法律分析

《中华人民共和国合同法》第六十条规定："当事人应当遵循诚实信用原则，根据合同的性质、目的和交易习惯履行通知、协助、保密等义务。"

《中华人民共和国合同法》规定的协助义务是一种附随义务，指合同当事人应互为对方行使合同权利、履行合同义务提供照顾和便利，促使合同目的圆满实现。它要求当事人在履约过程中尽最大限度地运用其能力和一切可以运用的手段实现对方的正当愿望，以利于合同的适当履行。具体到本案当中，银行应该为客户办理业务提供自身可能予以提供的方便，比如根据实际情况在客户排队现象严重的情况下增开窗口，而不是让客户继续排队，耗费时间。

《中国人民银行关于改进个人支付结算服务的通知》（银发〔2007〕154 号）规定商业银行要"合理配置网点柜台和工作人员，实行弹性柜台和弹性柜员制。银行应根据各网点办理公私业务量的占比情况，合理确定对公、对私柜台的设置，并根据网点业务办理高峰时点和高峰工作日，设置弹性柜台和弹性柜员。设立咨询台或配备大堂经理引导和帮助客户，减少客户排队等候时间"。

该文件对银行机构减少客户排队等候时间等协助义务作了具体、明确的规定，商业银行应当严格贯彻执行。

案例启示

客户排长队是各银行普遍存在的问题，在某些银行、某些时段表现尤为突出，成为亟待解决的一大难题。本案给我们的启示包括以下四点。

第一，改善金融服务供给。建立多层次、多渠道的金融服务体系，包括增设银行服务网点和自助设备、拓展网络银行和电话银行的服务功能等，使客户能够通过多种方式办理包括存取款、转账、缴费、购买理财产品等多种业务，大大减轻柜台的压力，减少客户排队的时间。

第二，提升服务意识。在营业大厅安排素质高、能力强的客户经理，引导客户办理业务，指导客户使用自助设备等。为客户提供免费茶水服务，有条件的网点还可以在大厅播放业务办理流程宣传片、自助设备和电子银行使用宣传片等，既可以增长客户的金融知识，又可以缓解客户排队时间过长的心理焦躁。

第三，增强市场意识。商业银行是市场主体，与客户是平等的民事主体关系，就应当遵循市场原则和市场规律来拓展业务。在"优胜劣汰"的市场竞争机制下，只有重视客户利益尤其是人数众多的普通客户的利益才能赢得市场。

第四，增强守法意识。为客户提供适宜的业务环境是《中华人民共和国合同法》等民事法律关于合同当事人附随义务的基本要求，因此，改善金融服务供给不仅仅是服务意识问题，更是法制意识的体现。

（中国人民银行哈尔滨中心支行金融消费权益保护处供稿）

案例四
银行变相缩短营业时间案

案情简介

2013 年 7 月 23 日 16 点 40 分许，人民银行某市中心支行接到多个投诉电话，称某商业银行营业部以员工要学习新系统为由拒办业务。

处理过程

接到投诉后，人民银行某市中心支行立即派工作人员进行调查处理。经现场调查核实，某商业银行营业部对外公示的营业时间是 8 点 30 分至 17 点 30 分，但其在当日 16 点 30 分以后就拒绝为客户办理业务，因此引起客户投诉。人民银行某市中心支行责令该商业银行限期整改，严格执行对外公示的营业时间，改善服务态度，提高金融服务水平。该商业银行接到人民银行某市中心支行的整改通知后，对拒办业务的相关人员作出了内部处分，并向其所辖各支行、营业部下发了《关于规范辖内营业网点营业时间的通知》。

法律分析

《中华人民共和国商业银行法》第四十九条规定："商业银行的营业时间应当方便客户，并予以公告。商业银行应当在公告的营业时间内营业，不得擅自停止营业或者缩短营业时间。"

某商业银行对外公布的营业时间是 8 点 30 分至 17 点 30 分，但其在当日 16 点 30 分以后就拒绝为客户办理业务，实际变相缩短了营业时间，违反了《商业银行法》的上述规定。

《中华人民共和国合同法》第十六条规定："要约到达受要约人时生效。"第二十五条规定："承诺生效时合同成立。"

从《中华人民共和国合同法》的角度看，该商业银行将营业时间（8 点 30 分至 17 点 30 分）对外公告，应视为一种内容明确且不可撤销的有效要约，客户在每天 17 点 30 分前到该商业银行办理业务的行为构成承诺，双方之间的合同关系成立。该商业银行在营业时间内拒绝为客户办理业务，属于违约行为。

案例启示

商业银行应严格按照公告的营业时间营业。通常情况下，不得因任何理由擅自停止营业或者缩短营业时间。

商业银行遇特殊情况必须停止营业或者缩短营业时间的，应该提前告知客户。比如遇到网点搬迁、装修、系统升级等特殊情况，应以张贴公告等形式提前告知客户。

　　金融监管机构应强化监督管理，严格规范金融机构的经营行为，督促金融机构切实为消费者提供优质服务。

（中国人民银行贵阳中心支行金融消费权益保护处供稿）

案例五
银行强制分流客户到自助取款机办理业务案

案情简介

郝某于 2013 年 3 月 18 日到某商业银行网点办理取款业务，在领取号码后开始排队。由于排队人数较多且办理业务窗口较少，为了缓解客流压力，该网点大堂经理逐一询问排队顾客办理何种业务，并对其进行分流。当得知郝某的取款金额在两万元以下时，大堂经理立即要求郝某前往 ATM 自助取款。郝某打算将零钱一并取出，于是拒绝了大堂经理的要求。大堂经理表示，目前柜台服务压力很大，如果郝某拒绝使用 ATM 进行自助取款，即使排号到柜台，柜台也不会为其办理业务。双方发生争执，郝某于是向人民银行某中心支行金融消费权益保护中心投诉。

处理过程

接到投诉后，人民银行工作人员对情绪激动的郝某进行了耐心劝解，并通知该商业银行相关人员到人民银行金融消费保护中心处理该纠纷。在人民银行工作人员的调解下，该商业银行负责人首先承认其大堂经理在分流顾客时方法不当，态度恶劣，并向郝某赔礼道歉。郝某则要求该商业银行承诺不再出现类似情况，双方最终达成和解。

法律分析

《中华人民共和国民法通则》第四条规定："民事活动应当遵循自愿、公平、等价有偿、诚实信用的原则"。《中华人民共和国商业银行法》第五条规定："商业银行与客户的业务往来，应当遵循平等、自愿、公平和诚实信用的原则。"《中华人民共和国消费者权益保护法》第四条规定："经营者与消费者进行交易，应当遵循自愿、平等、公平、诚实信用的原则。"

该商业银行按照办理业务的金额大小将客户分为两类，一类可以享受柜面服务，一类不能享受柜面服务，而柜面服务作为银行的基本服务之一，理应对所有客户开放，银行这种区别对待客户并损害客户权益的行为违反了以上法律规定的自愿、公平等原则。

《中华人民共和国消费者权益保护法》第九条规定："消费者享有自主选择商品或者服务的权利。消费者有权自主选择提供商品或者服务的经营者，自主选择商品品种或者服务方式，自主决定购买或者不购买任何一种商品、接受或者不接受任何一项服务。"

客户在办理存取款业务时，目前有柜面和自助设备两种途径。由于自助设备目前只支持50元以上的存取款业务，在客户需要将不足50元的余额一并取出时，自助设备就无法满足客户需求。该分行不区分实际情况，强行要求存取款金额在2万元以下的客户一律通过自助设备办理，侵犯了客户自主选择服务方式的权利。

案例启示

商业银行在经营活动中执行办理2万元以下存取款业务的客户通过自助设备办理的做法与减轻柜面压力、提高服务质量的根本目的之间不存在矛盾，但是在执行过程中存在执行前准备工作不充分、解释宣传不到位、不分情况一刀切等问题，导致客户产生抵触情绪而投诉。

商业银行应当尊重金融消费者的办理存取款业务的自主选择权，包括自主选择金融机构、金融服务、金融产品及金融业务办理方式的权利，金融机构工作人员只能建议金融消费者选择某种业务办理方式，而不能强制要求客户接受。银行采取相应的分流措施必须建立在依法合规、尊重金融消费者自主选择权的基础上，而不能限制金融消费者接受服务的方式，更不能拒绝金融消费者选择其他方式办理业务。

商业银行应当加强对工作人员金融消费者保护、文明礼仪等方面的知识培训，解决服务态度、工作方法等方面存在的问题，积极做好与金融消费者的解释沟通工作，从源头上减少金融消费纠纷。

金融监管机关应强化监督管理，严格规范金融机构的经营行为，督促金融机构切实为消费者提供优质服务。

（中国人民银行太原中心支行金融消费权益保护处供稿）

案例六
社保失业金查询纠纷案

案情简介

余某于 2001 年失业回乡，2002 年 2 月从原单位领取了一本在某商业银行支行开户、用于领取失业金的活期存折。后因原存折使用次数过多而换了新的存折，但时隔多年后，当初失业金是否领取已无印象，为此余某向该市局查阅当年发放的明细账，局经办人则以年代已久无法查阅为由数次拒绝余某要求。余某于是向某商业银行要求查询发放明细，但也被拒绝，因此在 2013 年 7 月 2 日向人民银行某市支行进行投诉。

处理过程

经调查核实，余某在某商业银行支行的存折账户已销，无法在该支行查询到以往的来往明细账。人民银行某市支行认为存折账户虽销，但储蓄账户资料理应保存，要求该支行通过上级营业部门查阅取证资料，最终向余某提供了详细的资金明细账，余某对处理过程表示满意。

法律分析

《中华人民共和国合同法》第六十条规定，"当事人应当按照约定全面履行自己的义务。当事人应当遵循诚实信用原则，根据合同的性质、目的和交易习惯履行通知、协助、保密等义务"。

此处的通知、协助、保密等义务为合同附随义务，是指合同当事人应按照诚实信用原则为对方当事人提供便利，以确保合同履行及合同目的得以实现。余某与某商业银行间存在储蓄合同关系，商业银行在履行合同给付义务的同时，还应尽到必要的附随义务，为余某了解合同履行情况（包括履行历史情况）提供帮助。商业银行拒绝提供往来明细账的行为是对合同附随义务的违反。

《中华人民共和国消费者权益保护法》第八条规定："消费者享有知悉其购买、使用的商品或者接受的服务的真实情况的权利。消费者有权根据商品或者服务的不同情况，要求经营者提供商品的价格、产地、生产者、用途、性能、规格、等级、主要成分、生产日期、有效期限、检验合格证明、使用方法说明书、售后服务，或者服务的内容、规格、费用等有关情况。"

客户存折账户虽销，但商业银行按照档案管理的相关规定理应在一定时期内保存客户账户资料。根据《中华人民共和国消费者权益保护法》相关规定，客户在商业银行开户，就是接受该行的服务，有权要求银行提供服务项目说明及服务明细，客户查询账户明细是银行应当提供的账户服务内容之一。银行拒绝客户查询的行为侵害了消费者的知情权。

案例启示

本起社保失业金查询诉求纠纷，表面看来是金融机构与消费者对于存折销户是否影响明细账查询发生分歧，实质是金融机构面对有难度诉求时推诿责任，侵害了消费者的合法权益。本案给我们以下启示。

在处理金融消费者投诉时，人民银行应坚持客观公正原则，给予金融消费者金融与法律方面的专业支持，切实保障金融消费者的合法权益。

在处理金融消费权益纠纷过程中，人民银行应坚持依法合规原则，投诉受理、转办、调查、调解等环节应严格执行相关金融消费者投诉处理操作规程，切实提高金融消费权益保护工作的规范性与实效性。

金融机构应提高优质服务意识，杜绝"多一事不如少一事"的想法，切实全面履行消费者保护义务，对于金融消费者的合理诉求应在法律法规的框架内及时、妥善地予以响应和回复。

（中国人民银行杭州中心支行金融消费权益保护处供稿）

案例七
金融消费者恶意投诉银行案

案情简介

2013 年 4 月 26 日，人民银行某金融消费权益保护中心接到张某的电话投诉称：一是某商业银行分行不肯为其提高贷记卡信用额度；二是该银行营业部工作人员违规操作，将其 U 盾拿走，未予返还，办理网银相关业务的留存联上没有机打信息，也没有授权柜员号；三是该银行营业部的工作人员私自登录其个人网上银行，并擅自用其资金做外汇交易，私自修改网上银行客户信息；四是该银行不给其开户、不肯为其打印流水账。人民银行某金融消费权益保护中心随即对投诉情况进行了调查。

处理过程

经调查核实，张某承认投诉的原因是自己急需一笔资金，在其向某商业银行分行申请调高贷记卡信用额度未果时，便捏造事实、恶意中伤银行工作人员，想通过重复投诉、信息发布等手段胁迫银行，达到提升信用额度的目的。因张某行为已较为严重地影响到金融机构正常业务开展，人民银行某金融消费权益保护中心决定采取以下措施。一是将张某的投诉认定为无效投诉，当张某针对此事再次投诉时，不予受理。二是将张某列为重点防范对象，并计划向全辖各银行业金融机构通报张某的情况，要求各银行业金融机构针对类似事件做好防范工作。三是要求被投诉的某商业银行分行密切关注张某的动态，如张某再到营业网点进行滋扰，要依法妥善处置，涉及社会治安问题的，请求公安部门介入处理。四是密切关注各类新闻媒体动态，做好应对措施，防范发生相关负面舆情。经向张某宣讲相关法律规范，张某对人民银行处理结果表示接受。

法律分析

《商业银行信用卡业务监督管理办法》（中国银行业监督管理委员会令 2011 年第 2 号）第四十一条规定："发卡银行应当对信用卡申请人开展资信调查，充分核实并完整记录申请人有效身份、财务状况、消费和信贷记录等信息，并确认申请人拥有固定工作、稳定的收入来源或可靠的还款保障。"第五十二条规定："发卡银行应当建立信用卡业务风险管理制度。发卡银行从公安机关、司法机关、持卡人本人、亲属、交易监测或其他渠道获悉持卡人出现身份证件被盗用、家庭财务状况恶化、还款能力下降、预留联系方式失效、资信状况恶化、有非正常用卡行为等风险信息时，应当立即停止上调额度、超授信额度用卡服务授权、分期业务授权等可能扩大信用风险的操作，并视情况采取提高交易监测力度、调减授信额度、止付、冻结或落实第二还款来源等风险管理措施。"

综合以上规定，某商业银行分行根据张某在该行的贡献星级、工作情况、财务状况、消费和信贷记录等信息，拒绝为张某提高贷记卡额度的行为符合相关法律规定，也是银行防范经营风险的必要举措，其行为并无不妥。

案例启示

金融消费权益保护工作的开展，一方面促使金融机构改进服务质量和增强社会责任意识，另一方面也推动了金融消费者主动维权意识和能力的提升。但在保护金融消费者合法权益的时候，还应注意防止出现个别消费者借投诉之道寻求获取非法利益，甚至通过媒体渲染引起公众不必要的误读和群体性事件的现象。遇到此类问题，金融机构应积极采取措施进行应对。

国家金融消费权益保护行政部门应协调统一发布金融机构金融消费权益保护规范，明确金融机构在提供金融产品和金融服务时应尽的义务，避免金融机构在履行了相关法定义务后，仍遭受媒体和公众的误解。

为创建和谐金融环境，金融监管机关在促进金融机构合规经营的同时，也要大力提高金融消费者的金融知识水平和合法权益保护意识，依法平衡金融服务和产品供求双方的权益，推进公平合理的金融消费市场建设。

（中国人民银行南宁中心支行金融消费权益保护处供稿）

案例八
银行差别对待客户案

案情简介

2012 年 9 月 18 日，丰某向人民银行某市中心支行投诉，称自己是某商业银行支行普通卡客户，该支行柜台本有四个业务窗口，但只启用两个窗口办理业务。而由于当天金卡业务过多，该支行又以优先办理金卡业务为由，中途暂停办理普通卡业务，引起普通卡客户不满。虽然不时有其他普通卡客户当场对该支行的做法提出异议，但该支行始终没有改进，导致他排队一个多小时才办好业务。

处理过程

人民银行某市中心支行受理投诉后，第一时间按照金融消费权益保护工作流程督促该商业银行市分行进行处理。经调查核实，投诉情况基本属实，该商业银行市分行及时向投诉人进行了致歉，取得了投诉人的谅解。

法律分析

《中华人民共和国民法通则》第四条规定："民事活动应当遵循自愿、公平、等价有偿、诚实信用的原则。"《中华人民共和国商业银行法》第五条规定："商业银行与客户的业务往来，应当遵循平等、自愿、公平和诚实信用的原则。"《中华人民共和国消费者权益保护法》第四条规定："经营者与消费者进行交易，应当遵循自愿、平等、公平、诚实信用的原则"；第十四条规定："消费者在购买、使用商品和接受服务时，享有人格尊严、民族风俗习惯得到尊重的权利。"

本案例中，该金融机构因窗口数量不足，为优先办理金卡客户的业务而暂停普通卡业务办理，直接损害了普通卡客户平等享受金融服务的权利，没有做到公平对待客户，违反了以上法律规定的平等、公平原则。普通卡客户接受平等服务的权利没有得到保障，且在心理上还感受到自己的人格"被歧视"的感觉，不利于和谐金融环境的构建。

《中国人民银行关于改进个人支付结算服务的通知》（银发〔2007〕154 号）规定商业银行要"合理配置网点柜台和工作人员，实行弹性柜台和弹性柜员制。银行应根据各网点办理公私业务量的占比情况，合理确定对公、对私柜台的设置，并根据网点业务办理高峰时点和高峰工作日，设置弹性柜台和弹性柜员。设立咨询台或配备大堂经理引导和帮助客户，减少客户排队等候时间"。

该文件对银行机构减少客户排队等候时间等协助义务作了具体、明确的规定，商业银行应当严格贯彻执行。

案例启示

银行为不同的客户提供差异化服务是市场经济下的正常经营策略，所谓差异，是针对不同客户的特点满足其特定需求。但是，差异化服务的前提应该是为所有的客户提供满意的服务，不能把"差异化服务"变成"歧视性服务"。银行提高对高端客户的服务质量本身没有错，但不应以损害低端客户最基本的服务质量为代价。本案例给我们的启示包括以下三点。

一是银行应提升自身服务能力。通过增设窗口、自助服务机具，增加人员等方式提升服务能力，满足不同类型客户群体办理业务的需求，防止因自身服务能力不足而损害部分消费者利益。

二是银行应公平对待每一位客户。银行是提供金融服务的重要场所，有义务为每位客户提供优质的服务，在提供基础性金融服务时应对所有客户一视同仁，不应差别对待。

三是金融监管机关应加强对商业银行金融基础服务设施建设的督促指导，加强普惠制金融建设，让普通消费者能够享受到基本的、便利的金融服务。

（中国人民银行成都分行金融消费权益保护处供稿）

案例九
银行柜台不予办理小额存取款业务案

案情简介

2012 年 7～8 月，某市金融消费权益保护中心陆续接到 7 起同类投诉，称某商业银行网点柜台不区分客户具体情况，对客户 2 万元以下存取款业务不予办理，要求客户一律通过自助设备解决，客户认为银行的做法侵犯了他们的合法权益。

处理过程

某市金融消费权益保护中心调查发现，该商业银行网点上级行制定了"客户 2 万元以下存取款业务柜台不予办理，一律通过自助设备办理"的规定，并要求各地分支机构贯彻执行，导致客户针对柜台不予办理小额存取款业务的投诉集中发生。针对该情况，某市金融消费权益保护中心向某商业银行分行发函，提出了改进服务措施的建议。某商业银行按照人民银行要求采取了以下措施。一是加强解释。对就此问题投诉的客户进行了耐心细致的解释安抚，取得客户的谅解。二是改变工作方式方法。对"2万元以下存取款业务柜台不予办理，客户一律通过自助设备办理"的规定采取灵活运用，逐步推行的方式，结合具体情况对客户进行合理分流。此后该类投诉未再发生。

法律分析

《中华人民共和国民法通则》第四条规定："民事活动应当遵循自愿、公平、等价有偿、诚实信用的原则。"《中华人民共和国商业银行法》第五条规定："商业银行与客户的业务往来，应当遵循平等、自愿、公平和诚实信用的原则。"《中华人民共和国消费者权益保护法》第四条规定："经营者与消费者进行交易，应当遵循自愿、平等、公平、诚实信用的原则。"第九条规定："消费者享有自主选择商品或者服务的权利。消费者有权自主选择提供商品或者服务的经营者，自主选择商品品种或者服务方式，自主决定购买或者不购买任何一种商品、接受或者不接受任何一项服务。"

本案例中，商业银行的柜面服务作为银行的基本服务之一，理应对所有客户开放，某商业银行按照办理业务的金额大小，将客户分为可以享受柜面服务的客户和不能享受柜面服务的客户，这种区别对待客户的行为违反了以上法律规定的自愿、平等原则。此外，办理存取款业务有柜面和自助设备两种途径，客户有权选择通过何种途径办理。某商业银行强行要求存取款业务 2 万元以下的客户一律通过自助设备办理，侵犯了客户自主选择服务方式的权利。

案例启示

某商业银行在经营活动中执行"2 万元以下存取款业务的客户通过自助设备办理"

的做法与减轻柜面压力、提高服务质量的根本目的之间不存在矛盾，但是在执行过程中存在执行前准备工作不充分、解释宣传不到位、不分情况一刀切等问题，导致客户产生抵触情绪而投诉。

　　本案例给我们的启示包括以下两方面。一是商业银行执行制度前应做好解释宣传工作。只有做好了解释宣传，才能得到客户的理解，制度也才能顺利推行。二是制定替代性解决方案。不能因为执行某项制度而对客户办理业务造成不利影响，若执行柜面分流制度，那相应的自助设备服务就要跟上，比如增加自助服务机具数量，加强对客户使用自助服务机具的指导等。

　　　　　　　　　（中国人民银行乌鲁木齐中心支行金融消费权益保护处供稿）

案例十
银行 ATM 故障案

案情简介

2012 年 7 月，人民银行某中心支行接到贺某投诉，称自己到某商业银行支行 ATM 上取钱，但 ATM 连续两天存在故障导致无法操作，自己多次向该银行反映此问题，但银行一直未能解决。

处理过程

人民银行某中心支行经调查核实，被投诉商业银行共有三台自助机具，其中两台为存取款一体机，一台为取款机。为提高设备的服务质量，7 月中旬该商业银行对三台自助机具进行了维修保养，并对其中一台故障情况较多的存取款一体机进行了整机更换，目前新机已经更换完毕投入使用，其他两台机具能够提供正常服务。人民银行某中心支行将相关情况向贺某进行了解释，贺某表示接受。

法律分析

《中华人民共和国消费者权益保护法》第十五条规定："消费者享有对商品和服务以及保护消费者权益工作进行监督的权利。"第二十三条规定："经营者应当保证在正常使用商品或者接受服务的情况下其提供的商品或者服务应当具有的质量、性能、用途和有效期限；但消费者在购买该商品或者接受该服务前已经知道其存在瑕疵，且存在该瑕疵不违反法律强制性规定的除外。"

根据《中华人民共和国消费者权益保护法》的相关规定，银行有义务保证客户能正常使用或接受其提供的商品或服务，因此银行应该保证其设立的自助设备机具能够正常运作。客户享有监督权，在发现银行的服务存在问题时，有权向银行反映，监督银行改进。本案中，银行的自助 ATM 机具连续两天处于故障状态不能使用，银行未能及时处理并告知客户，客户向银行反映相关问题时，银行又未向客户进行合理的解释，由此导致投诉发生。

案例启示

商业银行 ATM 等自助设备已广为普通金融消费者熟知并使用，其服务质量与金融消费者的权益息息相关。现实生活中 ATM 等自助设备故障不能使用、吞卡、存款入账错误、缺钞等服务质量问题时有发生，引发大量投诉，已成为金融消费者投诉的集中领域。商业银行在加大自助设备布控力度的同时，改进自助设备的服务质量也同样重要。本案例给我们的启示包括以下三点。

一是加强对自助设备的管理。不少自助设备远离银行网点，在方便老百姓的同时，也存在管理难度加大、给犯罪分子金融诈骗留下可乘之机等问题，这就要求银行加强对离行式自助设备的监控和检查，及时处理机器故障，提示客户防范金融诈骗，合理确定加钞数量和加钞频率等，为金融消费者提供便捷安全的自助设备服务。

二是对自助设备进行合理布局。要兼顾经济效益原则和便民原则，选择合适的地点布控自助设备。另外，要合理配置每一家自助银行网点自助设备的种类和数量，比如除了自助式取款机，是否还需配置存取款一体机、查询机，各类机器需配置多少数量等，通过合理布控自助设备，满足客户的不同金融需求。

三是要提高对客户的服务意识。在客户履行自身的监督权利，提出相关意见建议时，商业银行应当予以高度重视，结合实际情况进行响应，切不可置之不理，致使矛盾升级。

（中国人民银行广州分行金融消费权益保护处供稿）

案例十一
客户投诉银行工作效率低案

案情简介

2011 年 8 月 1 日，某市金融消费维权中心接到柳某投诉，称自己到某商业银行分理处办理社会保险费缴纳业务，好不容易轮到她时，柜员称手头没有社会保险费缴款凭证，让柳某到其他窗口办理。因其他窗口均有客户，大堂经理请柳某重新拿号等候。又经过漫长等候，她最终又被引导到第一次接待她的柜员那里并成功办理了社会保险费缴纳业务。柳某认为商业银行在办理此笔业务时让她二次排队并耗时太长，要求该行给予解释并赔礼道歉。

处理过程

某市金融消费维权中心经调查得知，被投诉商业银行网点当日社会保险费缴款凭证刚好在前一天全部用完了，当天上班后未来得及领取，导致柳某在第一次排队后未能成功办理。在柳某第二次排队等候过程中，凭证管理员向当班柜员发放了缴款凭证，因此柳某在第二次排队后得以顺利办理相关业务。该商业银行向柳某进行了解释并致歉，承诺今后将进一步改进服务质量和效率。柳某对处理结果表示满意。

法律分析

《中华人民共和国民法通则》第四条规定："民事活动应当遵循自愿、公平、等价有偿、诚实信用的原则。"《中华人民共和国消费者权益保护法》第四条规定："经营者与消费者进行交易，应当遵循自愿、平等、公平、诚实信用的原则。"《中华人民共和国商业银行法》第五条规定："商业银行与客户的业务往来，应当遵循平等、自愿、公平和诚实信用的原则。"

商业银行应当按照诚实信用原则，认真做好业务准备工作，为客户提供方便、快捷的服务。本案中，某商业银行由于自身工作的疏漏，没有提前准备好相关业务凭证，导致经过长时间排队等待的客户不但无法顺利办理业务，还被要求重新排队等待，耗费了大量时间。该商业银行的做法有违以上法律规定的诚实信用原则。

案例启示

一是要改进工作作风。商业银行应理顺工作流程，强化员工管理，在日常切实做好业务活动各项准备工作，提高工作效率，确保能及时提供客户所需要的、令客户满意的服务。

二是要改善金融服务供给。商业银行应建立多层次、多渠道的金融服务体系，包括增设银行服务网点和自助设备，拓展网络银行、电话银行的服务功能，使客户能够通过多种方式办理包括存取款、转账、缴费、购买理财产品等多种业务，减轻柜面压力，减少排队等待的时间。

三是要提升服务意识。商业银行应在营业大厅安排素质高、能力强的客户经理，引导客户办理业务，指导客户使用自助设备等。有条件的网点还可以在大厅播放业务办理流程宣传片、自助设备和电子银行使用宣传片等，既增长客户的金融知识，又缓解客户排队时间过长导致的心理焦躁。

（中国人民银行武汉分行金融消费权益保护处供稿）

案例十二
银行工作人员服务态度恶劣案

案情简介

刘某向人民银行某支行投诉称，自己在某商业银行网点办理完存款业务，想顺便咨询一下其他业务，但网点柜员极其怠慢，不予理睬，随之两人发生语言冲突，并不断升级。刘某对此很气愤，称要投诉该柜员。听到刘某要投诉她，该柜员冲出柜台辱骂刘某，两人随后发生肢体冲突。

处理过程

人民银行某支行立即向某商业银行通报了案情，要求妥善处理。某商业银行通过调阅监控录像发现，该柜员态度蛮横、出言不逊，并有撕扯刘某的行为，经核实，认定冲突责任主要在柜员一方。柜员的行为严重违反了某商业银行的员工管理制度，在人民银行某支行介入下，该商业银行依据有关制度对该柜员作出了调离原岗位、降薪留职查看一年等内部处理措施，刘某对处理结果表示满意。

法律分析

《中华人民共和国民法通则》第一百零一条规定："公民、法人享有名誉权，公民的人格尊严受法律保护，禁止用侮辱、诽谤等方式损害公民、法人的名誉。"《中华人民共和国消费者权益保护法》第十四条规定："消费者在购买、使用商品和接受服务时，享有人格尊严、民族风俗习惯得到尊重的权利。"第二十七条规定："经营者不得对消费者进行侮辱、诽谤，不得搜查消费者的身体及其携带的物品，不得侵犯消费者的人身自由。"第五十条规定："经营者侵害消费者的人格尊严、侵犯消费者人身自由或者侵害消费者个人信息依法得到保护的权利的，应当停止侵害、恢复名誉、消除影响、赔礼道歉，并赔偿损失。"

本案中，客户因商业银行员工怠慢而表示不满时，受到该行员工的辱骂乃至撕扯。该行员工的行为损害了客户的人格尊严等人身权利。

案例启示

该行对员工的培训管理方面存在疏漏，导致员工对客户服务怠慢在前，辱骂撕扯在后。本案给我们的启示有两个方面。

一是加强对员工的培训，特别是对新入职的员工的培训。商业银行除了要加强对员工的业务培训，也要加强对员工的服务意识的培训，银行业是服务型行业，只有给客户提供优质的服务，才能形成良好社会信誉，推动业务不断发展。

二是加强对员工的管理。只有建立良好的激励约束机制，对行为规范、服务热情周到的员工给予奖励，对行为失范、服务怠慢甚至侵犯客户人身权利的员工给予惩戒，才能引导和规范员工的从业行为，提升银行的服务质量。

（中国人民银行呼和浩特中心支行金融消费权益保护处供稿）

案例十三
银行在营业时间内拒绝办理现金业务案

案情简介

2012 年 4 月 20 日，人民银行某市金融消费权益保护中心接到消费者电话投诉，称其当日 16 时许在某市农村信用社办理现金收付业务时，该信用社拒绝办理，而该信用社对外公告的营业时间为 8:30 分至 17:30 分。

处理过程

某市金融消费权益保护中心接到投诉后，迅速到该信用社了解情况。经调查，由于该营业网点处在城郊，每天最早接箱也最早送箱，因此给客户现金收付业务的办理带来不便。监控录像也显示，当天 16:30 分左右运钞车已将钞箱拉走，而投诉人在 16:47 分左右前来办理现金业务，根据该行内控制度，柜面在该情况下确实不能再行办理现金业务。针对以上情况，某市金融消费权益保护中心一是要求该金融机构调整好营业时间，并对外公布；二是提升服务质量，加大自助设备的投入，使客户能通过自助设备办理业务；三是采取多种方式在营业时间内保证城郊现金收付业务的正常办理。消费者对处理结果表示接受。

法律分析

《中华人民共和国商业银行法》第四十九条规定："商业银行的营业时间应当方便客户，并予以公告。商业银行应当在公告的营业时间内营业，不得擅自停止营业或者缩短营业时间。"

某商业银行对外公布的营业时间是 8:30 分至 17:30 分，但其在当日 16:30 分以后就拒绝为客户办理业务，实际变相缩短了营业时间，违反了《商业银行法》的上述规定。

《中华人民共和国合同法》第十六条规定："要约到达受要约人时生效。"第二十五条规定："承诺生效时合同成立。"

从《中华人民共和国合同法》的角度看，该商业银行将营业时间（8:30 分至 17:30 分）对外公告，应视为一种内容明确且不可撤销的有效要约，客户在每天 17:30 分前到该商业银行办理业务的行为构成承诺，双方之间的合同关系成立。该商业银行在营业时间内拒绝为客户办理业务，属于违约行为。

案例启示

某农村信用社因自身原因，没有严格遵守在公告的营业时间中的承诺，客观上缩短了办理现金收付业务的营业时间，且未提前告知客户这一情况，说明该信用社还远没有树立顾客（金融消费者）第一的理念，既影响了客户办理业务，也不利于树立自身良好企业形象。本案给我们的启示包括以下三点。

第一，商业银行应严格按照公告的营业时间营业。通常情况下，不得因任何理由擅自停止营业或者缩短营业时间。

第二，商业银行遇特殊情况必须停止营业或者缩短营业时间的，应该提前告知客户。如遇到网点搬迁、装修、系统升级等特殊情况，应以张贴公告等形式提前告知客户。

第三，制定替代性解决方案，方便客户正常办理业务。具体到本案，可以增加自助设备数量，加强对客户使用自助设备的指导，在保证客户正常办理业务的情况下又不影响运钞。

（中国人民银行贵阳中心支行金融消费权益保护处供稿）

案例十四
银行拒绝受理零辅币业务案

案情简介

2011年8月15日上午10点，李某到某商业银行分理处办理公司存款业务，由于零辅币较多，该分理处大堂工作人员称为不影响其正常业务工作，要求李某排到最后办理或中午休息时间再来办理，李某表示自己是取号排队的，没有违反银行有关规定，拒绝接受这一安排。大堂工作人员随即指令前台柜员不得为李某办理存款业务，并要求李某撤户，进而发生争吵。李某未能顺利办理存款业务，于是向人民银行某中心支行投诉。

处理过程

人民银行某中心支行金融消费权益保护中心接到投诉后，与某商业银行相关部门组成联合调查组，经调查确认，李某反映的情况基本属实。根据调查结果，该商业银行派专人上门向李某表达歉意，并按照有关内部管理规定对相关当事人进行了严肃处理。李某对处理结果表示满意。

法律分析

《中华人民共和国民法通则》第四条规定："民事活动应当遵循自愿、公平、等价有偿、诚实信用的原则。"《中华人民共和国消费者权益保护法》第四条规定："经营者与消费者进行交易，应当遵循自愿、平等、公平、诚实信用的原则。"《中华人民共和国商业银行法》第五条规定："商业银行与客户的业务往来，应当遵循平等、自愿、公平和诚实信用的原则。"《中华人民共和国中国人民银行法》第十六条规定，"以人民币支付中华人民共和国境内的一切公共的和私人的债务，任何单位和个人不得拒收"。

商业银行应当按照诚实信用原则，为客户提供方便、快捷的服务。本案中，某商业银行的做法存在以下问题。

一是违反了诚实信用原则。某商业银行明明有能力提供相关服务且客户已按规定排队等候，却因为客户需办理的业务耗时较长的原因，不顾客户已领号排队的事实而强行要求客户延后办理，有违《中华人民共和国民法通则》等法律规定的诚实信用原则。

二是违反了平等原则。客户无论办理的是何种业务，均应能在银行享受同样方便、快捷的服务。某商业银行不予即时办理客户的零辅币存款业务，侵犯了客户享受平等金融服务的权利。

三是有损人民币形象。人民币零辅币作为我国的法定货币，任何单位和个人不得拒收。某商业银行作为专业人民币存储机构，应当对持有任何种类人民币的消费者一视同仁，某商业银行的做法涉嫌违反相关人民币管理法律法规。

案例启示

一是加强服务意识，提升服务水平。现实中，商业银行往往将自己凌驾于普通金融消费者之上，侵犯消费者的合法权益，导致了银行与客户地位的不平等。银行业是服务行业，应为客户提供优质服务，获取客户的信赖和支持，是银行业安身立命的基础。银行必须摆正自己位置，平等对待客户，树立与客户平等的意识，加强与客户的沟通和协商，提升服务能力和水平。

二是加强对特殊情况的预判，制定相应预案。对办理业务过程中的特殊情况，银行应加强预判，做好应对。以本案为例，银行可通过与客户协商，约定固定时段为客户专门办理业务，既减少了客户排队还无法办理业务的麻烦，又不影响其他客户正常办理业务。

三是增强人民币是法定货币的法律意识，尤其在办理人民币辅币业务的过程中要遵守相关法律规定。

四是金融监管机关应加强对金融机构的督促检查，依法维护人民币作为法定货币的地位，维护金融消费者合法权益。

（中国人民银行南京分行金融消费权益保护处供稿）

案例十五
银行拒绝办理转账业务案

案情简介

2012 年 8 月 30 日，某私营企业会计李某到某商业银行支行办理 50 万元人民币转账业务，该支行业务员吴某以系统出现问题无法转账为由拒绝办理。李某找到客户经理梁某反映情况，并说明如果当日不能办理转账业务，企业将受到一定损失，要求尽快办理转账业务，客户经理梁某以同样理由拒绝。李某认为该支行是为了保持月末存款余额而故意不予办理转账业务，于是向该市金融消费权益保护中心投诉。

处理过程

经调查，某商业银行支行系统并未出现故障，而是客户经理梁某、业务员吴某为保住存款余额故意不予办理转账业务。该市金融消费权益保护中心认为，某商业银行支行在办理业务时违反诚实信用原则，不按规定办理转账业务，侵犯了客户的财产权，要求该支行立即为李某办理转账业务，并通告该支行上级行，要求对该支行的相关违规行为进行严肃处理。李某对处理结果表示满意。

法律分析

《中华人民共和国民法通则》第四条规定："民事活动应当遵循自愿、公平、等价有偿、诚实信用的原则。"《中华人民共和国合同法》第一百零七条规定："当事人一方不履行合同义务或者履行合同义务不符合约定的，应当承担继续履行、采取补救措施或者赔偿损失等违约责任。"《中华人民共和国消费者权益保护法》第四条规定："经营者与消费者进行交易，应当遵循自愿、平等、公平、诚实信用的原则。"第九条规定："消费者享有自主选择商品或者服务的权利。消费者有权自主选择提供商品或者服务的经营者，自主选择商品品种或者服务方式，自主决定购买或者不购买任何一种商品、接受或者不接受任何一项服务。消费者在自主选择商品或者服务时，有权进行比较、鉴别和挑选。"《中华人民共和国商业银行法》第五条规定："商业银行与客户的业务往来，应当遵循平等、自愿、公平和诚实信用的原则。"第二十九条规定："商业银行办理个人储蓄存款业务，应当遵循存款自愿、取款自由、存款有息、为存款人保密的原则。"《支付结算办法》第十九条规定："银行依法为单位、个人在银行开立的基本存款账户、一般存款账户、专用存款账户和临时存款账户的存款保密，维护其资金的自主支配权。"

客户到商业银行存取款，与银行建立的是一种民事合同关系，客户愿意将存款放在哪家银行是客户的自主选择权利，客户有权进行比较并作出选择。本案中，客户因工作需要办理转账业务，某商业银行在没有正当理由情况下强留客户存款，其行为严重违背了客户的意愿，侵犯了客户作为金融消费者的自主选择权和资金支配权，也违反了"存款自愿，取款自由"的商业银行基本业务原则。

案例启示

一是商业银行应提升服务意识。客户之所以选择将存款转移，很大程度上是正常资金往来。商业银行要做的不是以各种借口强行留住客户，而是应该提升服务意识，及时为客户提供优质服务，以优良的服务吸引客户。

二是商业银行应改变纯粹以经营业绩为导向的员工考核方式。"存款自愿，取款自由"是银行经营的基本法律原则，商业银行应予切实贯彻落实，改变单纯的以存款业绩为导向考核指标，避免工作人员为业绩而侵害消费者的资金处分权。

三是加强各类基础设施建设，提高应急服务水平。本案中，银行声称是发生了系统故障，从法律上来说，系统故障也不能成为无法为客户提供服务的正当理由。商业银行应做好电力、网络等各类应急处置措施，在真正发生系统故障等客观情况时，确保能及时启动应急预案、妥善处理相关业务，避免给消费者造成损失。

四是金融监管机关应加强对金融机构的监督和引导，督促金融机构提升服务意识，加强基础设施建设，树立合理的业绩考核观。

（中国人民银行郑州中心支行金融消费权益保护处供稿）

案例十六
银行拒绝兑付土地复垦补偿款案

案情简介

2012 年 9 月 10 日，某县金融消费权益保护工作领导小组办公室接到白某投诉，称其母亲当日 9 时 30 分持有以白母名字开户的存单，前往某商业银行分理处兑付土地复垦补偿款。在兑付过程中，银行工作人员发现白某父亲在该银行尚有 7 笔逾期贷款未归还，于是劝说白母用该存单偿还逾期贷款，白母未作答复即离开。当日 12 时左右，白母等人再次到该银行分理处要求足额兑付存单，并称逾期贷款的账户名虽为白父，但这些贷款是以前农机站以个人名义办理的集体借款，属于历史遗留问题，非个人家庭贷款。分理处工作人员以需向支行相关部门请示为由，再次拒绝白母兑付土地复垦补偿款，并要求白母等待答复。

处理过程

某县金融消费权益保护工作领导小组办公室经调查后认为，白母在商业银行正常营业时间内持存单凭证取款的诉求合理，该银行应当为其兑付款项，于是当即将投诉移交某商业银行调查处理。该银行接到投诉转办通知后，通过调阅监控录像、电话询问、查询通话记录等方式对情况进行了认真调查，确认投诉情况基本属实，当日 15 时 30 分，该银行对白母的存单进行了全额兑付，并向白某作出了解释说明，白某对解释表示接受。

法律分析

《中华人民共和国商业银行法》第三十三条规定："商业银行应当保证存款本金和利息的支付，不得拖延、拒绝支付存款本金和利息。"《中华人民共和国合同法》第九十九条规定："当事人互负到期债务，该债务的标的物种类、品质相同的，任何一方可以将自己的债务与对方的债务抵消，但依照法律规定或者按照合同性质不得抵消的除外。"《中华人民共和国婚姻法》第十九条规定："夫妻可以约定婚姻关系存续期间所得的财产以及婚前财产归各自所有、共同所有或部分各自所有、部分共同所有。约定应当采用书面形式。没有约定或约定不明确的，适用本法第十七条、第十八条的规定。"

本案中，白母持有的银行存单，属于银行对白母的负债，白父逾期未归还的贷款，属于白父对银行的负债。在夫妻关系存续期间，除法律有特别规定或双方另有约定外，夫妻财产共有、债务共担。因此，表面上看，银行与白某父母互负到期债务，债务的标的物都是金钱，不存在种类和品质的差别。但从本案实际情况看，本案中有三个主体，即银行、白母、白父，而白父对银行的负债并非其个人或家庭债务，因此在法律关系上不能简单地把白母与白父看做是同一个法律主体，银行不能将以白父名义负担的银行债务与银行对白母所负债务相互抵消。此外，《中华人民共和国合同法》关于抵消权的适用有严格的条件，必须是两个主体之间互负债务，且债务的标的物种类、品质相同，才能行使抵消权。土地复垦补偿款是国家对土地复垦个人的一种激励措施，是为了落实珍惜、合理利用土地和切实保护耕地的基本国策而作的一项制度安排，此类补偿款不宜与普通债务进行抵消。因此，该银行有义务按照《中华人民共和国商业银行法》的相关规定按时支付客户存款本金和利息，不得拖延和拒绝。

案例启示

商业银行积极清收不良贷款，挽回经营损失的出发点没有错，但从本案看，某商业银行用国家对客户个人的补偿款抵消客户所欠银行的贷款是不恰当的。本案给我们的启示有以下两个方面。

一是商业银行要加强对员工的法律教育。国家向个人发放的补贴、补助资金、补偿款等，具有很强的政策导向，不得强行将这些资金用来抵偿普通债务。

二是商业银行要进一步提升服务水平。以本案为例，银行的本意是劝导、建议客户用存单先偿还逾期贷款，但银行工作人员在对客户劝导时未形成有效的沟通，导致客户误解。因此银行应该提升服务水平，加强与客户的沟通，减少因为沟通不畅而引发纠纷及投诉事件。

（中国人民银行重庆营业管理部金融消费权益保护处供稿）

案例十七
银行无理拒收契税缴款书案

案情简介

2012 年 7 月 15 日，人民银行某县支行金融消费维权中心接到该县某局的投诉，称该县某商业银行拒收纳税人契税缴款书，该局经多次协调无果，已严重影响税款缴纳和税务机关的办公效率和秩序。

处理过程

人民银行某县支行金融消费维权中心接到投诉后，专门成立了调查小组，研究确定了投诉处置工作方案。经调查，某商业银行是全县距离某局最近的存款类金融机构营业网点，是群众办理契税的首选缴款机构，而此项业务所涉资金必须当日划入当日划出，没有资金沉淀时间。此项业务利润较小，加之该银行临柜人员数量有限，主观上缺乏积极性，不愿办理此项业务。鉴于某商业银行无法定事由拒收契税缴款书的情况属实，人民银行某县支行责令该银行限期改正错误，依法立即受理税收缴款书，做好国库经收工作。该银行端正了思想认识，表示将积极为广大群众缴纳契税提供良好服务。

法律分析

《中华人民共和国商业银行法》第八条规定："商业银行开展业务，应当遵守法律、行政法规的有关规定，不得损害国家利益、社会公共利益。"《商业银行、信用社代理国库业务管理办法》（中国人民银行令〔2001〕第 1 号）第十条规定："国库经收处不得无理拒收纳税人缴纳或征收机关负责组织征收的预算收入。"

本案中，某商业银行因为办理契税缴款业务利润较小，缺乏办理此项业务的积极性，从而影响了相关国家机关的办公效率和秩序。尽管投诉银行的是国家行政机关，但该银行也同时侵害了金融消费者的权利，纳税人选择通过商业银行缴纳税款，符合法律规定，该银行无理拒绝，侵害了金融消费者的自主选择权。此外，银行作为金融企业，既要追求盈利最大化目标，同时也要承担一定的社会责任，该银行拒收契税缴款书的行为，是忽视金融机构的社会责任的表现。

案例启示

商业银行是企业，以利润最大化为目的没有错，但银行也是社会的一员，应当承担相应的社会责任，如为普通金融消费者提供基本的金融服务，履行国家法律规定的各项义务等。本案给我们的启示有以下两个方面。

一是商业银行应改变纯粹以利润为导向的发展方向。银行业与一般的企业不同，具有高负债、高杠杆、高风险的特点，银行的资金来源主要是客户的存款，没有客户对银行负债业务的支持，银行的利润就成了无源之水、无本之木。同时，银行业又是一个风险行业，银行在经营的过程中必须做好对各类风险的防控，良好的风险防控是银行业稳健发展的前提。因此，银行的发展不能只注重追求利润，风险防控、社会责任的承担也是银行发展战略不可或缺的重要组成部分。

二是相关监管机关应加大对违法违规行为的惩处力度。本案中，商业银行的行为明显违反了法律规定的义务，不仅打击了纳税人的纳税积极性，侵害了纳税人作为金融消费者的自主选择权，而且对国家机关正常的办公效率和秩序造成了影响，性质较为恶劣。相关监管机关应该加大对此类违法违规行为的惩处力度，比如责令银行进行内部处分、对银行的违规行为进行行业通报，情节严重的情况对银行实施行政处罚等。

（中国人民银行哈尔滨中心支行金融消费权益保护处供稿）

案例十八
银行未尽交易提示义务案

案情简介

李某想在某商业银行支行购买 80 万元理财产品，该支行理财经理在网银体验区为李某进行了"预约申购"的操作，但未提示李某需在起息日当天保证账户有足够的资金（大于等于预约购买理财产品的金额），系统才能正常扣款。起息日，李某因账户余额不足导致购买该期理财产品失败，近 80 万元资金闲置在活期账户中。李某为此投诉该支行理财经理，并要求该支行给予相应的赔偿。

处理过程

接到投诉后，某商业银行支行高度重视，立即进行了调查核实。经调查，李某到支行购买理财产品时，该支行理财经理在大堂设置的网银体验区为李某在网上银行进行了"预约申购"操作，但李某在预约购买 80 万元理财产品后的第三天，又从该账户支取了 150 元，致使账户余额不足 80 万元，导致理财扣款当日因账户余额不足而申购不成功。经过沟通，李某认识到自己在此事件中也有一定的责任。该支行对李某进行了一定的补偿，李某对该支行的处理结果表示满意。

法律分析

《中华人民共和国民法通则》第四条规定："民事活动应当遵循自愿、公平、等价有偿、诚实信用的原则。"《中华人民共和国商业银行法》第五条规定："商业银行与客户的业务往来，应当遵循平等、自愿、公平和诚实信用的原则。"《中华人民共和国消费者权益保护法》第四条规定："经营者与消费者进行交易，应当遵循自愿、平等、公平、诚实信用的原则。"《商业银行理财产品销售管理办法》第五条规定："商业银行销售理财产品，应当遵循诚实守信、勤勉尽责、如实告知原则。"

本案中，李某在进行网上预约申购理财产品操作后，又从账户支取了款项，导致账户余额不足，申购理财产品失败，李某自身存在一定的过失。同时，商业银行知晓并帮助李某进行了网上预约申购理财产品操作，在李某资金余额不足时，有义务提醒李某及时补充资金，而不是任由客户申购失败，导致大笔资金闲置在活期账户上。该支行在理财产品销售过程中未及时提醒李某的行为违背了勤勉尽责的原则，造成李某资金闲置，也存在一定过错。

案例启示

本案给我们的启示是，银行应进一步提升服务理念。从做好自己的本分工作进一步上升到设身处地为客户着想，客户由于金融知识水平的限制，容易在办理业务过程中发生误操作。银行不能简单地认为客户自己有过失，责任自负，而应以客户为中心，为客户提供贴心的服务，以优质服务留住客户，吸引客户，为自身可持续发展提供有力的业务支撑。作为消费者，应加强对相关金融消费知识的学习和掌握，深入了解自己所办理的金融业务的流程，高度重视自己的金融权益。

（中国人民银行天津分行金融消费权益保护处供稿）

案例十九
银行理财产品收益未达预期案

案情简介

某商业银行支行 2011 年 4 月 12 日接到张某投诉，称其于 2010 年 9 月 10 日到该支行办理业务，柜员推荐了一款 181 天理财产品，并称如投资 10 万元，按照规定的年收益率，一年后能拿到 3 000 多元的收入。张某当时表示自己对投资理财不太了解，但由于柜员告知的收益较高，于是同意购买此产品，购买金额 10 万元。但 2011 年 4 月 11 日客户发现此理财产品到期后，实际到账的收益仅有 1 686.03 元，与当时柜员承诺的收益不符。于是对该支行进行投诉。

处理过程

4 月 13 日下午，某商业银行支行行长亲自接待了张某。经过调查了解，发现柜员当初并未向张某准确解释理财产品年收益率的计算方法，导致张某认为最终收益未达到承诺的收益。按该期理财产品设计规则，其年收益率为 3.4%，张某购买 10 万元 181 天理财产品，到期理财收益为 1 686.03 元，计算公式为 10 万元 ×3.4% ×181/365，张某的最终入账收益并无差错。经过耐心沟通，该支行行长首先向张某致歉，并表示以后将加强员工业务培训，避免此类事情再次发生，同时将以更加周到的服务接待客户。张某对此次投诉事件的解决过程和结果表示满意。

法律分析

《中华人民共和国消费者权益保护法》第八条规定："消费者享有知悉其购买、使用的商品或者接受的服务的真实情况的权利。消费者有权根据商品或者服务的不同情况，要求经营者提供商品的价格、产地、生产者、用途、性能、规格、等级、主要成分、生产日期、有效期限、检验合格证明、使用方法说明书、售后服务，或者服务的内容、规格、费用等有关情况。"第十九条规定："经营者应当向消费者提供有关商品或者服务的质量、性能、用途、有效期限等信息，应当真实、全面，不得作虚假或者引人误解的宣传。经营者对消费者就其提供的商品或者服务的质量和使用方法等问题提出的询问，应当作出真实、明确的答复。"

本案中，张某对银行理财产品不了解，经过银行的介绍和推荐才购买了某款理财产品，银行有义务向张某详细说明理财产品的基本情况，包括风险、预期收益率、收益计算方法等。由于该银行未向张某解释清楚产品的收益情况，造成了张某的误解。银行没有尽到真实、明确答复客户的义务，损害了消费者购买商品的知情权。

案例启示

从本案的处理过程来看，该银行主动向没有经验的客户推荐理财产品，在推荐产品时，过于强调产品的收益，且没有尽到充分说明的义务。该银行推销理财产品的方式在银行业中普遍存在，风险隐患较大，容易引发纠纷。

　　本案给我们的启示是：银行应加强对销售理财产品业务的管理，在销售理财产品时，应选择适合的销售对象；做好对客户的风险评估，根据客户的风险承受水平推荐合适的理财产品；详细说明产品的情况，对于客户的疑问进行真实、明确的解答；应充分提示风险，而不能过分强调收益。从消费者的角度而言，也应当加强对金融消费知识和风险防范能力的学习，强化自我保护。同时，金融监管机关应着力对金融消费者加强银行卡、理财知识、业务风险等方面的教育和提示，促进消费者理性消费，使消费者资产得到合法的保值增值。

（中国人民银行天津分行金融消费权益保护处供稿）

案例二十
银行贵宾窗口闲置不向普通客户开放案

案情简介

3月31日，人民银行某市中心支行接到李某投诉，称其在某商业银行网点办理存款业务时，该行只开放了一个普通窗口，排队客户近20名，办公区内有数人闲聊，却没有增开窗口。当旁边的贵宾窗口无客户时，李某前去办理业务，被告知因存款不足10万元不得在贵宾窗口办理。李某提出贵宾窗口无人时应为其他金融消费者服务，以减轻普通窗口排队现象，未得到满意答复。李某因此要求人民银行督促该商业银行改变这一做法。

处理过程

人民银行某市中心支行经查确认投诉事件基本属实，对商业银行提出了处理建议。该商业银行对网点负责人进行了批评，并明确表示接受投诉人的建议，今后贵宾窗口无人办理业务时，由大堂经理指引其他客户到贵宾窗口有序办理业务，并立即通知辖内十家营业所按此执行。同时，该商业银行与李某进行了电话沟通，对其表示歉意和感谢，李某表示接受。事后，人民银行某市中心支行就贵宾窗口闲时向普通客户开放事宜对辖内其他银行业机构做了提示，以避免类似情况再次发生。

法律分析

《中华人民共和国民法通则》第四条规定："民事活动应当遵循自愿、公平、等价有偿、诚实信用的原则。"《中华人民共和国商业银行法》第五条规定："商业银行与客户的业务往来，应当遵循平等、自愿、公平和诚实信用的原则。"《中华人民共和国消费者权益保护法》第四条规定："经营者与消费者进行交易，应当遵循自愿、平等、公平、诚实信用的原则"。

本案中，一方面，某商业银行因窗口数量不足，导致大量客户排队等候，浪费了客户的宝贵时间；另一方面，该行办公区内部分工作人员在闲聊，贵宾窗口闲置。客户要求到闲置的贵宾窗口办理业务，银行以客户业务金额较小，达不到"贵宾"级别予以拒绝，损害了普通客户平等办理金融业务的利益，没有做到公平对待客户，违反了以上法律规定的公平原则，客户的心理和人格尊严也受到了伤害。

案例启示

银行优化资源配置，为不同的客户提供差异化服务是正常的，但前提是不能侵犯客户公平接受银行服务的权利。目前，部分银行不顾实际，盲目跟风搞所谓"差异化"

服务，贵宾窗口、普通窗口设置不合理，导致的结果是贵宾窗口经常无人问津，而普通窗口服务经常跟不上，导致资源的极大浪费。本案给我们的启示包括以下三点。

一是银行应公平对待客户。银行是为广大人民群众提供金融服务的重要场所，有义务为每位客户提供方便快捷的服务，应保障客户公平接受服务的权利，不搞歧视。

二是银行应合理调配利用资源。应结合服务对象情况，合理分配业务窗口和工作人员数量，具体到本案例，贵宾窗口和普通窗口数量分配应合理，贵宾窗口处于闲置状态时应向普通客户开放，在为高资产净值客户提供优质服务的同时，也不损害普通客户的利益。

三是金融监管机关应加强对银行金融服务基础设施的监督和管理，引导金融机构优化配置资源，在业务经营和消费者满意度上争取双赢。

（中国人民银行沈阳分行金融消费权益保护处供稿）

案例二十一
银行拒绝客户分批存入现金案

案情简介

2011 年 8 月 16 日，人民银行某分行接到陈某投诉，称其单位王女士于 8 月 16 日 15 点左右到某商业银行支行代其向理财金账户卡里分三次存入现金，该支行柜员告知必须合并为一笔存款，王女士表示因单位业务需要必须分三次存入，但柜员仍拒绝办理，后在大堂经理协调下勉强为王女士办理了业务，但仍态度强硬地说"下不为例"、"明天让你们老板来见我"。当王女士索要工号表示要投诉时，该柜员冲出柜台企图殴打王女士。陈某称该柜员的行为给王女士带来了严重的精神伤害，要求该柜员当面向王女士致歉，并要求银行开除该柜员。

处理过程

接到投诉后，人民银行某分行要求某商业银行迅速调查处理。经查看录像和询问了解，确认陈某反映情况基本属实。该商业银行主管行长、服务办主任及网点负责人一行 5 人到陈某单位赔礼道歉，并告知柜员服务行为违反该商业银行服务纪律和有关规定，将根据内部员工管理考核相关制度，对该工作人员实施下岗待岗处理。陈某对处理结果表示满意。

法律分析

《中华人民共和国消费者权益保护法》第九条规定："消费者享有自主选择商品或者服务的权利。消费者有权自主选择提供商品或者服务的经营者，自主选择商品品种或者服务方式，自主决定购买或者不购买任何一种商品、接受或者不接受任何一项服务。"第十四条规定："消费者在购买、使用商品和接受服务时，享有人格尊严、民族风俗习惯得到尊重的权利。"

《中华人民共和国侵权责任法》第二条规定："侵害民事权益，应当依照本法承担侵权责任。本法所称民事权益，包括生命权、健康权、姓名权、名誉权、荣誉权、肖像权、隐私权、婚姻自主权、监护权、所有权、用益物权、担保物权、著作权、专利权、商标专用权、发现权、股权、继承权等人身、财产权益。"第十五条规定："承担侵权责任的方式主要有：（一）停止侵害；（二）排除妨碍；（三）消除危险；（四）返还财产；（五）恢复原状；（六）赔偿损失；（七）赔礼道歉；（八）消除影响、恢复名誉。以上承担侵权责任的方式，可以单独适用，也可以合并适用。"

本案中，客户因为业务需要，要求将一笔款项分三次存入，银行柜员嫌麻烦，要求客户一次存入。客户选择该种服务方式有正当理由，银行柜员拒绝办理的行为侵犯了客户自主选择服务方式的权利。当客户表示对柜员服务态度不满而要投诉时，险些遭到殴打，人格尊严受到伤害。银行应当依法保证客户的人身安全、人格尊严不受损害，银行柜员的行为侵犯了客户的人格权，客户有权要求银行承担侵权责任。

案例启示

商业银行因与客户发生业务纠纷，进而侵犯客户人格尊严甚至身体健康的行为时有发生。本案给我们的启示是，客户的满意是银行发展的基础，银行应当高度重视客户关系的维护。客户金融知识水平千差万别，难免因为对某些业务不了解、对银行某些制度规范不理解而与银行发生纠纷，银行不能对客户的质疑不理不睬，而应耐心向客户做好解释，获得客户的理解与支持。对于客户不符合惯例，但有正当理由支持的业务办理要求，银行应当认真对待，及时提供服务。同时，银行应加强对员工的管理，对于严重侵犯客户权益的员工，应当按照相关制度规定严肃处理。

（中国人民银行西安分行金融消费权益保护处供稿）

案例二十二
银行拒绝开立个人账户案

案情简介

2011年1月11日，未满16周岁的叶某在其外婆、外公带领下至某商业银行网点办理个人结算账户开户手续，该银行要求提供监护人证明，叶某住所地居委会只提供了"小孩是由外婆带"的证明，该银行认为这样的证明不符合相关规定，没有为其办理开户手续。叶某后来在另一商业银行成功办理了账户开立手续。1月21日，叶母向人民银行某中心支行投诉，称其儿子在某商业银行申请开立银行账户时，在该银行支行受到了不公平待遇，请求处理。

处理过程

人民银行某中心支行接到投诉后，当天电话联系被投诉商业银行，经调查，投诉情况基本属实。根据《中国人民银行关于进一步落实个人人民币银行存款账户实名制的通知》（银发〔2008〕191号）第二条第二款规定："居住在中国境内16岁以下的中国公民，应由监护人代理开立个人银行账户，出具监护人的有效身份证件以及账户使用人的居民身份证或户口簿。"原商业银行拒绝开户的行为并无过错。人民银行将相关规定和具体处理意见告知投诉人，投诉人表示接受。

法律分析

《中华人民共和国民法通则》第十六条规定，未成年人的父母是未成年人的监护人。未成年人的父母已经死亡或者没有监护能力的，由下列人员中有监护能力的人担任监护人：（一）祖父母、外祖父母；（二）兄、姐；（三）关系密切的其他亲属、朋友愿意承担监护责任，经未成年人的父母的所在单位或者未成年人住所地的居民委员会、村民委员会同意的。

本案中，由于叶某是未满16周岁的未成年人，其父母健在，而且没有证据证明其父母已失去监护能力，因此，叶某的监护人是他的父母。叶某需要开户，应该由他的监护人，即他的父母代理，并出具其父母的有效身份证件。原商业银行某支行拒绝为其开立账户的行为是严格遵守制度规定，并无过错，而后一商业银行为其开立账户的行为则属于违规操作。

案例启示

商业银行在办理业务的过程中，应牢牢把握法律法规规定的底线，寻求依法合规经营与便利客户的平衡，不能生搬硬套法律的规定而给客户造成不必要的麻烦，更不能为了图方便而踩踏法律法规的红线。本案例给我们的启示包括以下四方面。

一是商业银行应依法合规经营，严格按照法律、法规、规章及监督机构相关规范性文件开展业务。

二是商业银行应加强与客户沟通。在客户不了解相关法律规范的情况下，银行作为专业金融服务机构，应向客户详细解释法律法规的规定，寻求客户的理解和支持。

三是消费者应当加强法律知识、金融消费知识的学习，按照国家有关规定办理各项业务。

四是监管机构应当严格执法。现实生活中，商业银行违法违规行为时有发生，长此以往，最终将会损害到广大金融消费者的利益。金融监督管理部门应强化履职，切实维护消费者利益。

（中国人民银行杭州中心支行金融消费权益保护处供稿）

案例二十三
银行拒绝协助查询账户原始记录案

案情简介

2011年8月，人民银行某县支行接到彭某投诉，称其于2009年12月13日持无卡存折到某商业银行支行取款，支取现金800元，但存折上未打印取款记录，之后一直没有使用该存折办理存取款业务。2011年8月9日，彭某再次到该支行办理取款业务时，被告知存折磁条信息无法读取，需要更换。更换存折后，存折形成了合并支出809元的显示记录，包括2009年12月13日支取的现金800元以及账户服务费9元，彭某先后三次到该支行要求查询账户原始记录，被该行工作人员以各种理由拒绝。

处理过程

人民银行某县支行受理投诉后，按规定将转办通知书送达某商业银行，要求其及时办理，按期回复。某商业银行支行向其上级行提出了查询彭某账户原始记录的申请，将原始记录凭证影印后传真至彭某，并就服务态度一事进行了道歉。彭某对处理结果表示满意。

法律分析

《中华人民共和国消费者权益保护法》第八条规定："消费者享有知悉其购买、使用的商品或者接受的服务的真实情况的权利。消费者有权根据商品或者服务的不同情况，要求经营者提供商品的价格、产地、生产者、用途、性能、规格、等级、主要成分、生产日期、有效期限、检验合格证明、使用方法说明书、售后服务，或者服务的内容、规格、费用等有关情况。"

本案中，客户的存折合并显示支出了809元，但无具体明细。客户自己支取了800元，对于另外9元的支出存在疑问，所以要求银行提供账户原始记录。虽然涉及金额不大，但是客户有权知晓额外产生的支出的具体情况。银行拒绝客户查询的行为损害了消费者的知情权。

案例启示

本案涉及金额不大，但由于商业银行不够重视，而查询账户明细需向上级行申请，手续比较麻烦，银行没有积极回应客户的要求，最终引发了投诉。通过对很多投诉案例的分析可以发现，大多数投诉案例都是由细节问题引起的，但由于银行处理不当，导致小问题演变成投诉，增加了处理成本。本案例给我们的启示是：客户无小事。客户正当的需求银行应当满足，客户合法的权益银行应当维护。以客户为本，提升服务意识，有助于减少处理纠纷的成本，有助于提升银行的经营效率和社会信誉，是银行稳健发展的重要基础。

（中国人民银行重庆营业管理部金融消费权益保护处供稿）

案例二十四
银行无理拒绝大额取款案

案情简介

2012年3月，人民银行某市中心支行接到苏某投诉，称其于前一天已提前与某商业银行支行预约了第二天上午去取款10万元，但在当天取款时，该行工作人员仍然以各种理由不予办理。

处理过程

人民银行某市中心支行认为，苏某已经履行了大额现金支取预约义务，某商业银行支行应当为苏某办理存款支取业务，于是电话联系某商业银行，要求其立即按照相关规定为苏某办理存款支取业务。某商业银行根据人民银行要求，及时为苏某办理了存款支取业务。

法律分析

《中华人民共和国民法通则》第四条规定："民事活动应当遵循自愿、公平、等价有偿、诚实信用的原则。"《中华人民共和国消费者权益保护法》第四条规定："经营者与消费者进行交易，应当遵循自愿、平等、公平、诚实信用的原则。"第九条规定："消费者享有自主选择商品或者服务的权利。消费者有权自主选择提供商品或者服务的经营者，自主选择商品品种或者服务方式，自主决定购买或者不购买任何一种商品、接受或者不接受任何一项服务。消费者在自主选择商品或者服务时，有权进行比较、鉴别和挑选。"《中华人民共和国商业银行法》第五条规定："商业银行与客户的业务往来，应当遵循平等、自愿、公平和诚实信用的原则。"第二十九条规定："商业银行办理个人储蓄存款业务，应当遵循存款自愿、取款自由、存款有息、为存款人保密的原则。"

本案中，被投诉商业银行以各种理由拒绝为客户办理取款业务，强留客户存款，违背了客户的意愿，不符合以上法律规定的自愿原则，也违反了《中华人民共和国商业银行法》规定的"取款自由"的基本业务规则，侵犯了客户作为金融消费者的自主选择权和资金处分权。

案例启示

在市场经济条件下，商业银行与客户之间是平等的合同关系，但由于银行相对处于强势地位，导致漠视客户需求的现象时有发生。管理大师德鲁克告诫我们，想知道一个企业是否兴旺发达，只要回头看看其身后的顾客队伍有多长就一清二楚了。商业银行是典型的服务型行业，客户的满意是银行的立行之本。银行应善待客户，取信于客户，积极提供客户所需要的服务，树立自身的良好口碑，从而赢得更多的客户。相关监管机构也应切实履行金融消费者保护职责，加大对商业银行违法违规行为的查处力度，防止银行侵害消费者权益的现象再度发生。

（中国人民银行太原中心支行金融消费权益保护处供稿）

案例二十五
银行拒绝核对存款金额案

案情简介

2012年4月，某市金融消费权益保护中心接到赵某投诉，称其于2012年4月6日到某商业银行支行存款2 000元，但钱交给柜员后，验钞机显示只有1 800元，赵某于是又补交了200元。但存好款离开后，赵某感觉不对劲，又返回该银行要求核对，但无人理睬。

处理过程

某市金融消费权益保护中心接到投诉后，立即组织人员展开了调查。经调查，某商业银行支行确因验钞机出现故障，清点赵某的存款时出现了错误。该支行及时向赵某返还了多收的200元人民币，并向其赔礼道歉。赵某对处理结果表示满意。

法律分析

《中华人民共和国民法通则》第九十二条规定："没有合法根据，取得不当利益，造成他人损失的，应当将取得的不当利益返还受损失的人。"《中华人民共和国消费者权益保护法》第二十三条规定："经营者应当保证在正常使用商品或者接受服务的情况下其提供的商品或者服务应当具有的质量、性能、用途和有效期限；但消费者在购买该商品或者接受该服务前已经知道其存在瑕疵，且存在该瑕疵，违反法律强制性规定的除外。"

本案中，商业银行因点钞机出现故障而多收了客户200元钱，入账金额与客户实际存款金额不符。这200元对于银行来说是典型的不当得利，应当按照法律规定返还客户。此外，根据《中华人民共和国消费者权益保护法》的相关规定，银行也有义务保证客户能正常使用或接受其提供的商品或服务，因此银行应保证其业务设备能够正常运作，确保消费者能够享受良好的服务。

案例启示

一是商业银行要加强对业务设备的检查，避免出现因机器故障而损害客户利益的情况的发生。

二是商业银行要加强业务监督、复核，提高业务操作结果的准确性，保障消费者合法权益。

三是金融监管机构要引导金融机构加强投诉渠道建设，确保金融消费者投诉有门，处理合法，尽量将纠纷消解在萌芽状态。

（中国人民银行呼和浩特中心支行金融消费权益保护处供稿）

本篇小结

　　随着金融业的全面开放和客户需求的多元化，国内金融业的市场化使各金融机构意识到优质服务已成为争夺客户的关键所在。让民众享有同等的金融服务，也是全球金融业共同的目标之一。从本篇选取的二十五个案例看，金融消费者关于服务质量的投诉具有涉及领域广泛、类型多样、影响面广的特点，但也不排除金融消费者滥用权利、恶意投诉的情况出现。因此，我们建议要重点关注以下几个问题。

　　一是要注意区分金融机构差别对待消费者的行为和其自主营销行为。"银行 VIP 客户随意插队影响普通客户案"就是这个类型。根据合同相对性原则，银行与 VIP 客户之间订立的优先办理业务合同，只在银行和 VIP 客户之间有效，不得约束合同以外的第三人，VIP 客户的优先权仅是针对银行的，在 VIP 客户和普通客户之间并不存在合同关系，因此 VIP 客户在行使优先权时不应影响普通客户的利益。"银行拒绝受理零辅币业务案"属于银行在办理业务过程中遇到的特殊情况，因为办理零辅币业务工作量较大且耗时较长，在银行网点人手不足的情况下会难以为客户及时办理业务。以本案为例，银行可通过与客户协商，约定固定时段为客户专门办理业务，既减少了客户排队还无法办理业务的麻烦，又不影响其他客户正常办理业务。

　　二是要注意区分金融机构违反诚信原则的行为和态度恶劣的行为。如"银行拒绝办理转账业务案"，就是银行工作人员为保住存款余额，谎称系统故障故意不予办理转账业务，违反了诚实信用原则，侵犯了客户的财产权。而"银行工作人员服务态度恶劣案"中的矛盾核心就与诚信原则无关，是工作人员对金融消费者的咨询态度怠慢而发生语言冲突，从而侵害了消费者人格尊严等人身权利。

　　三是要注意区分对金融机构是否履行充分告知义务和金融消费者风险自负原则的理解。随着金融业的开放与发展，金融产品的种类逐渐增多，加之金融知识的复杂性，致使金融消费者往往因为不了解金融知识而盲目投资，造成金融机构与金融消费者之间纠纷的增加。建议金融消费者权益保护部门组织开展对金融消费者的宣传教育，重点加强对县域及农村地区、弱势群体金融知识的普及，在强调金融机构"卖者有义务"的同时也要引起金融消费者对"买者有责任"的重视，切实提高金融消费者的自我保护能力。

　　四是敦促金融机构依法合规经营，牢固树立以消费者为中心、为消费者创造价值的核心理念，把保护消费者合法权益作为营销和处理消费者投诉的首要工作，培育消费者忠诚度，通过依法合规经营，切实保护消费者合法权益。金融机构在提供金融产品或者服务时，应当向金融消费者全面、完整地提供有关金融产品或者服务的真实信息，对复杂产品、关键条款或者交易条件应以通俗易懂的语言向消费者说明，进行必要的风险提示，不发布夸大产品收益或掩饰产品风险的信息，不作引人误解的虚假宣传，不向消费者隐瞒与交易有关的各种信息，尤其不隐瞒对消费者不利的金融信息。

　　五是加强金融监管，防范创新风险。随着金融创新产品的发展，金融消费者投资和消费的范围更加广泛。一方面，种类繁多的金融创新产品确实满足了不同消费者的个性化需求；另一方面，也加剧了金融消费者理解与挑选金融产品的难度。由于这些创新产品结构复杂，很多业内人士也难以全面掌握其特征，消费者凭借有限的金融常识显然无法识别其中的风险。因此，金融监管部门应从国家金融安全的角度出发，加强对金融创新的监管，防范和化解金融业创新风险，创造和谐的金融环境，使我国的经济金融稳步、持续、健康发展。

第十二篇

司法诉讼

本篇案例

- 银行卡被克隆致卡内资金损失银行被诉案
- 广东省高级人民法院公布银行卡民事纠纷三大典型案例

案例一

银行卡被克隆致卡内资金损失银行被诉案

案情简介

高某于 2006 年 2 月 23 日在中国农业银行咸阳分行礼泉县支行（以下简称农行礼泉支行）开户并办理银行卡，2011 年高某持该卡于银行营业网点取款 5 万元后，卡内余款 158 209.57 元。2011 年 5 月 19 日高某发现卡内 158 207.77 元被他人在南京支取，遂于 2011 年 5 月 23 日向礼泉县公安局报案。2011 年 6 月 21 日，高某以银行未尽到应有的安全保障义务，致其存款被盗取为由，要求农行礼泉支行对其损失进行赔偿，将农行礼泉支行诉诸法院。

礼泉县公安局立案侦查发现，因农业银行所设置的网点监控录像最长保存两个月，无法获取所涉银行卡在 2011 年 5 月 4 日，也就是被盗前最后一次正常取款的监控录像；该卡 2011 年 5 月 7 日在南京宝庆首饰总公司以"李伟"的名义消费 130 422 元，后先分 6 次在 ATM 取款 18 000 元，又以"李伟"名义转入其他银行卡 4 684 元，最后在南京市玄武区周力珠宝店消费 4 900 元，该卡扣除异地取款手续费后仅余 1.8 元，故高某共被支取、使用 158 197.77 元；在南京 ATM 取款的犯罪嫌疑人为中年女性戴墨镜，所持卡系两面均为白色带磁条，而高某所办的银行卡为正面绿色，背面为白色带磁条且有农业银行的提示及标志，礼泉县公安局确定犯罪嫌疑人所持卡为伪卡；另公安机关亦出示证明，高某于 2011 年 5 月 23 日离开过礼泉县。高某称某银行卡一直随身携带，并未丢失。

处理过程

一、一审法院经法院审理情况

高某在银行设立账户，办立银行卡，双方已形成了储蓄合同关系。高某以其在银行处开设银行卡内存款被他人盗取、银行未尽到对其卡内存款安全保障义务，主观上存有过错为由要求银行赔偿被盗取的存款及利息，但高某未提供银行存有过错的任何证据，亦未提供其卡内存款被支取时其本人未在支取地南京及卡未离身的任何证据，也即高某不能提供取款时该银行卡由其本人持有的唯一性的任何证据，且高某 2010 年 12 月 28 日的一份消费凭证上非其本人签名，而是由他人代为签名。由此推断，不排除该银行卡内信息在南京被支取前被除高某以外他人知悉的可能，造成卡内资金被盗取的过错完全由高某自行承担。一审判决高某败诉。

二、高某上诉理由

高某认为，一审认定事实错误，案发时，卡在高某手中，人又在本地，卡内存款在异地支取、消费，对此公安机关也予以立案侦查；银行作为储蓄凭证的发证机构应当掌握银行卡的制作和加密技术，具备识别真伪的技术能力和硬件设施，银行未尽到银行卡真伪的实质审查义务导致第三人持伪造银行卡成功提取卡内资金，银行应当承担其责任。2010 年 12 月 28 日的一份消费凭证上虽然由他人代为签名，但并未将密码告知他人。

三、二审法院审理情况

二审法院认为，高某在银行办理银行卡，双方储蓄存款合同关系成立，银行对储户卡内存款负有安全保障及谨慎审查银行卡的义务，持卡人负有谨慎保管密码义务。经礼泉县公安局调查确认，高某在案发当日未离开礼泉县，且卡随身携带，未丢失，而犯罪嫌疑人持伪卡在南京消费、取款，银行作为发卡单位，对自己所发银行卡被他人非法伪造，导致 ATM 系统及 POS 机接受了非法复制卡的交易，银行应该对该过错行为承担责任。而高某在银行支取款记录中曾出现过代签行为，不能排除该卡信息在南京被支取前被高某以外的他人知悉的可能，由此表明，高某也未尽到妥善保管密码的义务，应承担一定的过错责任。随着社会科技的不断发展，商业银行作为国家为广大储户提供个人现金储存安全保障的社会机构，亦应采取手段，提高所发行银行卡的抗伪能力及密码保护能力，且摄像资料保存于银行，银行有义务保证面向社会开放的 ATM 的安全使用，因而，银行的社会职能及社会责任更重，应承担该卡内资金被盗 70% 的主要责任，即 110 738.43 元，高某应负 30% 次要责任，即 47 459.34 元。

二审判决撤销一审判决，由银行向高某支付损失总额的 70%，即 110 738.43 元。另外 30% 由高某自行承担。

法律分析

一、法律关系及诉讼主体问题

明确银行卡交易各方当事人的法律关系是确定诉讼主体的前提。而且，厘清银行卡交易各方的法律关系，是明确诉讼中原告的请求权，进而使用正确的归责原则的基础，同时直接关系到案件事实的证明责任分配。

银行卡被盗刷和伪卡交易案件常常涉及发卡行、持卡人、特约商户、收单行（取款行）等多方对象，许多案件涉及跨行、跨地区取款或消费，法律关系较复杂，主要法律关系包括：（1）持卡人与发卡行之间的法律关系；（2）持卡人与特约商户的法律关系；（3）发卡行与特约商户之间法律关系等，这就造成了伪卡案件诉讼主体的多样性。在伪卡案件中，绝大多数的起诉人为持卡人，持卡人或以发卡行为被告，或以收单行（取款行）为被告，或者将二者列为共同被告。对因消费而发生的盗刷纠纷，持卡人有时仅以发卡行或特约商户为被告，有时则将发卡行与特约商户列为共同被告。本案中原告高某仅起诉了发卡行农行礼泉支行，农行礼泉支行并未追加南京宝庆首饰总公司及 ATM 管理行为被告。法院在审理中的责任分配也未涉及这两个机构，法院终审判决 70% 责任由发卡行农行礼泉支行承担。

在案件审理中，如果持卡人仅以发卡行为被告的，发卡行常常申请法院追加收单行、特约商户为被告。由于对银行卡纠纷中各方当事人的法律关系存在不同认识，法院对此类案件诉讼主体资格的认定各有不同，导致责任承担主体亦不相同。

二、刑民交叉问题

在银行卡被盗刷和伪卡交易民事纠纷案件中，持卡人诉请发卡行、收单行或特约商户承担责任虽与伪造银行卡犯罪行为有一定牵连性，但与他人伪造银行卡、盗取卡内资金的刑事犯罪行为不属同一法律关系。根据最高人民法院《关于在审理经济纠纷中涉及经济犯罪嫌疑若干问题的规定》第一条、第十条的规定，银行卡欺诈民事纠纷案件可以独立于刑事案件受理和审理，不受"先刑后民"的限制。但个别涉案标的额巨大、社会影响重大，事实难以查明的案件可适用"先刑后民"原则处理，民事案件受理后中止审理，等待刑事案件结案后，依据刑事案件查明的事实作出判决。

三、举证责任分配

举证责任分配，既有程序内容，也关系到案件的实体处理。审理银行卡民事纠纷案件，仍应坚持"谁主张，谁举证"的原则。但关于当事人无法提供的证据，人民法院应依照申请或依职权调取。由于刑事案件没有侦破，而民事诉讼查明事实的手段又有限，因此案件的一些关键事实根本无法查清，比如银行卡信息及密码究竟是如何泄露的，持卡人是否与盗刷者存在共谋而报假案，法院只能依据证据优势原则和分配举证责任认定事实。具体的处理原则有以下两点。

第一，持卡人的举证责任。包括银行卡、银行卡在涉案时间内使用记录、报警记录或挂失记录等证据材料。发卡行、收单行应当提供盗刷行为发生时的视频资料、交易单据、签购单等证据材料。发卡行、收单行无正当理由拒不提供的，要承担不利后果。

第二，关于密码举证责任。鉴于密码私密性和唯一性的特点，如发卡行或收单行有持卡人用卡过程中存在不规范使用银行卡和密码的证据，在持卡人没有充分证据予以反驳的情况下，人民法院可以认定持卡人没有尽到妥善保管密码的义务。

伪卡交易民事案件中，持卡人、发卡行违反银行卡合同约定，构成违约的，应当根据《中华人民共和国合同法》第一百零七条、第一百二十条的规定，承担相应违约责任。按照"谁主张、谁举证"的原则，持卡人、发卡行应当对其主张的违约方的违约行为承担举证责任。持卡人应当提供银行卡、银行卡在涉案时间内使用记录、报警记录或挂失记录等证据材料。发卡行、收单行应当提供盗刷行为发生时的视频资料、交易单据、签购单等证据材料。

四、对本案法院审判评析

第一，一审法院判决显失公平。强调持卡人对银行卡及密码信息的妥善保管义务，认为密码具有私有性、唯一性、秘密性的特点，这就决定只能由设定人知晓，即使他人盗用，也是持卡人对银行卡及密码未尽妥善保管义务而致。除非持卡人能证明银行具有泄露银行卡及密码信息的过错，否则持卡人对伪卡盗刷损失自行承担全部责任。这一判决可能造成银行只收获经济利益而无须承担风险，有违公平原则。

第二，二审法院判决体现了公平原则。在处理伪卡交易案件时，原则上应按持卡人、银行的过错大小来划分民事责任，但是当案件事实处于真伪不明的状态时，就应综合考虑各方当事人在银行卡交易中的地位、控制风险的能力、所获利益等因素，遵循公平原则进行风险责任分配，最大限度实现各方当事人的利益平衡。

在处理伪卡交易案件时，造成盗刷事实的客观原因不仅仅是因为银行卡被伪造，银行卡及其密码信息泄露也是必不可少的一个原因，因此，银行卡及其密码信息泄露的原因是认定责任的重要依据。

但是在大多数案件中，无论是持卡人还是发卡行在这方面都存在举证困难，案件事实常常因此处于真伪不明的状态。对于银行卡及其密码信息泄露的原因这一事实的证明责任，分配给谁，谁就将承担不利的后果。为了不片面加重任何一方当事人的举证责任，避免造成举证责任分配的不公平，适用公平原则，判决持卡人与银行均分责任，或基于银行的强势地位，由银行承担较大比例责任。

第三，合理运用过错责任认定原则。在处理此类纠纷中，对于持卡人账户内的资金被盗取，首先应审查持卡人、发卡行、特约商户及收单行是否已尽到其应尽的义务，确认各方有无过错；有过错的，必须按过错承担相应的责任。

对于不能区分过错责任的，应从有利于持卡人的利益出发，审慎保护个人信息及有效促进银行提高安保技术等方面情况综合分析产生的原因。对于责任划分，还应考虑以下几点：首先，当事人承担法律责任的法律关系基础；其次，当事人承担责任的归责原则；再次，各案的特殊性。在明确上述问题的基础上再确定如何运用公平原则进行利益衡量。

从银行卡国际化的视野出发，在审判实践中突出商法理念，力求实现公平与效率价值目标的统一，准确界定各方当事人之间的法律关系，严格认定责任性质及责任范围，注重法律效果和社会效果的统一，既要妥善保护金融消费者的合法权益，也要有利于促进银行卡产业的发展。

案例启示

第一，银行应尽力维护自身权益。本案中，如果农行礼泉支行将南京宝庆首饰总公司及ATM管理行追加为被告，本案最后判决将会发生变化，至少农行礼泉支行不会承担70%责任。2012年8月7日广东省高级人民法院公布了三个典型银行卡纠纷案例，其中第一个案例就是判决特约商户未尽严格审查义务，导致信用卡被盗刷，判决商户承担损失的70%。

第二，加强对特约商户以及ATM的管理，建立伪造银行卡赔付责任的协调机制。银行要适用高标准的技术安全责任原则，并不断提高服务安全技术水平。银行必须重视银行卡防伪技术的提升，防范资金风险。

银行业有必要关注发卡行和POS机、ATM提供行在伪造银行卡赔付责任上的协调机制建设。跨行跨地区交易中代理行的技术或管理风险可能由发卡行先行承受。ATM提供行以及特约商户与发卡行是代理关系。这意味着，发卡行将为众多代理行技术和管理风险付出代价，尽管发卡行赔付后，可以诉讼代理行，但是其诉讼是否能够胜诉则存在很大的不确定性。由于银行卡具有可与其他联网银行发生取款业务特有的交易方式，该交易方式应视为发卡行与第三人约定代为履行付款义务的行为。因此，当第三人即付款行不履行或不适当履行义务时，应当由合同相对方即发卡方银行承担违约责任。为了妥善解决该问题，减少银行机构相互间诉讼带来纠纷解决成本的提升，银行业有必要共同协调此问题，建立协商和偿付机制，减少不必要的诉讼。POS 机、ATM 提供和管理银行有必要关注同业发卡的安全性问题，并将此问题提升到银联、银行业协会以及银行监管机构协调平台上来。

第三，加强银行卡使用风险防范宣传，提升持卡人安全用卡技能。

一是保管要妥善。不要将卡片与手机、磁卡、钥匙等物品放在一起，以免损坏磁条而影响正常使用；为了确保资金安全，不要将卡片与身份证一起存放，不要将卡片转借给他人使用。

二是支付密码要保密。不要将密码与银行卡放在一起备份保存。不要将密码告诉任何人。建议持卡人在银行卡消费凭密码消费和凭签名消费两种交易确认方式中，优先选择凭密码消费方式。如因特殊情况，消费者要他人代为申办银行卡的，代理人将卡片交给消费者本人后，不要使用代办人设定的密码进行交易，一定要通过银行指定渠道修改密码，确保账户安全。

三是注意用卡安全。消费者在特约商户消费时，不要让卡片离开自己的视线。刷卡进入自助银行的门禁无须输入密码，如遇要求输入密码时，应及时报警。用卡过程中需输入密码时，应用另一只手或身体挡住操作手势，防止不法分子偷窥。使用网上银行时，应确认登录正确的网上银行网站。网上购物时，应使用安全的、可信任的网站。应牢记发卡银行统一的客户服务电话，并尽可能开通账户变动短信提醒服务。一旦发现自己的银行卡信息或资金被盗用，应立即联系发卡银行查询账户余额、办理卡片止付、修改支付密码或将资金转移到属于自己的其他账户。建议将磁条卡升级为安全性更高的金融 IC 卡。

四是警惕金融欺诈。任何时候银行职员或警方都不会要求金融消费者提供银行卡密码或向来历不明账户转款，如遇此类要求，首先应怀疑其身份的真实性，并及时通过正规渠道报警。收到以亲戚、朋友、同事等熟知人员名义发送的要求向某账户汇款的短信，应核实确认后再汇款。一旦发生不法分子诱骗消费者将银行卡资金转账到指定账户的情况，要立即报案，银行将根据公安或法院等权力机关发出的账户冻结或扣划通知进行后续处理。

（中国人民银行西安分行金融消费权益保护处供稿）

案例二
广东省高级人民法院公布银行卡民事纠纷三大典型案例

案一：信用卡被盗后冒用，损失是商家担责，还是持卡人自负

案情

康先生是中信银行万事达信用金卡的持有人。2009 年 4 月 7 日，康先生吃饭时丢了钱包，里面有身份证、涉案信用卡等。由于信用卡上没有个人照片，也没有设密码，康先生一下子慌了神，立即拨打银行客服电话办理了停止支付手续，并且在当晚 8 时 16 分向警方报警。可即便如此，还是被行窃者捷足先登。信用卡已在当日 7 点 59 分在百佳超市天娱广场分店被盗刷了 10 538 元。

庭审中，根据法庭委托，鉴定机构对涉案消费交易的商户存根即签购单进行笔迹鉴定发现，签购单上的签名不是康先生本人签名。

争议

一、商户的义务是比对签购单与信用卡背面的签名是否一致，现在信用卡丢了，无法确认背面签名就是康先生本人所为，所以签购单上的"假签名"也可能与信用卡背面一致。换句话说，康先生也不能保证卡背后的签名就是他本人的。

二、商户不是专业人士，无法鉴定笔迹真假。

裁判

10 538 元的损失，康先生自负 30%；百佳超市负担 70%。

法官解读

商家在顾客持有信用卡消费时，负有对顾客身份、卡上内容及审验签购单签名与卡背面预留签名是否一致的义务。在信用卡被盗窃的情况下，卡无法找寻，持卡人无法提供背面预留签名样式的情况下，法院一般根据日常生活经验进行判断。在信用卡丢失前，康先生已多次使用该卡，倘若商户的推理成立的话，那么在以往的惯常消费中，康先生将无法完成。所以，信用卡背面的预留签名倘若不是康先生本人所为，等于是在自我设限，不符合常理。因此，推定两者一致，并将康先生本身的签名与涉案交易签购单上签名比对比较合理。结果证明百佳超市没有尽到很好审查签名责任，应当负一定责任。

同时，对于康先生本人，其没有很好地保管自己的信用卡导致被偷盗和冒用，本身也存在过错，因此要自负一定比例的责任。

核心提醒

大单消费留心眼，卡证存放要分离。

第一，商家审验签名不可马虎，尤其对于大单消费，要多留心眼，注意核对顾客身份资料与信用卡上载明内容是否一致；第二，持卡人在保存卡时，要做到卡与身份证分开保存，最好设置消费密码等多重保障。

案二：存款不翼而飞，ATM 惊现"窃录器"，故意还是巧合

案情

2008 年 8 月 11 日，张先生在建行申领一张借记卡，并在卡内存入 1 万元。同年 9 月 13 日 17 时 59 分 12 秒，张先生进入建行金海花园支行的 ATM 上取款 100 元后离开。令他没有想到的是，短短 30 多秒，其银行卡的账户信息和密码全部被复制下来。

事后，公安机关调取的录像资料显示，案发当日 17 时 50 分 55 秒左右，有两名男子在金海花园的 ATM 上安装了不明物体，直到 56 分 40 秒左右安装完毕。3 分钟后，张先生进行了取款行为。

第二天，张先生的银行卡在民生银行广州分行的取款机上被分四次取款 9 800 元，手续费 16 元，共损失 9 816 元。同月 16 日，银行致电张先生称其账户交易不正常时，张先生才发现其账户的款项已被取走。张先生遂向公安机关报警，并与银行交涉。

争议

张先生银行卡被盗到底是属于第三人伪造银行卡盗取，还是其自己提取？银行抗辩，安装不明部件不代表能成功盗走银行卡信息和密码。

裁判

银行赔偿张先生 9 816 元。

法官解读

如果是因为银行卡丢失，第三人持真实银行卡前往盗取的，那么持卡人可能会承担部分保管不善责任；但如果能证明是因为持卡人在银行的 ATM 上操作，被不明物体复制有关信息和密码而使得卡内款项被盗的话，那么银行就要对其 ATM 失去监管而承担主要责任。因此，案件的关键是卡是否被他人复制而盗取。本案中，报警记录、交易流水记录、录像资料及相关陈述之间，能形成完整的证据链，能确认卡被他人盗刷的事实。而银行作为 ATM 的提供者，对该交易工具的安全性负有保障义务，在本案中存在明显过错，应承担赔偿责任。

核心提醒

定期巡查很重要，不明物体细辨认。

银行要对 ATM、自助银行及自助服务终端机等交易场所和工具进行经常性的巡查，设置必要的提醒和警示标语。持卡人在进行交易时，要注意观察入卡口和密码键盘，仔细观察还是可以比较容易辨认出不明物体，发现后要及时报警。

案三：卡未离身，消费却发生在境外，持卡人、银行哪个更委屈

案情

邱女士 2006 年向工商银行万通支行申领一张信用威士金卡，消费方式是需要输入密码，信用额度为 4 万元。2011 年 3 月 1 日晚上 20 时 17 分，邱女士在天河某美食沙

龙刷卡消费，金额为 632.4 元。可就在当日 21 时 28 分，邱女士又收到工行 95588 的提醒短信，通知该信用卡在澳门有一笔 84 988.81 元的 POS 机消费支出，7 分钟后再次收到短信，显示在澳门的 ATM 上取款 3 000 港元。收到信息后，邱女士立即拨打工商银行客服电话，要求挂失止付，并次日向公安机关报案。

　　3 月 2 日，邱女士还向银行填写了查询申请及非本人交易附加说明。为了证明上述款项不是本人操作，邱女士出具了她的港澳通行证，显示在案发当日即 3 月 1 日邱女士没有进出香港、澳门。

　　事后，工商银行也向法庭出示了该信用卡在澳门的消费发票、底单及信用卡和刷卡人的身份证复印件。证据显示，一香港居民杨耀邦在某金行进行了消费，且信用卡的复印件明显不同于邱女士所持信用卡。

争议

　　信用卡章程规定：凡使用密码进行的交易，视为本人所为。银行提出，POS 机读取了信用卡磁条信息且通过了密码验证，可视该消费为邱女士所为。邱女士认为，银行系统存在缺陷。

裁判

　　损失，银行与邱女士各负担 50%。

法官解读

　　要使用信用卡消费、取现，两个条件缺一不可：一是合法有效信用卡；二是正确有效的密码。两个同样重要，银行负有安全保障及谨慎审查信用卡的义务；持卡人负有谨慎保护密码的义务。在一个半小时内，持卡人与信用卡在广州，而消费则发生在澳门，这有别于正常消费。在无相关证据情况下，可以确认在澳门发生的消费和取现使用的是伪造卡。工商银行作为发卡行接受了非法复制的银行卡交易，未尽谨慎审查义务，应当对该过错行为承担责任。

　　反观持卡人邱女士。交易密码是由持卡人自己设置、自己保密和保管的，除非有证据证明是由于银行原因导致密码泄露，否则因密码泄露导致损失风险应当由持卡人承担。邱女士也存在没有妥善保管密码的过程，也要承担一定责任。

核心提醒

　　高危场所要注意，卡不离身是关键。

　　记者也发现，邱女士在卡被伪造前曾多次进入澳门、香港。不良的消费习惯是导致银行卡被复制或者密码泄露的重要原因，比如在酒吧、KTV 等较为复杂地方消费；将卡交由服务员代为刷卡；或者在收银台输入密码时没有遮挡的习惯等。设置了消费短信提醒的持卡人，一旦觉察到银行卡被盗刷时，应当立即就近前往 ATM 或者商户进行交易并保存单据。

（林劲标　田　飞供稿）

后　记

　　金融消费权益保护工作是顺应我国金融业蓬勃发展而开展的一项全新的、颇具开拓性的工作。广大金融消费权益保护从业人员迫切需要有一部兼具实用性、权威性、前瞻性的专业书籍，能够在短时间内进入角色、担当重任，使金融消费权益保护工作科学有序、高效率、高质量地完成。鉴于处理投诉和解决纠纷是金融消费权益保护工作的重要内容，对这一问题的处理在很大程度上反映了金融消费权益保护工作者的专业知识、法规知识和沟通技巧的综合运用能力。为此，我们组织编写了本书，以期提高处理投诉和纠纷能力，达到改善金融纠纷处理效果、优化金融消费环境的目的。

　　在本书编写过程中，我们从金融消费权益保护工作的实践出发，注重对相关数据和案件的监测分析，以人民银行各级分支机构定期报送的案件信息为依托，按照案情简介、处理过程、法律分析、案例启示等环节进行分解剖析，整合同类案件，进行归类汇总；我们重点加强对多发性、常见性案例的收集和整理，对法律性质相同的案件采取相同的处理方式，以防止人民银行系统处理金融消费权益纠纷案件标准、尺度不一的现象；对复杂疑难案件，我们及时召集相关业务部门进行分析研究，适当借鉴人民银行分支机构的处理方式，提出切实可行的解决方案。通过多方面的努力，我们希望可以为广大金融消费权益保护工作人员提供一部具有典型性、指导性和可操作性的案例教材。

　　为顺利完成本书编写，人民银行金融消费权益保护局以及分支机构金融消费权益保护部门的同志组成编写组，全力以赴、加班加点完成了典型案例的选编、修改和完善工作。人民银行各分支机构提供了翔实的案例素材，完成了初稿拟写工作；上海总部（个人金融信息保护）、天津分行（投资理财）、南京分行（外汇管理）、济南分行（支付结算管理）、武汉分行（金融机构收费）、广州分行（银行卡管理）、成都分行（国库管理）、西安分行

（存贷款利率管理）、长沙中心支行（服务质量）、太原中心支行（人民币管理）、杭州中心支行（征信管理）等金融消费权益保护部门选派专人承担了相关内容的修改工作。在本书编写过程中，人民银行相关业务司局和分支机构相关部门给予了大力支持与积极配合，中国金融出版社的编辑同志为本书的及时出版也付出了辛勤劳动，在此一并表示感谢！

　　囿于编者水平和能力，虽反复修改，但不足及疏漏在所难免，敬请读者批评指正。

《金融消费权益保护典型案例（2013）》编委会

二〇一四年三月